여러분의 합격을 응원하는
해커스공무원의 특별 혜택

FREE 공무원 행정법 특강

해커스공무원(gosi.Hackers.com) 접속 후 로그인 ▶ 상단의 [무료강좌] 클릭 ▶
[교재 무료특강] 클릭 후 이용

해커스공무원 온라인 단과강의 20% 할인쿠폰

57CEF6AFA3DA7P7H

해커스공무원(gosi.Hackers.com) 접속 후 로그인 ▶ 상단의 [나의 강의실] 클릭 ▶
좌측의 [쿠폰등록] 클릭 ▶ 위 쿠폰번호 입력 후 이용

* 등록 후 7일간 사용 가능(ID당 1회에 한해 등록 가능)

합격예측 온라인 모의고사 응시권 + 해설강의 수강권

E36DCCCBCC752457

해커스공무원(gosi.Hackers.com) 접속 후 로그인 ▶ 상단의 [나의 강의실] 클릭 ▶
좌측의 [쿠폰등록] 클릭 ▶ 위 쿠폰번호 입력 후 이용

* ID당 1회에 한해 등록 가능

쿠폰 이용 관련 문의 **1588-4055**

단기 합격을 위한 해커스공무원 커리큘럼

입문
탄탄한 기본기와 핵심 개념 완성!
누구나 이해하기 쉬운 개념 설명과 풍부한 예시로 부담없이 쌩기초 다지기
TIP 베이스가 있다면 **기본 단계**부터!

▼

기본+심화
필수 개념 학습으로 이론 완성!
반드시 알아야 할 기본 개념과 문제풀이 전략을 학습하고
심화 개념 학습으로 고득점을 위한 응용력 다지기

▼

기출+예상 문제풀이
문제풀이로 집중 학습하고 실력 업그레이드!
기출문제의 유형과 출제 의도를 이해하고 최신 출제 경향을 반영한
예상문제를 풀어보며 본인의 취약영역을 파악 및 보완하기

▼

동형문제풀이
동형모의고사로 실전력 강화!
실제 시험과 같은 형태의 실전모의고사를 풀어보며 실전감각 극대화

▼

최종 마무리
시험 직전 실전 시뮬레이션!
각 과목별 시험에 출제되는 내용들을 최종 점검하며 실전 완성

* 커리큘럼 및 세부 일정은 상이할 수 있으며,
자세한 사항은 해커스공무원 사이트에서 확인하세요.

단계별 교재 확인 및 수강신청은 여기서!
gosi.Hackers.com

해커스공무원

신동욱
행정법총론

사례형 기출+실전문제집

"공무원 시험의 해답
행정법총론 사례형 문제 대비를 위한 필독서"

최근 공무원 행정법총론 시험에서는 이론, 법조문, 판례에 대한 옳고 그름을 묻는 일반적인 문제 외에 실제 사례나 판례를 응용하여 지식을 묻는 일명 '사례형' 문제의 수가 늘어나고 있습니다.

특히, 최근 시험에서 사례형 문제가 다수 출제되어 고득점 합격 여부를 가늠하는 결정타가 되는 등 최근 사례형 문제는 수준 높은 고난도 문제로써 합격을 좌우하는 결정적인 변수가 되고 있습니다. 이처럼 사례형 문제는 행정법총론 전반을 종합적이고 입체적으로 학습하고, 응용력과 변별력을 테스트할 수 있는 가장 좋은 문제입니다.

좋은 사례형 한 문제를 새롭게 만드는 것은 일반적인 서술형 문제보다 몇 배 이상의 많은 시간과 노력이 필요합니다. 그러다보니 기출문제에서 등장할 수 있는 사례형 문제는 제한적이고 부족할 수밖에 없습니다. 따라서 **<해커스공무원 신동욱 행정법총론 사례형 기출 + 실전문제집>**은 공무원, 소방, 국회직, 변호사 등 다양한 시험의 사례형 기출문제뿐만 아니라 출제 가능성이 높은 실전문제까지 수록하여 사례형 문제 학습에 대한 여러분의 갈증을 한 번에 해결할 수 있도록 구성하였습니다.

사례형 문제도 결국 일정한 틀 속에서 반복해서 출제되기 때문에 본 교재에 있는 문제들을 잘 숙지한다면 고난도 문제라도 모두 대비할 수 있을 것입니다. **<해커스공무원 신동욱 행정법총론 사례형 기출 + 실전문제집>**이 고난도 사례형 문제집을 기다렸던 수험생들에게 어려워지는 행정법총론 시험에 대한 확실한 대비책이 되어 고득점 합격의 디딤돌이 되기를 바랍니다.

<해커스공무원 신동욱 행정법총론 사례형 기출 + 실전문제집>은 수험생 여러분들이 최소한의 시간으로 최대한의 학습 효과를 낼 수 있도록 다음과 같은 특징을 가지고 있습니다.

<해커스공무원 신동욱 행정법총론 사례형 기출+실전문제집>의 특징

1 사례형 기출+실전문제로 문제해결 능력 키우기

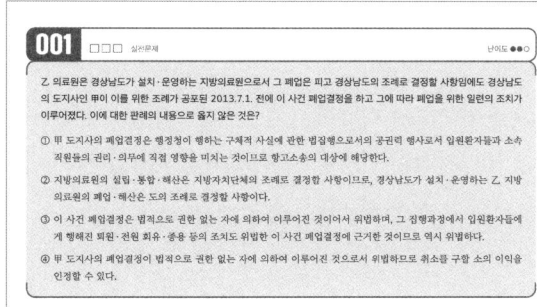

7·9급 국가직 및 지방직, 국회직, 변호사, 소방 등 다양한 시험의 기출문제 중에서 재출제 가능성이 높은 사례형 문제를 선별하여 수록하고, 최신 판례를 바탕으로 출제 가능성이 높은 실전문제를 제작하여 수록하였습니다. 기출+실전문제를 통해 실제 시험에 출제되는 문제의 유형을 확인하고, 문제에 대한 응용력을 키우며 학습한 이론을 다시 점검할 수 있습니다.

2 효율적인 학습을 위한 다양한 장치 수록·제공

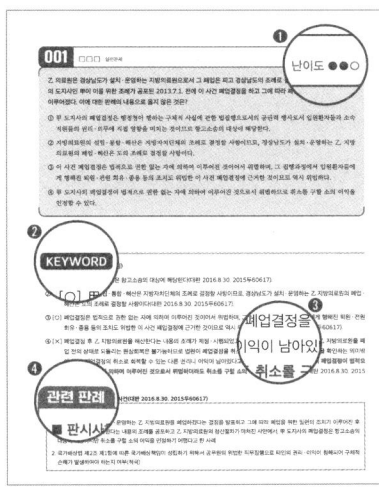

❶ **난이도**: 문항별 난이도를 3단계로 제시함으로써 본인의 학습 단계에 맞춘 난이도별 학습이 가능합니다.

❷ **KEYWORD**: 문제의 핵심이 되는 문항별 출제 KEYWORD를 통해 각 문제가 묻고 있는 이론을 한눈에 파악할 수 있습니다.

❸ **상세한 해설**: 정답 지문의 해설 외에도 모든 지문에 상세한 해설을 수록하여 행정법총론 이론을 다시 한 번 복습할 수 있습니다.

❹ **관련 판례**: 문제 풀이에 필요한 관련 판례를 상세하게 수록하여 별도의 판례집 없이 해설만으로도 심도 있는 학습이 가능합니다.

더불어, 공무원 시험 전문 사이트인 해커스공무원(gosi.Hackers.com)에서 교재 학습 중 궁금한 점을 나누고 다양한 무료 학습 자료를 함께 이용하여 학습 효과를 극대화할 수 있습니다.

부디 <해커스공무원 신동욱 행정법총론 사례형 기출+실전문제집>과 함께 공무원 행정법총론 시험의 고득점을 달성하고 합격을 향해 한걸음 더 나아가시기를 바랍니다.

신동욱

001 실전문제

乙 의료원은 경상남도가 설치·운영하는 지방의료원으로서 그 폐업은 피고 경상남도의 조례로 결정할 사항임에도 경상남도의 도지사인 甲이 이를 위한 조례가 공포된 2013.7.1. 전에 이 사건 폐업결정을 하고 그에 따라 폐업을 위한 일련의 조치가 이루어졌다. 이에 대한 판례의 내용으로 옳지 않은 것은?

① 甲 도지사의 폐업결정은 행정청이 행하는 구체적 사실에 관한 법집행으로서의 공권력 행사로서 입원환자들과 소속 직원들의 권리·의무에 직접 영향을 미치는 것이므로 항고소송의 대상에 해당한다.

② 지방의료원의 설립·통합·해산은 지방자치단체의 조례로 결정할 사항이므로, 경상남도가 설치·운영하는 乙 지방의료원의 폐업·해산은 도의 조례로 결정할 사항이다.

③ 이 사건 폐업결정은 법적으로 권한 없는 자에 의하여 이루어진 것이어서 위법하며, 그 집행과정에서 입원환자들에게 행해진 퇴원·전원 회유·종용 등의 조치도 위법한 이 사건 폐업결정에 근거한 것이므로 역시 위법하다.

④ 甲 도지사의 폐업결정이 법적으로 권한 없는 자에 의하여 이루어진 것으로서 위법하므로 취소를 구할 소의 이익을 인정할 수 있다.

해설

KEYWORD 취소소송(폐업결정)

① [O] 甲 도지사의 폐업결정은 항고소송의 대상에 해당한다(대판 2016.8.30. 2015두60617).

② [O] 지방의료원의 설립·통합·해산은 지방자치단체의 조례로 결정할 사항이므로, 경상남도가 설치·운영하는 乙 지방의료원의 폐업·해산은 도의 조례로 결정할 사항이다(대판 2016.8.30. 2015두60617).

③ [O] 폐업결정은 법적으로 권한 없는 자에 의하여 이루어진 것이어서 위법하며, 그 집행과정에서 입원환자들에게 행해진 퇴원·전원 회유·종용 등의 조치도 위법한 이 사건 폐업결정에 근거한 것이므로 역시 위법하다(대판 2016.8.30. 2015두60617).

④ [X] 폐업결정 후 乙 지방의료원을 해산한다는 내용의 조례가 제정·시행되었고 조례가 무효라고 볼 사정도 없어 乙 지방의료원을 폐업 전의 상태로 되돌리는 원상회복은 불가능하므로 법원이 폐업결정을 취소하더라도 단지 폐업결정이 위법함을 확인하는 의미밖에 없고, 폐업결정의 취소로 회복할 수 있는 다른 권리나 이익이 남아있다고 보기도 어려우므로, 甲 도지사의 폐업결정이 법적으로 권한 없는 자에 의하여 이루어진 것으로서 위법하더라도 취소를 구할 소의 이익을 인정하기 어렵다(대판 2016.8.30. 2015두60617).

관련 판례 진주의료원 폐업사건(대판 2016.8.30. 2015두60617)

■ 판시사항

1. 甲 도지사가 도에서 설치·운영하는 乙 지방의료원을 폐업하겠다는 결정을 발표하고 그에 따라 폐업을 위한 일련의 조치가 이루어진 후 乙 지방의료원을 해산한다는 내용의 조례를 공포하고 乙 지방의료원의 청산절차가 마쳐진 사안에서, 甲 도지사의 폐업결정은 항고소송의 대상에 해당하지만 취소를 구할 소의 이익을 인정하기 어렵다고 한 사례

2. 국가배상법 제2조 제1항에 따른 국가배상책임이 성립하기 위해서 공무원의 위법한 직무집행으로 타인의 권리·이익이 침해되어 구체적 손해가 발생하여야 하는지 여부(적극)

■ 판결요지

1. 甲 도지사가 도에서 설치·운영하는 乙 지방의료원을 폐업하겠다는 결정을 발표하고 그에 따라 폐업을 위한 일련의 조치가 이루어진 후 乙 지방의료원을 해산한다는 내용의 조례를 공포하고 乙 지방의료원의 청산절차가 마쳐진 사안에서, 지방의료원의 설립·통합·해산은 지방자치단체의 조례로 결정할 사항이므로, 도가 설치·운영하는 乙 지방의료원의 폐업·해산은 도의 조례로 결정할 사항인 점 등을 종합하면, 甲 도지사의 폐업결정은 행정청이 행하는 구체적 사실에 관한 법집행으로서의 공권력 행사로서 입원환자들과 소속 직원들의 권리·의무에 직접 영향을 미치는 것이므로 항고소송의 대상에 해당하지만, 폐업결정 후 乙 지방의료원을 해산한다는 내용의 조례가 제정·시행되었고 조례가 무효라고 볼 사정도 없어 乙 지방의료원을 폐업 전의 상태로 되돌리는 원상회복은 불가능하므로 법원이 폐업결정을 취소하더라도 단지 폐업결정이 위법함을 확인하는 의미밖에 없고, 폐업결정의 취소로 회복할 수 있는 다른 권리나 이익이 남아있다고 보기도 어려우므로, 甲 도지사의 폐업결정이 법적으로 권한 없는 자에 의하여 이루어진 것으로서 위법하더라도 취소를 구할 소의 이익을 인정하기 어렵다고 한 사례

2. 국가배상법 제2조 제1항은 "국가나 지방자치단체는 공무원 또는 공무를 위탁받은 사인(이하 '공무원'이라 한다)이 직무를 집행하면서 고의 또는 과실로 법령을 위반하여 타인에게 손해를 입히거나, 자동차손해배상 보장법에 따라 손해배상의 책임이 있을 때에는 이 법에 따라 그 손해를 배상하여야 한다."라고 규정하고 있다. 따라서 국가배상책임이 성립하기 위해서는 공무원의 직무집행이 위법하다는 점만으로는 부족하고, 그로 인해 타인의 권리·이익이 침해되어 구체적 손해가 발생하여야 한다.

정답 ④

---

002 실전문제 난이도 ●●○

甲은 국립대학교 교수로 재직하던 중 같은 대학 총장 乙로부터 감봉 3개월의 징계처분을 받았다. 甲은 A지방법원에 징계처분취소의 소를 제기하였으나, 위 법원은 교원소청심사위원회의 전심절차를 거치지 아니하였다는 이유로 이를 각하하였다. 이에 대한 설명으로 옳은 것은 모두 몇 개인가? (다툼이 있는 경우 판례에 의함)

ㄱ. 「국가공무원법」 및 「교육공무원법」에 따르면, 甲은 징계처분에 관하여 취소소송을 제기하기에 앞서 교원소청심사를 필요적으로 거쳐야 하므로, 그 심사절차에 사법절차가 준용되지 않는다면 이는 헌법에 위반된다.

ㄴ. 교원에 대한 징계처분의 적법성을 판단함에 있어서는 교육의 자주성·전문성이 요구되므로 법원의 재판에 앞서 교육전문가들의 심사를 먼저 받아볼 필요가 있다.

ㄷ. 만약 甲이 징계처분의 취소를 구하는 소를 제기하기 전에 소청심사를 먼저 청구하여 교원소청심사위원회에서 감봉 2개월로 변경하는 결정을 하였다면, 甲은 감경되고 남은 원처분을 대상으로 취소소송을 제기하여야 한다.

ㄹ. 甲이 취소소송 제기 당시 교원소청심사위원회의 필요적 전심절차를 거치지 못하였다하여도 사실심 변론종결시까지 그 전심절차를 거쳤다면 그 흠결의 하자는 치유된다.

ㅁ. 「행정소송법」상 인정되는 행정심판전치주의의 다양한 예외는 필요적 전심절차인 교원소청심사에는 적용되지 아니한다.

① 2개
② 3개
③ 4개
④ 5개

해설

KEYWORD 행정심판

ㄱ. [O] 헌법 제107조 제3항은 "재판의 전심절차로서 행정심판을 할 수 있다. 행정심판의 절차는 법률로 정하되, 사법절차가 준용되어야 한다."고 규정하고 있으므로, 입법자가 행정심판을 전심절차가 아니라 종심절차로 규정함으로써 정식재판의 기회를 배제하거나, 어떤 행정심판을 필요적 전심절차로 규정하면서도 그 절차에 사법절차가 준용되지 않는다면 이는 위 헌법조항, 나아가 재판청구권을 보장하고 있는 헌법 제27조에도 위반된다(헌재 2001.6.28. 2000헌바30).

ㄴ. [O] 헌법 제31조 제1항은 국민의 교육을 받을 권리를 규정하면서 이를 위하여 같은 조 제4항에서 교육의 자주성·전문성·정치적 중립성 등을 보장하고 있다. 이처럼 교원의 신분과 관련되는 징계처분에 대한 적법성을 판단함에 있어서는 교육의 자주성·전문성이 요구되므로 법원의 재판에 앞서 교육전문가들의 심사를 먼저 받아볼 필요가 있다(헌재 2007.1.17. 2005헌바86).

ㄷ. [O] 「행정소송법」제19조는 취소소송은 처분 등을 대상으로 한다. 다만, 재결취소소송의 경우에는 재결 자체에 고유한 위법이 있음을 이유로 하는 경우에 한한다고 규정하고 있으므로 기본적으로 원처분을 대상으로 다투어야 한다. 교원소청심사위원회에서 감봉 2개월로 변경하는 결정을 하였다면, 甲은 감경되고 남은 원처분을 대상으로 취소소송을 제기하여야 한다.

ㄹ. [O] 행정심판전치주의의 근본취지가 행정청에게 반성의 기회를 부여하고 행정청의 전문지식을 활용하는데 있는 것이라 하겠으므로 제소당시에 비록 전치요건을 구비하지 못한 위법이 있다 하여도 사실심 변론종결당시까지 그 전치요건을 갖추었다면 그 흠결의 하자는 치유되었다(대판 1987.4.28. 86누29).

ㅁ. [X] **행정소송법 제18조 제2항과 제3항은 행정심판전치주의에 대한 다양한 예외를 인정하고 있는바, 이는 이 사건 필요적 전심절차조항에도 적용된다.** 따라서 일정한 경우에는(예컨대 동종사건에 관하여 이미 행정심판의 기각재결이 있은 때 또는 처분을 행한 행정청이 행정심판을 거칠 필요가 없다고 잘못 알린 때 등) 행정심판을 제기함이 없이 행정소송을 바로 제기할 수 있고(제18조 제3항), 어떤 경우에는(예컨대 행정심판청구가 있은 날로부터 60일이 지나도 재결이 없는 때 또는 중대한 손해를 예방해야 할 긴급한 필요가 있는 때 등) 행정심판의 재결 없이 행정소송을 제기할 수도 있다(제18조 제2항). 그러므로 위 필요적 전심절차조항에 의하여 무의미하거나 불필요한 행정심판을 거쳐야 하는 것은 아니다(헌재 2007.1.17. 2005헌바86).

관련 판례 해임처분취소결정취소(대판 2013.7.25. 2012두12297)

각급 학교 교원이 징계처분을 받은 때에는 위원회에 소청심사를 청구할 수 있고, 위원회가 그 심사청구를 기각하거나 원 징계처분을 변경하는 처분을 한 때에는 다시 법원에 행정소송을 제기할 수 있다. 또한 위원회가 교원의 심사청구를 인용하거나 원 징계처분을 변경하는 처분을 한 때에는 처분권자는 이에 기속되고 원 징계처분이 국·공립학교 교원에 대한 것이면 처분청은 불복할 수도 없지만, 사립학교 교원에 대한 것이면 그 학교법인 등은 위원회 결정에 불복하여 법원에 행정소송을 제기할 수 있다. 다만 행정청의 처분에 대한 불복소송이라는 행정소송의 본질적 성격상, 위원회의 심사대상인 징계처분이 국·공립학교 교원에 대한 것인지 사립학교 교원에 대한 것인지에 따라, 위와 같이 위원회의 처분에 불복하여 제기되는 행정소송의 소송당사자와 심판대상 및 사후절차 등은 달리 보아야 한다.

우선 국·공립학교 교원에 대한 징계처분의 경우에는 원 징계처분 자체가 행정처분이므로 그에 대하여 위원회에 소청심사를 청구하고 위원회의 결정이 있은 후 그에 불복하는 행정소송이 제기되더라도 그 심판대상은 교육감 등에 의한 원 징계처분이 되는 것이 원칙이다. 다만 위 위원회의 심사절차에 위법사유가 있다는 등 고유의 위법이 있는 경우에 한하여 위원회의 결정이 소송에서의 심판대상이 된다. 따라서 그 행정소송의 피고도 위와 같은 예외적 경우가 아닌 한 원처분을 한 처분청이 되는 것이지 위원회가 되는 것이 아니다. 또한 법원에서도 위원회 결정의 당부가 아니라 원처분의 위법 여부가 판단대상이 되는 것이므로 위원회 결정의 결론과 상관없이 원처분에 적법한 처분사유가 있는지, 그 징계양정이 적정한지가 판단대상이 되고(다만 위원회에서 원처분의 징계양정을 변경한 경우에는 그 내용에 따라 원처분이 변경된 것으로 간주되어 그 변경된 처분이 심판대상이 된다), 거기에 위법사유가 있다고 인정되면 위원회의 결정이 아니라 원 징계처분을 취소하게 되고, 그에 따라 후속절차도 원 징계처분을 한 처분청이 판결의 기속력에 따라 징계를 하지 않거나 재징계를 하게 되는 구조로 운영된다.

반면, 사립학교 교원에 대한 징계처분의 경우에는 학교법인 등의 징계처분은 행정처분성이 없는 것이고 그에 대한 소청심사청구에 따라 위원회가 한 결정이 행정처분이고 교원이나 학교법인 등은 그 결정에 대하여 행정소송으로 다투는 구조가 되므로, 행정소송에서의 심판대상은 학교법인 등의 원 징계처분이 아니라 위원회의 결정이 되고, 따라서 피고도 행정청인 위원회가 되는 것이며, 법원이 위원회의 결정을 취소한 판결이 확정된다고 하더라도 위원회가 다시 그 소청심사청구사건을 재심사하게 될 뿐 학교법인 등이 곧바로 위 판결의 취지에 따라 재징계 등을 하여야 할 의무를 부담하는 것은 아니다.

한편 위원회의 결정은 처분청에 대하여 기속력을 가지고 이는 그 결정의 주문에 포함된 사항뿐 아니라 그 전제가 된 요건사실의 인정과 판단, 즉 처분 등의 구체적 위법사유에 관한 판단에까지 미친다. 따라서 위원회가 사립학교 교원의 소청심사청구를 인용하여 징계처분을 취소한 데 대하여 행정소송이 제기되지 아니하거나 그에 대하여 학교법인 등이 제기한 행정소송에서 법원이 위원회 결정의 취소를 구하는 청구를 기각하여 위원회 결정이 그대로 확정되면, 위원회 결정의 주문과 그 전제가 되는 이유에 관한 판단만이 학교법인 등 처분청을 기속하게 되고, 설령 판결 이유에서 위원회의 결정과 달리 판단된 부분이 있더라도 이는 기속력을 가질 수 없다.

☑ 사립학교 교원과 국립학교 교원에 대한 징계처분과 불복절차 정리

구분	사립학교 교원(공무원 ×)	국립학교 교원(공무원)
징계의 성질	처분 ×	처분(원처분)
소청심사위원회 결정의 성질	처분(재결 ×)	재결
취소소송의 대상	소청심사위원회 결정	징계처분(원처분)

정답 ③

---

003 실전문제 난이도 ●●○

다음 사례에 대한 설명으로 옳지 않은 것은? (다툼이 있는 경우 판례에 의함)

> 甲은 피고(부산지방법무사회)로부터 법무사 사무원 채용승인을 받아 2013.12.5.부터 법무사 A 사무소의 사무원으로 채용되어 근무하던 사람이다. 甲은 법무사 A 사무소의 사무원으로 채용되어 근무하기 이전에 피고로부터 다른 법무사 사무소 일과 관련하여 3월의 징계처분을 받은 바가 있다. 그런데도 甲이 법무사 A 사무소에서 사무원으로서 계속 근무하자, 피고는 다시 징계위원회를 개최하여 '甲이 종사정지 3월의 징계처분에 불응하여 징계사유에 해당한다.'는 이유로 법무사규칙 제37조 제6항에 근거하여 甲이 더 이상 법무사 A 사무소에 채용되어 근무할 수 없도록 사무원 채용승인을 취소하는 결정(이하 '이 사건 채용승인취소'라 한다)을 하고, 그 무렵 이를 법무사 A와 甲에게 통지하였다. 甲은 2014.6.24. 피고를 상대로 '이 사건 채용승인취소가 무효임을 확인한다.'라고 청구하는 이 사건 소를 부산지방법원에 제기하였다.

① 법무사의 사무원 채용승인 신청에 대하여 소속 지방법무사회가 '채용승인을 거부'하는 조치 또는 일단 채용승인을 하였으나 법무사규칙 제37조 제6항을 근거로 '채용승인을 취소'하는 조치는 항고소송의 대상인 처분이다.

② 지방법무사회는 법무사 감독 사무를 수행하기 위하여 법률에 의하여 설립과 법무사의 회원 가입이 강제된 공법인으로서 법무사 사무원 채용승인에 관한 한 공권력 행사의 주체라고 보아야 한다.

③ 지방법무사회가 법무사의 사무원 채용승인 신청을 거부하거나 채용승인을 얻어 채용 중인 사람에 대한 채용승인을 취소한 경우, 법무사에게는 원고적격이 인정되지만 그 때문에 사무원이 될 수 없게 된 사람에게는 항고소송을 제기할 원고적격이 인정될 수 없다.

④ 「행정소송법」상 항고소송으로 제기하여야 할 사건을 민사소송으로 잘못 제기하였으나 수소법원이 항고소송에 대한 관할도 동시에 가지고 있는 경우, 법원은 원고로 하여금 항고소송으로 소 변경을 하도록 석명권을 행사하여 「행정소송법」이 정하는 절차에 따라 심리·판단하여야 한다.

해설

KEYWORD 항고소송

① [○] 법무사의 사무원 채용승인 신청에 대하여 소속 지방법무사회가 '채용승인을 거부'하는 조치 또는 일단 채용승인을 하였으나 법무사규칙 제37조 제6항을 근거로 '채용승인을 취소'하는 조치는 공법인인 지방법무사회가 행하는 구체적 사실에 관한 법집행으로서 공권력의 행사 또는 그 거부에 해당하므로 항고소송의 대상인 '처분'이라고 보아야 한다.

② [○] 지방법무사회의 법무사 사무원 채용승인은 단순히 지방법무사회와 소속법무사 사이의 내부 법률문제라거나 지방법무사회의 고유사무라고 볼 수 없고, 법무사감독이라는 국가사무를 위임받아 수행하는 것이라고 보아야 한다. 따라서 지방법무사회는 법무사 감독 사무를 수행하기 위하여 법률에 의하여 설립과 법무사의 회원 가입이 강제된 공법인으로서 법무사 사무원 채용승인에 관한 공권력 행사의 주체라고 보아야 한다.

③ [×] 지방법무사회가 법무사의 사무원 채용승인 신청을 거부하거나 채용승인을 얻어 채용 중인 사람에 대한 채용승인을 취소하면, 상대방인 법무사로서도 그 사람을 사무원으로 채용할 수 없게 되는 불이익을 입게 될 뿐만 아니라, 그 사람도 법무사 사무원으로 채용되어 근무할 수 없게 되는 불이익을 입게 된다. 따라서 **지방법무사회의 사무원 채용승인 거부처분 또는 채용승인 취소처분에 대해서는 처분 상대방인 법무사뿐만 아니라 그 때문에 사무원이 될 수 없게 된 사람도 이를 다툴 원고적격이 인정되어야 한다.**

④ [○] 「행정소송법」상 항고소송으로 제기하여야 할 사건을 민사소송으로 잘못 제기한 경우에 수소법원이 항고소송에 대한 관할도 동시에 가지고 있다면, 전심절차를 거치지 않았거나 제소기간을 도과하는 등 항고소송으로서의 소송요건을 갖추지 못했음이 명백하여 항고소송으로 제기되었더라도 어차피 부적법하게 되는 경우가 아닌 이상, 원고로 하여금 항고소송으로 소 변경을 하도록 석명권을 행사하여 「행정소송법」이 정하는 절차에 따라 심리·판단하여야 한다.

관련 판례 법무사의 사무원 채용승인 취소사건(대판 2020.4.9. 2015다34444)

■ 판시사항

1. 행정청의 행위가 항고소송의 대상이 될 수 있는지 판단하는 기준 / 어떠한 처분에 법령상 근거가 있는지, 행정절차법에서 정한 처분절차를 준수하였는지가 소송요건 심사단계에서 고려할 요소인지 여부(소극)
2. 행정처분의 직접 상대방이 아닌 자에게 처분의 취소를 구할 원고적격이 인정되는 경우
3. 행정소송법상 항고소송으로 제기하여야 할 사건을 민사소송으로 잘못 제기하였으나 수소법원이 항고소송에 대한 관할도 동시에 가지고 있는 경우, 법원이 취하여야 할 조치
4. 법무사의 사무원 채용승인 신청에 대하여 소속 지방법무사회가 '채용승인을 거부'하는 조치 또는 일단 채용승인을 하였으나 법무사규칙 제37조 제6항을 근거로 '채용승인을 취소'하는 조치가 항고소송의 대상인 '처분'에 해당하는지 여부(적극)
5. 지방법무사회가 법무사의 사무원 채용승인 신청을 거부하거나 채용승인을 얻어 채용 중인 사람에 대한 채용승인을 취소한 경우, 그 때문에 사무원이 될 수 없게 된 사람에게 항고소송을 제기할 원고적격이 인정되는지 여부(적극)
6. 법률의 시행령이나 시행규칙의 내용이 모법의 입법 취지와 관련 조항 전체를 유기적·체계적으로 살펴보아 모법의 해석상 가능한 것을 명시한 것에 지나지 않거나 모법 조항의 취지에 근거하여 이를 구체화하기 위한 것인 경우, 모법에 직접 위임하는 규정을 두지 않았다고 하여 무효인지 여부(소극)
7. '소속 지방법무사회는 법무사 사무원이 법무사 사무원으로서의 업무수행에 지장이 있다고 인정되는 행위를 하였을 경우에는 그 채용승인을 취소하여야 한다.'고 규정한 법무사규칙 제37조 제6항 후단 부분이 모법인 법무사법 제23조 제4항의 위임 범위를 일탈한 것이어서 법률유보원칙에 위배되는지 문제 된 사안에서, 위 규칙조항이 모법의 위임 범위를 일탈한 것으로 볼 수 없다고 한 원심판단을 수긍한 사례

■ 판결요지

1. 항고소송의 대상인 '처분'이란 행정청이 행하는 구체적 사실에 관한 법집행으로서의 공권력의 행사 또는 그 거부와 그 밖에 이에 준하는 행정작용(행정소송법 제2조 제1항 제1호)을 말한다. 행정청의 행위가 항고소송의 대상이 될 수 있는지는 추상적·일반적으로 결정할 수 없고, 구체적인 경우에 관련 법령의 내용과 취지, 행위의 주체·내용·형식·절차, 행위와 상대방 등 이해관계인이 입는 불이익 사이의 실질적 견련성, 법치행정의 원리와 행위에 관련된 행정청이나 이해관계인의 태도 등을 고려하여 개별적으로 결정하여야 한다. 또한 어떠한 처분에 법령상 근거가 있는지, 행정절차법에서 정한 처분절차를 준수하였는지는 본안에서 당해 처분이 적법한가를 판단하는 단계에서 고려할 요소이지, 소송요건 심사단계에서 고려할 요소가 아니다.

2. 불이익처분의 상대방은 직접 개인적 이익의 침해를 받은 자로서 원고적격이 인정된다. 행정처분의 직접 상대방이 아닌 자라 하더라도 행정처분의 근거 법규 또는 관련 법규에 의하여 개별적·직접적·구체적으로 보호되는 이익이 있는 경우 처분의 취소를 구할 원고적격이 인정된다.

3. 행정소송법상 항고소송으로 제기하여야 할 사건을 민사소송으로 잘못 제기한 경우에 수소법원이 항고소송에 대한 관할도 동시에 가지고 있다면, 전심절차를 거치지 않았거나 제소기간을 도과하는 등 항고소송으로서의 소송요건을 갖추지 못했음이 명백하여 항고소송으로 제기되었더라도 어차피 부적법하게 되는 경우가 아닌 이상, 원고로 하여금 항고소송으로 소 변경을 하도록 석명권을 행사하여 행정소송법이 정하는 절차에 따라 심리·판단하여야 한다.

4. 법무사의 사무원 채용승인 신청에 대하여 소속 지방법무사회가 '채용승인을 거부'하는 조치 또는 일단 채용승인을 하였으나 법무사규칙 제37조 제6항을 근거로 '채용승인을 취소'하는 조치는 공법인인 지방법무사회가 행하는 구체적 사실에 관한 법집행으로서 공권력의 행사 또는 그 거부에 해당하므로 항고소송의 대상인 '처분'이라고 보아야 한다. 구체적인 이유는 다음과 같다. 법무사가 사무원을 채용하기 위하여 지방법무사회의 승인을 받도록 한 것은, 그 사람이 법무사법 제23조 제2항 각 호에서 정한 결격사유에 해당하는지 여부를 미리 심사함으로써 법무사 사무원의 비리를 예방하고 법무사 직역에 대한 일반국민의 신뢰를 확보하기 위함이다. 법무사 사무원 채용승인은 본래 법무사에 대한 감독권한을 가지는 소관 지방법원장에 의한 국가사무였다가 지방법무사회로 이관되었으나, 이후에도 소관 지방법원장은 지방법무사회로부터 채용승인 사실의 보고를 받고 이의신청을 직접 처리하는 등 지방법무사회의 업무수행 적정성에 대한 감독을 하고 있다. 또한 법무사가 사무원 채용에 관하여 법무사법이나 법무사규칙을 위반하는 경우에는 소관 지방법원장으로부터 징계를 받을 수 있으므로, 법무사에 대하여 지방법무사회로부터 채용승인을 얻어 사무원을 채용할 의무는 법무사법에 의하여 강제되는 공법적 의무이다. 이러한 법무사 사무원 채용승인 제도의 법적 성질 및 연혁, 사무원 채용승인 거부에 대한 불복절차로서 소관 지방법원장에게 이의신청을 하도록 제도를 규정한 점 등에 비추어 보면, 지방법무사회의 법무사 사무원 채용승인은 단순히 지방법무사회와 소속법무사 사이의 내부 법률문제라거나 지방법무사회의 고유사무라고 볼 수 없고, 법무사감독이라는 국가사무를 위임받아 수행하는 것이라고 보아야 한다. 따라서 지방법무사회는 법무사 감독 사무를 수행하기 위하여 법률에 의하여 설립과 법무사의 회원 가입이 강제된 공법인으로서 법무사 사무원 채용승인에 관한 한 공권력 행사의 주체라고 보아야 한다.

5. 지방법무사회가 법무사의 사무원 채용승인 신청을 거부하거나 채용승인을 얻어 채용 중인 사람에 대한 채용승인을 취소하면, 상대방인 법무사로서도 그 사람을 사무원으로 채용할 수 없게 되는 불이익을 입게 될 뿐만 아니라, 그 사람도 법무사 사무원으로 채용되어 근무할 수 없게 되는 불이익을 입게 된다. 법무사규칙 제37조 제4항이 이의신청 절차를 규정한 것은 채용승인을 신청한 법무사뿐만 아니라 사무원이 되려는 사람의 이익도 보호하려는 취지로 볼 수 있다. 따라서 지방법무사회의 사무원 채용승인 거부처분 또는 채용승인 취소처분에 대해서는 처분 상대방인 법무사뿐만 아니라 그 때문에 사무원이 될 수 없게 된 사람도 이를 다툴 원고적격이 인정되어야 한다.

6. 법률 하위의 법규명령은 법률에 의한 위임이 없으면 개인의 권리·의무에 관한 내용을 변경·보충하거나 법률이 규정하지 아니한 새로운 내용을 정할 수는 없지만, 법률의 시행령이나 시행규칙의 내용이 모법의 입법 취지와 관련 조항 전체를 유기적·체계적으로 살펴보아 모법의 해석상 가능한 것을 명시한 것에 지나지 아니하거나 모법 조항의 취지에 근거하여 이를 구체화하기 위한 것인 때에는 모법의 규율 범위를 벗어난 것으로 볼 수 없으므로, 모법에 이에 관하여 직접 위임하는 규정을 두지 아니하였다고 하더라도 이를 무효라고 볼 수는 없다.

7. '소속 지방법무사회는 법무사 사무원이 법무사 사무원으로서의 업무수행에 지장이 있다고 인정되는 행위를 하였을 경우에는 그 채용승인을 취소하여야 한다.'고 규정한 법무사규칙 제37조 제6항 후단 부분이 모법인 법무사법 제23조 제4항의 위임 범위를 일탈한 것이어서 법률유보원칙에 위배되는지 문제 된 사안에서, 법무사법 제23조 제4항이 변동하는 사회경제 상황에 대처하여 탄력적으로 대응할 수 있도록 법무사 사무원 채용에 관하여 대법원규칙으로 구체화할 사항을 폭넓게 위임하고 있는 점, 위 규칙조항에 다소 추상적인 면이 있더라도 법무사 사무원 채용승인 제도의 입법 목적인 법무사 사무의 공익성·전문성 확보를 위하여 필요하고 법관의 법해석작용을 통하여 그 의미가 구체화·명확화될 수 있는 점 등을 고려하면, 위 규칙조항이 모법의 위임범위를 일탈한 것으로 볼 수 없다.

정답 ③

004 실전문제 난이도 ●●●

甲은 개발제한구역 내 소재한, 지목은 대지이나 건축되지 아니한 토지(나대지)의 소유자이다. 甲은 당해 토지가 개발제한구역으로 지정됨으로써 건축을 할 수 없게 되어 사용 및 수익이 불가능하게 되었다. 이 사례에 대한 설명으로 옳지 않은 것은? (다툼이 있는 경우 판례에 의함)

① 헌법재판소는 개발제한구역제도를 공용침해가 아니라 재산권의 내용과 한계에 관한 문제로 본다.
② 헌법재판소의 판례이론에 의할 경우 사례의 근거법률에 손실보상에 관한 규정이 없음에도 불구하고 행정청이 甲에게 손실보상을 하는 것은 국회 입법권의 침해이다.
③ 헌법재판소의 판례이론에 의할 경우 甲은 개발제한구역의 지정에 대한 취소소송과 손해배상청구소송을 통하여 재산권 침해의 구제를 받을 수 있다.
④ 대법원의 판례이론에 의할 경우 법률에 손실보상에 관한 규정이 없는 때에도 관련 법률의 유추해석 등을 통하여 甲에게 손실보상이 주어질 수 있다.

해설

KEYWORD 행정상 손실보상

① [O] 헌법재판소는 분리이론의 입장에서 개발제한구역제도를 헌법 제23조 제3항의 공용침해가 아니라 헌법 제23조 제1항 및 제2항에 따른 재산권의 내용과 한계, 즉 사회적 제약에 관한 문제로 본다.

② [O] 헌법재판소는 보상의 구체적 기준과 방법은 광범위한 입법형성권을 가진 입법자가 입법정책적으로 결정할 사항이라는 입장이다(헌재 1998.12.24. 89헌마214 등). 따라서 헌법재판소의 판례이론에 의할 경우 손실보상규정이 없음에도 불구하고 행정청이 손실보상을 하는 것은 국회 입법권의 침해가 된다.

③ [X] 도시계획법 제21조에 규정된 개발제한구역제도 그 자체는 원칙적으로 합헌적인 규정인데, 다만 개발제한구역의 지정으로 말미암아 일부 토지소유자에게 사회적 제약의 범위를 넘는 가혹한 부담이 발생하는 예외적인 경우에 대하여 보상규정을 두지 않은 것에 위헌성이 있는 것이고, 보상의 구체적 기준과 방법은 헌법재판소가 결정할 성질의 것이 아니라 광범위한 입법형성권을 가진 입법자가 입법정책적으로 정할 사항이므로, 입법자가 보상입법을 마련함으로써 위헌적인 상태를 제거할 때까지 위 조항을 형식적으로 존속케 하기 위하여 헌법불합치결정을 하는 것인바, 입법자는 되도록 빠른 시일 내에 보상입법을 하여 위헌적 상태를 제거할 의무가 있고, 행정청은 보상입법이 마련되기 전에는 새로 개발제한구역을 지정하여서는 아니 되며, **토지소유자는 보상입법을 기다려 그에 따른 권리행사를 할 수 있을 뿐 개발제한구역의 지정이나 그에 따른 토지재산권의 제한 그 자체의 효력을 다투거나 위 조항에 위반하여 행한 자신들의 행위의 정당성을 주장할 수는 없다**(헌재 1998.12.24. 89헌마214 등).

④ [O] 대법원은 경계이론을 따른다. 대법원 판례에 따르면 사회적 제약과 공용침해는 재산권 제한의 정도에 따라 구분되며, 재산권 제한의 정도가 큰 경우에 공용침해가 된다. 사안의 경우 나대지소유자에 대해 개발제한구역이 지정된 경우라면 재산권 제한의 정도가 크다고 할 수 있으므로 공용침해에 해당한다. 헌법 제23조 제3항의 공용침해의 경우 보상에 관한 규정을 두어야 하는데, 보상규정이 없는 경우에 대법원 판례는 직접효력설을 따른 경우도 있고, 위헌무효설을 따른 판례, 유추적용을 통해 해결한 판례 등 판례의 입장이 일관되어 있지 않다.

> **관련 판례** 개발제한구역지정제도 사건(헌재 1998.12.24. 89헌마214)

■ 판시사항

1. 토지재산권의 사회적 의무성
2. 개발제한구역(이른바 그린벨트) 지정으로 인한 인한 토지재산권 제한의 성격과 한계
3. 토지재산권의 사회적 제약의 한계를 정하는 기준
4. 토지를 종전의 용도대로 사용할 수 있는 경우에 개발제한구역 지정으로 인한 지가의 하락이 토지재산권에 내재하는 사회적 제약의 범주에 속하는지 여부(적극)
5. 도시계획법 제21조의 위헌 여부(적극)
6. 헌법불합치결정을 하는 이유와 그 의미
7. 보상입법의 의미 및 법적 성격

■ 결정요지

1. 헌법상의 재산권은 토지소유자가 이용가능한 모든 용도로 토지를 자유로이 최대한 사용할 권리나 가장 경제적 또는 효율적으로 사용할 수 있는 권리를 보장하는 것을 의미하지는 않는다. 입법자는 중요한 공익상의 이유로 토지를 일정 용도로 사용하는 권리를 제한할 수 있다. 따라서 토지의 개발이나 건축은 합헌적 법률로 정한 재산권의 내용과 한계 내에서만 가능한 것일 뿐만 아니라 토지재산권의 강한 사회성 내지는 공공성으로 말미암아 이에 대하여는 다른 재산권에 비하여 보다 강한 제한과 의무가 부과될 수 있다.

2. 개발제한구역을 지정하여 그 안에서는 건축물의 건축 등을 할 수 없도록 하고 있는 도시계획법 제21조는 헌법 제23조 제1항, 제2항에 따라 토지재산권에 관한 권리와 의무를 일반·추상적으로 확정하는 규정으로서 재산권을 형성하는 규정인 동시에 공익적 요청에 따른 재산권의 사회적 제약을 구체화하는 규정인바, 토지재산권은 강한 사회성, 공공성을 지니고 있어 이에 대하여는 다른 재산권에 비하여 보다 강한 제한과 의무를 부과할 수 있으나, 그렇다고 하더라도 다른 기본권을 제한하는 입법과 마찬가지로 비례성원칙을 준수하여야 하고, 재산권의 본질적 내용인 사용·수익권과 처분권을 부인하여서는 아니 된다.

3. 개발제한구역 지정으로 인하여 토지를 종래의 목적으로도 사용할 수 없거나 또는 더 이상 법적으로 허용된 토지이용의 방법이 없기 때문에 실질적으로 토지의 사용·수익의 길이 없는 경우에는 토지소유자가 수인해야 하는 사회적 제약의 한계를 넘는 것으로 보아야 한다.

4. 개발제한구역의 지정으로 인한 개발가능성의 소멸과 그에 따른 지가의 하락이나 지가상승률의 상대적 감소는 토지소유자가 감수해야 하는 사회적 제약의 범주에 속하는 것으로 보아야 한다. 자신의 토지를 장래에 건축이나 개발목적으로 사용할 수 있으리라는 기대가능성이나 신뢰 및 이에 따른 지가상승의 기회는 원칙적으로 재산권의 보호범위에 속하지 않는다. 구역지정 당시의 상태대로 토지를 사용·수익·처분할 수 있는 이상, 구역지정에 따른 단순한 토지이용의 제한은 원칙적으로 재산권에 내재하는 사회적 제약의 범주를 넘지 않는다.

5. 도시계획법 제21조에 의한 재산권의 제한은 개발제한구역으로 지정된 토지를 원칙적으로 지정 당시의 지목과 토지현황에 의한 이용방법에 따라 사용할 수 있는 한, 재산권에 내재하는 사회적 제약을 비례의 원칙에 합치하게 합헌적으로 구체화한 것이라고 할 것이나, 종래의 지목과 토지현황에 의한 이용방법에 따른 토지의 사용도 할 수 없거나 실질적으로 사용·수익을 전혀 할 수 없는 예외적인 경우에도 아무런 보상없이 이를 감수하도록 하고 있는 한, 비례의 원칙에 위반되어 당해 토지소유자의 재산권을 과도하게 침해하는 것으로서 헌법에 위반된다.

6. 도시계획법 제21조에 규정된 개발제한구역제도 그 자체는 원칙적으로 합헌적인 규정인데, 다만 개발제한구역의 지정으로 말미암아 일부 토지소유자에게 사회적 제약의 범위를 넘는 가혹한 부담이 발생하는 예외적인 경우에 대하여 보상규정을 두지 않은 것에 위헌성이 있는 것이고, 보상의 구체적 기준과 방법은 헌법재판소가 결정할 성질의 것이 아니라 광범위한 입법형성권을 가진 입법자가 입법정책적으로 정할 사항이므로, 입법자가 보상입법을 마련함으로써 위헌적인 상태를 제거할 때까지 위 조항을 형식적으로 존속케 하기 위하여 헌법불합치결정을 하는 것인바, 입법자는 되도록 빠른 시일 내에 보상입법을 하여 위헌적 상태를 제거할 의무가 있고, 행정청은 보상입법이 마련되기 전에는 새로 개발제한구역을 지정하여서는 아니되며, 토지소유자는 보상입법을 기다려 그에 따른 권리행사를 할 수 있을 뿐 개발제한구역의 지정이나 그에 따른 토지재산권의 제한 그 자체의 효력을 다투거나 위 조항에 위반하여 행한 자신들의 행위의 정당성을 주장할 수는 없다.

7. 입법자가 도시계획법 제21조를 통하여 국민의 재산권을 비례의 원칙에 부합하게 합헌적으로 제한하기 위해서는, 수인의 한계를 넘어 가혹한 부담이 발생하는 예외적인 경우에는 이를 완화하는 보상규정을 두어야 한다. 이러한 보상규정은 입법자가 헌법 제23조 제1항 및 제2항에 의하여 재산권의 내용을 구체적으로 형성하고 공공의 이익을 위하여 재산권을 제한하는 과정에서 이를 합헌적으로 규율하기 위하여 두어야 하는 규정이다. 재산권의 침해와 공익간의 비례성을 다시 회복하기 위한 방법은 헌법상 반드시 금전보상만을 해야 하는 것은 아니다. 입법자는 지정의 해제 또는 토지매수청구권제도와 같이 금전보상에 갈음하거나 기타 손실을 완화할 수 있는 제도를 보완하는 등 여러 가지 다른 방법을 사용할 수 있다.

정답 ③

005 2017년 변호사

甲은 건축물을 건축하기 위하여 관할 시장인 乙에게 건축허가 신청을 하였다. 乙은 상당한 기간 내에 건축불허가처분을 하면서 그 처분사유로 「건축법」상의 건축불허가 사유뿐만 아니라 「소방시설 설치 및 관리에 관한 법률」 제6조 제1항에 따른 소방서장의 건축부동의 사유를 들고 있다. 이에 대한 설명으로 옳은 것을 모두 고른 것은? (다툼이 있는 경우 판례에 의함)

「소방시설 설치 및 관리에 관한 법률」 제6조 【건축허가등의 동의 등】 ① 건축물 등의 신축·증축·개축·재축·이전·용도변경 또는 대수선의 허가·협의 및 사용승인(이하 '건축허가등'이라 한다)의 권한이 있는 행정기관은 건축허가등을 할 때 미리 그 건축물 등의 시공지 또는 소재지를 관할하는 소방본부장이나 소방서장의 동의를 받아야 한다.

ㄱ. 만약 甲의 건축허가 신청 후 乙의 처분 이전에 「소방시설 설치 및 관리에 관한 법률」이 개정되어 제6조 제1항이 신설·적용된 경우라면, 소방서장의 건축부동의는 건축불허가 사유가 될 수 없다.
ㄴ. 소방서장의 건축부동의는 취소소송의 대상이 되는 처분이 아니다.
ㄷ. 甲은 건축불허가처분에 관한 쟁송에서 「건축법」상의 건축불허가 사유뿐만 아니라 소방서장의 건축부동의 사유에 관하여도 다툴 수 있다.
ㄹ. 소방서장의 건축부동의 사유가 일시적인 사정에 기한 것이고 보완이 가능한 것임에도 乙이 보완을 요구하지 않고 바로 건축불허가처분을 하였다면, 이는 위법하다.

① ㄱ, ㄴ
② ㄷ, ㄹ
③ ㄱ, ㄴ, ㄷ
④ ㄴ, ㄷ, ㄹ

해설

KEYWORD 처분의 위법성 판단시점, 건축불허가

ㄱ. [×] 행정처분은 신청시 법령과 처분시 법령이 다를 경우, **처분시 법령**을 기준으로 한다. 처분시 법에 따르면 소방서장의 건축부동의는 건축불허가 사유가 될 수 있다.

ㄴ. [○] 건축불허가처분을 하면서 그 처분사유로 건축불허가 사유뿐만 아니라 소방서장의 건축부동의 사유를 들고 있다고 하여 그 건축불허가처분 외에 별개로 건축부동의처분이 존재하는 것이 아니므로 취소소송의 대상이 되는 처분이 아니다(대판 2004.10.15. 2003두6573).

ㄷ. [○] 건축불허가처분에 관한 쟁송에서 건축법상의 건축불허가 사유뿐만 아니라 소방서장의 부동의 사유에 관하여도 다툴 수 있다(대판 2004.10.15. 2003두6573).

ㄹ. [○] 소방서장의 건축부동의 사유는 보완이 가능한 일시적인 사정이고, 보완을 요구하지 아니한 채 곧바로 건축허가신청을 거부한 것은 재량권의 범위를 벗어난 것으로 위법하다(대판 2004.10.15. 2003두6573).

관련 판례 건축불허가처분취소(대판 2004.10.15. 2003두6573)

1. **건축불허가처분을 하면서 건축불허가 사유뿐만 아니라 구 소방법 제8조 제1항에 따른 소방서장의 건축부동의 사유를 들고 있는 경우, 그 건축불허가처분에 관한 쟁송에서 건축법상의 건축불허가 사유뿐만 아니라 소방서장의 부동의 사유에 관하여도 다툴 수 있는지 여부(적극)**
   건축허가권자가 건축불허가처분을 하면서 그 처분사유로 건축불허가 사유뿐만 아니라 구 소방법 제8조 제1항에 따른 소방서장의 건축부동의 사유를 들고 있다고 하여 그 건축불허가처분 외에 별개로 건축부동의처분이 존재하는 것이 아니므로, 그 건축불허가처분을 받은 사람은 그 건축불허가처분에 관한 쟁송에서 건축법상의 건축불허가 사유뿐만 아니라 소방서장의 부동의 사유에 관하여도 다툴 수 있다.

2. 민원서류에 흠이 있는 경우, 그 보완의 대상이 되는 흠의 정도 및 그 내용 민원사무 처리에 관한 법률 제4조 제2항, 같은 법 시행령(2002.8.21. 대통령령 제17719호로 개정되기 전의 것) 제15조 제1항·제2항, 제16조 제1항에 의하면, 행정기관은 민원사항의 신청이 있는 때에는 다른 법령에 특별한 규정이 있는 경우를 제외하고는 그 접수를 보류하거나 거부할 수 없으며, 민원서류에 흠이 있는 경우에는 보완에 필요한 상당한 기간을 정하여 지체 없이 민원인에게 보완을 요구하고 그 기간 내에 민원서류를 보완하지 아니할 때에는 7일의 기간 내에 다시 보완을 요구할 수 있으며, 위 기간 내에 민원서류를 보완하지 아니한 때에 비로소 접수된 민원서류를 되돌려 보낼 수 있도록 규정되어 있는바, 위 규정 소정의 보완의 대상이 되는 흠은 보완이 가능한 경우이어야 함은 물론이고, 그 내용 또한 형식적·절차적인 요건이거나, 실질적인 요건에 관한 흠이 있는 경우라도 그것이 민원인의 단순한 착오나 일시적인 사정 등에 기한 경우 등이라야 한다.

3. **건축불허가처분을 하면서 그 사유의 하나로 소방시설과 관련된 소방서장의 건축부동의 의견을 들고 있으나 그 보완이 가능한 경우, 보완을 요구하지 아니한 채 곧바로 건축허가신청을 거부한 것은 재량권의 범위를 벗어난 것이라고 한 사례**
   건축불허가처분을 하면서 그 사유의 하나로 소방시설과 관련된 소방서장의 건축부동의 의견을 들고 있으나 그 보완이 가능한 경우, 보완을 요구하지 아니한 채 곧바로 건축허가신청을 거부한 것은 재량권의 범위를 벗어난 것이다.

정답 ④

---

006 2016년 국회직 8급

<보기>에 대한 설명으로 옳은 것은? (다툼이 있는 경우 판례에 의함)

―― <보기> ――

甲은 관련 법령에 따라 공장등록을 하기 위하여 등록신청을 乙에게 위임하였고, 수임인 乙은 등록서류를 위조하여 공장등록을 하였으나 甲은 그 사실을 알지 못하였다. 이후 관할 행정청 A는 위조된 서류에 의한 공장등록임을 이유로 甲에 대해 공장등록을 취소하는 처분을 하였다.

① 관할 행정청 A가 甲에 대해 공장등록을 취소하려면 법적 근거가 있어야 한다.

② 甲에 대한 공장등록취소는 상대방의 귀책사유에 의한 것이므로 관할 행정청 A는 「행정절차법」상 사전통지 및 의견제출절차를 거치지 않아도 된다.

③ 관할 행정청 A는 甲에 대해 공장등록을 취소하면서 甲의 신뢰이익을 고려하지 아니할 수 있다.

④ 甲에 대한 공장등록을 취소하면 공장등록이 확정적으로 효력을 상실하게 되므로, 공장등록취소처분이 위법함을 이유로 그 취소처분을 직권취소하더라도 공장등록이 다시 효력을 발생할 수는 없다.

⑤ 甲의 공장등록을 취소하는 처분에 대해 제소기간이 경과하여 불가쟁력이 발생한 이후에는 관할 행정청 A도 그 취소처분을 직권취소할 수 없다.

해설

KEYWORD 직권취소와 쟁송취소

① [×], ③ [○] **행정행위를 한 처분청은 그 행위에 하자가 있는 경우에는 별도의 법적 근거가 없더라도 스스로 이를 취소할 수 있고,** 다만 수익적 행정처분을 취소할 때에는 이를 취소하여야 할 공익상의 필요와 그 취소로 인하여 당사자가 입게 될 기득권과 신뢰보호 및 법률생활 안정의 침해 등 불이익을 비교·교량한 후 공익상의 필요가 당사자가 입을 불이익을 정당화할 만큼 강한 경우에 한하여 취소할 수 있으며, 나아가 수익적 행정처분의 하자가 당사자의 사실은폐나 기타 사위의 방법에 의한 신청행위에 기인한 것이라면 당사자는 처분에 의한 이익이 위법하게 취득되었음을 알아 취소가능성도 예상하고 있었다 할 것이므로, 그 자신이 처분에 관한 신뢰이익을 원용할 수 없음은 물론 행정청이 이를 고려하지 아니하였다고 하여도 재량권의 남용이 되지 않는다(대판 2006.5.25. 2003두4669).

② [×] 행정청이 침해적 행정처분을 하면서 당사자에게 행정절차법상의 사전통지를 하거나 의견제출의 기회를 주지 아니하였다면 사전통지를 하지 않거나 의견제출의 기회를 주지 아니하여도 되는 예외적인 경우에 해당하지 아니하는 한 **그 처분은 위법하여 취소를 면할 수 없다**(대판 2007.9.21. 2006두20631).

④ [×] **공장등록취소처분이 위법함을 이유로 그 취소처분을 직권취소하면 공장등록의 효력이 다시 발생한다.** 일반적으로 공장등록이 취소된 후 그 공장 시설물이 어떠한 경위로든 철거되어 다시 복구 등을 통하여 공장을 운영할 수 없는 상태라면 이는 공장등록의 대상이 되지 아니하므로 외형상 공장등록취소행위가 잔존하고 있다고 하여도 그 처분의 취소를 구할 법률상의 이익이 없다할 것이나, 위와 같은 경우에도 유효한 공장등록으로 인하여 공장등록에 관한 당해 법률이나 다른 법률에 의하여 보호되는 직접적·구체적 이익이 있다면, 당사자로서는 공장건물의 멸실 여부에 불구하고 그 공장등록취소처분의 취소를 구할 법률상의 이익이 있다(대판 2002.1.11. 2000두3306).

⑤ [×] 불가쟁력이 발생한 경우에도 불가변력이 발생하지 않은 이상, **관할 행정청은 직권취소할 수 있다.**

행정행위의 존속력(확정력) 비교

불가쟁력	행정행위에 대한 쟁송기간이 경과하였거나 심급을 모두 거친 경우에는 더 이상 다툴 수 없다.
불가변력	처분청일지라도 일단 행한 행정행위를 임의로 취소·변경하지 못한다.

정답 ③

007 · 2016년 서울시 7급

서울지방국토관리청이 기획재정부장관으로부터 관할 행정 재산관리사무를 법률에 따라 위임받아 특정 행정재산의 사용허가를 한 경우, 이에 대한 설명으로 가장 옳은 것은? (다툼이 있는 경우 판례에 의함)

① 서울지방국토관리청이 행하는 행정재산의 사용허가는 순전히 사경제주체로서 행하는 사법상의 행위가 아니라 국가행정기관이 공권력을 보유한 우월적 지위에서 행하는 행정처분이다.

② 서울지방국토관리청의 사용허가는 특정인에게 행정재산을 사용할 수 있는 권리를 설정해주는 강학상 특허에 해당하므로 그 취소나 철회에 대하여는 항고소송을 통해 다툴 수 있으며, 이때 피고는 해당 사무를 위임한 기획재정부장관이다.

③ 서울지방국토관리청의 행정재산 사용허가에 있어서 해당 행정청이 정한 사용허가기간은 그 허가의 효력을 제한하기 위한 행정행위의 부관이므로 이는 독립하여 행정소송의 대상이 될 수 있다.

④ 서울지방국토관리청의 그 효력을 제한한 사용허가로 인하여 사용허가의 일부거부를 취소하는 소송을 제기할 때 그 소송의 제1심 관할법원은 피고의 소재지를 관할하는 행정법원이 아니라 해당 행정재산의 소재지를 관할하는 행정법원이다.

해설

KEYWORD 행정행위의 종류

① [○] 공유재산의 관리청이 행정재산의 사용·수익에 대한 허가는 순전히 사경제주체로서 행하는 사법상의 행위가 아니라 관리청이 공권력을 가진 우월적 지위에서 행하는 행정처분으로서 특정인에게 행정재산을 사용할 수 있는 권리를 설정하여 주는 강학상 특허에 해당한다(대판 1998.2.27. 97누1105).

② [×] 피고는 수임청인 서울지방국토관리청이다.

③ [×] 부담 이외의 부관은 독립하여 행정소송의 대상이 될 수 없다.

④ [×] 취소소송의 제1심 관할법원은 **피고의 소재지를 관할하는 행정법원**으로 한다(「행정소송법」 제9조 제1항). 토지의 수용 기타 부동산 또는 특정의 장소에 관계되는 처분 등에 대한 취소소송은 그 부동산 또는 장소의 소재지를 관할하는 행정법원에 이를 제기할 수 있다(「행정소송법」 제9조 제3항).

정답 ①

008 2010년 국가직 9급

다음 사례에 대한 설명으로 가장 옳은 것은? (다툼이 있는 경우 판례에 의함)

> 국립○○교육대학 교수회는 학칙에 의거해 징계권자인 학장(피고)의 요구에 따라 교내·외의 과격시위 등에 가담한 甲(원고) 외 학생들에게 무기정학과 퇴학처분 등의 징계의결을 하였다. 피고가 위 징계의결의 내용이 미흡하다는 이유로 재심을 요청하여 다시 교수회가 개최되었는데, 그 자리에서 피고는 자신에게 위 징계의결 내용을 직권으로 조정할 권한을 위임하여 줄 것을 요청하여 찬반토론은 거쳤으나 표결은 하지 않았다. 이에 피고는 같은 일자로 원고에 대한 위 교수회의 징계의결 내용을 변경하여 원고에 대하여 퇴학처분을 하였다.

① 오늘날 특별권력관계의 특수성은 여전히 인정되므로, 특별권력관계의 목적달성을 위하여는 법률의 근거가 없는 경우에도 당연히 기본권이 제한된다.

② 학생에 대한 징계권의 발동이나 징계의 양정은 징계권자인 ○○교육대학 학장의 교육적 재량에 맡겨져 있지만, 교수회의 의결을 요건으로 하므로 위 징계처분은 기속행위로 보아야 한다.

③ 효과재량설의 입장에서 보면 징계처분은 재량행위라고 보게 되므로, 관계법령 또는 학칙상 징계사유가 존재하더라도 반드시 징계를 하여야 하는 것은 아니다.

④ ○○교육대학 학생에 대한 퇴학처분은 국립대학교의 내부질서유지를 위해 학칙 위반자인 재학생에 대한 구체적 법집행으로서 「행정소송법」상의 처분에 해당한다.

해설

KEYWORD 기속행위와 재량행위

① [X] 오늘날은 특별권력관계에도 당연히 법률유보원칙이 적용된다. 따라서 **특별권력관계의 목적달성을 위하여도 법률의 근거가 있어야 기본권의 제한이 가능하다**.

② [X] 학생에 대한 징계권의 발동이나 징계의 양정이 징계권자의 교육적 재량에 맡겨져 있다 할지라도 법원이 심리한 결과 그 징계처분에 위법사유가 있다고 판단되는 경우에는 이를 취소할 수 있는 것이고, **징계처분이 교육적 재량행위라는 이유만으로 사법심사의 대상에서 당연히 제외되는 것은 아니다**(대판 1991.11.22. 91누2144).

③ [X] **효과재량설은 특별한 규정이 없는 한 수익적 처분의 경우에는 재량행위이고, 침익적 처분의 경우에는 기속행위라고 한다**. 따라서 **징계처분은 침익적 처분이므로 기속행위가 된다**.

④ [O] 국립교육대학 학생에 대한 퇴학처분은, 국가가 설립·경영하는 교육기관인 동 대학의 교무를 통할하고 학생을 지도하는 지위에 있는 학장이 교육목적 실현과 학교의 내부질서유지를 위해 학칙 위반자인 재학생에 대한 구체적 법집행으로서 국가공권력의 하나인 징계권을 발동하여 학생으로서의 신분을 일방적으로 박탈하는 국가의 교육행정에 관한 의사를 외부에 표시한 것이므로, 행정처분임이 명백하다(대판 1991.11.22. 91누2144).

정답 ④

009 · 2019년 서울시 9급(6월 시행)

甲은 영업허가를 받아 영업을 하던 중 자신의 영업을 乙에게 양도하고자 乙과 사업양도양수계약을 체결하고 관련 법령에 따라 관할 행정청 A에게 지위승계신고를 하였다. 이에 대한 설명으로 가장 옳지 않은 것은? (다툼이 있는 경우 판례에 의함)

① 甲과 乙 사이의 사업양도양수계약이 무효이더라도 A가 지위승계신고를 수리하였다면 그 수리는 취소되기 전까지 유효하다.

② A가 지위승계신고의 수리를 거부한 경우 甲은 수리거부에 대해 취소소송으로 다툴 수 있다.

③ 甲과 乙이 사업양도양수계약을 체결하였으나 지위승계신고 이전에 甲에 대해 영업허가가 취소되었다면, 乙은 이를 다툴 법률상 이익이 있다.

④ 甲과 乙이 관련 법령상 요건을 갖춘 적법한 신고를 하였더라도 A가 이를 수리하지 않았다면 지위승계의 효력이 발생하지 않는다.

해설

KEYWORD 신고

① [×] 사업양도·양수에 따른 허가관청의 지위승계신고의 수리는 적법한 사업의 양도·양수가 있었음을 전제로 하는 것이므로 그 수리 대상인 사업양도·양수가 존재하지 아니하거나 무효인 때에는 수리를 하였다 하더라도 그 수리는 유효한 대상이 없는 것으로서 당연히 무효라 할 것이고, 사업의 양도행위가 무효라고 주장하는 양도자는 민사쟁송으로 양도·양수행위의 무효를 구함이 없이 막바로 허가관청을 상대로 하여 행정소송으로 위 신고수리처분의 무효확인을 구할 법률상 이익이 있다(대판 2005.12.23. 2005두3554).

② [○] A가 지위승계신고의 수리를 거부한 경우 甲은 乙로부터 손해배상책임이나 계약의 해지 등 불이익을 입을 수 있으므로 수리거부에 대해 취소소송으로 다툴 수 있다.

③ [○] 영업자지위승계신고가 수리되지 않은 경우에 양수인은 허가의 지위승계를 받을 수 없는 불이익이 발생하므로 취소소송을 청구할 법률상 이익이 인정된다. 대법원도 "수허가자의 지위를 양수받아 명의변경신고를 할 수 있는 양수인의 지위는 단순한 반사적이익이나 사실상의 이익이 아니라 산림법령에 의하여 보호되는 직접적이고 구체적인 이익으로서 법률상 이익이라고 할 것이고, 채석허가가 유효하게 존속하고 있다는 것이 양수인의 명의변경신고의 전제가 된다는 의미에서 관할 행정청이 양도인에 대하여 채석허가를 취소하는 처분을 하였다면 이는 양수인의 지위에 대한 직접적 침해가 된다고 할 것이므로 양수인은 채석허가를 취소하는 처분의 취소를 구할 법률상 이익을 가진다(대판 2003.7.11. 2001두6289)."고 판시하였다.

④ [○] 영업자지위승계신고는 수리를 요하는 신고에 해당하므로 수리하지 않았다면 지위승계의 효력이 발생하지 않는다.

정답 ①

010

2021년 국가직 9급

다음 사례에 대한 설명으로 옳지 않은 것은? (다툼이 있는 경우 판례에 의함)

> A도(道) B군(郡)에서 식품접객업을 하는 甲은 청소년에게 술을 팔다가 적발되었다. 「식품위생법」은 위법하게 청소년에게 주류를 제공한 영업자에게 "6개월 이내의 기간을 정하여 그 영업의 전부 또는 일부를 정지할 수 있다."라고 규정하고, 「식품위생법 시행규칙」 [별표 23]은 청소년 주류제공(1차 위반)시 행정처분기준을 '영업정지 2개월'로 정하고 있다. B군수는 甲에게 2개월의 영업정지처분을 하였다.

① 甲은 영업정지처분에 불복하여 A도 행정심판위원회에 행정심판을 청구할 수 있다.

② 甲은 행정심판을 청구하지 않고 영업정지처분에 대한 취소소송을 제기할 수 있다.

③ 「식품위생법 시행규칙」의 행정처분기준은 행정규칙의 형식이나, 「식품위생법」의 내용을 보충하면서 「식품위생법」의 규정과 결합하여 위임의 범위 내에서 대외적인 구속력을 가진다.

④ 甲이 취소소송을 제기하는 경우 법원은 재량권의 일탈·남용이 인정되면 영업정지처분을 취소할 수 있다.

해설

KEYWORD 법규명령형식의 행정규칙

① [○] A의 관할 구역에 있는 B군수의 처분이므로 A도지사 소속으로 두는 행정심판위원회에 행정심판을 청구할 수 있다.

> 「행정심판법」 제6조 【행정심판위원회의 설치】 ③ 다음 각 호의 행정청의 처분 또는 부작위에 대한 심판청구에 대하여는 시·도지사 소속으로 두는 행정심판위원회에서 심리·재결한다.
> 2. 시·도의 관할 구역에 있는 시·군·자치구의 장, 소속 행정청 또는 시·군·자치구의 의회(의장, 위원회의 위원장, 사무국장, 사무과장 등 의회 소속 모든 행정청을 포함한다)

② [○] 「행정소송법」은 행정심판을 원칙상 임의적인 구제절차로 규정하고 있으므로 甲은 행정심판을 청구하지 않고 영업정지처분에 대한 취소소송을 제기할 수 있다.

> 「행정소송법」 제18조 【행정심판과의 관계】 ① 취소소송은 법령의 규정에 의하여 당해 처분에 대한 행정심판을 제기할 수 있는 경우에도 이를 거치지 아니하고 제기할 수 있다. 다만, 다른 법률에 당해 처분에 대한 행정심판의 재결을 거치지 아니하면 취소소송을 제기할 수 없다는 규정이 있는 때에는 그러하지 아니하다.

③ [×] 판례는 종래부터 법령의 위임을 받아 **부령(시행규칙)으로 정한 제재적 행정처분기준**은 성질과 내용이 **행정청 내의 사무처리준칙을 규정한 것에 불과하여 행정규칙**으로 판시하고 있다.

> 구 식품위생법 시행규칙 제89조에서 [별표 23]으로 구 식품위생법 제75조에 따른 행정처분의 기준을 정하였다 하더라도, 이는 행정기관 내부의 사무처리준칙을 규정한 것에 불과한 것으로서 보건복지부장관이 관계행정기관 및 직원에 대하여 직무권한 행사의 지침을 정하여 주기 위하여 발한 행정명령의 성질을 가지는 것이지 같은 법 제75조 제1항의 규정에 의하여 보장된 재량권을 기속하는 것이라고 할 수 없고, 대외적으로 국민이나 법원을 기속하는 힘이 있는 것은 아니다(대판 2014.6.12. 2014두2157).

④ [○] 甲이 취소소송을 제기하는 경우, 「행정소송법」 제27조에 의하여 행정청의 재량에 속하는 처분이라도 재량권의 한계를 넘거나 그 남용이 있는 때에는 법원은 이를 취소할 수 있다.

> 「행정소송법」 제27조 【재량처분의 취소】 행정청의 재량에 속하는 처분이라도 재량권의 한계를 넘거나 그 남용이 있는 때에는 법원은 이를 취소할 수 있다.

정답 ③

---

011 2019년 변호사 난이도 ●○○

A법률을 시행하기 위하여 B행정청의 C고시가 제정되었다. 이에 대한 설명으로 옳은 것을 모두 고른 것은? (다툼이 있는 경우 판례에 의함)

ㄱ. A법률이 B행정청에 A법률의 내용을 구체화할 수 있는 권한을 부여하면서 그 권한 행사의 절차나 방법을 특정하지 않아 고시의 형식으로 정한 경우, C고시의 규정 내용이 A법률의 위임 범위를 벗어난 때에는 대외적 구속력을 인정할 수 없다.

ㄴ. A법률이 입법사항에 대하여 고시의 형식으로 위임하여 C고시가 제정된 경우라면, C고시는 그 자체로 국회입법원칙에 위반된 것으로 무효이다.

ㄷ. A법률이 시행규칙의 형식으로 세부사항을 정하도록 위임하였으나 고시의 형식으로 제정된 경우라 하더라도, C고시는 위임의 범위 내에서 상위법과 결합하여 대외적 구속력이 있는 법규명령의 효력을 가진다.

ㄹ. A법률의 위임에 따라 일반·추상적 성질을 가지는 C고시가 제정된 경우, A법률에 대하여 헌법재판소의 위헌결정이 선고되면 C고시도 원칙적으로 효력을 상실한다.

① ㄱ, ㄴ
② ㄱ, ㄷ
③ ㄱ, ㄹ
④ ㄴ, ㄷ
⑤ ㄴ, ㄹ

해설

KEYWORD 법규명령, 고시

ㄱ. [○] 법령의 규정이 특정 행정기관에게 법령 내용의 구체적 사항을 정할 수 있는 권한을 부여하면서 권한 행사의 절차나 방법을 특정하지 아니한 경우에는 수임행정기관은 행정규칙이나 규정 형식으로 법령 내용이 될 사항을 구체적으로 정할 수 있다. 이 경우 행정규칙 등은 당해 법령의 위임한계를 벗어나지 않는 한 대외적 구속력이 있는 법규명령으로서 효력을 가지게 되지만, 이는 행정규칙이 갖는 일반적 효력이 아니라 행정기관에 법령의 구체적 내용을 보충할 권한을 부여한 법령규정의 효력에 근거하여 예외적으로 인정되는 것이다. 따라서 그 행정규칙이나 규정이 상위법령의 위임 범위를 벗어난 경우에는 법규명령으로서 대외적 구속력을 인정할 여지는 없다(대판 2012.7.5. 2010다72076).

ㄴ. [×] 국회가 입법으로 행정기관에게 구체적인 범위를 정하여 위임한 사항에 관하여는 당해 행정기관이 법 정립의 권한을 갖게 되고, 입법자가 그 규율의 형식도 선택할 수 있다고 보아야 하므로, 헌법이 인정하고 있는 위임입법의 형식은 예시적인 것으로 보아야 한다. 법률이 일정한 사항을 행정규칙에 위임하더라도 그 행정규칙은 위임된 사항만을 규율할 수 있으므로, 국회입법의 원칙과 상치되지 않는다(헌재 2014.7.24. 2013헌바183).

ㄷ. [×] 법령의 규정이 특정 행정기관에게 법령 내용의 구체적 사항을 정할 수 있는 권한을 부여하면서 권한 행사의 절차나 방법을 특정하지 아니한 경우에는 수임행정기관은 행정규칙이나 규정 형식으로 법령 내용이 될 사항을 구체적으로 정할 수 있다. 이 경우 행정규칙 등은 당해 법령의 위임한계를 벗어나지 않는 한 대외적 구속력이 있는 법규명령으로서 효력을 가지게 되지만, 이는 행정규칙이 갖는 일반적 효력이 아니라 행정기관에 법령의 구체적 내용을 보충할 권한을 부여한 법령규정의 효력에 근거하여 예외적으로 인정되는 것이다. 따라서 그 행정규칙이나 규정이 상위법령의 위임 범위를 벗어난 경우에는 법규명령으로서 대외적 구속력을 인정할 여지는 없다. 이는 행정규칙이나 규정 '내용'이 위임 범위를 벗어난 경우뿐 아니라 상위법령의 위임규정에서 특정하여 정한 권한 행사의 '절차'나 '방식'에 위배되는 경우도 마찬가지이므로, 상위법령에서 세부사항 등을 시행규칙으로 정하도록 위임하였음에도 이를 고시 등 행정규칙으로 정하였다면 그 역시 대외적 구속력을 가지는 법규명령으로서 효력이 인정될 수 없다(대판 2012.7.5. 2010다72076).

ㄹ. [○] 법규명령의 위임의 근거가 되는 법률에 대하여 위헌결정이 선고되면 그 위임규정에 근거하여 제정된 법규명령도 원칙적으로 효력을 상실한다(대판 1998.4.10. 96다52359).

정답 ③

012 2017년 국가직 9급(10월 추가)

다음 사례에 대한 설명으로 옳지 않은 것은? (다툼이 있는 경우 판례에 의함)

> 「식품위생법」에 따르면 식품접객업자가 청소년에게 주류를 제공하는 행위는 금지되고, 이를 위반할 경우 관할 행정청이 영업허가 또는 등록을 취소하거나 6개월 이내의 기간을 정하여 그 영업의 전부 또는 일부를 정지할 수 있으며, 관할 행정청이 영업허가 또는 등록의 취소를 하는 경우에는 청문을 실시하여야 한다. 식품접객업자인 甲은 영업장에서 청소년에게 술을 팔다 적발되었고, 관할 행정청인 乙은 청문절차를 거쳐 甲에게 영업허가취소처분을 하였다.

① 부령인 식품위생법 시행규칙에 위반행위의 종류 및 위반 횟수에 따른 행정처분의 기준을 구체적으로 정하고 있는 경우에 이 행정처분기준은 행정기관 내부의 사무처리준칙을 규정한 것에 불과하여 법적 구속력이 인정되지 않는다.

② 甲이 청소년에게 주류를 제공한 것이 인정되더라도 영업허가취소처분으로 인하여 甲이 입게 되는 불이익이 공익상 필요보다 막대한 경우에는 영업허가취소처분이 위법하다고 인정될 수 있다.

③ 乙이 청문을 실시할 때 청문서 도달기간을 준수하지 않았는데 甲이 이에 대하여 이의를 제기하지 않고 청문일에 출석하여 그 의견을 진술하고 변명함으로써 방어의 기회를 충분히 가졌다면 청문서 도달기간을 준수하지 아니한 영업허가취소처분의 하자는 치유되었다고 볼 수 있다.

④ 甲이 영업허가취소처분 취소소송을 제기하여 인용판결이 확정되어도 영업허가취소처분의 효력이 바로 소멸하는 것은 아니고 그 판결의 기속력에 따라 영업허가취소처분이 乙에 의해 취소되면 비로소 영업허가취소처분의 효력이 소멸한다.

해설

KEYWORD 행정행위의 효력

① [○] 식품위생법 시행규칙 제53조에서 별표 15로 같은 법 제58조에 따른 행정처분의 기준을 정하였다 하더라도, 이는 형식은 부령으로 되어 있으나 성질은 행정기관 내부의 사무처리준칙을 규정한 것에 불과한 것으로서 보건사회부장관이 관계 행정기관 및 직원에 대하여 직무권한 행사의 지침을 정하여 주기 위하여 발한 행정명령의 성질을 가지는 것이지 같은 법 제58조 제1항의 규정에 의하여 보장된 재량권을 기속하는 것이라고 할 수 없고, 대외적으로 국민이나 법원을 기속하는 힘이 있는 것은 아니다(대판 1993.6.29. 93누5635).

② [○] 「식품위생법」상 영업허가취소의 법적 성질은 강학상 철회이며 재량행위이다. 따라서 철회권의 제한법리에 따라 공익과 사익의 신뢰이익을 비교형량하여야 하며, 사안에서 영업허가 취소사유인 청소년에게 주류제공사실이 인정된다고 하더라도 영업허가취소처분으로 인하여 甲이 입게 되는 불이익이 공익보다 막대한 경우에는 영업허가취소처분이 위법하다고 인정될 수 있다.

③ [○] 행정청이 식품위생법상의 청문절차를 이행함에 있어 소정의 청문서 도달기간을 지키지 아니하였다면 이는 청문의 절차적 요건을 준수하지 아니한 것으로 이를 바탕으로 한 행정 처분은 일단 위법하다고 보아야 할 것이지만, 행정청이 청문서 도달기간을 다소 어겼다 하더라도 영업자가 이에 대하여 이의하지 아니한 채 스스로 청문일에 출석하여 그 의견을 진술하고 변명하는 등 방어 기회를 충분히 가졌다면 청문서 도달기간을 준수하지 아니한 하자는 치유되었다고 봄이 상당하다(대판 1992.10.23. 92누2844).

④ [×] 행정처분을 취소한다는 확정판결이 있으면 그 취소판결의 형성력에 의하여 당해 행정처분의 취소나 취소통지 등의 별도의 절차를 요하지 아니하고 당연히 취소의 효과가 발생한다(대판 1991.10.11. 90누5443). 따라서 乙의 영업허가취소처분의 취소가 없어도 해당 처분의 취소효과가 발생한다.

정답 ④

---

013 2011년 국가직 9급

다음 사례에 대한 설명으로 옳은 것은? (다툼이 있는 경우 판례에 의함)

A는 허가청으로부터 B간판에 관하여 설치허가를 받았다. 설치기간은 2011.3.1.부터 2013.2.28.까지로 하였다. A는 2013.4.1.에 허가기간의 연장을 신청하였다. 그러나 허가청은 B간판이 2013.4.1. 현재의 관련 법령이 정하는 규격을 초과한다는 이유로 허가연장신청을 거부하였다.

① 허가의 갱신신청은 달리 정함이 없으면 원칙적으로 기한이 도래하기 전에 할 수도 있고 도래한 후에 할 수도 있다.
② 2013.2.28.이 지나면 종전 허가의 효과는 원칙적으로 소멸한다.
③ 종전의 허가기간 경과 후에 이루어진 신청에 따른 허가는 일반적으로 갱신허가에 해당한다.
④ 허가청이 허가연장신청을 거부한 것은 위법하다.

해설

KEYWORD 허가

① [×] 허가의 갱신신청은 원칙적으로 기한이 도래하기 전에 하여야 한다. 종전의 허가기간 경과 후에 이루어진 신청에 따른 허가는 신규허가에 불과하다.

② [○] 기한이 도래하면 행정행위의 효력은 실효된다.

③ [×] **기한 경과 후 유효기간이 지나서 한 신청은 신규허가의 신청**이므로 허가요건 적합 여부를 새로이 판단하여 허가 여부를 결정하여야 한다(대판 1995.11.10. 94누11866).

④ [×] 행정처분의 위법 여부는 처분시를 기준으로 판단하는 것이 원칙이다. 사례의 경우 **처분시의 법령에 위반된다는 이유로 처분을 거부한 것이므로 적법하다.**

정답 ②

---

014 2019년 변호사

甲은 「식품위생법」상 적합한 시설을 갖추어 유흥주점 영업허가를 받아 업소를 경영하던 중 청소년을 출입시켜 주류를 제공하였음을 이유로 A시장으로부터 영업정지 2개월의 처분을 받았다. 이에 대해 甲은 해당 처분이 사실을 오인한 것임을 들어 다투고자 하였으나, 미처 취소소송을 제기하기 전에 영업정지기간이 도과되어 버렸다(「식품위생법 시행규칙」은 같은 이유로 2차 위반시 영업정지 3개월의 제재처분을 하도록 규정하고 있다). 이에 대한 설명으로 옳은 것을 모두 고른 것은? (다툼이 있는 경우 판례에 의함)

ㄱ. A시장은 유흥주점 영업허가를 하는 때에는 필요한 조건을 붙일 수 있다.

ㄴ. A시장이 甲에 대하여 내린 영업정지처분의 적법 여부는 「식품위생법 시행규칙」의 행정처분기준에 적합한지의 여부만에 따라 판단할 것이 아니라 법의 규정 및 그 취지에 적합한 것인가의 여부에 따라 판단하여야 한다.

ㄷ. 甲에 대한 2개월의 영업정지처분은 그 기간의 경과로 이미 효력이 상실되었으므로, 甲에게는 그 처분의 취소를 구할 법률상 이익이 인정되지 아니한다.

ㄹ. 甲이 위 영업정지처분으로 인하여 재산적 손해를 입었다고 주장하며 국가배상소송을 제기하는 경우 수소법원은 위 처분에 대하여 「국가배상법」상 법령의 위반사유가 있는지 독자적으로 판단할 수 있다.

① ㄱ
② ㄷ
③ ㄴ, ㄹ
④ ㄱ, ㄴ, ㄹ
⑤ ㄴ, ㄷ, ㄹ

해설

KEYWORD 행정행위의 개념

ㄱ. [○] 유흥주점영업은 특별자치시장·특별자치도지사·시장·군수·구청장의 허가를 받아야 하며, 해당 영업허가를 하는 때에는 필요한 조건을 붙일 수 있다.

> 「식품위생법」 제37조【영업허가 등】① 제36조 제1항 각 호에 따른 영업 중 대통령령으로 정하는 영업을 하려는 자는 대통령령으로 정하는 바에 따라 영업 종류별 또는 영업소별로 식품의약품안전처장 또는 특별자치시장·특별자치도지사·시장·군수·구청장의 허가를 받아야 한다. 허가받은 사항 중 대통령령으로 정하는 중요한 사항을 변경할 때에도 또한 같다.
> ② 식품의약품안전처장 또는 특별자치시장·특별자치도지사·시장·군수·구청장은 제1항에 따른 영업허가를 하는 때에는 필요한 조건을 붙일 수 있다.
> **시행령 제23조【허가를 받아야 하는 영업 및 허가관청】** 법 제37조 제1항 전단에 따라 허가를 받아야 하는 영업 및 해당 허가관청은 다음 각 호와 같다.
> 1. 제21조 제6호 가목의 식품조사처리업: 식품의약품안전처장
> 2. 제21조 제8호 다목의 단란주점영업과 같은 호 라목의 유흥주점영업: 특별자치시장·특별자치도지사 또는 시장·군수·구청장

ㄴ. [○] 제재적 행정처분의 기준이 부령의 형식으로 규정되어 있더라도 그것은 행정청 내부의 사무처리준칙을 정한 것에 지나지 아니하여 대외적으로 국민이나 법원을 기속하는 효력이 없고, 당해 처분의 적법 여부는 위 처분기준만이 아니라 관계법령의 규정 내용과 취지에 따라 판단되어야 한다(대판 2007.9.20. 2007두6946).

ㄷ. [×] 제재적 행정처분의 가중사유나 전제요건에 관한 규정이 법령이 아니라 규칙의 형식으로 되어 있다고 하더라도, 그러한 규칙이 법령에 근거를 두고 있는 이상 그 법적 성질이 대외적·일반적 구속력을 갖는 법규명령인지 여부와는 상관없이, 관할 행정청이나 담당 공무원은 이를 준수할 의무가 있으므로 이들이 그 규칙에 정해진 바에 따라 행정작용을 할 것이 당연히 예견되고, 그 결과 행정작용의 상대방인 국민으로서는 그 규칙의 영향을 받을 수밖에 없다. 따라서 그러한 규칙이 정한 바에 따라 선행처분을 받은 상대방이 그 처분의 존재로 인하여 장래에 받을 불이익, 즉 후행처분의 위험은 구체적이고 현실적인 것이므로, 상대방에게는 선행처분의 취소소송을 통하여 그 불이익을 제거할 필요가 있다. … **규칙이 정한 바에 따라 선행처분을 가중사유 또는 전제요건으로 하는 후행처분을 받을 우려가 현실적으로 존재하는 경우에는, 선행처분을 받은 상대방은 비록 그 처분에서 정한 제재기간이 경과하였다 하더라도 그 처분의 취소소송을 통하여 그러한 불이익을 제거할 권리보호의 필요성이 충분히 인정된다고 할 것이므로, 선행처분의 취소를 구할 법률상 이익이 있다고 보아야 한다**(대판 2006.6.22. 2003두1684 전합).

ㄹ. [○] 판례에 따르면 국가배상소송의 경우 행정행위의 위법성을 확인하는 것이 선결문제인 경우 민사법원이 행정행위의 위법성을 판단할 수 있다고 본다. 위법한 행정대집행이 완료되면 그 처분의 무효확인 또는 취소를 구할 소의 이익은 없다하더라도, 미리 그 행정처분의 취소판결이 있어야만, 그 행정처분의 위협임을 이유로 한 손해배상 청구를 할 수 있는 것은 아니다(대판 1972.4.28. 72다337).

정답 ④

015 2009년 국가직 7급

甲이 종래부터 5층 건물에 숙박업 허가를 받아 영업하고 있는 지점으로부터 불과 500미터 정도의 거리에 乙이 15층의 건물을 신축하여 같은 구청장인 A로부터 숙박업 허가를 받아 현재 영업 중이다. 그러자 甲은 자신의 숙박업 건물을 乙의 건물과 동일한 높이로 증축을 결심하고 A에게 숙박업 구조변경허가를 신청하였다. 이에 대한 설명으로 옳지 않은 것은? (다툼이 있는 경우 판례에 의함)

① A가 甲의 신청에 대해 허가를 발급하는 것은 일반적으로 금지의 해제에 해당한다.
② 전통적 견해에 의하면 A가 甲에 대한 허가를 발급함으로 인한 乙의 영업상 이익의 침해는 권리침해로 된다.
③ 甲의 신청에 대해 A가 甲이 신청한 내용대로 허가를 발급하는 경우에는 처분의 이유를 제시할 필요가 없다.
④ 위 사안에서 甲과 乙의 관계는 경업자관계이다.

해설

KEYWORD 허가

① [O] 숙박업 구조변경허가는 법령에 의한 일반적인 상대적 금지(허가조건부 금지)를 일정한 요건을 갖춘 경우에 해제하여 일정한 행위를 적법하게 할 수 있게 하는 허가로서 성질을 가진다.

② [X] 통설은 강학상 허가업인 경우 허가로 인한 경영상의 이익을 일반적으로 반사적 이익으로 보기 때문에 허가업자의 경업자소송을 인정하지 않는다. 판례도 비슷한 사안에서 신규허가에 의해 침해되는 기존업자의 영업상 이익은 반사적 이익으로 본 바 있다.

> 이 사건 건물의 4·5층 일부에 객실을 설비할 수 있도록 숙박업 구조변경허가를 함으로써 그곳으로부터 50미터 내지 700미터 정도의 거리에서 여관을 경영하는 원고들이 받게 될 불이익은 간접적이거나 사실적·경제적인 불이익에 지나지 아니하므로 그것만으로는 원고들에게 위 숙박업 구조변경허가처분의 무효확인 또는 취소를 구할 소익이 있다고 할 수 없다(대판 1990.8.14. 89누7900).

③ [O] 신청 내용을 모두 그대로 인정하는 처분을 할 경우에는 처분의 이유를 제시하지 않아도 된다.

> 「행정절차법」제23조【처분의 이유 제시】① 행정청은 처분을 할 때에는 다음 각 호의 어느 하나에 해당하는 경우를 제외하고는 당사자에게 그 근거와 이유를 제시하여야 한다.
> 1. 신청 내용을 모두 그대로 인정하는 처분인 경우
> 2. 단순·반복적인 처분 또는 경미한 처분으로서 당사자가 그 이유를 명백히 알 수 있는 경우
> 3. 긴급히 처분을 할 필요가 있는 경우
> ② 행정청은 제1항 제2호 및 제3호의 경우에 처분 후 당사자가 요청하는 경우에는 그 근거와 이유를 제시하여야 한다.

④ [O] 경업자소송이라 함은 여러 영업자가 경쟁관계에 있는 경우에 경쟁관계에 있는 영업자에 대한 처분 또는 부작위를 경쟁관계에 있는 다른 영업자가 다투는 소송을 말한다.

정답 ②

016 　2017년 국회직 8급

<보기>에 대한 설명으로 옳지 않은 것은? (다툼이 있는 경우 판례에 의함)

―――――― <보기> ――――――

甲은 녹지지역의 용적률 제한을 충족하지 못한다는 점을 숨기고 마치 그 제한을 충족하는 것처럼 가장하여 관할 행정청 A에게 건축허가를 신청하였고, A는 사실관계에 대하여 명확한 확인을 하지 아니한 채 甲에게 건축허가를 하였다. 그 후 A는 甲의 건축허가신청이 위와 같은 제한을 충족하지 못한다는 사실을 알게 되자 甲에 대한 건축허가를 직권으로 취소하였다.

① A의 건축허가취소는 강학상 철회가 아니라 직권취소에 해당한다.

② 甲이 건축허가에 관한 자신의 신뢰이익을 원용하는 것은 허용되지 아니한다.

③ 건축관계법령상 명문의 취소근거규정이 없다고 하더라도 그 점만을 이유로 A의 건축허가취소가 위법하게 되는 것은 아니다.

④ 만약 甲으로부터 건축허가신청을 위임받은 乙이 건축허가를 신청한 경우라면, 사실은폐나 기타 사위의 방법에 의한 건축허가 신청행위가 있었는지 여부는 甲과 乙 모두를 기준으로 판단하여야 한다.

⑤ A는 甲의 신청 내용에 구애받지 아니하고 조사 및 검토를 거쳐 관련 법령에 정한 기준에 따라 허가조건의 충족 여부를 제대로 따져 허가 여부를 결정하여야 함에도 불구하고 자신의 잘못으로 건축허가를 한 것이므로 A의 건축허가취소는 위법하다.

해설

KEYWORD 허가

① [O] 행정행위의 취소는 일단 유효하게 성립한 행정행위를 그 행위에 위법 또는 부당한 하자가 있음을 이유로 소급하여 그 효력을 소멸시키는 별도의 행정처분이고, 행정행위의 철회는 적법요건을 구비하여 완전히 효력을 발하고 있는 행정행위를 사후적으로 그 행위의 효력의 전부 또는 일부를 장래에 향해 소멸시키는 행정처분이므로, 행정행위의 취소사유는 행정행위의 성립 당시에 존재하였던 하자를 말하고, 철회사유는 행정행위가 성립된 이후에 새로이 발생한 것으로서 행정행위의 효력을 존속시킬 수 없는 사유를 말한다(대판 2003.5.30. 2003다6422). 甲이 건축허가를 받을 당시 녹지지역의 용적률 제한을 충족하지 못하는 하자가 존재하였으므로 A의 건축허가취소는 직권취소에 해당한다.

② [O] 수익적 행정처분의 하자가 당사자의 사실은폐나 기타 사위의 방법에 의한 신청행위에 기인한 것이라면, 당사자는 처분에 의한 이익을 위법하게 취득하였음을 알아 취소가능성도 예상하고 있었을 것이므로, 그 자신이 처분에 관한 신뢰이익을 원용할 수 없다(대판 2013.2.15. 2011두1870 ; 대판 2008.11.13. 2008두8628).

③ [O] 행정처분을 한 처분청은 그 처분에 하자가 있는 경우에는 원칙적으로 별도의 법적 근거가 없더라도 스스로 이를 직권으로 취소할 수 있다(대판 2006.6.30. 2004두701).

④ [O] 행정청의 견해표명이 정당하다고 신뢰한 데에 대하여 그 개인에게 귀책사유가 없을 것도 신뢰보호의 원칙이 적용되기 위한 요건 중의 하나인데, 그 귀책사유의 유무는 상대방과 그로부터 신청행위를 위임받은 수임인 등 관계자 모두를 기준으로 판단하여야 한다. 개인의 귀책사유라 함은 행정청의 견해표명의 하자가 상대방 등 관계자의 사실은폐나 기타 사위의 방법에 의한 신청행위 등 부정행위에 기인한 것이거나 그러한 부정행위가 없더라도 하자가 있음을 알았거나 중대한 과실로 알지 못한 경우 등을 의미한다(대판 2008.1.17. 2006두10931).

⑤ [×] 행정행위를 한 처분청은 그 행위에 하자가 있는 경우에는 별도의 법적 근거가 없더라도 스스로 이를 취소할 수 있고, 다만 수익적 행정처분을 취소할 때에는 이를 취소하여야 할 공익상의 필요와 그 취소로 인하여 당사자가 입게 될 기득권과 신뢰보호 및 법률생활 안정의 침해 등 불이익을 비교·교량한 후 공익상의 필요가 당사자가 입을 불이익을 정당화할 만큼 강한 경우에 한하여 취소할 수 있으며, 나아가 **수익적 행정처분의 하자가 당사자의 사실은폐나 기타 사위의 방법에 의한 신청행위에 기인한 것이라면 당사자는 처분에 의한 이익이 위법하게 취득되었음을 알아 취소가능성도 예상하고 있었다 할 것이므로, 그 자신이 처분에 관한 신뢰이익을 원용할 수 없음은 물론 행정청이 이를 고려하지 아니하였더라도 재량권의 남용이 되지 아니한다.** 한편 당사자의 사실은폐나 기타 사위의 방법에 의한 신청행위가 있었는지 여부는 행정청의 상대방과 그로부터 신청행위를 위임받은 수임인 등 관계자 모두를 기준으로 판단하여야 한다(대판 2014.11.27. 2013두16111).

정답 ⑤

---

017 2019년 국가직 7급

甲은 개발제한구역 내의 토지에 건축물을 건축하기 위하여 건축허가를 신청하였다. 이에 대한 설명으로 옳은 것(○)과 옳지 않은 것(×)을 바르게 연결한 것은? (다툼이 있는 경우 판례에 의함)

> ㄱ. 甲의 허가신청이 관련 법령의 요건을 모두 충족한 경우에는 관할 행정청은 허가를 하여야 하며, 관련 법령상 제한사유 이외의 사유를 들어 허가를 거부할 수 없다.
>
> ㄴ. 甲에게 허가를 하면서 일방적으로 부담을 부가할 수도 있지만, 부담을 부가하기 이전에 甲과 협의하여 부담의 내용을 협약의 형식으로 미리 정한 다음 허가를 하면서 이를 부가할 수도 있다.
>
> ㄷ. 甲이 허가를 신청한 이후 관계법령이 개정되어 허가기준이 변경되었다면, 허가 여부에 대해서는 신청 당시의 법령을 적용하여야 하며 허가 당시의 법령을 적용할 수 없다.
>
> ㄹ. 허가가 거부되자 甲이 이에 대해 취소소송을 제기하여 승소하였고 판결이 확정되었다면, 관할 행정청은 甲에게 허가를 하여야 하며 이전 처분사유와 다른 사유를 들어 다시 허가를 거부할 수 없다.

	ㄱ	ㄴ	ㄷ	ㄹ		ㄱ	ㄴ	ㄷ	ㄹ
①	○	○	×	×	②	×	×	○	○
③	×	○	×	×	④	○	×	○	○

해설

KEYWORD 허가, 부관

ㄱ. [×] **개발제한구역에서의 건축허가는 예외적 허가이고 재량행위**이다. 법령상 제한사유 외의 사유로도 허가를 거부할 수 있다.

ㄴ. [○] 수익적 행정처분에 있어서는 법령에 특별한 근거규정이 없다고 하더라도 그 부관으로서 부담을 붙일 수 있고, 그와 같은 부담은 행정청이 행정처분을 하면서 일방적으로 부가할 수도 있지만 부담을 부가하기 이전에 상대방과 협의하여 부담의 내용을 협약의 형식으로 미리 정한 다음 행정처분을 하면서 이를 부가할 수도 있다(대판 2009.2.12. 2005다65500).

ㄷ. [×] 행정행위는 처분 당시에 시행 중인 법령과 허가기준에 의하여 하는 것이 원칙이고, 인·허가신청 후 처분 전에 관계법령이 개정 시행된 경우 신법령 부칙에 그 시행 전에 이미 허가신청이 있는 때에는 종전의 규정에 의한다는 취지의 경과규정을 두지 아니한 이상 당연히 허가신청 당시의 법령에 의하여 허가 여부를 판단하여야 하는 것은 아니며, **소관 행정청이 허가신청을 수리하고도 정당한 이유 없이 처리를 늦추어 그 사이에 법령 및 허가기준이 변경된 것이 아닌 한 변경된 법령 및 허가기준에 따라서 한 불허가처분은 위법하다고 할 수 없다**(대판 2005.7.29. 2003두3550).

ㄹ. [×] 행정청의 거부처분을 취소하는 판결이 확정된 경우에는 그 처분을 행한 행정청은 판결의 취지에 따라 이전의 신청에 대하여 재처분할 의무가 있고, 이 경우 확정판결의 당사자인 **처분행정청은 그 행정소송의 사실심 변론종결 이후 발생한 새로운 사유를 내세워 다시 이전의 신청에 대하여 거부처분을 할 수 있으며**, 그러한 처분도 이 조항에 규정된 재처분에 해당한다(대결 1998.1.7. 97두22 ; 대판 1999.12.28. 98두1895).

정답 ③

---

018   2019년 변호사   난이도 ●○○

甲종교법인(이하 '甲'이라 한다)은 도시계획구역 내 생산녹지지역에 속한 농지(답)인 토지를 매수하면서 A시장에게 토지거래계약허가를 신청하여 허가를 받았다. 甲은 토지거래계약허가 신청을 하면서 농지(답)인 그 토지를 대지로 형질변경하여 종교시설인 회관을 건립하기 위한 것임을 명시하고 그러한 내용의 사업계획서를 제출하였고, A시의 담당 공무원에게 문의하여 "관계법령을 검토한 결과 해당 토지에 대하여는 토지형질변경이 가능하며 우리 시 조례에 의하여 종교시설의 건축이 가능하다."라는 답변을 들었으며, 당시 담당 공무원으로부터 "甲은 토지거래계약 허가를 받은 날부터 1년 이내에 회관을 건립한다."라는 각서를 제출할 것을 요구받아 이를 제출하였다. 甲은 이를 신뢰하여 상당한 자금을 들여 건축준비를 하였다. 그 후 甲은 건축허가를 위한 토지형질변경허가를 신청하였으나, A시장은 해당 토지는 관련 법상 생산녹지지역으로 지정된 곳으로 우량농지로서 보전이 필요하다는 이유로 불허가하였다. 이에 대한 설명으로 옳은 것을 모두 고른 것은? (다툼이 있는 경우 판례에 의함)

ㄱ. A시장의 토지거래계약 허가처분은 강학상 인가에 해당한다.

ㄴ. A시 담당 공무원의 답변은 행정청의 단순한 정보제공 내지는 일반적인 법률상담이라기보다는 토지형질변경이 가능하다는 공적 견해표명을 한 것으로 볼 수 있다.

ㄷ. A시장의 甲에 대한 토지형질변경신청 불허가결정이 우량농지로 보전하려는 공익과 甲이 입게 될 불이익을 상호 비교·교량하여 만약 전자가 후자보다 더 큰 것이 아니라면 이는 비례의 원칙에 위반되는 것으로 재량권을 남용한 위법한 처분이라고 봄이 상당하다.

ㄹ. 甲이 A시 담당 공무원의 답변에 하자가 있음을 알았거나 중대한 과실로 알지 못한 경우에는 신뢰보호원칙의 적용을 받지 못한다.

① ㄱ
② ㄱ, ㄷ
③ ㄴ, ㄹ
④ ㄴ, ㄷ, ㄹ
⑤ ㄱ, ㄴ, ㄷ, ㄹ

해설

KEYWORD 인가

ㄱ. [O] 규제지역 내의 모든 국민에게 전반적으로 토지거래의 자유를 금지하고 일정한 요건을 갖춘 경우에만 금지를 해제하여 계약체결의 자유를 회복시켜 주는 성질의 것이라고 보는 것은 위 법의 입법취지를 넘어선 지나친 해석이라고 할 것이고, 규제지역 내에서도 토지거래의 자유가 인정되나, 다만 위 허가를 허가 전의 유동적 무효 상태에 있는 법률행위의 효력을 완성시켜 주는 인가적 성질을 띤 것이라고 보는 것이 타당하다(대판 1991.12.24. 90다12243 전합).

ㄴ. [O] 토지거래계약의 허가과정에서 이 사건 토지형질변경이 가능하다는 피고 측의 견해표명은 원고의 요청에 의하여 우연히 피고의 소속 담당 공무원이 은혜적으로 행정청의 단순한 정보제공 내지는 일반적인 법률상담 차원에서 이루어진 것이라고 보이기보다는, 이 사건 토지거래계약의 허가와 같이 그 이용목적이 토지형질변경을 거쳐 건축물을 건축하는 것인 경우 그러한 이용목적이 관계법령상 허용되는 것인지를 개별적·구체적으로 검토하여 그것이 가능할 경우에만 거래계약허가를 하여 주도록 하는 것이 당시 피고 시청의 실무처리관행이거나 내부업무처리지침이어서 그에 따라 이루어진 것으로 볼 여지가 더 많고, 나아가 위 토지거래허가신청 과정에서 그 허가담당 공무원으로부터 이용목적대로 토지를 이용하겠다는 각서까지 제출할 것을 요구받아 이를 제출한 원고로서는 피고 측의 위와 같은 견해표명에 대하여 보다 고도의 신뢰를 갖게 되었다고 할 것이다(대판 1997.9.12. 96누18380).

ㄷ. [O] 형질변경허가의 취소·철회에 상당하는 당해 처분으로써 지방자치단체장이 달성하려는 공익, 즉 당해 토지에 대하여 그 형질변경을 불허하고 이를 우량농지로 보전하려는 공익과 위 형질변경이 가능하리라고 믿은 종교법인이 입게 될 불이익을 상호 비교·교량하여 만약 전자가 후자보다 더 큰 것이 아니라면 당해 처분은 비례의 원칙에 위반되는 것으로 재량권을 남용한 위법한 처분이라고 봄이 상당하다(대판 1997.9.12. 96누18380).

ㄹ. [O] 개인의 귀책사유라 함은 행정청의 견해표명의 하자가 상대방 등 관계자의 사실은폐나 기타 사위의 방법에 의한 신청행위 등 부정행위에 기인한 것이거나 그러한 부정행위가 없더라도 하자가 있음을 알았거나 중대한 과실로 알지 못한 경우 등을 의미한다고 해석함이 상당하고, 귀책사유의 유무는 상대방과 그로부터 신청행위를 위임받은 수임인 등 관계자 모두를 기준으로 판단하여야 한다(대판 2008.1.17. 2006두10931).

정답 ⑤

019 ☐☐☐ 2019년 지방직 9급 난이도 ●●○

甲은 강학상 허가에 해당하는 「식품위생법」상 영업허가를 신청하였다. 이에 대한 설명으로 옳은 것은? (다툼이 있는 경우 판례에 의함)

① 甲이 공무원인 경우 허가를 받으면 이는 「식품위생법」상의 금지를 해제할 뿐만 아니라 「국가공무원법」상의 영리업무금지까지 해제하여 주는 효과가 있다.

② 甲이 허가를 신청한 이후 관계법령이 개정되어 허가요건을 충족하지 못하게 된 경우, 행정청이 허가신청을 수리하고도 정당한 이유 없이 그 처리를 늦추어 그 사이에 허가기준이 변경된 것이 아닌 이상 甲에게는 불허가처분을 하여야 한다.

③ 甲에게 허가가 부여된 이후 乙에게 또 다른 신규허가가 행해진 경우, 甲에게는 특별한 규정이 없더라도 乙에 대한 신규허가를 다툴 수 있는 원고적격이 인정되는 것이 원칙이다.

④ 甲에 대해 허가가 거부되었음에도 불구하고 甲이 영업을 한 경우, 당해 영업행위는 사법(私法)상 효력이 없는 것이 원칙이다.

해설

KEYWORD 허가

① [×] 허가로 인하여 특정 행위에 대한 관계법상의 금지를 해제하여 줄 뿐 타법상의 제한까지 모두 해제하여 주는 것은 아니다. 예컨대, 공무원이 「식품위생법」상 음식점 영업허가를 받더라도 「식품위생법」상의 금지는 해제되나, 「국가공무원법」상의 영리행위금지의무는 해제되지 않는다.

② [○] 허가신청 후 법령개정시 원칙적으로 개정 법령을 적용하여 불허가처분을 한 것은 적법행정행위는 처분 당시에 시행 중인 법령 및 허가기준에 의하여 하는 것이 원칙이고, 인·허가신청 후 처분 전에 관계법령이 개정·시행된 경우, 신법령 부칙에서 신법령 시행 전에 이미 허가신청이 있는 때에는 종전의 규정에 의한다는 취지의 경과규정을 두지 아니한 이상 당연히 허가신청 당시의 법령에 의하여 허가 여부를 판단하여야 하는 것은 아니며, 소관행정청이 허가신청을 수리하고도 정당한 이유 없이 처리를 늦추어 그 사이에 법령 및 허가기준이 변경된 것이 아닌 한 새로운 법령 및 허가기준에 따라서 한 불허가처분이 위법하다고 할 수 없다(대판 1992.12.8. 92누13813).

③ [×] 경업자소송에서 허가를 통해 얻는 이익은 주로 반사적 이익에 해당한다. 따라서 甲은 乙에 대한 신규허가를 다툴 수 있는 원고적격은 인정되지 않는 것이 원칙이다.

④ [×] 허가가 거부된 경우나 무허가행위의 경우 행정상 강제집행이나 행정벌의 대상이 될 뿐 무허가행위 자체의 효력에는 원칙적으로 영향을 줄 수 없어 유효하지만, 행정벌에 의한 제재만으로는 행정상 목적을 달성할 수 없는 경우에는 당해 법률행위 자체를 무효로 하는 경우도 있다. 따라서 甲의 당해 영업행위는 원칙적으로 사법(私法)상 효력이 있다.

정답 ②

020 2016년 국가직 9급

「사립학교법」은 학교법인의 임원은 정관이 정하는 바에 의하여 학교법인의 이사회에서 선임하고, 관할청의 승인을 얻어 취임하는 것으로 규정하고 있다. A사립학교법인은 이사회를 소집하지 않은 채 B를 임원으로 선임하여 취임승인을 요청하였고, 이에 대하여 관할청은 취임을 승인하였다. 이에 대한 설명으로 옳은 것은? (다툼이 있는 경우 판례에 의함)

① 관할청의 임원취임승인으로 선임절차상의 하자는 치유되고 B는 임원으로서의 지위를 취득한다.

② 임원선임절차상의 하자를 이유로 관할청의 취임승인처분에 대한 취소를 구하는 소송은 허용되지 않는다.

③ A학교법인의 임원선임행위에 대해서는 선임처분취소소송을 제기하여 그 효력을 다툴 수 있다.

④ 관할청의 임원취임승인은 B에 대해 학교법인의 임원으로서의 포괄적 지위를 설정하여 주는 특허에 해당한다.

해설

KEYWORD 인가

①④ [×] 사립학교법 제20조 제2항에 의한 **학교법인의 임원에 대한 감독청의 취임승인은 학교법인의 임원선임행위를 보충하여 그 법률상의 효력을 완성케 하는 보충적 행정행위**로서 성질상 기본행위를 떠나 승인처분 그 자체만으로는 법률상 아무런 효력도 발생할 수 없으므로 **기본행위인 학교법인의 임원선임행위가 불성립 또는 무효인 경우에는 비록 그에 대한 감독청의 취임승인이 있었다 하여도 이로써 무효인 그 선임행위가 유효한 것으로 될 수는 없다**(대판 1987.8.18. 86누152).

② [○], ③ [×] 기본행위인 사법상의 임원선임행위에 하자가 있다 하여 그 선임행위의 효력에 관하여 다툼이 있는 경우에 민사쟁송으로서 그 선임행위의 취소 또는 무효확인을 구하는 것은 별론으로 하고 **기본행위의 불성립 또는 무효를 내세워 바로 그에 대한 감독청의 취임승인처분의 취소 또는 무효확인을 구하는 것은 특단의 사정이 없는 한 소구할 법률상의 이익이 있다고 할 수 없다**(대판 1987.8.18. 86누152).

정답 ②

021 ☐☐☐ 2016년 국가직 5급 승진

사회복지법인인 甲은 모자복지시설과 영유아보육시설 등을 설치·운영하여 오다가, 수익사업으로서 A유치원을 설치·운영하기로 하여, 甲의 정관 중 사업의 종류에 관한 규정을 신설하여 수익용 기본재산의 임대사업 및 교육기관 A유치원 설치·운영의 수익사업을 사업의 종류에 포함시키는 내용을 추가하는 취지의 정관변경허가를 관할 행정청 乙에게 신청하였다. 이에 대한 설명으로 옳지 않은 것은? (다툼이 있는 경우 판례에 의함)

① 甲의 정관변경행위를 허가할 것인지의 여부는 乙의 정책적 판단에 따른 재량에 맡겨져 있다.

② 乙은 정관변경허가를 함에 있어서 비례의 원칙 및 평등의 원칙에 적합하고 행정처분의 본질적 효력을 해하지 않는 한도 내에서 부관을 붙일 수 있다.

③ 乙의 정관변경허가 없이 한 甲의 정관변경행위는 강제집행이나 행정벌의 대상이 된다.

④ 甲의 정관변경행위가 무효인 경우에 유효한 乙의 정관변경허가가 있어도 甲의 정관변경행위가 유효한 것으로 될 수 없다.

⑤ 甲의 정관변경행위에 하자가 있는 경우에 해당 정관변경행위의 하자를 이유로 乙의 정관변경허가의 취소 또는 무효확인을 소구할 법률상 이익이 없다.

해설

KEYWORD 인가

①② [○] 사회복지사업에 관한 기본적 사항을 규정하여 그 운영의 공정·적절을 기함으로써 사회복지의 증진에 이바지함을 목적으로 하는 구 사회복지사업법의 입법취지와 같은 법 제12조, 제25조 등의 규정에 사회복지법인의 설립이나 설립 후의 정관변경의 허가에 관한 구체적인 기준이 정하여져 있지 아니한 점 등에 비추어 보면, 사회복지법인의 정관변경을 허가할 것인지의 여부는 주무관청의 정책적 판단에 따른 재량에 맡겨져 있다고 할 것이고, 주무관청이 정관변경허가를 함에 있어서는 비례의 원칙 및 평등의 원칙에 적합하고 행정처분의 본질적 효력을 해하지 않는 한도 내에서 부관을 붙일 수 있다(대판 2002.9.24. 2000두5661).

③ [×] **乙의 정관변경허가 없이 한 甲의 정관변경행위는 강제집행이나 행정벌의 대상이 되지 않는다.** 인가는 기본행위의 효력발생요건이기 때문에 인가를 받지 않은 기본행위는 효력이 발생하지 않는다. 따라서 **기본행위는 효력이 없기 때문에 강제집행이나 행정벌의 문제도 발생하지 않는다.**

④ [○] 사립학교법 제20조 제2항에 의한 학교법인의 임원에 대한 감독청의 취임승인은 학교법인의 임원선임행위를 보충하여 그 법률상의 효력을 완성케 하는 보충적 행정행위이므로 기본행위인 학교법인의 임원선임행위가 불성립 또는 무효인 경우에는 비록 그에 대한 감독청의 취임승인이 있었다 하여도 이로써 무효인 그 선임행위가 유효한 것으로 될 수는 없는 것이다(대판 1987.8.18. 86누152). 기본행위가 불성립되거나 무효인 경우에 인가 자체가 적법하다 하더라도 기본행위가 유효로 되는 것은 아니며 인가는 무효가 된다.

⑤ [○] 기본행위의 불성립 또는 무효를 내세워 바로 그에 대한 감독청의 취임승인처분의 취소 또는 무효확인을 구하는 것은 특단의 사정이 없는 한 소구할 법률상의 이익이 있다고 할 수 없다(대판 1987.8.18. 86누152).

정답 ③

022 2017년 지방직 9급

甲은 관할 행정청에 「여객자동차 운수사업법」에 따른 개인택시운송사업면허를 신청하였다. 이에 대한 설명으로 옳은 것은? (다툼이 있는 경우 판례에 의함)

① 개인택시운송사업면허의 법적 성질은 강학상 허가에 해당한다.

② 관련 법령에 법적 근거가 없더라도 개인택시운송사업면허를 하면서 부관을 붙일 수 있다.

③ 개인택시운송사업면허가 거부된 경우, 거부처분에 대해 취소소송과 함께 제기한 甲의 집행정지신청은 법원에 의해 허용된다.

④ 甲이 개인택시운송사업면허를 받았다가 이를 乙에게 양도하였고 운송사업의 양도·양수에 대한 인가를 받은 이후에는 양도·양수 이전에 있었던 甲의 운송사업면허 취소사유를 이유로 乙의 운송사업면허를 취소할 수 없다.

해설

KEYWORD 특허, 인가

① [×], ② [○] 개인택시운송사업면허는 특정인에게 권리나 이익을 부여하는 행정행위로서 법령에 특별한 규정이 없는 한 재량행위이고, 그 면허에 필요한 기준을 정하는 것 역시 행정청의 재량에 속하는 것이다(대판 2005.4.28. 2004두8910). 개인택시운송사업면허는 특허이고 재량행위에 속하므로, 명문의 근거 없이도 부관을 붙이는 것이 가능하다.

③ [×] 신청에 대한 거부처분의 효력을 정지하더라도 거부처분이 없었던 것과 같은 상태, 즉 거부처분이 있기 전의 신청시의 상태로 되돌아가는 데에 불과하고 행정청에게 신청에 따른 처분을 하여야 할 의무가 생기는 것이 아니므로, 거부처분의 효력정지는 그 거부 처분으로 인하여 신청인에게 생길 손해를 방지하는 데에 아무런 소용이 없어 그 효력정지를 구할 이익이 없다(대판 1992.2.13. 91두47).

④ [×] 구 여객자동차 운수사업법 제14조 제4항에 의하면 개인택시운송사업을 양수한 사람은 양도인의 운송사업자로서의 지위를 승계하므로, 관할 관청은 개인택시 운송사업의 양도·양수에 대한 인가를 한 후에도 그 양도·양수 이전에 있었던 양도인에 대한 운송사업면허 취소사유를 들어 양수인의 사업면허를 취소할 수 있다(대판 2010.11.11. 2009두14934).

정답 ②

023 2016년 국가직 9급

甲은 관할 행정청 A에 도로점용허가를 신청하였고, 이에 대하여 행정청 A는 주민의 민원을 고려하여 甲에 대하여 공원부지를 기부채납할 것을 부관으로 하여 도로점용허가를 하였다. 이에 대한 판례의 입장으로 옳지 않은 것은?

① 위 부관을 조건으로 본다면, 甲은 부관부 행정행위 전체를 취소소송의 대상으로 하여 부관만의 일부취소를 구하여야 한다.

② 위 부관을 부담으로 본다면, 부관만 독립하여 취소소송의 대상으로 할 수 있으며 부관만의 독립취소가 가능하다.

③ 위 부관을 부담으로 보는 경우, 甲이 정해진 기간 내에 공원부지를 기부채납하지 않은 경우에도 도로점용허가를 철회하지 않는 한 도로점용허가는 유효하다.

④ 부가된 부담이 무효임에도 불구하고 甲이 부관을 이행하여 기부채납을 완료한 경우, 甲의 기부채납행위가 당연히 무효로 되는 것은 아니다.

해설

KEYWORD 부관

① [×], ② [○] 부담이 아닌 부관의 경우에는 부관이 붙은 행정행위 전체에 대한 취소소송을 제기하여야 하고 부관만의 취소를 구하는 소송은 허용되지 않는다. 즉, 부담 이외의 부관에 대한 부진정일부취소소송을 인정하지 않고 있다. 따라서 부담 이외의 부관으로 권리를 침해받은 자는 부관부 행정행위 전체를 대상으로 취소소송을 제기하든지, 행정청에 부관이 없는 행정행위로 변경해 줄 것을 청구한 다음 그것이 거부된 경우에 그 거부처분을 취소소송으로 다투어야 한다.

③ [○] 부담을 불이행했을 때 본체인 행정처분을 철회할 수 있지만, 철회 전까지는 유효하다.

④ [○] 행정처분에 부담인 부관을 붙인 경우 부관의 무효화에 의하여 본체인 행정처분 자체의 효력에도 영향이 있게 될 수는 있지만, 그 처분을 받은 사람이 부담의 이행으로 사법상 매매 등의 법률행위를 한 경우에는 그 부관은 특별한 사정이 없는 한 법률행위를 하게 된 동기 내지 연유로 작용하였을 뿐이므로 이는 법률행위의 취소사유가 될 수 있음은 별론으로 하고 그 법률행위 자체를 당연히 무효화하는 것은 아니다. 또한 행정처분에 붙은 부담인 부관이 제소기간의 도과로 확정되어 이미 불가쟁력이 생겼다면 그 하자가 중대하고 명백하여 당연무효로 보아야 할 경우 외에는 누구나 그 효력을 부인할 수 없을 것이지만, 부담의 이행으로서 하게 된 사법상 매매 등의 법률행위는 부담을 붙인 행정처분과는 어디까지나 별개의 법률행위이므로 그 부담의 불가쟁력의 문제와는 별도로 법률행위가 사회질서 위반이나 강행규정에 위반되는지 여부 등을 따져보아 그 법률행위의 유효 여부를 판단하여야 한다(대판 2009.6.25. 2006다18174).

정답 ①

024 ☐☐☐ 2017년 국가직 9급(4월 시행) 난이도 ●●○

다음 사례에 대한 판례의 입장으로 옳지 않은 것은?

> 고속국도 관리청이 고속도로 부지와 접도구역에 송유관 매설을 허가하면서 상대방인 甲과 체결한 협약에 따라 송유관 시설을 이전하게 될 경우 그 비용을 甲이 부담하도록 하였는데, 그 후 도로법 시행규칙이 개정되어 접도구역에는 관리청의 허가 없이도 송유관을 매설할 수 있게 되었다.

① 협약에 따라 송유관 시설을 이전하게 될 경우 그 비용을 甲이 부담하도록 한 것은 행정행위의 부관 중 부담에 해당한다.

② 甲과의 협약이 없더라도 고속국도 관리청은 송유관매설허가를 하면서 일방적으로 송유관 이전시 그 비용을 甲이 부담한다는 내용의 부관을 부가할 수 있다.

③ 도로법 시행규칙의 개정 이후에도 위 협약에 포함된 부관은 부당결부금지의 원칙에 반하지 않는다.

④ 도로법 시행규칙의 개정으로 접도구역에는 관리청의 허가 없이도 송유관을 매설할 수 있게 되었기 때문에 위 협약 중 접도구역에 대한 부분은 효력이 소멸된다.

해설

KEYWORD 부관

①③ [O], ④ [X] 고속국도 관리청이 고속도로 부지와 접도구역에 송유관 매설을 허가하면서 상대방과 체결한 협약에 따라 송유관 시설을 이전하게 될 경우 그 비용을 상대방에게 부담하도록 하였고, 그 후 **도로법 시행규칙이 개정되어 접도구역에는 관리청의 허가 없이도 송유관을 매설할 수 있게 된 사안에서, 위 협약이 효력을 상실하지 않을 뿐만 아니라 위 협약에 포함된 부관이 부당결부금지의 원칙에도 반하지 않는다**(대판 2009.2.12. 2005다65500).

② [O] 수익적 행정처분에 있어서는 법령에 특별한 근거규정이 없다고 하더라도 그 부관으로서 부담을 붙일 수 있고, 그와 같은 부담은 행정청이 행정처분을 하면서 일방적으로 부가할 수도 있지만 부담을 부가하기 이전에 상대방과 협의하여 부담의 내용을 협약의 형식으로 미리 정한 다음 행정처분을 하면서 이를 부가할 수도 있다(대판 2009.2.12. 2005다65500).

정답 ④

025  난이도 ●●○

<보기>에 대한 설명으로 옳지 않은 것은? (다툼이 있는 경우 판례에 의함)

─── <보기> ───
행정청 A는 甲에 대하여 주택건설사업계획 승인처분을 하면서 사업부지 중 일부를 공공시설용 토지로 기부채납할 것을 부관으로 하였고, 甲은 그 부관의 이행으로 토지에 대한 소유권이전등기를 마쳤다.

① 행정청 A는 법령에 특별한 근거가 없더라도 甲에 대하여 부관을 붙일 수 있다.
② 甲은 기부채납 부관에 대하여서 독립하여 취소소송을 제기할 수 있다.
③ 甲에 대한 기부채납 부관이 무효가 되더라도 그 부담의 이행으로 한 소유권이전등기가 당연히 무효가 되는 것은 아니다.
④ 甲에 대한 기부채납 부관이 제소기간의 도과로 불가쟁력이 발생한 이후에는 그 부담의 이행으로 한 소유권이전등기의 효력을 다툴 수 없다.
⑤ 위 기부채납 부관이 처분과 실체적 관련성이 없어 부관으로 붙일 수 없는 경우, 사법상 계약의 형식으로 甲에게 토지이전의무를 부과할 수는 없다.

해설

KEYWORD 부관

① [○] 주택건설촉진법 제33조에 의한 주택건설사업계획의 승인은 상대방에게 권리나 이익을 부여하는 효과를 수반하는 이른바 수익적 행정처분으로서 법령에 행정처분의 요건에 관하여 일의적으로 규정되어 있지 아니한 이상 행정청의 재량행위에 속한다 할 것이고, 재량행위에 있어서는 법령상의 근거가 없다고 하더라도 부관을 붙일 수 있다(대판 1997.3.14. 96누16698).

② [○] 행정행위의 부관은 행정행위의 일반적인 효력이나 효과를 제한하기 위하여 의사표시의 주된 내용에 부가되는 종된 의사표시이지 그 자체로서 직접 법적 효과를 발생하는 독립된 처분이 아니므로 현행 행정쟁송제도 아래서는 부관 그 자체만을 독립된 쟁송의 대상으로 할 수 없는 것이 원칙이나 행정행위의 부관 중에서도 행정행위에 부수하여 그 행정행위의 상대방에게 일정한 의무를 부과하는 행정청의 의사표시인 부담의 경우에는 다른 부관과는 달리 행정행위의 불가분적인 요소가 아니고 그 존속이 본체인 행정행위의 존재를 전제로 하는 것일 뿐이므로 부담 그 자체로서 행정쟁송의 대상이 될 수 있다(대판 1992.1.21. 91누1264).

③ [○] 행정처분에 부담인 부관을 붙인 경우 부관의 무효화에 의하여 본체인 행정처분 자체의 효력에도 영향이 있게 될 수는 있지만, 그 처분을 받은 사람이 부담의 이행으로 사법상 매매 등의 법률행위를 한 경우에는 그 부관은 특별한 사정이 없는 한 법률행위를 하게 된 동기 내지 연유로 작용하였을 뿐이므로 이는 법률행위의 취소사유가 될 수 있음은 별론으로 하고 그 법률행위 자체를 당연히 무효화하는 것은 아니다(대판 2009.2.12. 2005다65500 ; 대판 2009.6.25. 2006다18174 등).

④ [×] 행정처분에 부담인 부관을 붙인 경우 부관의 무효화에 의하여 본체인 행정처분 자체의 효력에도 영향이 있게 될 수는 있지만, 그 처분을 받은 사람이 부담의 이행으로 사법상 매매 등의 법률행위를 한 경우에는 그 부관은 특별한 사정이 없는 한 법률행위를 하게된 동기 내지 연유로 작용하였을 뿐이므로 이는 법률행위의 취소사유가 될 수 있음은 별론으로 하고 그 법률행위 자체를 당연히 무효화하는 것은 아니다. 또한 행정처분에 붙은 부담인 부관이 제소기간의 도과로 확정되어 이미 불가쟁력이 생겼다면 그 하자가 중대하고 명백하여 당연무효로 보아야 할 경우 외에는 누구나 그 효력을 부인할 수 없을 것이지만, **부담의 이행으로서 하게 된 사법상 매매 등의 법률행위는 부담을 붙인 행정처분과는 어디까지나 별개의 법률행위이므로 그 부담의 불가쟁력의 문제와는 별도로 법률행위가 사회질서 위반이나 강행규정에 위반되는지 여부 등을 따져보아 그 법률행위의 유효 여부를 판단하여야 한다**(대판 2009.6.25. 2006다18174).

⑤ [○] 행정처분과 부관 사이에 실제적 관련성이 있다고 볼 수 없는 경우 공무원이 공법상의 제한을 회피할 목적으로 행정처분의 상대방과 사이에 사법상 계약을 체결하는 형식을 취하였다면 이는 법치행정의 원리에 반하는 것으로서 위법하다고 보지 않을 수 없다(대판 2010.1.28. 2007도9331 ; 대판 2009.12.10. 2007다63966).

정답 ④

026 2019년 지방직 9급   난이도 ●●○

甲은 관할 행정청에 토지의 형질변경행위가 수반되는 건축허가를 신청하였고, 관할 행정청은 甲에 대해 '건축기간 동안 자재 등을 도로에 불법적치하지 말 것'이라는 부관을 붙여 건축허가를 하였다. 이에 대한 설명으로 옳은 것은? (다툼이 있는 경우 판례에 의함)

① 토지의 형질변경의 허용 여부에 대해 행정청의 재량이 인정되더라도 주된 행위인 건축허가가 기속행위인 경우에는 甲에 대한 건축허가는 기속행위로 보아야 한다.
② 위 건축허가에 대해 건축주를 乙로 변경하는 건축주 명의변경신고가 관련 법령의 요건을 모두 갖추어 행해졌더라도 관할 행정청이 신고의 수리를 거부한 경우, 그 수리거부행위는 乙의 권리의무에 직접 영향을 미치는 것으로서 취소소송의 대상이 되는 처분이다.
③ 甲이 위 부관을 위반하여 도로에 자재 등을 불법적치한 경우, 관할 행정청은 바로 「행정대집행법」에 따라 불법적치된 자재 등을 제거할 수 있다.
④ 甲이 위 부관에 위반하였음을 이유로 관할 행정청이 건축허가의 효력을 소멸시키려면 법령상의 근거가 있어야 한다.

해설

KEYWORD 부관

① [×] 토지의 형질변경허가는 그 금지요건이 불확정개념으로 규정되어 있어 그 금지요건에 해당하는지 여부를 판단함에 있어서 행정청에게 재량권이 부여되어 있다고 할 것이므로, 같은 법에 의하여 지정된 도시지역 안에서 토지의 형질변경행위를 수반하는 건축허가는 결국 재량행위에 속한다(대판 2005.7.14. 2004두6181).
② [○] 건축주 명의변경신고 수리거부행위는 행정청이 허가대상건축물 양수인의 건축주 명의변경신고라는 구체적인 사실에 관한 법집행으로서 그 신고를 수리하여야 할 법령상의 의무를 지고 있음에도 불구하고 그 신고의 수리를 거부함으로써, 양수인이 건축공사를 계속하기 위하여 또는 건축공사를 완료한 후 자신의 명의로 소유권보존등기를 하기 위하여 가지는 구체적인 법적 이익을 침해하는 결과가 되었다고 할 것이므로, 비록 건축허가가 대물의 허가로서 그 허가의 효과가 허가대상건축물에 대한 권리변동에 수반하여 이전된다고 하더라도, 양수인의 권리·의무에 직접 영향을 미치는 것으로서 취소소송의 대상이 되는 처분이라고 하지 않을 수 없다(대판 1992.3.31. 91누4911).
③ [×] '건축기간 동안 자재 등을 도로에 불법적치하지 말 것'은 부작위의무를 부과한 부담에 해당한다. 부작위의무는 작위의무로의 전환 없이 곧바로 행정대집행을 할 수 없다.
④ [×] 甲이 위 부관에 위반하였음을 이유로 관할 행정청이 건축허가의 효력을 소멸시키려면 행정청은 건축허가를 철회하여야 한다. 행정행위의 철회는 법령상의 근거 없이도 할 수 있다.

정답 ②

027 □□□ 2019년 지방직 7급 난이도 ●●○

甲은 개발제한구역 내에서의 건축허가를 관할 행정청인 乙에게 신청하였고, 乙은 甲에게 일정 토지의 기부채납을 조건으로 이를 허가하였다. 이에 대한 설명으로 옳은 것은? (다툼이 있는 경우 판례에 의함)

① 특별한 규정이 없다면 甲에 대한 건축허가는 기속행위로서 건축허가를 하면서 기부채납조건을 붙인 것은 위법하다.

② 甲이 부담인 기부채납조건에 대하여 불복하지 않았고, 이를 이행하지도 않은 채 기부채납조건에서 정한 기부채납 기한이 경과하였다면 이로써 甲에 대한 건축허가는 효력을 상실한다.

③ 기부채납조건이 중대하고 명백한 하자로 인하여 무효라 하더라도 甲의 기부채납 이행으로 이루어진 토지의 증여는 그 자체로 사회질서 위반이나 강행규정 위반 등의 특별한 사정이 없는 한 유효하다.

④ 건축허가 자체는 적법하고 부담인 기부채납조건만이 취소사유에 해당하는 위법성이 있는 경우, 甲은 기부채납조건부 건축허가처분 전체에 대하여 취소소송을 제기할 수 있을 뿐이고 기부채납조건만을 대상으로 취소소송을 제기할 수 없다.

해설

KEYWORD 부관

① [×] 개발제한구역 내에서는 구역 지정의 목적상 건축물의 건축, 공작물의 설치, 토지의 형질변경 등의 행위는 원칙적으로 금지되고, 다만 구체적인 경우에 위와 같은 구역 지정의 목적에 위배되지 아니할 경우 예외적으로 허가에 의하여 그러한 행위를 할 수 있게 되며, 한편 개발제한구역 내에서의 건축물의 건축 등에 대한 예외적 허가는 그 상대방에게 수익적인 것으로서 재량행위에 속하는 것이라고 할 것이고, 이러한 재량행위에 있어서는 관계법령에 명시적인 금지규정이 없는 한 행정목적을 달성하기 위하여 조건이나 기한, 부담 등의 부관을 붙일 수 있다(대판 2004.7.22. 2003두7606).

② [×] 부담부 행정처분에 있어서 처분의 상대방이 부담(의무)을 이행하지 아니한 경우에 처분행정청으로서는 이를 들어 당해 처분을 취소(철회)할 수 있는 것이다(대판 1989.10.24. 89누2431). 철회할 수 있을 뿐, 주된 행정행위의 효력이 당연히 상실되는 것은 아니다.

③ [○] 행정처분에 부담인 부관을 붙인 경우 부관의 무효화에 의하여 본체인 행정처분 자체의 효력에도 영향이 있게 될 수는 있지만, 그 처분을 받은 사람이 부담의 이행으로 사법상 매매 등의 법률행위를 한 경우에는 그 부관은 특별한 사정이 없는 한 법률행위를 하게된 동기 내지 연유로 작용하였을 뿐이므로 이는 법률행위의 취소사유가 될 수 있음은 별론으로 하고 그 법률행위 자체를 당연히 무효화하는 것은 아니다(대판 2009.6.25. 2006다18174).

④ [×] 현행 행정쟁송제도 아래서는 부관 그 자체만을 독립된 쟁송의 대상으로 할 수 없는 것이 원칙이나 행정행위의 부관 중에서도 행정행위에 부수하여 그 행정행위의 상대방에게 일정한 의무를 부과하는 행정청의 의사표시인 부담의 경우에는 다른 부관과는 달리 행정행위의 불가분적인 요소가 아니고 그 존속이 본체인 행정행위의 존재를 전제로 하는 것일 뿐이므로 부담 그 자체로서 행정쟁송의 대상이 될 수 있다(대판 1992.1.21. 91누1264).

정답 ③

028 2020년 변호사

甲은 통신사업을 주목적으로 하는 회사로서, ×지역에 사업상 필요한 통신선을 매설하고자 관계법령에 따라 관할 행정청인 A에 공작물 설치허가를 신청하였다. 관계법령은 공작물 설치허가를 재량행위로 규정하고 있다. A는 제반사정을 고려하여 甲에게 위 신청에 따른 허가(이하 '이 사건 허가'라 한다)를 하면서 그 허가조건으로 "×지역의 개발 등 매설한 통신선 이설이 불가피한 경우 A는 甲에게 통신선의 이설을 요구할 수 있고 그로 인하여 발생되는 이설비용은 甲이 부담한다."는 조항(이하 '이 사건 부가조항'이라고 함)을 부가하였다. 甲은 위 허가에 따라 통신선의 매설을 완료하였는데, 이후 ×지역의 개발로 통신선의 이설이 불가피하게 되자, A는 甲에게 이 사건 부가조항에 따라 甲의 비용으로 일정한 구간에 매설된 통신선의 이설을 요구하였다. 이에 대한 설명으로 옳지 않은 것은? (다툼이 있는 경우 판례에 의함)

① 이 사건 부가조항은 행정행위의 부관으로서, 그 부관의 내용을 미리 협약으로 정한 이후에 행정처분을 하면서 이를 부가할 수도 있다.
② A는 이 사건 허가 이후 사정변경으로 인하여 이 사건 부가조항을 부가한 목적을 달성할 수 없게 된 경우에는 그 목적달성에 필요한 범위 내에서 부가조항을 사후변경할 수 있다.
③ 甲이 A의 통신선 이설요구에 대하여 A의 비용 부담을 주장하면서 이를 거부하는 경우, A는 이 사건 부가조항상의 의무불이행을 이유로 이 사건 허가를 철회할 수 있다.
④ 이 사건 허가가 있은 이후에 관계법령이 개정되어 ×지역에서는 A의 허가 없이 통신선을 매설할 수 있게 되었다고 하더라도 이 사건 부가조항이 위법하게 되는 것은 아니다.
⑤ 甲이 이 사건 부가조항을 다투려고 하는 경우 위 부가조항만을 독립하여 취소소송의 대상으로 삼을 수는 없다.

해설

KEYWORD 부관

① [○] 부담은 행정청이 행정처분을 하면서 일방적으로 부가할 수도 있지만 부담을 부가하기 이전에 상대방과 협의하여 부담의 내용을 협약의 형식으로 미리 정한 다음 행정처분을 하면서 이를 부가할 수도 있다(대판 2009.2.12. 2005다65500).

② [○] 행정처분에 이미 부담이 부가되어 있는 상태에서 그 의무의 범위 또는 내용 등을 변경하는 부관의 사후변경은, 법률에 명문의 규정이 있거나 그 변경이 미리 유보되어 있는 경우 또는 상대방의 동의가 있는 경우에 한하여 허용되는 것이 원칙이지만, 사정변경으로 인하여 당초에 부담을 부가한 목적을 달성할 수 없게 된 경우에도 그 목적달성에 필요한 범위 내에서 예외적으로 허용된다(대판 1997.5.30. 97누2627).

③ [○] 부담부 행정처분에 있어서 처분의 상대방이 부담(의무)을 이행하지 아니한 경우에 처분행정청으로서는 이를 들어 당해 처분을 취소(철회)할 수 있는 것이다(대판 1989.10.24. 89누2431).

④ [○] 행정청이 수익적 행정처분을 하면서 부가한 부담의 위법 여부는 처분 당시 법령을 기준으로 판단하여야 하고, 부담이 처분 당시 법령을 기준으로 적법하다면 처분 후 부담의 전제가 된 주된 행정처분의 근거법령이 개정됨으로써 행정청이 더 이상 부관을 붙일 수 없게 되었다 하더라도 곧바로 위법하게 되거나 그 효력이 소멸하게 되는 것은 아니다(대판 2009.2.12. 2005다65500).

⑤ [×] 현행 행정쟁송제도 아래서는 부관 그 자체만을 독립된 쟁송의 대상으로 할 수 없는 것이 원칙이나 행정행위의 부관 중에서도 행정행위에 부수하여 그 행정행위의 상대방에게 일정한 의무를 부과하는 행정청의 의사표시인 부담의 경우에는 다른 부관과는 달리 행정행위의 불가분적인 요소가 아니고 그 존속이 본체인 행정행위의 존재를 전제로 하는 것일 뿐이므로 **부담 그 자체로서 행정쟁송의 대상이 될 수 있다**(대판 1992.1.21. 91누1264).

정답 ⑤

029 · 2021년 국회직 8급

A행정청은 甲에게 처분을 하면서 법령에 근거 없이 일정 토지를 기부채납하도록 하는 부담을 붙였다. 이에 대한 설명으로 옳지 않은 것은? (다툼이 있는 경우 판례에 의함)

① A행정청이 처분 이전에 甲과 협의하여 기부채납에 관한 내용을 협약의 형식으로 미리 정한 다음에 부담을 붙이는 것도 허용된다.
② 처분이 기속행위임에도 甲이 부담의 이행으로 기부채납을 하였다면, 그 기부채납행위는 당연무효인 행위가 된다.
③ 사정변경으로 인하여 당초에 부담을 부가한 목적을 달성할 수 없게 된 경우에는 A행정청은 甲의 동의가 없더라도 그 목적달성에 필요한 범위 내에서 부담을 변경할 수 있다.
④ 甲은 기부채납을 하도록 하는 부담에 대해서만 취소소송을 제기하여 다툴 수 있다.
⑤ 처분이 기속행위라면 甲은 기부채납 부담을 이행할 의무가 없다.

해설

KEYWORD 부관

① [O] 수익적 행정처분에 있어서는 법령에 특별한 근거규정이 없다고 하더라도 그 부관으로서 부담을 붙일 수 있고, 그와 같은 부담은 행정청이 행정처분을 하면서 일방적으로 부가할 수도 있지만 부담을 부가하기 이전에 상대방과 협의하여 부담의 내용을 협약의 형식으로 미리 정한 다음 행정처분을 하면서 이를 부가할 수도 있다(대판 2009.2.12. 2005다65500).

② [×] 원칙적으로 기속행위에는 부관을 붙일 수 없으며 붙였다 하더라도 무효이다(단, 법령의 근거가 있는 경우 기속행위에도 예외적으로 부관을 붙일 수 있다). 그러나 '**부관**'의 무효와 별개로 '**부관을 이행하면서 행한 법률행위**'가 당연무효가 되는 것은 아니다.

> 부담인 부관이 무효가 된다고 해서 부담의 이행으로 한 사법상 법률행위도 당연히 무효가 되는 것은 아니다. 행정처분에 부담인 부관을 붙인 경우 부관의 무효화에 의하여 본체인 행정처분 자체의 효력에도 영향이 있게 될 수는 있지만, 그 처분을 받은 사람이 부담의 이행으로 사법상 매매 등의 법률행위를 한 경우에는 그 부관은 특별한 사정이 없는 한 법률행위를 하게 된 동기 내지 연유로 작용하였을 뿐이므로 이는 법률행위의 취소사유가 될 수 있음은 별론으로 하고 그 법률행위 자체를 당연히 무효화하는 것은 아니다(대판 2009.6.25. 2006다18174).

③ [O] 행정처분에 이미 부담이 부가되어 있는 상태에서 그 의무의 범위 또는 내용 등을 변경하는 부관의 사후변경은, 법률에 명문의 규정이 있거나 그 변경이 미리 유보되어 있는 경우 또는 상대방의 동의가 있는 경우에 한하여 허용되는 것이 원칙이지만, 사정변경으로 인하여 당초에 부담을 부가한 목적을 달성할 수 없게 된 경우에도 그 목적달성에 필요한 범위 내에서 예외적으로 허용된다(대판 1997.5.30. 97누2627).

④ [O] 행정행위의 부관은 부담인 경우를 제외하고는 독립하여 행정소송의 대상이 될 수 없는바, 기부채납받은 행정재산에 대한 사용·수익허가에서 공유재산의 관리청이 정한 사용·수익허가의 기간은 그 허가의 효력을 제한하기 위한 행정행위의 부관으로서 이러한 사용·수익허가의 기간에 대해서는 독립하여 행정소송을 제기할 수 없다(대판 2001.6.15. 99두509).

⑤ [O] 기속행위에 대해서는 법령상 특별한 근거가 없는 한 부관을 붙일 수 없고, 가사 부관을 붙였다고 하더라도 이는 무효이다.

> 건축허가를 하면서 일정 토지를 기부채납하도록 하는 내용의 허가조건은 부관을 붙일 수 없는 기속행위 내지 기속적 재량행위인 건축허가에 붙인 부담이거나 또는 법령상 아무런 근거가 없는 부관이어서 무효이다(대판 1995.6.13. 94다56883).

정답 ②

030 2016년 국가직 9급

다음 사례에 대한 설명으로 옳은 것은? (다툼이 있는 경우 판례에 의함)

> 甲은 「식품위생법」상 유흥주점 영업허가를 받아 영업을 하던 중 경기부진을 이유로 2015.8.3. 자진폐업하고 관련 법령에 따라 폐업신고를 하였다. 이에 관할 시장은 자진 폐업을 이유로 2015.9.10. 甲에 대한 위 영업허가를 취소하는 처분을 하였으나 이를 甲에게 통지하지 아니하였다. 이후 甲은 경기가 활성화되자 유흥주점 영업을 재개하려고 관할 시장에 2016.2.3. 재개업신고를 하였으나, 영업허가가 이미 취소되었다는 회신을 받았다. 허가취소사실을 비로소 알게 된 甲은 2016.3.10.에 위 2015.9.10.자 영업허가취소처분의 취소를 구하는 소송을 제기하였다.

① 甲에 대한 유흥주점 영업허가의 효력은 2015.9.10.자 영업허가취소처분에 의해서 소멸된다.

② 위 2015.9.10.자 영업허가취소처분은 甲에게 통지되지 않아 효력이 발생하지 아니하였으므로 甲의 영업허가는 여전히 유효하다.

③ 甲이 2015.9.10.자 영업허가취소처분에 대하여 제기한 위 취소소송은 부적법한 소송으로서 각하된다.

④ 甲에 대한 유흥주점 영업허가는 2016.2.3. 행한 甲의 재개업신고를 통하여 다시 효력을 회복한다.

해설

KEYWORD 소의 이익

① [×] 유흥주점 영업허가의 효력은 자진폐업한 2015.8.3.자로 당연실효된다.

② [×] 甲이 그 영업을 폐업한 경우에는 그 영업허가는 당연실효되며 별도의 통지를 요하지 않는다.

③ [○] 청량음료 제조업허가는 신청에 의한 처분이고, 이와 같이 신청에 의한 허가처분을 받은 원고가 그 영업을 폐업한 경우에는 그 영업허가는 당연실효되고, 이런 경우 허가행정청의 허가취소처분은 허가의 실효됨을 확인하는 것에 불과하므로 원고는 그 허가취소처분의 취소를 구할 소의 이익이 없다고 할 것이다(대판 1981.7.14. 80누593).

④ [×] 종전의 결혼예식장영업을 자진폐업한 이상 위 예식장영업허가는 자동적으로 소멸하고 위 건물 중 일부에 대하여 다시 예식장영업허가신청을 하였다 하더라도 이는 전혀 새로운 영업허가의 신청임이 명백하므로 일단 소멸된 종전의 영업허가권이 당연히 되살아난다고 할 수는 없는 것이니 여기에 종전의 영업허가권이 새로운 영업허가신청에도 그대로 미친다고 보는 기득권의 문제는 개재될 여지가 없다(대판 1985.7.9. 83누412).

정답 ③

031 2016년 사회복지직 9급

다음 사례에 대한 甲·乙·丙·丁의 대화 중 옳은 것은? (다툼이 있는 경우 판례에 의함)

임용권자는 정규 공무원으로 임용된 A가 정규임용시에는 아무런 임용결격사유가 없었지만 그 이전에 시보로 임용될 당시 「국가공무원법」에서 정한 임용결격사유가 있었다는 사실을 알게 되었다. 이에 해당 임용권자는 이러한 사실을 이유로 A의 시보임용처분을 취소하고 그 후 정규임용처분도 취소하였다.

① 甲: 시보임용처분은 당연무효이다.
② 乙: 시보임용처분에 근거한 정규임용처분은 무효이다.
③ 丙: 시보임용취소처분과 정규임용취소처분은 별개의 처분이 아니라 단계적으로 이루어지는 하나의 처분이다.
④ 丁: 정규임용취소처분은 성질상 행정절차를 거치는 것이 불필요하여 「행정절차법」의 적용이 배제된다.

해설

KEYWORD 무효

① [○] 임용 당시 공무원 임용결격사유가 있었다면 비록 국가의 과실에 의하여 임용결격자임을 밝혀 내지 못하였다고 하더라도 그 임용행위는 당연무효이다(대판 1996.7.12. 96누3333).

② [×] 시보임용처분에 근거한 정규임용처분은 취소사유이다.

③ [×] 시보임용처분과 정규임용처분은 별개의 처분이다. 따라서 시보임용처분이 무효일지라도 이는 신규임용을 한 하자에 불과하여 취소사유가 된다고 함은 별론으로 하고 그 하자가 중대·명백하여 당연무효가 된다고 할 수는 없다(대판 2009.1.3. 2008두16155).

④ [×] 정규임용처분을 취소하는 처분은 원고의 이익을 침해하는 처분이라 할 것이고, 한편 지방공무원법 및 그 시행령에는 이 사건 처분과 같이 정규임용처분을 취소하는 처분을 함에 있어 행정절차에 준하는 절차를 거치도록 하는 규정이 없을 뿐만 아니라 위 처분이 성질상 행정절차를 거치기 곤란하거나 불필요하다고 인정되는 처분이라고 보기도 어렵다고 할 것이어서 이 사건 처분이 행정절차법의 적용이 제외되는 경우에 해당한다고 할 수 없으며, 나아가 이 사건 처분은, 지방공무원법 제31조 제4호 소정의 공무원 임용결격사유가 있어 당연무효인 이 사건 시보임용처분과는 달리, 위 시보임용처분의 무효로 인하여 시보공무원으로서의 경력을 갖추지 못하였다는 이유만으로, 위 결격사유가 해소된 후에 한 별도의 정규임용처분을 취소하는 처분이어서 행정절차법 제21조 제4항 및 제22조 제4항에 따라 원고에게 사전통지를 하지 않거나 의견제출의 기회를 주지 아니하여도 되는 예외적인 경우에 해당한다고 할 수도 없다. 그렇다면 피고가 이 사건 처분을 함에 있어 원고에게 처분의 사전통지를 하거나 의견제출의 기회를 부여하지 아니한 이상, 이 사건 처분은 절차상 하자가 있어 위법하다고 할 것이다(대판 2009.1.30. 2008두16155).

정답 ①

032   2017년 지방직 7급

甲은 「여객자동차 운수사업법」상 일반택시운송사업면허를 받아 사업을 운영하던 중, 자신의 사업을 乙에게 양도하고자 乙과 양도·양수계약을 체결하고 관련 법령에 따라 乙이 사업의 양도·양수신고를 하였다. 이에 대한 설명으로 옳지 않은 것은? (다툼이 있는 경우 판례에 의함)

① 甲에 대한 일반택시운송사업면허는 원칙상 재량행위에 해당한다.

② 사업의 양도·양수에 대한 신고를 수리하는 행위는 「행정절차법」의 적용대상이 된다.

③ 甲과 乙 사이의 사업양도·양수계약이 무효이더라도 이에 대한 신고의 수리가 있게 되면 사업양도의 효과가 발생한다.

④ 사업의 양도·양수신고가 수리된 경우, 甲은 민사쟁송으로 양도·양수행위의 무효를 구함이 없이 곧바로 항고소송으로 신고 수리의 무효확인을 구할 법률상 이익이 있다.

해설

KEYWORD 무효

① [○] 「여객자동차 운수사업법」에 의한 개인택시운송사업면허와 마찬가지로 일반택시운송사업면허도 특정인에게 권리나 이익을 부여하는 행정행위로서 법령에 특별한 규정이 없는 한 재량행위이다(대판 1995.12.8. 95누11412).

② [○] 행정청이 관련 법률 규정에 의하여 사업자지위승계신고를 수리하는 처분은 종전 사업자의 권익을 제한하는 처분이고 종전 사업자는 그 처분에 대하여 직접 그 상대가 되는 자에 해당한다고 보는 것이 타당하므로 행정청이 그 신고를 수리하는 처분을 할 때에는 「행정절차법」 규정에서 정한 당사자에 해당하는 종전 사업자에 대하여 위 규정에서 정한 사전통지나 의견제출의 기회 제공 등 행정절차를 실시하고 처분을 하여야 한다(대판 2012.12.13. 2011두29144).

③ [×], ④ [○] 사업양도·양수에 따른 허가관청의 지위승계신고의 수리는 적법한 사업의 양도·양수가 있었음을 전제로 하는 것이므로 **그 수리대상인 사업양도·양수가 존재하지 아니하거나 무효인 때에는 수리를 하였다 하더라도 그 수리는 유효한 대상이 없는 것으로서 당연히 무효라 할 것이고**, 사업의 양도행위가 무효라고 주장하는 양도자는 민사쟁송으로 양도·양수행위의 무효를 구함이 없이 막바로 허가관청을 상대로 하여 행정소송으로 위 신고수리처분의 무효확인을 구할 법률상 이익이 있다(대판 2005.12.23. 2005두3554).

정답 ③

033 □□□ 2016년 서울시 7급

甲은 A법률에 근거하여 부담금부과처분을 받았으나, 처분 이후에 처분의 근거가 되었던 A법률의 규정이 헌법재판소에 의해 위헌으로 결정되었다. 이에 대한 설명으로 가장 옳은 것은? (다툼이 있는 경우 판례에 의함)

① 甲이 부담금을 납부하였고, 부담금부과처분에 불가쟁력이 발생하였다면 이미 납부한 부담금의 반환청구는 인정되지 않는다.

② 甲에 대한 부담금부과처분은 법적 근거가 없는 것이 되어 일반적으로 당연무효이다.

③ 甲이 아직 부담금을 납부하지 않은 상태에서 부담금부과처분에 불가쟁력이 발생한 경우에는 부담금에 대한 강제집행이 허용된다.

④ 甲이 위헌결정을 이유로 부담금부과처분에 대해 취소소송을 제기하는 경우에는 제소기간의 제한이 적용되지 않는다.

해설

KEYWORD 위헌법률

① [○] 위헌결정 이전에 이미 불가쟁력이 발생한 행정처분에 대해서는 위헌결정의 소급효가 미치지 않는다.

② [×] 행정청이 어느 법률에 근거하여 행정처분을 한 후에 헌법재판소가 그 법률을 위헌으로 결정하였다면 결과적으로 그 행정처분은 법률의 근거 없이 행하여진 것과 마찬가지가 되어 하자 있는 것이 되나, 하자 있는 행정처분이 당연무효가 되기 위하여는 그 하자가 중대할 뿐만 아니라 명백한 것이어야 하는데 일반적으로 법률이 헌법에 위반된다는 사정은 헌법재판소의 위헌결정이 있기 전에는 객관적으로 명백한 것이라고 할 수 없으므로 특별한 사정이 없는 한 **이러한 하자는 행정처분의 취소사유에 해당할 뿐** 당연무효사유는 아니고, 이는 그 행정처분의 근거법률에 여러 가지 중대한 헌법 위배사유가 있었다 하더라도 행정처분 당시 그와 같은 사정의 존재가 객관적으로 명백하였던 것이라고 단정할 수 없는 이상 마찬가지라고 보아야 한다(대판 1995.3.3. 92다55770).

③ [×] 헌법재판소법 제47조 제1항은 "법률의 위헌결정은 법원 기타 국가기관 및 지방자치단체를 기속한다."라고 규정하고 있는데, 이러한 위헌결정의 기속력과 헌법을 최고규범으로 하는 법질서의 체계적 요청에 비추어 국가기관 및 지방자치단체는 위헌으로 선언된 법률규정에 근거하여 새로운 행정처분을 할 수 없음은 물론이고, 위헌결정 전에 이미 형성된 법률관계에 기한 후속처분이라도 그것이 새로운 위헌적 법률관계를 생성·확대하는 경우라면 이를 허용할 수 없다. 따라서 조세 부과의 근거가 되었던 법률 규정이 위헌으로 선언된 경우, 비록 그에 기한 과세처분이 위헌결정 전에 이루어졌고, 과세처분에 대한 제소기간이 이미 경과하여 조세채권이 확정되었으며, 조세채권의 집행을 위한 체납처분의 근거규정 자체에 대하여는 따로 위헌결정이 내려진 바 없다고 하더라도, **위와 같은 위헌결정 이후에 조세채권의 집행을 위한 새로운 체납처분에 착수하거나 이를 속행하는 것은 더 이상 허용되지 않고**, 나아가 이러한 위헌결정의 효력에 위배하여 이루어진 체납처분은 그 사유만으로 하자가 중대하고 객관적으로 명백하여 당연무효라고 보아야 한다(대판 2012.2.16. 2010두10907 전합).

④ [×] **위헌인 법률에 근거한 행정처분이 당연무효인지의 여부는 위헌결정의 소급효와는 별개의 문제**로서, 위헌결정의 소급효가 인정된다고 하여 위헌인 법률에 근거한 행정처분이 당연무효가 된다고는 할 수 없고, 오히려 이미 취소소송의 제기기간을 경과하여 확정력이 발생한 행정처분에는 위헌결정의 소급효가 미치지 않는다고 보아야 한다(대판 1994.10.28. 92누9463).

관련 판례 | 압류해제신청거부처분취소

1. 구 택지소유상한에 관한 법률 전부에 대한 위헌결정 이전에 택지초과소유부담금 부과처분과 압류처분 및 이에 기한 압류등기가 이루어지고 위의 각 처분이 확정된 경우, 그 위헌결정 이후에 후속 체납처분절차를 진행할 수 있는지 여부(소극) 및 다른 사람에 의하여 개시된 경매절차에서 배당을 받을 수 있는지 여부(소극)

위헌법률에 기한 행정처분의 집행이나 집행력을 유지하기 위한 행위는 위헌결정의 기속력에 위반되어 허용되지 않는다고 보아야 할 것인데, 그 규정 이외에는 체납부담금을 강제로 징수할 수 있는 다른 법률적 근거가 없으므로, 그 위헌결정 이전에 이미 부담금부과처분과 압류처분 및 이에 기한 압류등기가 이루어지고 위의 각 처분이 확정되었다고 하여도, 위헌결정 이후에는 별도의 행정처분인 매각처분, 분배처분 등 후속 체납처분절차를 진행할 수 없는 것은 물론이고, 특별한 사정이 없는 한 기존의 압류등기나 교부청구만으로는 다른 사람에 의하여 개시된 경매절차에서 배당을 받을 수도 없다(대판 2002.8.23. 2001두2959).

2. 헌법재판소 판례

일반적으로 행정처분의 집행이 이미 종료되었고 그것이 번복될 경우 법적 안정성을 크게 해치게 되는 경우에는 후에 행정처분의 근거가 된 법규가 헌법재판소에서 위헌으로 선고된다고 하더라도(처분의 근거법규가 위헌이었다는 하자는 중대하기는 하나 명백한 것이라고는 할 수 없다는 의미에서) 그 행정처분이 당연무효가 되지는 않는다고 할 수 있을 것이다. 따라서 행정처분에 대한 쟁송기간 내에 그 취소를 구하는 소를 제기한 경우는 별론으로 하고 쟁송기간이 경과한 후에는 처분의 근거법규가 위헌임을 이유로 무효확인소송 등을 제기하더라도 행정처분의 효력에 영향이 없음이 원칙이라고 할 것이다. 판례나 통설은 행정처분이 당연무효인가의 여부는 그 행정처분의 하자가 중대하고 명백한가의 여부에 따라 결정된다고 보고 있지만 행정처분의 근거가 되는 법규범이 상위법 규범에 위반되어 무효인가 하는 점은 그것이 헌법재판소 또는 대법원에 의하여 유권적으로 확정되기 전에는 어느 누구에게도 명백한 것이라고 할 수 없기 때문에 원칙적으로 당연무효사유에는 해당할 수 없게 되는 것이다. 그러나 행정처분 자체의 효력이 쟁송기간 경과 후에도 존속 중인 경우, 특히 그 처분이 위헌법률에 근거하여 내려진 것이고 그 행정처분의 목적달성을 위하여서는 후행(後行)행정처분이 필요한데 후행행정처분은 아직 이루어지지 않은 경우, 그 행정처분을 무효로 하더라도 법적 안정성을 크게 해치지 않는 반면에 그 하자가 중대하여 그 구제가 필요한 경우에 대하여서는 그 예외를 인정하여 이를 당연무효사유로 보아서 쟁송기간 경과 후에라도 무효확인을 구할 수 있는 것이라고 봐야 할 것이다(헌재 1994.6.30. 92헌바23).

정답 ①

034 　2021년 국가직 7급

다음 사례에 대한 설명으로 옳은 것만을 모두 고른 것은? (다툼이 있는 경우 판례에 의함)

甲은 1991.10.10. A행정청의 공무원으로 신규임용되어 근무하였는데, 2007.12.5. A행정청의 자체 조사 결과 위 신규임용 당시 甲은 범죄행위로 징역 3년형을 선고받고 집행이 종료된 지 5년을 지나지 아니한 자였음이 밝혀져, 임용당시 시행되던 「국가공무원법」상 공무원임용 결격사유에 해당함을 이유로 A행정청은 2008.1.25. 甲에 대한 임용을 취소하였다.

ㄱ. 甲에 대한 신규임용행위의 하자는 취소사유에 해당한다.
ㄴ. 甲에 대한 임용행위는 신뢰보호원칙에 따라 보호된다.
ㄷ. 甲은 공무원으로 신규임용되어 임용이 취소될 때까지 사실상 근무를 하였더라도 「공무원연금법」에 의한 퇴직급여를 청구할 수 없다.
ㄹ. 甲이 신규임용되어 임용이 취소될 때까지 공무원으로서 한 행위는 당연무효라고 할 수 없다.

① ㄷ
② ㄷ, ㄹ
③ ㄱ, ㄴ, ㄹ
④ ㄱ, ㄴ, ㄷ, ㄹ

해설

KEYWORD 행정행위의 하자, 무효, 취소

ㄱ, ㄴ. [×] 임용 당시 공무원임용 결격사유가 있었다면 비록 국가의 과실에 의하여 임용결격자임을 밝혀내지 못하였다 하더라도 그 임용행위는 당연무효로 보아야 한다. 국가가 공무원임용 결격사유가 있는 자에 대하여 결격사유가 있는 것을 알지 못하고 공무원으로 임용하였다가 사후에 결격사유가 있는 자임을 발견하고 공무원 임용행위를 취소하는 것은 당사자에게 원래의 임용행위가 당초부터 당연무효이었음을 통지하여 확인시켜 주는 행위에 지나지 아니하는 것이므로, 그러한 의미에서 당초의 임용처분을 취소함에 있어서는 신의칙 내지 신뢰의 원칙을 적용할 수 없고 또 그러한 의미의 취소권은 시효로 소멸하는 것도 아니다(대판 1987.4.14. 86누459).

ㄷ. [○] 공무원연금법이나 근로기준법에 의한 퇴직금은 적법한 공무원으로서의 신분취득 또는 근로고용관계가 성립되어 근무하다가 퇴직하는 경우에 지급되는 것이고, 당연무효인 임용결격자에 대한 임용행위에 의하여서는 공무원의 신분을 취득하거나 근로고용관계가 성립될 수 없는 것이므로 임용결격자가 공무원으로 임용되어 사실상 근무하여 왔다고 하더라도 그러한 피임용자는 위 법률소정의 퇴직금청구를 할 수 없다(대판 1987.4.14. 86누459).

ㄹ. [○] 임용결격자라도 공무원으로 사실상 근무하던 중에 행한 행위는 당연무효라고 할 수 없다(사실상 공무원이론).

정답 ②

035 2019년 국가직 7급

甲은 재산세 부과의 근거가 되는 개별공시지가와 그 산정의 기초가 되는 표준지공시지가가 위법하게 산정되었다고 주장한다. 이에 대한 설명으로 옳은 것만을 모두 고르면? (다툼이 있는 경우 판례에 의함)

ㄱ. 취소사유에 해당하는 하자가 있는 표준지공시지가결정에 대한 취소소송의 제소기간이 지난 경우, 甲은 개별토지가격결정을 다투는 소송에서 그 개별토지가격 산정의 기초가 된 표준지공시지가의 위법성을 다툴 수 있다.

ㄴ. 甲은 개별공시지가결정에 대하여 곧바로 행정소송을 제기하거나 「부동산 가격공시에 관한 법률」에 따른 이의신청과 「행정심판법」에 따른 행정심판청구 중 어느 하나만을 거쳐 행정소송을 제기할 수 있을 뿐만 아니라, 이의신청을 하여 그 결과 통지를 받은 후 다시 행정심판을 거쳐 행정소송을 제기할 수도 있다.

ㄷ. 개별공시지가 산정업무 담당 공무원 등이 그 직무상 의무에 위반하여 현저하게 불합리한 개별공시지가가 결정되도록 함으로써 甲의 재산권을 침해한 경우 상당인과관계가 인정되는 범위에서 그 손해에 대하여 그 담당 공무원 등이 속한 지방자치단체가 배상책임을 지게 된다.

ㄹ. 甲이 개별공시지가결정에 따라 부과된 재산세를 납부한 후 이미 납부한 재산세에 대한 부당이득반환을 구하는 민사소송을 제기한 경우, 민사법원은 재산세부과처분에 취소사유의 하자가 있음을 이유로 재산세부과처분의 효력을 부인하고 그 납세액의 반환을 명하는 판결을 내릴 수 있다.

① ㄱ, ㄴ
② ㄱ, ㄹ
③ ㄴ, ㄷ
④ ㄷ, ㄹ

정답 ③

036 2011년 국가직 7급

택배업을 하는 甲이 관련 법규에 대한 이해가 부족한 경찰관의 법리오인으로 인하여 30일의 운전면허정지처분을 받아 생업에 상당한 지장을 받게 되었다. 甲의 권리구제에 대한 설명으로 옳지 않은 것은? (단, 행정심판은 고려하지 않으며, 다툼이 있는 경우 판례에 의함)

① 甲이 면허정지기간 중에 생업유지를 위해 계속하여 운전하고자 한다면, 면허정지처분에 대한 취소소송의 제기와 함께 그 처분에 대한 효력정지를 구하여야 한다.

② 甲은 면허정지기간이 지난 후에도 소의 이익이 존재하면 면허정지처분의 취소를 구할 수 있다.

③ 면허정지처분에 대한 제소기간이 지났다고 하더라도 甲은 경찰관의 직무상의 과실을 들어 면허정지에 따른 손해를 국가배상으로 청구할 수 있다.

④ 만약 甲이 면허정지기간 중에 운전하다가 무면허운전으로 처벌받았을 경우, 그 후에 면허정지처분에 대해 취소판결이 내려졌다 하더라도 그 면허정지기간 중의 운전은 여전히 무면허운전에 해당한다.

해설

KEYWORD 직권취소와 쟁송취소

① [○] 취소소송이 제기된 경우에 처분 등이나 그 집행 또는 절차의 속행으로 인하여 생길 회복하기 어려운 손해를 예방하기 위하여 긴급한 필요가 있다고 인정할 때에는 본안이 계속되고 있는 법원은 당사자의 신청 또는 직권에 의하여 처분 등의 효력이나 그 집행 또는 절차의 속행의 전부 또는 일부의 정지를 결정할 수 있다. 다만 처분의 효력정지는 처분 등의 집행 또는 절차의 속행을 정지함으로써 목적을 달성할 수 있는 경우에는 허용되지 아니한다(「행정소송법」 제23조 제2항). 집행정지신청은 본안의 소제기 후 또는 동시에 제기해야 한다.

② [○] 취소소송은 처분 등의 취소를 구할 법률상 이익이 있는 자가 제기할 수 있다. 처분 등의 효과가 기간의 경과 처분 등의 집행 그 밖의 사유로 인하여 소멸된 뒤에도 그 처분 등의 취소로 인하여 회복되는 법률상 이익이 있는 자의 경우에는 또한 같다(「행정소송법」 제12조). 따라서 당해 제재처분의 효력기간이 지났다 하더라도 당해처분으로 장래 불이익처분을 받을 수 있다면 소의 이익이 인정된다(대판 2006.6.22. 2003두1684).

③ [○] 제소기간이 경과하여 면허정지처분의 취소소송을 제기할 수 없게 되었다 해도 국가배상청구는 이와 별개로 민사법원에 할 수 있다.

④ [×] 쟁송취소는 소급효가 인정되므로 **면허정지처분에 대해 취소판결이 내려졌다면 면허정지처분은 소급하여 효력이 상실되므로 면허정지기간 중의 운전은 무면허운전에 해당하지 않는다.**

정답 ④

037 2016년 국회직 8급

<보기>에 대한 설명으로 옳지 않은 것은? (다툼이 있는 경우 판례에 의함)

―― <보기> ――

甲은 A구청장으로부터 「식품위생법」의 관련 규정에 따라 적법하게 유흥접객업 영업허가를 받아 영업을 시작하였다. 영업을 시작한 지 1년이 지난 후에 甲의 영업장을 포함한 일부 지역이 새로이 적법한 절차에 따라 학교환경위생정화구역으로 설정되었다. A구청장은 甲의 영업이 관할 학교환경위생정화위원회의 심의에 따라 금지되는 행위로 결정되었다는 이유로 청문을 거친 후에 甲의 영업허가를 취소하였다. 甲은 A구청장의 취소처분이 위법하다고 주장하면서 영업허가취소처분에 대하여 취소소송을 제기하였다.

① 甲에 대한 영업허가를 철회하기 위하여서는 중대한 공익상의 필요가 있어야 한다.
② A구청장은 甲에 대한 영업허가의 허가권자로서 이에 대한 철회권도 갖고 있다.
③ A구청장은 甲의 영업허가를 철회함에 있어 그 근거가 되는 법령이나 취소권유보의 부관 등을 명시하여야 하나, 피처분자가 처분 당시 그 취지를 알고 있었다거나 그 후 알게 된 경우에는 생략할 수 있다.
④ A구청장의 甲에 대한 영업허가취소는 처분시로 소급하여 효력을 소멸시키는 것이 아니라 장래효를 갖는다.
⑤ 甲이 위 취소소송을 제기하여 기각판결을 받았다고 하더라도 A구청장은 위 영업허가 취소처분을 철회할 수 있다.

해설

KEYWORD 취소, 철회

① [○] 행정행위의 철회는 적법요건을 구비하여 완전히 효력을 발하고 있는 행정행위를 사후적으로 그 행위의 효력의 전부 또는 일부를 장래에 향해 소멸시키는 행정처분이므로, 철회사유는 행정행위가 성립된 이후에 새로이 발생한 것으로서 행정행위의 효력을 존속시킬 수 없는 사유를 말한다(대판 2014.10.27. 2012두11959). 따라서 사례에서의 영업허가의 취소는 강학상 철회에 해당한다. 그런데 수익적 행정처분을 취소 또는 철회하거나 중지시키는 경우에는 이미 부여된 그 국민의 기득권을 침해하는 것이 되므로, 비록 취소 등의 사유가 있다고 하더라도 그 취소권 등의 행사는 기득권의 침해를 정당화할 만한 중대한 공익상의 필요 또는 제3자의 이익보호의 필요가 있는 때에 한하여 상대방이 받는 불이익과 비교·교량하여 결정하여야 하고, 그 처분으로 인하여 공익상의 필요보다 상대방이 받게 되는 불이익 등이 막대한 경우에는 재량권의 한계를 일탈한 것으로서 그 자체가 위법하다(대판 2004.7.22. 2003두7606).

② [○] 철회는 특별한 규정이 없는 한 처분청만이 행사할 수 있는 것이 원칙이다(대판 2004.11.26. 2003두10251).

③ [×] 허가의 취소처분에는 그 근거가 되는 법령이나 취소권유보의 부관 등을 명시하여야 함은 물론 처분을 받은 자가 어떠한 위반사실에 대하여 당해 처분이 있었는지를 알 수 있을 정도의 사실의 적시를 요한다고 할 것이므로 이와 같은 취소처분의 근거와 위반사실의 적시를 빠뜨린 하자는 피처분자가 처분 당시 그 취지를 알고 있었다거나 그 후 알게 되었다고 하여도 이로써 치유될 수는 없다(대판 1987.5.26. 86누788).

④ [○] 철회는 장래효를 원칙으로 한다(대판 2014.10.27. 2012두11959). 다만 소급효를 인정하지 않으면 철회의 의미가 없게 되는 경우(예컨대 행정행위에 의하여 보조금이 지급된 경우에 상대방의 부담 또는 법령상의 의무 불이행을 이유로 그 지급결정을 철회하는 경우)에는 예외적으로 소급효가 인정된다.

⑤ [○] 판결의 기속력은 인용판결에 한하여 인정되고 기각판결에는 인정되지 않는다. 왜냐하면 기각판결을 받았다는 것은 처분이 적법하다는 것이고, 그 결과 피고 행정청에게 판결의 취지에 따른 행위의무가 발생하지 않기 때문이다. 따라서 취소소송을 제기하여 기각판결을 받았다고 하더라도 처분청은 해당 처분(영업허가취소처분)을 직권으로 취소하거나 철회할 수 있다.

정답 ③

038 2016년 국가직 5급 승진

甲은 서울 강남역 사거리에서 승용자동차를 운행하다가 강남경찰서 소속의 경찰관 乙로부터 음주운전자로 적발당하였다. 甲은 운전면허취소에 해당하는 음주상태였으며, 제2종 원동기장치자전거 면허만 가지고 있었다. 그 후 甲은 서울지방경찰청장으로부터 제2종 원동기장치자전거 면허에 대한 취소처분(이하 '이 사건 처분'이라 한다)을 받았다. 甲은 이 처분에 불복하려고 한다. 이에 대한 설명으로 옳지 않은 것은? (다툼이 있는 경우 판례에 의함)

① 서울지방경찰청장의 이 사건 처분은 침익적 행정행위이다.

② 甲은 취소소송을 제기하기 전에 행정심판을 거쳐야 한다.

③ 甲이 이 사건 처분에 대한 취소소송을 제기하는 경우 서울지방경찰청장을 피고로 하여야 한다.

④ 甲은 이 사건 처분을 받은 날부터 60일 이내에 서울지방경찰청장에게 이의를 신청할 수 있다.

⑤ 甲이 승용자동차의 음주운전행위를 하였음에도 제2종 원동기장치자전거 면허를 취소하는 것은 위법하다는 것이 판례의 입장이다.

해설

KEYWORD 취소

① [○] 운전면허취소처분은 법적 불이익을 내용으로 하는 것으로 침익적 행정행위에 해당한다.

② [○]
> 「도로교통법」 제142조【행정소송과의 관계】 이 법에 따른 처분으로서 해당 처분에 대한 행정소송은 행정심판의 재결(裁決)을 거치지 아니하면 제기할 수 없다.

③ [○] 처분청인 서울지방경찰청장이 항고소송의 피고가 된다.

④ [○]
> 「도로교통법」 제94조【운전면허 처분에 대한 이의신청】 ① 제93조 제1항 또는 제2항에 따른 운전면허의 취소처분 또는 정지처분이나 같은 조 제3항에 따른 연습운전면허 취소처분에 대하여 이의(異議)가 있는 사람은 그 처분을 받은 날부터 60일 이내에 행정안전부령으로 정하는 바에 따라 시·도경찰청장에게 이의를 신청할 수 있다.

⑤ [×] 제1종 보통면허 소지자는 승용자동차만이 아니라 원동기장치자전거까지 운전할 수 있도록 규정하고 있어 제1종 보통면허의 취소에는 원동기장치자전거의 운전까지 금지하는 취지가 포함된 것이어서 이들 차량의 운전면허는 서로 관련된 것이라고 할 것이므로, 제1종 보통면허로 운전할 수 있는 차량을 운전면허정지기간 중에 운전한 경우에는 이와 관련된 원동기장치자전거면허까지 취소할 수 있다(대판 1997.5.16. 97누2313).

정답 ⑤

039 2019년 국가직 9급

甲은 「영유아보육법」에 따라 보건복지부장관의 평가인증을 받아 어린이집을 설치·운영하고 있다. 甲은 어린이집을 운영하면서 부정한 방법으로 보조금을 교부받아 사용하였고, 보건복지부장관은 이를 근거로 관련 법령에 따라 평가인증을 취소하였다. 이에 대한 설명으로 옳은 것은? (다툼이 있는 경우 판례에 의함)

① 평가인증의 취소는 강학상 취소에 해당하며, 행정청이 평가인증취소처분을 하면서 별도의 법적 근거 없이도 평가인증의 효력을 취소사유 발생일로 소급하여 상실시킬 수 있다.

② 평가인증의 취소는 강학상 철회에 해당하며, 행정청이 평가인증취소처분을 하면서 별도의 법적 근거 없이는 평가인증의 효력을 취소사유 발생일로 소급하여 상실시킬 수 없다.

③ 평가인증의 취소는 강학상 취소에 해당하며, 행정청이 평가인증취소처분을 하면서 별도의 법적 근거 없이는 평가인증의 효력을 취소사유 발생일로 소급하여 상실시킬 수 없다.

④ 평가인증의 취소는 강학상 철회에 해당하며, 행정청이 평가인증취소처분을 하면서 별도의 법적 근거 없이도 평가인증의 효력을 취소사유 발생일로 소급하여 상실시킬 수 있다.

해설

KEYWORD 취소, 철회

② [○] 평가인증의 취소는 평가인증 당시에 존재하였던 하자가 아니라 그 이후에 새로이 발생한 사유로 평가인증의 효력을 소멸시키는 경우에 해당하므로, 법적 성격은 평가인증의 '철회'에 해당한다. … 평가인증을 철회하는 처분을 하면서도, 평가인증의 효력을 과거로 소급하여 상실시키기 위해서, 특별한 사정이 없는 한 영유아보육법 제30조 제5항과는 별도의 법적 근거가 필요하다(대판 2018.6.28. 2015두58195).

관련 판례 평가인증취소처분취소(대판 2018.6.28. 2015두58195)

영유아보육법 제30조 제5항 제3호에 따른 평가인증 취소의 법적 성격(= 평가인증의 철회) 및 행정청이 평가인증이 이루어진 이후에 새로이 발생한 사유를 들어 영유아보육법 제30조 제5항에 따라 평가인증을 철회하는 처분을 하면서, 별도의 법적 근거 없이 평가인증의 효력을 과거로 소급하여 상실시킬 수 있는지 여부(원칙적 소극)

영유아보육법 제30조 제5항 제3호에 따른 평가인증의 취소는 평가인증 당시에 존재하였던 하자가 아니라 그 이후에 새로이 발생한 사유로 평가인증의 효력을 소멸시키는 경우에 해당하므로, 법적 성격은 평가인증의 '철회'에 해당한다. 그런데 행정청이 평가인증을 철회하면서 그 효력을 철회의 효력발생일 이전으로 소급하게 하면, 철회 이전의 기간에 평가인증을 전제로 지급한 보조금 등의 지원이 그 근거를 상실하게 되어 이를 반환하여야 하는 법적 불이익이 발생한다. 이는 장래를 향하여 효력을 소멸시키는 철회가 예정한 법적 불이익의 범위를 벗어나는 것이다. 이처럼 행정청이 평가인증이 이루어진 이후에 새로이 발생한 사유를 들어 영유아보육법 제30조 제5항에 따라 평가인증을 철회하는 처분을 하면서도, 평가인증의 효력을 과거로 소급하여 상실시키기 위해서, 특별한 사정이 없는 한 영유아 보육법 제30조 제5항과는 별도의 법적 근거가 필요하다.

정답 ②

040 2010년 지방직 7급

A광역시 시장 甲은 상습적인 교통체증을 해소하기 위하여 도심에 위치한 산을 관통하는 직선도로를 개설하는 도시관리계획을 수립·결정하였는데, 이 경우 자연환경훼손이 심하다는 지적이 있어 환경훼손이 적은 우회도로를 개설하는 것을 내용으로 하는 도시관리계획 변경결정을 하였다. 이 사례에 대한 설명으로 옳은 것은? (다툼이 있는 경우 판례에 의함)

① 일반적으로 개인적 공권의 하나로서 계획보장청구권이 인정되므로, 인근 주민들은 최초에 계획된 직선도로개설계획을 존치시킬 것을 주장할 수 있는 계획존속청구권을 가진다.

② 도시관리계획은 도시계획사업의 기본이 되는 일반적·추상적인 결정으로서, 특히 개개인의 구체적인 권리의무가 발생할 수 없으므로 「행정소송법」상의 처분에 해당되는 것이 아니라고 보는 것이 우리나라 대법원의 입장이다.

③ 교통체증의 해소보다는 자연환경의 보호가 더 중요하다고 판단한 점에서 A광역시의 도시관리계획 변경결정은 계획재량의 한계를 준수한 적법한 결정이라고 할 수 있다.

④ A광역시의 시장 甲은 광범위한 계획재량을 가지므로 위 사례에서 甲시장이 행한 직선도로개설계획결정에 대해서는 재량하자가 발생할 여지는 없다.

해설

KEYWORD 행정계획

① [×] 계획존속청구권은 계획보장청구권의 일종이며, 행정계획의 변경가능성을 고려할 때 **일반적으로 계획보장청구권은 인정될 수 없다**.

② [×] **도시관리계획(구 도시계획결정)은** 특정 개인의 권리 내지 법률상의 이익을 개별적이고 구체적으로 규제하는 효과를 가져오게 하는 **행정청의 처분이라 할 것이고**, 이는 행정소송의 대상이 된다(대판 1982.3.9. 80누105).

③ [○] 행정계획에는 광범위한 형성의 자유(계획재량)가 인정된다. 계획재량도 공익과 사익 등 여러 이익과의 정당한 형량을 하여야 할 한계가 있는바, 이를 형량명령이라 한다. 사안의 경우 환경보호라는 공익을 고려한 것으로 재량의 한계를 벗어난 것은 아니라고 본다.

④ [×] 계획재량의 경우에도 일정한 한계를 벗어난 경우에는 재량하자가 발생하여 위법할 수 있다.

정답 ③

041 실전문제

甲이 소유하고 있는 A대지는 관할 행정청인 乙에 의해 도시·군관리계획에 의거 도시계획시설인 학교를 신축하기 위한 부지로 결정·고시되었다. 乙은 A대지에 위 도시계획시설결정을 한 채 장기간 그 사업을 시행하고 있지 않은 상황이다. 이에 대한 설명으로 옳지 않은 것은? (다툼이 있는 경우 판례에 의함)

① 행정계획에는 「행정절차법」이 적용되지 않으므로 행정계획의 법적성질은 개별적으로 검토하여 판단하여야 한다.
② 乙이 고시한 도시계획시설결정은 특정 개인의 권리 내지 법률상의 이익을 개별적이고 구체적으로 규제하는 효과를 가져오게 하는 행정청의 처분이라 할 것이고, 이는 행정소송의 대상이 된다.
③ 행정주체는 행정계획을 입안·결정함에 있어서 비교적 광범위한 형성의 자유를 가지지만, 이익형량에 있어서 정당성과 객관성이 결여된 경우에는 그 행정계획결정은 이익형량에 하자가 있어 위법하게 될 수 있다.
④ 甲은 도시계획시설결정에 이해관계가 있는 주민으로서 乙에게 도시시설계획의 입안 내지 변경을 요구할 수 있는 법규상 또는 조리상의 신청권이 있다.
⑤ 甲이 乙에게 국토의 계획 및 이용에 관한 법령에 따라 자신의 대지에 대한 매수를 청구하더라도 매매의 효과가 바로 발생하는 것은 아니다.

해설

KEYWORD 행정계획

① [×] 행정계획에 대해서는 「행정절차법」상 규정이 있으며 「행정절차법」의 적용을 받는다. 한편 행정계획의 법적 성질을 개별적으로 검토하여 법적 구속력이 있는지, 항고소송의 대상이 되는지 판단해야 한다는 개별검토설이 통설 및 판례의 태도이다.

② [○] 도시계획법 제12조 소정의 고시된 도시계획결정은 특정 개인의 권리 내지 법률상의 이익을 개별적이고 구체적으로 규제하는 효과를 가져오게 하는 행정청의 처분이라 할 것이고, 이는 행정소송의 대상이 된다(대판 1982.3.9. 80누105).

③ [○] 행정주체는 구체적인 행정계획을 입안·결정함에 있어서 비교적 광범위한 형성의 자유를 가진다. 다만, 행정주체의 위와 같은 형성의 자유가 무제한적이라고 할 수는 없고, 행정계획에서는 그에 관련되는 당사자들의 이익을 공익과 사익 사이에서는 물론이고 공익 사이에서나 사익 사이에서도 정당하게 비교·교량하여야 한다는 제한이 있으므로, 행정주체가 행정계획을 입안·결정할 때 이익형량을 전혀 행하지 않거나 이익형량의 고려대상에 마땅히 포함시켜야 할 사항을 누락한 경우 또는 이익형량을 하였으나 정당성과 객관성이 결여된 경우에는 그 행정계획결정은 이익형량에 하자가 있어 위법하게 될 수 있다(대판 2014.7.10. 2012두1467).

④ [○] 도시계획구역 내 토지 등을 소유하고 있는 사람과 같이 당해 도시계획시설결정에 이해관계가 있는 주민으로서는 도시시설계획의 입안권자 내지 결정권자에게 도시시설계획의 입안 내지 변경을 요구할 수 있는 법규상 또는 조리상의 신청권이 있고, 이러한 신청에 대한 거부행위는 항고소송의 대상이 되는 행정처분에 해당한다(대판 2015.3.26. 2014두42742).

⑤ [O] 매수를 청구하면 매매의 효과가 바로 발생하는 형성권이 아니고 청구권이다.

> 「국토의 계획 및 이용에 관한 법률」제47조【도시·군계획시설 부지의 매수 청구】⑥ 매수의무자는 제1항에 따른 매수청구를 받은 날부터 6개월 이내에 매수 여부를 결정하여 토지소유자와 특별시장·광역시장·특별자치시장·특별자치도지사·시장 또는 군수(매수의무자가 특별시장·광역시장·특별자치시장·특별자치도지사·시장 또는 군수인 경우는 제외한다)에게 알려야 하며, 매수하기로 결정한 토지는 매수결정을 알린 날부터 2년 이내에 매수하여야 한다.

정답 ①

042 · 2020년 변호사

乙도지사는 「국토의 계획 및 이용에 관한 법률」에 따라 甲 소유의 토지가 포함된 일대 토지에 청소년수련원을 도시계획시설로 신설하는 내용의 도시관리계획을 결정(이하 '도시계획시설결정'이라 한다)하고 이를 고시하였다. 이어 乙도지사는 위 도시계획시설결정에 따른 도시계획시설사업의 사업시행자로 A회사를 지정하여, 위 사업에 관한 실시계획인가를 하고 이를 고시하였다. 같은 법 시행령에 의하면 A회사가 사업시행자로 지정을 받으려면 도시계획시설사업의 대상인 토지 면적의 3분의 2 이상에 해당하는 토지를 소유하고, 토지소유자 총수의 2분의 1 이상에 해당하는 자의 동의를 얻어야 한다. 이에 대한 설명으로 옳지 않은 것은? (다툼이 있는 경우 판례에 의함)

① 甲은 입안권자에게 도시관리계획의 입안 내지 변경을 요구할 수 있는 법규상 또는 조리상의 신청권이 있고, 입안권자가 甲의 신청을 거부한 경우 이는 항고소송의 대상이 된다.

② 乙도지사는 도시관리계획을 결정할 때 비교적 폭넓은 형성의 재량을 가지지만, 청소년수련원 설치에 따른 공익이나 인근주민들의 환경권, 甲의 재산권 등을 전혀 이익형량하지 않거나 이익형량의 고려대상에 마땅히 포함시켜야 할 사항을 누락한 경우에는 재량권을 일탈·남용한 것으로 위법하다.

③ A회사가 도시계획시설사업 대상 토지의 소유와 동의 요건을 갖추지 못하였는데도 사업시행자로 지정되었다면 특별한 사정이 없는 한 그 사업시행자 지정처분의 하자는 중대하다고 보아야 한다.

④ 도시계획시설결정 단계에서 설치사업에 따른 공익과 사익 사이의 이익형량이 이루어졌다면, 乙도지사는 실시계획인가를 할 때 특별한 사정이 없는 한 이익형량을 다시 할 필요는 없다.

⑤ 도시계획시설결정과 실시계획인가는 도시계획시설사업을 위하여 이루어지는 단계적 행정절차로 도시계획시설결정에 취소사유에 해당하는 하자가 있는 경우 그 하자는 실시계획인가에 승계된다.

해설

KEYWORD 행정계획

① [○] 도시계획구역 내 토지 등을 소유하고 있는 사람과 같이 당해 도시계획시설결정에 이해관계가 있는 주민으로서는 도시시설계획의 입안권자 내지 결정권자에게 도시시설계획의 입안 내지 변경을 요구할 수 있는 법규상 또는 조리상의 신청권이 있고, 이러한 신청에 대한 거부행위는 항고소송의 대상이 되는 행정처분에 해당한다(대판 2015.3.26. 2014두42742).

② [○] 행정주체가 구체적인 도시계획을 입안·결정함에 있어서 비교적 광범위한 계획재량을 갖고 있지만, 여기에는 도시계획에 관련된 자들의 이익을 공익과 사익에서는 물론, 공익 상호간과 사익 상호간에도 정당하게 비교·교량하여야 한다는 제한이 있는 것이므로, 행정주체가 도시계획을 입안·결정함에 있어서 이익형량을 전혀 하지 아니하거나 이익형량의 고려대상에 마땅히 포함시켜야 할 사항을 누락한 경우에는 그 행정계획결정은 재량권을 일탈·남용한 위법한 처분이라 할 수 있다(대판 1998.4.24. 97누1501).

③ [○] 국토계획법령이 정한 도시계획시설사업의 대상 토지의 소유와 동의 요건을 갖추지 못하였는데도 사업시행자로 지정하였다면, 이는 국토계획법령이 정한 법규의 중요한 부분을 위반한 것으로서 특별한 사정이 없는 한 그 하자가 중대하다고 보아야 한다(대판 2017.7.11. 2016두35120).

④ [○] 군계획시설결정 단계에서 군계획시설의 공익성 여부와 그 설치사업에 따른 공익과 사익 사이의 이익형량이 이루어진다. 군계획시설사업의 실시계획인가 여부를 결정하는 행정청은 특별한 사정이 없는 한 실시계획이 군계획시설의 결정·구조 및 설치의 기준 등에 부합하는지 여부를 판단하는 것으로 충분하고, 나아가 그 사업의 공익성 여부나 사업 수행에 따른 이익형량을 다시 할 필요는 없다(대판 2017.7.18. 2016두49938).

⑤ [×] 도시·군계획시설결정과 실시계획인가는 도시·군계획시설사업을 위하여 이루어지는 단계적 행정절차에서 별도의 요건과 절차에 따라 별개의 법률효과를 발생시키는 독립적인 행정처분이다. 그러므로 **선행처분인 도시·군계획시설결정에 하자가 있더라도 그것이 당연무효가 아닌 한 원칙적으로 후행처분인 실시계획인가에 승계되지 않는다**(대판 2017.7.18. 2016두49938).

정답 ⑤

043 2018년 국가직 7급

甲은 「폐기물관리법」에 따라 폐기물처리업의 허가를 받기 전에 행정청 乙에게 폐기물처리사업계획서를 작성하여 제출하였고, 乙은 그 사업계획서를 검토하여 적합통보를 하였다. 이에 대한 설명으로 옳지 않은 것은? (다툼이 있는 경우 판례에 의함)

① 적합통보를 받은 甲은 폐기물처리업의 허가를 받기 전이라도 부분적으로 폐기물처리를 적법하게 할 수 있다.

② 사업계획의 적합 여부는 乙의 재량에 속하고, 사업계획 적합 여부 통보를 위하여 필요한 기준을 정하는 것도 역시 乙의 재량에 속한다.

③ 사업계획서 적합통보가 있는 경우 폐기물처리업의 허가단계에서는 나머지 허가요건만을 심사한다.

④ 甲이 폐기물처리업허가를 받기 위해서는 용도지역을 변경하는 국토이용계획변경이 선행되어야 할 경우, 甲에게 국토이용계획변경을 신청할 권리가 인정된다.

해설

KEYWORD 확약

① [✕] 적합통보는 사전결정(예비결정)에 불과하므로 **본처분을 받기 전에는 본처분과 관련된 행위를 적법하게 할 수 없으므로** 적합통보를 받은 甲은 폐기물처리업의 허가를 받기 전이라면 부분적이라도 폐기물처리를 적법하게 할 수 없다.

② [○] 폐기물처리업허가와 관련된 법령들의 체제 또는 문언을 살펴보면 이들 규정들은 폐기물처리업허가를 받기 위한 최소한도의 요건을 규정해 두고는 있으나, 사업계획 적정 여부에 대하여는 일률적으로 확정하여 규정하는 형식을 취하지 아니하여 그 사업의 적정 여부에 대하여 재량의 여지를 남겨 두고 있다 할 것이고, 이러한 경우 사업계획 적정 여부 통보를 위하여 필요한 기준을 정하는 것도 역시 행정청의 재량에 속하는 것이므로, 그 설정된 기준이 객관적으로 합리적이 아니라거나 타당하지 않다고 볼 만한 다른 특별한 사정이 없는 이상 행정청의 의사는 가능한 한 존중되어야 할 것이나, 그 설정된 기준이 객관적으로 합리적이 아니라거나 타당하지 않다고 보이는 경우 또는 그러한 기준을 설정하지 않은 채 구체적이고 합리적인 이유의 제시 없이 사업계획의 부적정 통보를 하거나 사업계획서를 반려하는 경우에까지 단지 행정청의 재량에 속하는 사항이라는 이유만으로 그 행정청의 의사를 존중하여야 하는 것은 아니고, 이러한 경우의 처분은 재량권을 남용하거나 그 범위를 일탈한 조치로서 위법하다(대판 2004.5.28. 2004두961).

③ [○] 폐기물처리업의 허가에 앞서 사업계획서에 대한 적정·부적정 통보제도를 두고 있는 것은 폐기물처리업을 하고자 하는 자가 스스로 시설 등을 설치하여 허가신청을 하였다가 허가단계에서 그 사업계획이 부적정하다고 판명되어 불허가되면 허가신청인이 막대한 경제적·시간적 손실을 입게 되므로, 이를 방지하는 동시에 허가관청으로 하여금 미리 사업계획서를 심사하여 그 적정·부적정 통보처분을 하도록 하고, 나중에 허가단계에서는 나머지 허가요건만을 심사하여 신속하게 허가업무를 처리하는 데 그 취지가 있다(대판 1998.4.28. 97누21086).

④ [○] 장래 일정한 기간 내에 관계법령이 규정하는 시설 등을 갖추어 일정한 행정처분을 구하는 신청을 할 수 있는 법률상 지위에 있는 자의 국토이용계획변경신청을 거부하는 것이 실질적으로 당해 행정처분 자체를 거부하는 결과가 되는 경우에는 예외적으로 그 신청인에게 국토이용계획변경을 신청할 권리가 인정된다고 봄이 상당하므로, 이러한 신청에 대한 거부행위는 항고소송의 대상이 되는 행정처분에 해당한다(대판 2003.9.23. 2001두10936).

정답 ①

044 2017년 국가직 9급(10월 추가)

다음 사례에 대한 설명으로 옳지 않은 것은? (다툼이 있는 경우 판례에 의함)

> 유흥주점영업허가를 받아 주점을 운영하는 甲은 A시장으로부터 연령을 확인하지 않고 청소년을 주점에 출입시켜 「청소년보호법」을 위반하였다는 사실을 이유로 한 영업허가취소처분을 받았다. 甲은 이에 불복하여 취소소송을 제기하였고 취소확정판결을 받았다.

① A시장은 甲이 청소년을 유흥접객원으로 고용하여 유흥행위를 하게 하였다는 이유로 다시 영업허가취소처분을 할 수는 있다.

② 영업허가취소처분은 지나치게 가혹하다는 이유로 취소확정판결이 내려졌다면, A시장은 甲에게 연령을 확인하지 않고 청소년을 출입시켰다는 이유로 영업허가정지처분을 할 수는 있다.

③ 청소년들을 주점에 출입시킨 사실이 없다는 이유로 취소확정판결이 내려졌다면, A시장은 甲에게 연령을 확인하지 않고 청소년을 출입시켰다는 이유로 영업허가취소처분을 할 수는 없다.

④ 청문절차를 거치지 않았다는 이유로 취소확정판결이 내려졌다면, A시장은 적법한 청문절차를 거치더라도 甲에게 연령을 확인하지 않고 청소년을 출입시켰다는 이유로 영업허가취소처분을 할 수는 없다.

해설

KEYWORD 행정절차

① [O] 기속력은 판결의 주문 및 그 전제가 되는 요건사실의 인정과 판단에 한정되어 기판력은 주문에만 미치는 것과 구별된다. 여기서의 전제사실은 기본적 사실관계의 동일성이 인정되는 범위(처분사유의 추가·변경이 가능하였던 사유)를 말한다. 기속력은 취소소송의 소송물인 위법성 일반에 대하여 생기는 것이기 때문이다. 즉, 甲이 미성년자를 주점에 출입시켰다는 이유로 영업허가취소처분을 받은 후 영업허가취소처분취소소송을 제기하여 승소하였으나 행정청인 A시장이 청소년을 유흥접객원으로 고용하여 유흥행위를 하게 하였다는 이유로 다시 영업허가취소처분을 하였다 하더라도 이는 기본적 사실관계가 다른 경우에 해당하므로 반복금지의무를 위반한 처분이 아니다.

> 식품위생법 시행규칙 제53조에서 별표 15로 같은 법 제58조에 따른 행정처분의 기준을 정하였다 하더라도, 이는 형식은 부령으로 되어 있으나 성질은 행정기관 내부의 사무처리준칙을 규정한 것에 불과한 것으로서 보건사회부장관이 관계행정기관 및 직원에 대하여 직무권한행사의 지침을 정하여 주기 위하여 발한 행정명령의 성질을 가지는 것이지 같은 법 제58조 제1항의 규정에 의하여 보장된 재량권을 기속하는 것이라고 할 수 없고, 대외적으로 국민이나 법원을 기속하는 힘이 있는 것은 아니다(대판 1993.6.29. 93누5635).

② [O] 「식품위생법」상 영업허가취소의 법적 성질은 강학상 철회, 재량행위에 해당한다. 따라서 철회의 제한법리에 따라 공익과 사인의 신뢰이익을 비교형량하여야 한다. 사안에서 영업허가취소사유인 청소년에게 주류제공사실이 인정된다고 하더라도 영업허가취소처분으로 인하여 甲이 입게 되는 불이익이 공익상 필요보다 막대한 경우에는 영업허가취소처분이 위법하다고 인정될 수 있다.

③ [○] 기속력은 판결의 이유에 제시된 위법사유에 대하여 미치므로 판결의 이유에서 제시된 위법사유를 다시 반복하는 것은 동일한 처분이 아닌 경우에도 동일한 과오를 반복하는 것으로서 기속력에 반한다. 예컨대 법규 위반을 이유로 내린 영업허가취소처분이 비례의 원칙 위반으로 취소된 경우에 동일한 법규 위반을 이유로 영업정지처분을 내리는 것은 기속력에 반하지 않지만, 법규 위반 사실이 없는 것을 이유로 영업허가취소처분이 취소된 경우에 동일한 법규 위반을 이유로 다시 영업정지처분을 내리는 것은 기속력에 반한다.

> 행정청이 「식품위생법」상의 청문절차를 이행함에 있어 소정의 청문서 도달기간을 지키지 아니하였다면 이는 청문의 절차적 요건을 준수하지 아니한 것이므로 이를 바탕으로 한 행정처분은 일단 위법하다고 보아야 할 것이지만, 행정청이 청문서 도달기간을 다소 어겼다 하더라도 영업자가 이에 대하여 이의하지 아니한 채 스스로 청문일에 출석하여 그 의견을 진술하고 변명하는 등 방어의 기회를 충분히 가졌다면 청문서 도달기간을 준수하지 아니한 하자는 치유되었다고 봄이 상당하다(대판 1992.10.23. 92누2844).

④ [×] 청문절차를 거치지 않았다는 이유로 취소확정판결이 내려졌다면, A시장은 적법한 청문절차를 거쳐서 甲에게 연령을 확인하지 않고 청소년을 출입시켰다는 이유로 영업허가취소처분을 할 수 있다.

> 행정처분의 절차 또는 형식에 위법이 있어 행정처분을 취소하는 판결이 확정되었을 때는 그 확정판결의 기판력은 거기에 적시된 절차 및 형식의 위법사유에 한하여 미치는 것이므로 행정관청은 그 위법사유를 보완하여 다시 새로운 행정처분을 할 수 있고 그 새로운 행정처분은 확정판결에 의하여 취소된 종전의 행정처분과는 별개의 처분이라 할 것이어서 종전의 처분과 중복된 행정처분이 아니다(대판 1992.5.26. 91누5242).

정답 ④

045 2020년 지방직 7급

자영업에 종사하는 甲은 일정요건의 자영업자에게는 보조금을 지급하도록 한 법령에 근거하여 관할 행정청에 보조금 지급을 신청하였으나 1차 거부되었고, 이후 다시 동일한 보조금을 신청하였다. 이에 대한 설명으로 옳은 것은? (다툼이 있는 경우 판례에 의함)

① 관할 행정청이 다시 2차의 거부처분을 하더라도 甲은 2차 거부처분에 대해서는 취소소송으로 다툴 수 없다.

② 甲이 보조금을 우편으로 신청한 경우, 특별한 규정이 없다면 신청서를 발송한 때에 신청의 효력이 발생한다.

③ 명문으로 금지되거나 성질상 불가능한 경우가 아닌 한, 甲은 신청에 대한 관할 행정청의 처분이 있기 전까지 신청의 내용을 변경할 수 있다.

④ 甲의 신청에 형식적 요건의 하자가 있었다면 그 하자의 보완이 가능함에도 보완을 요구하지 않고 바로 거부하였다고 하여 그 거부가 위법한 것은 아니다.

해설

KEYWORD 행정절차법, 거부처분

① [×] 거부처분은 관할 행정청이 국민의 처분신청에 대하여 거절의 의사표시를 함으로써 성립되고, 그 이후 **동일한 내용의 새로운 신청에 대하여 다시 거절의 의사표시를 한 경우에는 새로운 거부처분이 있는 것으로 보아야 할 것이다**(대판 2002.3.29. 2000두6084).

② [×] 특별규정이 없다면 민법상의 일반원칙인 **도달주의**가 적용된다. 따라서 甲의 우편에 의한 신청서가 관할 행정청에 **도달한 때**에 신청의 효력이 발생한다.

③ [○]

> 「행정절차법」 제17조【처분의 신청】⑧ 신청인은 처분이 있기 전에는 그 신청의 내용을 보완·변경하거나 취하(取下)할 수 있다. 다만, 다른 법령 등에 특별한 규정이 있거나 그 신청의 성질상 보완·변경하거나 취하할 수 없는 경우에는 그러하지 아니하다.

④ [×] 「행정절차법」에 '보완을 요구하여야 한다.'고 규정하고 있다. **보완을 요구하지도 않은 채 곧바로 신청을 거부한 것은 재량권의 범위를 벗어난 것으로 위법하다.**

> 「행정절차법」 제17조【처분의 신청】⑤ 행정청은 신청에 구비서류의 미비 등 흠이 있는 경우에는 보완에 필요한 상당한 기간을 정하여 지체 없이 신청인에게 보완을 요구하여야 한다.
> ⑥ 행정청은 신청인이 제5항에 따른 기간 내에 보완을 하지 아니하였을 때에는 그 이유를 구체적으로 밝혀 접수된 신청을 되돌려 보낼 수 있다.

> 건축불허가처분을 하면서 그 사유의 하나로 소방시설과 관련된 소방서장의 건축부동의 의견을 들고 있으나 그 보완이 가능한 경우, 보완을 요구하지 아니한 채 곧바로 건축허가신청을 거부한 것은 재량권의 범위를 벗어난 것이라고 한 사례 원고의 이 사건 건축허가신청 당시 피고가 소방법령상의 저촉 여부에 대하여 관할 동래소방서장에게 의견조회를 한 결과, 동래소방서장은 옥내소화전과 3층 피난기구가 누락되어 있고, 전력구 규모가 명시되지 않아 법정 소방시설의 검토가 불가능하다는 이유로 건축부동의 의견을 제시하였고, 피고가 이 사건 처분 당시 이를 처분사유의 하나로 삼은 사실을 알 수 있는바, 이 사건에서 소방서장이 건축부동의로 삼은 위와 같은 사유들은 그 내용에 비추어 볼 때 보완이 가능한 것으로서 피고로서는 원고에게 위와 같은 사유들에 대하여 보완요청을 한 다음 그 허가 여부를 판단함이 상당하고 그 보완을 요구하지도 않은 채 곧바로 이 사건 신청을 거부한 것은 재량권의 범위를 벗어난 것이어서 위법하다고 할 것이다(대판 2004.10.15. 2003두6573).

정답 ③

046 2017년 국가직 9급(10월 추가)

甲은 행정청 A가 보유·관리하는 정보 중 乙과 관련이 있는 정보를 사본 교부의 방법으로 공개하여 줄 것을 청구하였다. 이에 대한 설명으로 옳은 것은? (다툼이 있는 경우 판례에 의함)

① A는 甲이 청구한 사본 교부의 방법이 아닌 열람의 방법으로 정보를 공개할 수 있는 재량을 가진다.

② A가 정보의 주체인 乙로부터 의견을 들은 결과, 乙이 정보의 비공개를 요청한 경우에는 A는 정보를 공개할 수 없다.

③ A가 내부적인 의사결정과정임을 이유로 정보공개를 거부하였다가 정보공개거부처분 취소소송의 계속 중에 개인의 사생활침해 우려를 공개거부사유로 추가하는 것은 허용되지 않는다.

④ 甲이 공개청구한 정보가 甲과 아무런 이해관계가 없는 경우라면, 정보공개가 거부되더라도 甲은 이를 항고소송으로 다툴 수 있는 법률상 이익이 없다.

해설

KEYWORD 정보공개

① [×] 정보공개를 청구하는 자가 공공기관에 대해 정보의 사본 또는 출력물의 교부의 방법으로 공개방법을 선택하여 정보공개청구를 한 경우에 공개청구를 받은 공공기관으로서는 같은 법 제8조 제2항에서 규정한 정보의 사본 또는 복제물의 교부를 제한할 수 있는 사유에 해당하지 않는 한 **정보공개청구자가 선택한 공개방법에 따라 정보를 공개하여야 하므로 그 공개방법을 선택할 재량권이 없다**(대판 2003.12.12. 2003두8050).

② [×] 정보공개법 제11조 제3항이 "공공기관은 공개청구된 공개대상정보의 전부 또는 일부가 제3자와 관련이 있다고 인정되는 때에는 그 사실을 제3자에게 지체 없이 통지하여야 하며, 필요한 경우에는 그의 의견을 청취할 수 있다.", 제21조 제1항이 "제11조 제3항의 규정에 의하여 공개청구된 사실을 통지받은 제3자는 통지받은 날부터 3일 이내에 당해 공공기관에 대하여 자신과 관련된 정보를 공개하지 아니할 것을 요청할 수 있다."고 규정하고 있다고 하더라도 이는 공공기관이 보유·관리하고 있는 정보가 제3자와 관련이 있는 경우 그 정보공개 여부를 결정함에 있어 공공기관이 제3자와의 관계에서 거쳐야 할 절차를 규정한 것에 불과할 뿐, **제3자의 비공개요청이 있다는 사유만으로 정보공개법상 정보의 비공개사유에 해당한다고 볼 수 없다**(대판 2008.9.25. 2008두8680).

③ [○] 기본적 사실관계의 동일성이 없으면 공개거부사유를 추가할 수 없다. 「공공기관의 정보공개에 관한 법률」 제9조 제1항 제5호의 의사결정과정 또는 내부검토과정에 있는 사항 등을 비공개대상정보로 하고 있는 것은 공개로 인하여 공공기관의 의사결정이 왜곡되거나 외부의 부당한 영향과 압력을 받을 가능성을 차단하여 중립적이고 공정한 의사결정이 이루어지도록 하고자 함이며, 제6호의 개인식별정보를 비공개대상정보로 하고 있는 것은 개인의 사생활의 비밀과 자유의 존중 및 개인의 자신에 대한 정보통제권을 보장하는 등 정보공개로 인하여 발생할 수 있는 제3자의 법익침해를 방지하고자 함으로, 각 호는 서로 기본적 사실관계가 동일하지 않다.

> 당초의 정보공개거부처분사유인 공공기관의 정보공개에 관한 법률 제7조 제1항 제4호 및 제6호의 사유는 새로이 추가된 같은 항 제5호의 사유와 기본적 사실관계의 동일성이 없다(대판 2003.12.11. 2001두8827).

「공공기관의 정보공개에 관한 법률」 제9조【비공개 대상 정보】① 공공기관이 보유·관리하는 정보는 공개대상이 된다. 다만, 다음 각 호의 어느 하나에 해당하는 정보는 공개하지 아니할 수 있다.

5. 감사·감독·검사·시험·규제·입찰계약·기술개발·인사관리에 관한 사항이나 의사결정과정 또는 내부검토과정에 있는 사항 등으로서 공개될 경우 업무의 공정한 수행이나 연구·개발에 현저한 지장을 초래한다고 인정할 만한 상당한 이유가 있는 정보. 다만, 의사결정과정 또는 내부검토과정을 이유로 비공개할 경우에는 제13조 제5항에 따라 통지를 할 때 의사결정과정 또는 내부검토과정의 단계 및 종료 예정일을 함께 안내하여야 하며, 의사결정과정 및 내부검토과정이 종료되면 제10조에 따른 청구인에게 이를 통지하여야 한다.
6. 해당 정보에 포함되어 있는 성명·주민등록번호 등 「개인정보 보호법」 제2조 제1호에 따른 개인정보로서 공개될 경우 사생활의 비밀 또는 자유를 침해할 우려가 있다고 인정되는 정보. 다만, 다음 각 목에 열거한 사항은 제외한다.

④ [×] 모든 국민은 정보의 공개를 청구할 권리를 가진다(「공공기관의 정보공개에 관한 법률」 제5조 제1항). 따라서 이해당사자만이 정보공개청구권을 가지는 것은 아니고, 이해관계가 없는 시민단체도 정보공개를 청구할 수 있다. 그리고 정보공개청구권은 법률상 보호되는 구체적인 권리이므로 청구인이 공공기관에 대하여 정보공개를 청구하였다가 거부처분을 받은 것 자체가 법률상 이익의 침해에 해당한다고 할 것이고, 거부처분을 받은 것 이외에 추가로 어떤 법률상의 이익을 가질 것을 요구하는 것은 아니다(대판 2004.9.23. 2003두1370).

정답 ③

047 2017년 행정사

「공공기관의 정보공개에 관한 법률」에 의거하여, 甲은 A대학교에 대하여 재학 중인 체육특기생들의 일정기간 동안의 출석 및 성적 관리에 관한 정보공개를 청구하였다. 이에 대한 설명으로 옳은 것은? (다툼이 있는 경우 판례에 의함)

① 甲은 A대학교와 체육특기생들과는 아무런 이해관계가 없으므로 정보공개청구권을 가지지 아니한다.

② A대학교가 사립대학교라면 정보공개의무를 지는 공공기관에 해당하지 않는다.

③ 甲의 청구에 대하여 A대학교가 제3자의 권리침해를 이유로 하여 비공개결정을 하였다면 이에 대한 甲의 불복절차는 없다.

④ A대학교 체육특기생 乙이 자신의 정보를 공개하지 아니할 것을 요청한 경우에도, A대학교는 乙에 대한 정보의 공개를 결정할 수 있다.

⑤ 甲의 A대학교에 대한 정보공개청구의 비용은 공익적 차원에서 A대학교가 부담한다.

해설

KEYWORD 정보공개

① [×] 모든 국민은 정보의 공개를 청구할 권리를 가진다.

> 「공공기관의 정보공개에 관한 법률」 제5조【정보공개 청구권자】① 모든 국민은 정보의 공개를 청구할 권리를 가진다.

② [×] 사립대학교도 정보공개의무를 지는 공공기관에 해당한다.

> 「공공기관의 정보공개에 관한 법률」 제2조【정의】이 법에서 사용하는 용어의 뜻은 다음과 같다.
> 3. "공공기관"이란 다음 각 목의 기관을 말한다.
>   마. 그 밖에 대통령령으로 정하는 기관
> **시행령 제2조【공공기관의 범위】**「공공기관의 정보공개에 관한 법률」(이하 '법'이라 한다) 제2조 제3호 마목에서 "대통령령으로 정하는 기관"이란 다음 각 호의 기관 또는 단체를 말한다.
> 1. 「유아교육법」, 「초·중등교육법」, 「고등교육법」에 따른 각급 학교 또는 그 밖의 다른 법률에 따라 설치된 학교

③ [×] 甲은 이의신청, 행정심판, 행정소송을 제기할 수 있다.

> 「공공기관의 정보공개에 관한 법률」 제18조【이의신청】① 청구인이 정보공개와 관련한 공공기관의 비공개결정 또는 부분공개결정에 대하여 불복이 있거나 정보공개청구 후 20일이 경과하도록 정보공개결정이 없는 때에는 공공기관으로부터 정보공개 여부의 결정 통지를 받은 날 또는 정보공개청구 후 20일이 경과한 날부터 30일 이내에 해당 공공기관에 문서로 이의신청을 할 수 있다.
> **제19조【행정심판】**① 청구인이 정보공개와 관련한 공공기관의 결정에 대하여 불복이 있거나 정보공개청구 후 20일이 경과하도록 정보공개결정이 없는 때에는 「행정심판법」에서 정하는 바에 따라 행정심판을 청구할 수 있다. 이 경우 국가기관 및 지방자치단체 외의 공공기관의 결정에 대한 감독행정기관은 관계 중앙행정기관의 장 또는 지방자치단체의 장으로 한다.
> **제20조【행정소송】**① 청구인이 정보공개와 관련한 공공기관의 결정에 대하여 불복이 있거나 정보공개청구 후 20일이 경과하도록 정보공개결정이 없는 때에는 「행정소송법」에서 정하는 바에 따라 행정소송을 제기할 수 있다.

④ [○]
> 「공공기관의 정보공개에 관한 법률」 제21조【제3자의 비공개 요청 등】② 제1항에 따른 비공개 요청에도 불구하고 공공기관이 공개결정을 할 때에는 공개결정이유와 공개 실시일을 분명히 밝혀 지체 없이 문서로 통지하여야 하며, 제3자는 해당 공공기관에 문서로 이의신청을 하거나 행정심판 또는 행정소송을 제기할 수 있다. 이 경우 이의신청은 통지를 받은 날부터 7일 이내에 하여야 한다.

⑤ [×]
> 「공공기관의 정보공개에 관한 법률」 제17조【비용 부담】① 정보의 공개 및 우송 등에 드는 비용은 실비(實費)의 범위에서 청구인이 부담한다.

정답 ④

048 2013년 변호사

공원관리청 A는 불법으로 국립공원 내에 시설물을 설치한 甲에 대하여 「자연공원법」 제31조 제1항에 따라 철거명령을 하였으나, 甲이 이를 이행하지 않자 「행정대집행법」에 따라 대집행을 하고자 한다. 이에 대한 설명으로 옳지 않은 것은? (다툼이 있는 경우 판례에 의함)

① 급박한 위험으로 시설물을 급속히 철거해야 하는데 계고절차를 거칠 여유가 없을 경우 계고 없이 대집행을 할 수 있다.

② 대집행 계고를 함에 있어 대집행할 행위의 내용 및 범위는 대집행 계고서에 의하여 특정되어야 하고, 계고처분 전후의 다른 문서의 송달로써는 불특정의 하자를 치유할 수 없다.

③ 공원관리청 A가 제1차 철거대집행 계고처분 후 다시 제2차 계고처분을 행한 경우 제2차 계고처분은 새로운 철거의무를 부과하는 것이 아니라 대집행을 하겠다는 기한의 연기통지에 불과한 것이므로 甲은 제2차 계고처분을 항고소송으로 다툴 수 없다.

④ 계고처분을 거쳐 대집행 실행이 완료된 경우, 甲은 원칙적으로 계고처분의 취소를 구할 법률상 이익을 가지지 않는다.

⑤ 대집행비용은 「국세징수법」의 예에 따라 징수할 수 있다.

해설

KEYWORD 대집행

① [○] 「행정대집행법」 제3조【대집행의 절차】③ 비상시 또는 위험이 절박한 경우에 있어서 당해 행위의 급속한 실시를 요하여 전2항에 규정한 수속을 취할 여유가 없을 때에는 그 수속을 거치지 아니하고 대집행을 할 수 있다.

② [×] 행정청이 행정대집행법 제3조 제1항에 의한 대집행 계고를 함에 있어서는 의무자가 스스로 이행하지 아니하는 경우에 대집행할 행위의 내용 및 범위가 구체적으로 특정되어야 하나, **그 행위의 내용 및 범위는 반드시 대집행 계고서에 의하여서만 특정되어야 하는 것이 아니고**, 계고처분 전후에 송달된 문서나 기타 사정을 종합하여 행위의 내용이 특정되거나 실제 건물의 위치, 구조, 평수 등을 계고서의 표시와 대조·검토하여 대집행의무자가 그 이행의무의 범위를 알 수 있을 정도로 하면 족하다(대판 1996.10.11. 96누8086).

③ [○] 건물의 소유자에게 위법건축물을 일정기간까지 철거할 것을 명함과 아울러 불이행할 때에는 대집행한다는 내용의 철거대집행 계고처분을 고지한 후 이에 불응하자 다시 제2차, 제3차 계고서를 발송하여 일정기간까지의 자진철거를 촉구하고 불이행하면 대집행을 한다는 뜻을 고지하였다면 행정대집행법상의 건물철거의무는 제1차 철거명령 및 계고처분으로서 발생하였고 제2차, 제3차의 계고처분은 새로운 철거의무를 부과한 것이 아니고 다만 대집행기한의 연기통지에 불과하므로 행정처분이 아니다(대판 1994.10.28. 94누5144).

④ [○] 대집행 계고처분 취소소송의 변론종결 전에 대집행영장에 의한 통지절차를 거쳐 사실행위로서 대집행의 실행이 완료된 경우에는 행위가 위법한 것이라는 이유로 손해배상이나 원상회복 등을 청구하는 것은 별론으로 하고 처분의 취소를 구할 법률상 이익은 없다(대판 1993.6.8. 93누6164).

⑤ [○] 「행정대집행법」 제6조【비용징수】① 대집행에 요한 비용은 「국세징수법」의 예에 의하여 징수할 수 있다.

정답 ②

049 · 2014년 변호사

甲은 자신의 소유 건물의 3층 부분에 대한 외벽보강공사 및 지붕보수공사를 하면서 허가를 받지 아니하고 위 3층 부분에 무허가 증축공사를 시행하였다. 이에 관할 구청장 乙은 무허가 증축공사를 중단함과 아울러 무허가 증축된 부분을 철거할 것을 명령하였으나, 甲이 이에 응하지 아니하고 무허가 증축공사를 계속하여 이를 완공하고 주택으로 사용하고 있다. 이에 대한 설명으로 옳은 것을 모두 고른 것은? (다툼이 있는 경우 판례에 의함)

> ㄱ. 乙이 계고서라는 명칭의 1장의 문서로써 일정기간 내에 위법건축물의 자진철거를 명함과 동시에 그 소정기한 내에 자진철거를 하지 아니할 때에는 대집행할 뜻을 미리 계고한 경우라도 「건축법」에 의한 철거명령과 「행정대집행법」에 의한 계고처분은 독립하여 있는 것으로서 각 그 요건이 충족되었다고 볼 수 있다.
> ㄴ. 「건축법」 위반건축물에 대한 철거명령과 그 대집행의 계고에 있어서 의무자가 이행하여야 할 행위와 그 의무불이행시 대집행할 행위의 내용 및 범위는 반드시 대집행 계고서에 의하여 특정되어야 한다.
> ㄷ. 甲이 대집행 실행에 저항하는 경우 「행정대집행법」에서는 이러한 저항을 실력으로 배제할 수 있다는 명문의 규정을 두고 있다.
> ㄹ. 乙은 현행 「건축법」상 위법건축물에 대한 이행강제수단으로 대집행과 이행강제금을 선택적으로 활용할 수 있다.

① ㄱ, ㄴ
② ㄱ, ㄷ
③ ㄱ, ㄹ
④ ㄴ, ㄷ
⑤ ㄷ, ㄹ

해설

KEYWORD 대집행

ㄱ. [O] 계고서라는 명칭의 1장의 문서로서 일정기간 내에 위법건축물의 자진철거를 명함과 동시에 그 소정기한 내에 자진철거를 하지 아니할 때에는 대집행할 뜻을 미리 계고한 경우라도 건축법에 의한 철거명령과 행정대집행법에 의한 계고처분은 독립하여 있는 것으로서 각 그 요건이 충족되었다고 볼 것이다(대판 1992.6.12. 91누13564).

ㄴ. [X] 행정청이 행정대집행법 제3조 제1항에 의한 대집행 계고를 함에 있어서 의무자가 스스로 이행하지 아니하는 경우 대집행할 행위의 내용 및 범위가 구체적으로 특정되어야 하나, **그 행위의 내용 및 범위는 반드시 대집행 계고서에 의하여서만 특정되어야 하는 것이 아니고** 계고처분 전후에 송달된 문서나 기타 사정을 종합하여 특정되면 족하다(대판 1994.10.28. 94누5144).

ㄷ. [X] **대집행 실행에 저항하는 경우와 관련해서 「행정대집행법」에서는 이러한 저항을 실력으로 배제할 수 있다는 명문의 규정을 두고 있지 않다.** 부득이한 경우에는 대집행의 실행을 위해 필요최소한의 범위 내에서 저항을 배제할 수 있다는 견해와 명문규정이 없는 한 실력행사는 허용될 수 없다는 견해가 대립한다.

ㄹ. [O] 전통적으로 행정대집행은 대체적 작위의무에 대한 강제집행수단으로, 이행강제금은 부작위의무나 비대체적 작위의무에 대한 강제집행수단으로 이해되어 왔으나, 이는 이행강제금제도의 본질에서 오는 제약은 아니며, 이행강제금은 대체적 작위의무의 위반에 대하여도 부과될 수 있다. 현행 건축법상 위법건축물에 대한 이행강제수단으로 대집행과 이행강제금(제80조 제1항)이 인정되고 있는데, 양 제도는 각각의 장·단점이 있으므로 행정청은 개별 사건에 있어서 위반 내용, 위반자의 시정의지 등을 감안하여 대집행과 이행강제금을 선택적으로 활용할 수 있으며, 이처럼 그 합리적인 재량에 의해 선택하여 활용하는 이상 중첩적인 제재에 해당한다고 볼 수 없다(헌재 2004.2.26. 2001헌바80 등).

정답 ③

050 2018년 서울시 9급

A시장은 새로 확장한 시청 청사 1층의 휴게공간을 甲에게 커피 전문점 공간으로 임대하였다. 임대기간이 만료되었으나 甲은 투자금보전 등을 요구하면서 휴게공간을 불법적으로 점유하고 있다. 이에 대한 설명으로 가장 옳은 것은? (다툼이 있는 경우 판례에 의함)

① A시장은 휴게공간을 종합민원실로 사용하기 위해서는 즉시강제 형태로 공간을 확보할 수 있다.

② A시장은 甲에게 퇴거와 공간반환을 독촉한 후 강제징수절차를 밟을 수 있다.

③ A시장은 甲에게 퇴거를 명하고 甲이 불응하면 「행정대집행법」에 의한 대집행을 실시할 수 있다.

④ A시장은 甲에 대하여 변상금을 부과·징수할 수 있으며 원상회복명령을 하거나 甲을 상대로 점유의 이전을 구하는 민사소송을 제기할 수 있다.

해설

KEYWORD 대집행

① [×] 행정상 즉시강제는 의무불이행을 전제로 하지 않으며, 목전에 급박한 위험을 제거하기 위한 보충적인 강제수단이다. 위 사례의 경우에는 즉시강제 대상이 아니다.

② [×] 위 사례는 금전급부의무 불이행과 무관하므로 행정상 강제징수 대상이 될 수 없다.

③ [×] 위 사례에서 퇴거의무는 비대체적 작위의무이므로 「행정대집행법」에 의한 대집행을 실시할 수 없다.

④ [○] A시장은 甲에게 변상금을 부과·징수할 수 있으며 원상회복명령 또는 점유이전을 구하는 민사소송을 제기할 수 있다. 또한 부당이득 반환청구권을 행사할 수도 있다.

> 국유재산의 무단점유자에 대한 변상금 부과는 공권력을 가진 우월적 지위에서 행하는 행정처분이고, 그 부과처분에 의한 변상금 징수권은 공법상의 권리인 반면, 민사상 부당이득반환청구권은 국유재산의 소유자로서 가지는 사법상의 채권이다. 또한 변상금은 부당이득산정의 기초가 되는 대부료나 사용료의 120%에 상당하는 금액으로서 부당이득금과 액수가 다르고, 이와 같이 할증된 금액의 변상금을 부과·징수하는 목적은 국유재산의 사용·수익으로 인한 이익의 환수를 넘어 국유재산의 효율적인 보존·관리라는 공익을 실현하는 데 있다. 그리고 대부 또는 사용·수익허가 없이 국유재산을 점유하거나 사용·수익하였지만 변상금부과처분은 할 수 없는 때에도 민사상 부당이득반환청구권은 성립하는 경우가 있으므로, 변상금 부과·징수의 요건과 민사상 부당이득반환청구권의 성립요건이 일치하는 것도 아니다. 이처럼 구 국유재산법 제51조 제1항·제4항·제5항에 의한 변상금 부과·징수권은 민사상 부당이득반환청구권과 법적 성질을 달리하므로, 국가는 무단점유자를 상대로 변상금 부과·징수권의 행사와 별도로 국유재산의 소유자로서 민사상 부당이득반환청구의 소를 제기할 수 있다. 그리고 이러한 법리는 구 국유재산법 제32조 제3항, 구 국유재산법 시행령 제33조 제2항에 의하여 국유재산 중 잡종재산(현 일반재산)의 관리·처분에 관한 사무를 위탁받은 한국자산관리공사의 경우에도 마찬가지로 적용된다(대판 2014.7.16. 2011다76402 전합).

정답 ④

051 | 2018년 지방직 9급 | 난이도 ●●○

사업주 甲에게 고용된 종업원 乙이 영업행위 중 행정법규를 위반한 경우 행정벌의 부과에 대한 설명으로 옳은 것은? (다툼이 있는 경우 판례에 의함)

① 乙의 위반행위가 과태료 부과대상인 경우에 乙이 자신의 행위가 위법하지 아니한 것으로 오인하였다면 乙에 대해서 과태료를 부과할 수 없다.

② 甲의 처벌을 규정한 양벌규정이 있는 경우에도 乙이 처벌을 받지 않는 경우에는 甲만 처벌할 수 없다.

③ 행위자 외에 사업주를 처벌한다는 명문의 규정이 없더라도 관계규정의 해석에 의해 과실 있는 사업주도 벌할 뜻이 명확한 경우에는 乙 외에 甲도 처벌할 수 있다.

④ 위 위반행위에 대해 내려진 시정명령에 따르지 않았다는 이유로 乙이 과태료부과처분을 받고 이를 납부하였다면, 당초의 위반행위를 이유로 乙을 형사처벌할 수 없다.

해설

KEYWORD 질서위반행위규제법

① [×] 위법하지 않다고 오인한 것에 정당한 이유가 있어야 한다.

> 「질서위반행위규제법」제8조【위법성의 착오】자신의 행위가 위법하지 아니한 것으로 오인하고 행한 질서위반행위는 그 오인에 정당한 이유가 있는 때에 한하여 과태료를 부과하지 아니한다.

② [×] 양벌규정에 의한 영업주의 처벌은 금지위반행위자인 종업원의 처벌에 종속하는 것이 아니라 독립하여 그 자신의 종업원에 대한 선임감독상의 과실로 인하여 처벌되는 것이므로 종업원의 범죄성립이나 처벌이 영업주 처벌의 전제조건이 될 필요는 없다(대판 1987.11.10. 87도1213).

③ [○] 행정상의 단속을 주안으로 하는 법규라 하더라도 명문규정이 있거나 해석상 과실범도 벌할 뜻이 명확한 경우를 제외하고는 형법의 원칙에 따라 고의가 있어야 벌할 수 있다(대판 1986.7.22. 85도108).

④ [×] 일사부재리의 효력은 확정재판이 있을 때에 발생하는 것이고 과태료는 행정법상의 질서벌에 불과하므로 과태료처분을 받고 이를 납부한 일이 있더라도 그 후에 형사처벌을 한다고 해서 일사부재리의 원칙에 어긋난다고 할 수 없다(대판 1989.6.13. 88도1983).

정답 ③

052 2017년 서울시 9급

다음 사례에 대한 설명으로 가장 옳지 않은 것은? (다툼이 있는 경우 판례에 의함)

> 甲은 공중보건의로 근무하면서 乙을 치료하였는데 그 과정에서 乙은 폐혈증으로 사망하였다. 유족들은 甲을 상대로 손해배상청구의 소를 제기하였고, 甲의 의료상 경과실이 인정된다는 이유로 甲에게 손해배상책임을 인정한 판결이 확정되었다. 이에 甲은 乙의 유족들에게 판결금 채무를 지급하였고, 이후 국가에 대해 구상권을 행사하였다.

① 공중보건의 甲은 「국가배상법」상의 공무원에 해당한다.

② 공중보건의 甲이 직무수행 중 불법행위로 乙에게 손해를 입힌 경우 국가 등이 국가배상책임을 부담하는 외에 甲 개인도 고의 또는 중과실이 있다고 한다면 민사상 불법행위로 인한 손해배상책임을 진다.

③ 乙의 유족에게 손해를 직접 배상한 경과실이 있는 공중보건의 甲은 국가에 대하여 자신이 변제한 금액에 대하여 구상권을 취득할 수 없다.

④ 공무원의 직무수행 중 불법행위로 인한 배상과 관련하여, 피해자가 공무원에 대해 직접적으로 손해배상을 청구할 수 있는지 여부에 대한 명시적 규정은 「국가배상법」상으로 존재하지 않는다.

해설

KEYWORD 국가배상법 제2조(공무원의 직무상 불법행위)

①② [○], ③ [×] 공무원이 직무수행 중 불법행위로 타인에게 손해를 입힌 경우에 국가 등이 국가배상책임을 부담하는 외에 공무원 개인도 고의 또는 중과실이 있는 경우에는 불법행위로 인한 손해배상책임을 지고, 공무원에게 경과실이 있을 뿐인 경우에는 공무원 개인은 손해배상책임을 부담하지 아니한다. 이처럼 경과실이 있는 공무원이 피해자에 대하여 손해배상책임을 부담하지 아니함에도 피해자에게 손해를 배상하였다면 그것은 채무자 아닌 사람이 타인의 채무를 변제한 경우에 해당하고, 이는 민법 제469조의 '제3자의 변제' 또는 민법 제744조의 '도의관념에 적합한 비채변제'에 해당하여 피해자는 공무원에 대하여 이를 반환할 의무가 없고, 그에 따라 피해자의 국가에 대한 손해배상청구권이 소멸하여 국가는 자신의 출연 없이 채무를 면하게 되므로, **피해자에게 손해를 직접 배상한 경과실이 있는 공무원은 특별한 사정이 없는 한 국가에 대하여 국가의 피해자에 대한 손해배상책임의 범위 내에서 공무원이 변제한 금액에 관하여 구상권을 취득한다고 봄이 타당하다.**

④ [○] 공무원의 직무수행 중 불법행위로 인한 배상과 관련하여, 피해자가 공무원에 대해 직접적으로 손해배상을 청구할 수 있는지 여부에 관한 「국가배상법」상 명문의 규정은 없다. 학설은 긍정설, 부정설, 절충설의 대립이 있다.

관련 판례 구상권(대판 2014.8.20. 2012다54478)

> 공중보건의인 甲에게 치료를 받던 乙이 사망하자 乙의 유족들이 甲 등을 상대로 손해배상청구의 소를 제기하였고, 甲의 의료과실이 인정된다는 이유로 甲 등의 손해배상책임을 인정한 판결이 확정되어 甲이 乙의 유족들에게 판결금 채무를 지급한 사안에서, 甲은 공무원으로서 직무수행 중 경과실로 타인에게 손해를 입힌 것이어서 乙과 유족들에 대하여 손해배상책임을 부담하지 아니함에도 乙의 유족들에 대한 패소판결에 따라 그들에게 손해를 배상한 것이고, 이는 민법 제744조의 도의관념에 적합한 비채변제에 해당하여 乙과 유족들의 국가에 대한 손해배상청구권은 소멸하고 국가는 자신의 출연 없이 채무를 면하였으므로, 甲은 국가에 대하여 변제금액에 관하여 구상권을 취득한다.

정답 ③

053 □□□ 2018년 지방직 9급

다음 행정상 손해배상과 관련된 사례에 대한 설명으로 옳은 것은? (다툼이 있는 경우 판례에 의함)

> (가) 甲은 자동차로 좌로 굽은 내리막 국도 편도 1차로를 달리던 중 커브 길에서 앞선 차량을 무리하게 추월하기 위하여 중앙선을 침범하여 반대편 도로를 벗어나 도로 옆 계곡으로 떨어져 중상해를 입었다.
> (나) 乙은 자동차로 겨울철 눈이 내린 직후에 산간지역에 위치한 국도를 달리던 중 도로에 생긴 빙판길에 미끄러져 상해를 입었다.

① (가)와 (나) 사례에서 만약 도로의 관리상 하자가 인정된다면 비록 그 사고의 원인에 제3자의 행위가 개입되었더라도 甲과 乙은 국가에 대하여 손해배상책임을 물을 수 있다.

② (나) 사례에서 乙은 산악지역의 특성상 빙판길 위험 경고나 위험 표지판이 설치되었다면 주의를 기울여 운행하여 상해를 입지 않았을 것이므로 그 미설치만으로도 국가에 대한 손해배상책임을 묻기에 충분하다.

③ (가) 사례에서 만약 반대편 갓길에 차량용 방호울타리가 설치되었다면 甲이 상해를 입지 않았거나 경미한 상해를 입었을 것이므로 그 방호울타리 미설치만으로도 손해배상을 받기에 충분한 요건을 갖추었다고 볼 수 있다.

④ (가)와 (나) 사례에서 국가가 甲과 乙에게 손해배상책임을 부담할 것인지 여부는 위 도로들이 모든 가능한 경우를 예상하여 고도의 안전성을 갖추었는지 여부에 따라 결정될 것이다.

해설

KEYWORD 국가배상법 제2조(공무원의 직무상 불법행위)

① [○] 영조물의 설치 또는 관리상의 하자로 인한 사고라 함은 영조물의 설치 또는 관리상의 하자만이 손해발생의 원인이 되는 경우만을 말하는 것이 아니고, 다른 자연적 사실이나 제3자의 행위 또는 피해자의 행위와 경합하여 손해가 발생하더라도 영조물의 설치 또는 관리상의 하자가 공동원인의 하나가 되는 이상 그 손해는 영조물의 설치 또는 관리상의 하자에 의하여 발생한 것이라고 해석함이 상당하다(대판 1994.11.22. 94다32924).

②③ [×] 적설지대에 속하는 지역의 도로라든가 최저속도의 제한이 있는 고속도로 등 특수 목적을 갖고 있는 도로가 아닌 일반 보통의 도로까지도 도로관리자에게 완전한 인적·물적 설비를 갖추고 제설작업을 하여 도로통행상의 위험을 즉시 배제하여 그 안전성을 확보하도록 하는 관리의무를 부과하는 것은 도로의 안전성의 성질에 비추어 적당하지 않고, 오히려 그러한 경우의 도로통행의 안전성은 그와 같은 위험에 대면하여 도로를 이용하는 통행자 개개인의 책임으로 확보하여야 한다. 강설의 특성, 기상적 요인과 지리적 요인, 이에 따른 도로의 상대적 안전성을 고려하면 겨울철 산간지역에 위치한 도로에 강설로 생긴 빙판을 그대로 방치하고 **도로상황에 대한 경고나 위험표지판을 설치하지 않았다는 사정만으로 도로관리상의 하자가 있다고 볼 수 없다고 할 것이다**(대판 2000.4.25. 99다54998).

④ [×] 국가배상법 제5조 제1항에 정하여진 '영조물의 설치·관리상의 하자'라 함은 공공의 목적에 공여된 영조물이 그 용도에 따라 통상 갖추어야 할 안전성을 갖추지 못한 상태에 있음을 말하는바, **영조물의 설치 및 관리에 있어서 항상 완전무결한 상태를 유지할 정도의 고도의 안전성을 갖추지 아니하였다고 하여 영조물의 설치 또는 관리에 하자가 있다고 단정할 수 없는 것이고**, 영조물의 설치자 또는 관리자에게 부과되는 방호조치의무는 영조물의 위험성에 비례하여 사회통념상 일반적으로 요구되는 정도의 것을 의미하므로 영조물인 도로의 경우도 다른 생활필수시설과의 관계나 그것을 설치하고 관리하는 주체의 재정적·인적·물적 제약 등을 고려하여 **그것을 이용하는 자의 상식적이고 질서 있는 이용방법을 기대한 상대적인 안전성을 갖추는 것으로 족하다**(대판 2002.8.23. 2002다9158).

정답 ①

054 2018년 국가직 9급

제시문을 전제로 한 설명으로 옳지 않은 것은? (다툼이 있는 경우 판례에 의함)

> 甲이 A시에 공장을 설립하였는데 그 공장이 들어선 이후로 공장 인근에 거주하는 주민들에게 중한 피부질환과 호흡기질환이 발생하였다. 환경운동실천시민단체와 주민들은 역학조사를 실시하였고 그 결과에 따라 甲의 공장에서 배출되는 매연물질과 오염물질이 주민들에게 발생한 질환의 원인이라고 판단하고 있다. 주민들은 규제권한이 있는 A시장에게 甲의 공장에 대해 개선조치를 해줄 것을 요청하였으나, A시장은 상당한 기간이 지나도록 아무런 조치를 취하지 않고 있다.

① 관계 법령에서 A시장에게 일정한 조치를 취하여야 할 작위의무를 규정하고 있지 않더라도 甲의 공장에서 나온 매연물질과 오염물질로 인해 질환을 앓게 된 주민들이 많고 그 정도가 심각하여 주민들의 생명·신체에 가해지는 위험이 절박하고 중대하다고 인정된다면 A시장에게 그러한 위험을 배제하는 조치를 하여야 할 작위의무를 인정할 수 있다.

② 개선조치를 요청한 주민이 A시장을 상대로 개선조치를 해달라는 행정쟁송을 하고자 할 때 가능한 쟁송 유형으로 의무이행심판은 가능하나 의무이행소송은 허용되지 않는다.

③ 甲의 공장에서 배출된 물질 때문에 피해를 입은 주민이 A시장의 부작위를 원인으로 하여 국가배상을 청구한 경우에 국가배상책임이 인정되기 위해서는 A시장의 작위의무 위반이 인정되면 충분하고, A시장이 그와 같은 결과를 예견하여 그 결과를 회피하기 위한 조치를 취할 수 있는 가능성까지 인정되어야 하는 것은 아니다.

④ 부작위위법확인소송에서 A시장의 부작위가 위법하다고 확인한 인용판결이 확정되어도 A시장의 부작위를 원인으로 한 국가배상소송에서 A시장의 부작위가 고의 또는 과실에 의한 불법행위를 구성한다는 점이 곧바로 인정되는 것은 아니다.

해설

KEYWORD 행정쟁송

① [O] 국민의 생명, 신체, 재산 등에 대하여 절박하고 중대한 위험상태가 발생하였거나 발생할 우려가 있어서 국민의 생명, 신체, 재산등을 보호하는 것을 본래적 사명으로 하는 국가가 초법규적·일차적으로 그 위험 배제에 나서지 아니하면 국민의 생명, 신체, 재산 등을 보호할 수 없는 경우 형식적 의미의 법령에 근거가 없더라도 국가나 관련 공무원에 대하여 위험을 배제할 작위의무를 인정할 수 있다(대판 2004.6.25. 2003다69652).

② [O] 행정소송에 있어서는 의무이행소송이 인정되고 있지 않지만 행정심판에 있어서는 의무이행심판이 인정되고 있다.

③ [×] 공무원의 부작위로 인한 국가배상책임을 인정하기 위하여는 공무원의 작위로 인한 국가배상책임을 인정하는 경우와 마찬가지로 '공무원이 그 직무를 집행함에 당하여 고의 또는 과실로 법령에 위반하여 타인에게 손해를 가한 때'라고 하는 국가배상법 제2조 제1항의 요건이 충족되어야 할 것인바, 여기서 '법령에 위반하여'라고 하는 것이 엄격하게 형식적 의미의 법령에 명시적으로 공무원의 작위의무가 규정되어 있는데도 이를 위반하는 경우만을 의미하는 것은 아니고, 국민의 생명, 신체, 재산 등에 대하여 절박하고 중대한 위험상태가 발생하였거나 발생할 우려가 있어서 국민의 생명, 신체, 재산 등을 보호하는 것을 본래적 사명으로 하는 국가가 초법규적 · 일차적으로 그 위험 배제에 나서지 아니하면 국민의 생명, 신체, 재산 등을 보호할 수 없는 경우에는 형식적 의미의 법령에 근거가 없더라도 국가나 관련 공무원에 대하여 그러한 위험을 배제할 작위의무를 인정할 수 있을 것이나, 그와 같은 절박하고 중대한 위험상태가 발생하였거나 발생할 우려가 있는 경우가 아닌 한, 원칙적으로 공무원이 관련 법령대로만 직무를 수행하였다면 그와 같은 공무원의 부작위를 가지고 '고의 또는 과실로 법령에 위반'하였다고 할 수는 없을 것이므로, 공무원의 부작위로 인한 국가배상책임을 인정할 것인지 여부가 문제되는 경우에 관련 공무원에 대하여 작위의무를 명하는 법령의 규정이 없다면 공무원의 부작위로 인하여 침해된 국민의 법익 또는 국민에게 발생한 손해가 어느 정도 심각하고 절박한 것인지, 관련 공무원이 그와 같은 결과를 예견하여 그 결과를 회피하기 위한 조치를 취할 수 있는 가능성이 있는지 등을 종합적으로 고려하여 판단하여야 한다(대판 2001.4.24. 2000다57856).

④ [○] 행정소송에서 위법성이 인정된다고 해서 국가배상소송에서도 당연히 불법행위책임이 인정되는 것은 아니고 국가배상책임이 인정되기 위한 요건이 별도로 충족되어야 한다.

정답 ③

---

055 실전문제 난이도 ●●○

운전병인 군인 甲은 전투훈련 중 같은 부대 소속 군인 丙을 태우고 군용차량을 운전하여 훈련지로 이동하다가 민간인 乙이 운전하던 차량과 쌍방과실로 충돌하였고, 이로 인해 군인 丙이 사망하였다. 이 경우 손해배상책임 및 구상권에 대한 설명으로 옳지 않은 것은? (단, 자동차손해보험과 관련된 법적 책임은 고려하지 않으며, 다툼이 있는 경우 판례에 의함)

① 현행법상 丙의 유족이 다른 법령에 따라 유족연금 등 보상을 받은 경우에는 국가배상청구를 할 수 없다.

② 대법원은 甲이 고의·중과실이 있는 경우에만 丙의 유족에 대한 손해배상책임을 부담하고, 甲에게 경과실만 인정되는 경우에는 丙의 유족에 대한 손해배상책임을 부담하지 않는다고 보았다.

③ 대법원은 공동불법행위의 일반적인 경우와 달리 乙은 자신의 부담 부분만을 丙의 유족에게 배상하면 된다고 하였다.

④ 대법원은 만일 乙이 손해배상액 전부를 丙의 유족에게 배상한 경우에는 자신의 귀책 부분을 넘는 금액에 대해 국가에 구상청구를 할 수 있다고 하였다.

⑤ 헌법재판소는 乙이 공동불법행위자로서 丙의 유족에게 전액 손해배상한 후에 甲의 부담 부분에 대해 국가에 구상청구하는 것을 부인하는 것은 헌법상 국가배상청구권 규정과 평등의 원칙을 위반하는 것이며, 비례의 원칙에 위배하여 재산권을 침해하는 것이라고 판시하였다.

해설

KEYWORD 국가배상법 제2조(공무원의 직무상 불법행위)

① [O] 그 유족이 다른 법령에 따라서 재해보상금·유족연금·상이연금 등의 보상을 지급받은 경우 「국가배상법」 및 「민법」에 따라 손해배상을 청구할 수 없다.

> **헌법 제29조** ② 군인·군무원·경찰공무원 기타 법률이 정하는 자가 전투·훈련 등 직무집행과 관련하여 받은 손해에 대하여는 법률이 정하는 보상 외에 국가 또는 공공단체에 공무원의 직무상 … 불법행위로 인한 배상은 청구할 수 없다.

> **「국가배상법」 제2조【배상책임】** ① 국가나 지방자치단체는 공무원 또는 공무를 위탁받은 사인(이하 '공무원'이라 한다)이 직무를 집행하면서 고의 또는 과실로 법령을 위반하여 타인에게 손해를 입히거나, 「자동차손해배상 보장법」에 따라 손해배상의 책임이 있을 때에는 이 법에 따라 그 손해를 배상하여야 한다. 다만, 군인·군무원·경찰공무원 또는 예비군대원이 전투·훈련 등 직무 집행과 관련하여 전사·순직하거나 공상을 입은 경우에 본인이나 그 유족이 다른 법령에 따라 재해보상금·유족연금·상이연금 등의 보상을 지급받을 수 있을 때에는 이 법 및 「민법」에 따른 손해배상을 청구할 수 없다.

② [O] 공무원의 직무상 위법행위가 경과실에 의한 경우에는 국가배상책임만 인정하고 공무원 개인의 손해배상책임을 인정하지 아니하는 것이 피해자인 국민의 입장에서 보면 헌법 제23조가 보장하고 있는 재산권에 대한 제한이 될 것이지만, 이는 공무수행의 안정성이란 공공의 이익을 위한 것이라는 점과 공무원 개인책임이 인정되지 아니하더라도 충분한 자력이 있는 국가에 의한 배상책임이 인정되고 국가배상책임의 인정 요건도 민법상 사용자책임에 비하여 완화하고 있는 점 등에 비추어 볼 때, 헌법 제37조 제2항이 허용하는 기본권 제한 범위에 속하는 것이라고 할 것이다(대판 1996.2.15. 95다38677 전합).

③ [O], ④ [X] 헌법 제29조 제2항, 국가배상법 제2조 제1항 단서의 입법취지를 관철하기 위하여는 국가배상법 제2조 제1항 단서가 적용되는 공무원의 직무상 불법행위로 인하여 직무집행과 관련하여 피해를 입은 군인 등에 대하여 위 불법행위에 관련된 일반국민이 공동불법행위책임, 사용자책임, 자동차운행자책임 등에 의하여 **그 손해를 자신의 귀책 부분을 넘어서 배상한 경우에도, 국가 등은 피해 군인 등에 대한 국가배상책임을 면할 뿐만 아니라, 나아가 민간인에 대한 국가의 귀책비율에 따른 구상의무도 부담하지 않는다**고 하여야 할 것이다. … 공동불법행위자 등이 부진정연대채무자로서 각자 피해자의 손해 전부를 배상할 의무를 부담하는 공동불법행위의 일반적인 경우와 달리 예외적으로 민간인은 피해 군인 등에 대하여 그 손해 중 국가 등이 민간인에 대한 구상의무를 부담한다면 그 내부적인 관계에서 부담하여야 할 부분을 제외한 나머지 자신의 부담 부분에 한하여 손해배상의무를 부담하고, 한편 국가 등에 대하여는 그 귀책 부분의 구상을 청구할 수 없다(대판 2001.2.15. 96다42420 전합).

⑤ [O] 헌법재판소는 乙이 전액 손해배상한 후에 공동불법행위자 甲의 부담 부분에 대해 국가에 구상권을 청구하지 못하는 것은 재산권을 침해하는 것이라고 판시하였다(헌재 1994.12.29. 93헌바21).

> **관련 판례** 국가배상법 제2조 제1항 단서위헌소원(헌재 1994.12.29. 93헌바21)
>
> 국가배상법 제2조 제1항 단서 중 군인에 관련되는 부분을, 일반 국민이 직무집행 중인 군인과의 공동불법행위로 직무집행 중인 다른 군인에게 공상을 입혀 그 피해자에게 공동의 불법행위로 인한 손해를 배상한 다음 공동불법행위자인 군인의 부담 부분에 관하여 국가에 대하여 구상권을 행사하는 것을 허용하지 않는다고 해석한다면, 이는 위 단서 규정의 헌법상 근거규정인 헌법 제29조가 구상권의 행사를 배제하지 아니하는데도 이를 배제하는 것으로 해석하는 것으로서 합리적인 이유 없이 일반 국민을 국가에 대하여 지나치게 차별하는 경우에 해당하므로 헌법 제11조, 제29조에 위반되며, 또한 국가에 대한 구상권은 헌법 제23조 제1항에 의하여 보장되는 재산권이고 위와 같은 해석은 그러한 재산권의 제한에 해당하며 재산권의 제한은 헌법 제37조 제2항에 의한 기본권 제한의 한계 내에서만 가능한데, 위와 같은 해석은 헌법 제37조 제2항에 의하여 기본권을 제한할 때 요구되는 비례의 원칙에 위배하여 일반 국민의 재산권을 과잉제한하는 경우에 해당하여 헌법 제23조 제1항 및 제37조 제2항에도 위반된다.

정답 ④

056   2015년 변호사

다음 사례에서 甲·乙·丙의 권리구제에 대한 설명으로 옳지 않은 것은? (다툼이 있는 경우 판례에 의함)

- 군인 甲은 영외작업 후 부대복귀 중 작업병의 차출을 둘러싸고 언쟁을 하다가 소속부대 선임하사 A로부터 구타당하여 부상을 입었다.
- 乙은 경찰청 소속의 의무경찰대원으로서 순찰업무를 수행하기 위하여 동료 의무경찰대원 B가 운전하던 오토바이 뒷좌석에 타고 가던 중 B의 오토바이와 민간인 C가 운전하던 트럭이 쌍방의 과실로 충돌하는 사고가 발생하여 상해를 입었다. 한편, C가 운전하던 트럭의 보험자인 D보험회사가 상해를 입은 의무경찰대원 乙의 손해를 전부 배상하였다.
- 주민자치센터에 근무하는 사회복무요원(구 공익근무요원) 丙은 공무수행 중 차량전복사고로 상해를 입었다.

① 甲은 「군인연금법」 또는 「국가유공자 등 예우 및 지원에 관한 법률」에 의하여 별도의 보상을 받을 수 없는 경우에도 「국가배상법」에 따른 배상을 청구할 수 없다.

② 乙은 「국가배상법」상 직무집행 중인 경찰공무원에 해당한다.

③ 헌재는 D가 C의 귀책 부분을 넘는 B의 부담 부분에 관하여 국가를 상대로 구상권을 행사하는 것이 부인되는 경우, 이는 헌법상 평등원칙, 재산권 보장규정 및 헌법 제37조 제2항 등의 헌법규정에 반한다고 보았다.

④ 대법원 판례에 의하면 D는 국가를 상대로 C의 귀책 부분을 넘는 B의 부담 부분에 대한 구상을 청구할 수 없다.

⑤ 丙은 「국가배상법」상 손해배상청구가 제한되는 군인 등에 해당하지 않는다.

해설

KEYWORD 국가배상법 제2조(공무원의 직무상 불법행위)

① [×] 사례에서 소속부대 선임하사의 구타로 인한 부상은 직무집행성이 인정되며, 甲은 「군인연금법」 또는 「국가유공자 등 예우 및 지원에 관한 법률」에 의하여 별도의 보상을 받을 수 없는 경우라면 「국가배상법」에 따른 배상을 청구할 수 있다.

② [○] 의무경찰대원은 「국가배상법」 제2조 제1항 단서에 열거된 경찰공무원에 해당한다(대판 2001.2.15. 96다42420 전합).

③ [○] 「국가배상법」 제2조 제1항 단서 중 군인에 관련되는 부분을, 일반국민이 직무집행 중인 군인과의 공동불법행위로 직무집행 중인 다른 군인에게 공상을 입혀 그 피해자에게 공동의 불법행위로 인한 손해를 배상한 다음 공동불법행위자인 군인의 부담부분에 관하여 국가에 대하여 구상권을 행사하는 것을 허용하지 않는다고 해석한다면, 이는 위 단서 규정의 헌법상 근거규정인 헌법 제29조가 구상권의 행사를 배제하지 아니하는데도 이를 배제하는 것으로 해석하는 것으로서 합리적인 이유 없이 일반국민을 국가에 대하여 지나치게 차별하는 경우에 해당하므로 헌법 제11조, 제29조에 위반되며, 또한 국가에 대한 구상권은 헌법 제23조 제1항에 의하여 보장되는 재산권이고 위와 같은 해석은 그러한 재산권의 제한에 해당하며 재산권의 제한은 헌법 제37조 제2항에 의한 기본권제한의 한계 내에서만 가능한데, 위와 같은 해석은 헌법 제37조 제2항에 의하여 기본권을 제한할 때 요구되는 비례의 원칙에 위배하여 일반국민의 재산권을 과잉제한하는 경우에 해당하여 헌법 제23조 제1항 및 제37조 제2항에도 위반된다(헌재 1994.12.29. 93헌바21).

④ [○] 공동불법행위자 등이 부진정연대채무자로서 각자 피해자의 손해 전부를 배상할 의무를 부담하는 공동불법행위의 일반적인 경우와 달리 예외적으로 민간인은 피해 군인 등에 대하여 그 손해 중 국가 등이 민간인에 대한 구상의무를 부담한다면 그 내부적인 관계에서 부담하여야 할 부분을 제외한 나머지 자신의 부담부분에 한하여 손해배상의무를 부담하고, 한편 국가 등에 대하여는 그 귀책부분의 구상을 청구할 수 없다(대판 2001.2.15. 96다42420 전합).

⑤ [O] 공익근무요원(현 사회복무요원)은 보충역에 편입되어 있는 자이기 때문에, 소집되어 군에 복무하지 않는 한 군인이라고 말할 수 없으므로, 비록 「병역법」 제75조 제2항이 공익근무요원으로 복무 중 순직한 사람의 유족에 대하여 「국가유공자 등 예우 및 지원에 관한 법률」에 따른 보상을 하도록 규정하고 있다고 하여도, 공익근무요원이 「국가배상법」 제2조 제1항 단서의 규정에 의하여 「국가배상법」상 손해배상청구가 제한되는 군인·군무원·경찰공무원 또는 향토예비군대원에 해당한다고 할 수 없다(대판 1997.3.28. 97다4036).

정답 ①

057 2017년 행정사 난이도 ●●●

세무서장 甲은 乙회사에 대한 세무조사를 하면서 乙회사의 주요 거래처인 丙회사에게 乙회사와의 거래를 일정기간 중지하여 줄 것을 요청하였다(이하 '이 사건 요청행위'라 한다). 이로 인하여 乙회사는 경제적인 불이익을 입게 되었다. 이에 대한 설명으로 옳지 않은 것은? (다툼이 있는 경우 판례에 의함)

① 이 사건 요청행위는 권고 내지 협조를 구하는 권고적 성격의 행위로서 丙의 법률상의 지위에 직접적인 변동을 가져오는 행정처분은 아니다.

② 이 사건 요청행위가 규제적·구속적 성격을 상당히 강하게 가지게 될 경우 헌법소원의 대상이 될 수 있다.

③ 이 사건 요청행위는 乙의 「국가배상법」상 손해배상청구 요건인 공무원의 직무에 해당하지 않는다.

④ 이 사건 요청행위를 할 때 甲은 그 목적달성에 필요한 최소한도 내에서 하여야 한다.

⑤ 이 사건 요청행위를 할 때 甲은 丙에게 요청행위의 취지 및 내용과 신분을 밝혀야 한다.

해설

KEYWORD 국가배상법 제2조(공무원의 직무상 불법행위)

① [O] 항고소송의 대상이 되는 행정처분은 행정청의 공법상의 행위로서 상대방 또는 기타 관계자들의 법률상 지위에 직접적으로 법률적인 변동을 일으키는 행위를 말하는 것이므로 세무당국이 소외 회사에 대하여 원고와의 주류거래를 일정기간 중지하여 줄 것을 요청한 행위는 권고 내지 협조를 요청하는 권고적 성격의 행위로서 소외 회사나 원고의 법률상의 지위에 직접적인 법률상의 변동을 가져오는 행정처분이라고 볼 수 없는 것이므로 항고소송의 대상이 될 수 없다(대판 1980.10.27. 80누395).

② [O] 단순한 요청행위로서의 한계를 넘어 규제적·구속적 성격을 상당히 강하게 갖게 될 경우 헌법소원의 대상이 될 수 있다.

③ [X] 요청행위는 공무원의 직무상 행위로 볼 수 있으므로, 「국가배상법」상의 요건을 충족하는 경우 손해배상을 청구할 수 있다.

④ [O]
> 「행정절차법」 제48조 【행정지도의 원칙】 ① 행정지도는 그 목적 달성에 필요한 최소한도에 그쳐야 하며, 행정지도의 상대방의 의사에 반하여 부당하게 강요하여서는 아니 된다.

⑤ [○] 「행정절차법」 제49조【행정지도의 방식】① 행정지도를 하는 자는 그 상대방에게 그 행정지도의 취지 및 내용과 신분을 밝혀야 한다.

정답 ③

058 2020년 국가직 9급 난이도 ●●○

甲은 A지방자치단체가 관리하는 도로를 운행하던 중 도로에 방치된 낙하물로 인하여 손해를 입었고, 이를 이유로 「국가배상법」상 손해배상을 청구하려고 한다. 이에 대한 설명으로 옳지 않은 것은? (다툼이 있는 경우 판례에 의함)

① A지방자치단체가 위 도로를 권원 없이 사실상 관리하고 있는 경우에는 A지방자치단체의 배상책임은 인정될 수 없다.

② 위 도로의 설치·관리상의 하자가 있는지 여부는 위 도로가 그 용도에 따라 통상 갖추어야 할 안전성을 갖추었는지 여부에 따라 결정된다.

③ 위 도로가 국도이며 그 관리권이 A지방자치단체의 장에게 위임되었다면, A지방자치단체가 도로의 관리에 필요한 일체의 경비를 대외적으로 지출하는 자에 불과하더라도 甲은 A지방자치단체에 대해 국가배상을 청구할 수 있다.

④ 甲이 배상을 받기 위하여 소송을 제기하는 경우에는 민사소송을 제기하여야 한다.

해설

KEYWORD 국가배상법 제5조(영조물 설치·관리 하자)

① [×] 국가배상법 제5조 제1항 소정의 "공공의 영조물"이라 함은 국가 또는 지방자치단체에 의하여 특정 공공의 목적에 공여된 유체물 내지 물적 설비를 지칭하며, 특정 공공의 목적에 공여된 물이라 함은 일반 공중의 자유로운 사용에 직접적으로 제공되는 공공용물에 한하지 아니하고, 행정주체 자신의 사용에 제공되는 공용물도 포함하며 국가 또는 지방자치단체가 소유권, 임차권 그 밖의 권한에 기하여 관리하고 있는 경우뿐만 아니라 사실상의 관리를 하고 있는 경우도 포함한다(대판 1995.1.24. 94다45302).

② [○] '영조물 설치·관리상의 하자'라 함은 공공의 목적에 공여된 영조물이 그 용도에 따라 통상 갖추어야 할 안전성을 갖추지 못한 상태에 있음을 말하는바, 영조물의 설치 및 관리에 있어서 항상 완전무결한 상태를 유지할 정도의 고도의 안전성을 갖추지 아니하였다고 하여 영조물의 설치 또는 관리에 하자가 있다고 단정할 수 없는 것이고, 영조물의 설치자 또는 관리자에게 부과되는 방호조치의무는 영조물의 위험성에 비례하여 사회통념상 일반적으로 요구되는 정도의 것을 의미하므로 영조물인 도로의 경우도 다른 생활필수시설과의 관계나 그것을 설치하고 관리하는 주체의 재정적·인적·물적 제약 등을 고려하여 그것을 이용하는 자의 상식적이고 질서 있는 이용방법을 기대한 상대적인 안전성을 갖추는 것으로 족하다(대판 2002.8.23. 2002다9158).

③ [○] 영조물의 설치·관리자와 비용부담자가 다른 경우 피해자는 선택하여 손해배상을 청구할 수 있다.

> 지방자치단체의 장이 기관위임된 국가행정사무를 처리하는 경우 그에 소요되는 경비의 실질적·궁극적 부담자는 국가라고 하더라도 당해 지방자치단체는 국가로부터 내부적으로 교부된 금원으로 그 사무에 필요한 경비를 대외적으로 지출하는 자이므로, 이러한 경우 지방자치단체는 국가배상법 제6조 제1항 소정의 비용부담자로서 공무원의 불법행위로 인한 같은 법에 의한 손해를 배상할 책임이 있다(대판 1994.12.9. 94다38137).

> 「국가배상법」 제6조 【비용부담자 등의 책임】 ① 제2조·제3조 및 제5조에 따라 국가나 지방자치단체가 손해를 배상할 책임이 있는 경우에 공무원의 선임·감독 또는 영조물의 설치·관리를 맡은 자와 공무원의 봉급·급여, 그 밖의 비용 또는 영조물의 설치·관리비용을 부담하는 자가 동일하지 아니하면 그 비용을 부담하는 자도 손해를 배상하여야 한다.

④ [○] 판례는 국가배상책임을 민사상 손해배상책임의 일종으로 보고, 국가배상법을 「민법」의 특별법으로 본다. 따라서 국가배상청구소송도 민사소송으로 다루고 있다. 그러므로 판례에 의하면 甲이 배상을 받기 위하여 소송을 제기하는 경우에는 민사소송을 제기하여야 한다.

정답 ①

---

059 2018년 서울시 7급

A도 내 B시에 거주하는 甲은 「학교폭력예방 및 대책에 관한 법률」에 의하여 교내에서 출석정지 5일의 처분을 받고 이에 대해서 행정심판을 제기하여 다투고자 한다. 이에 대한 설명으로 가장 옳지 않은 것은?

① 행정심판의 제기기간은 처분 통지서를 받은 날부터 90일 이내이다.
② 행정심판기관은 A도 교육청에 설치된 행정심판위원회이다.
③ 행정심판기관은 출석정지처분을 피해학생에 대한 서면사과처분으로 변경하는 재결을 할 수 있다.
④ 서면사과도 과중한 처벌이라고 하여 불복하는 경우에는 재결을 취소소송의 대상으로 한다.

해설

KEYWORD 행정심판의 당사자

① [○]
> 「행정심판법」 제27조 【심판청구의 기간】 ① 행정심판은 처분이 있음을 알게 된 날부터 90일 이내에 청구하여야 한다.

② [○]
> 「행정심판법」 제6조 【행정심판위원회의 설치】 ③ 다음 각 호의 행정청의 처분 또는 부작위에 대한 심판청구에 대하여는 시·도지사 소속으로 두는 행정심판위원회에서 심리·재결한다.
> 1. 시·도 소속 행정청
> 2. 시·도의 관할 구역에 있는 시·군·자치구의 장, 소속 행정청 또는 시·군·자치구의 의회(의장, 위원회의 위원장, 사무국장, 사무과장 등 의회 소속 모든 행정청을 포함한다)
> 3. 시·도의 관할 구역에 있는 둘 이상의 지방자치단체(시·군·자치구를 말한다)·공공법인 등이 공동으로 설립한 행정청

③ [○] 행정심판기관은 변경재결을 할 수 있다.

> 「행정심판법」 제43조 【재결의 구분】 ③ 위원회는 취소심판의 청구가 이유가 있다고 인정하면 처분을 취소 또는 다른 처분으로 변경하거나 처분을 다른 처분으로 변경할 것을 피청구인에게 명한다.

④ [×] 서면사과도 과중한 처벌이라고 불복하는 것은 재결 자체의 고유한 위법이라고 할 수 없다. 따라서 **재결을 취소소송의 대상으로 할 수 없고, 불복하려면 변경된 서면사과(변경되어 남아있는 원처분)을 대상으로 다투어야 한다.**

> 「행정소송법」 제19조 【취소소송의 대상】 취소소송은 처분 등을 대상으로 한다. 다만, 재결취소소송의 경우에는 재결 자체에 고유한 위법이 있음을 이유로 하는 경우에 한한다.

정답 ④

---

060 | 2017년 지방직 7급 | 난이도 ●●○

A부 소속 일반직 국가공무원 甲은 회식 중 동료 공무원을 폭행하였다는 이유로, A부 장관으로부터 정직 3개월의 징계처분을 받았다. 甲은 해당 징계처분이 과도하다고 생각하여 법적 구제수단을 통하여 불복하고자 한다. 이에 대한 설명으로 옳지 않은 것은? (다툼이 있는 경우 판례에 의함)

① 甲은 행정소송을 제기하려면 소청심사위원회의 심사·결정을 거쳐야 하는데, 이 경우 소청심사의 청구기간은 정직 3개월 처분의 처분사유 설명서를 받은 날부터 30일 이내이다.

② 징계위원회의 심의과정에 반드시 제출되어야 하는 甲의 공적 사항이 제시되지 않은 상태에서 정직 3개월의 징계처분을 한 경우라면 결과적으로 징계양정이 적정한지 여부와 상관없이 위법한 처분이 된다.

③ 소청심사위원회에서 甲에 대한 징계를 정직 2개월로 변경하는 재결을 하였다면, A부 장관이 정직 2개월로 변경하는 처분을 하지 않더라도 정직 2개월의 기간이 만료되면 甲에 대한 정직처분은 자동적으로 효력이 소멸된다.

④ 소청심사위원회가 정직 3개월의 처분을 정직 2개월로 변경하라는 재결을 하여 A부 장관이 정직 2개월의 처분을 한 경우, 甲이 이에 불복하여 제기하는 취소소송의 제소기간은 정직 2개월 처분이 있음을 甲이 현실적·구체적으로 안 날로부터 기산한다.

해설

KEYWORD 행정심판위원회

① [○] 처분사유 설명서를 받은 공무원이 그 처분에 불복할 때에는 그 설명서를 받은 날부터, 공무원이 제75조에서 정한 처분 외에 본인의 의사에 반한 불리한 처분을 받았을 때에는 그 처분이 있은 것을 안 날부터 각각 30일 이내에 소청심사위원회에 이에 대한 심사를 청구할 수 있다. 이 경우 변호사를 대리인으로 선임할 수 있다(「국가공무원법」 제76조 제1항).

② [○] 경찰공무원에게 인정된 징계사유가 상훈감경 제외사유에 해당하지 아니함에도, 경찰공무원에 대한 징계위원회의 심의과정에서 징계의결이 요구된 비위행위가 상훈감경 제외사유에 해당한다는 이유로 그 공적 사항을 징계양정에 전혀 고려하지 아니한 때에는 그 징계양정이 결과적으로 적정한지와 상관없이 이는 관계법령이 정한 징계절차를 지키지 아니한 것으로서 위법하다(대판 2015.11.12. 2014두35638).

③ [○] 변경재결의 형성적 효력이 발생하므로 옳은 내용이다.

④ [✕] 소청을 제기한 자는 소청위원회 결정에 불복하는 경우 심사결정서 정본을 송달받은 날로부터 90일 이내에 항고소송을 제기할 수 있다.

정답 ④

061 실전문제 난이도 ●●○

甲은 관계법령의 규정에 따라 공장을 적법하게 설치·운영하고 있는데, 당해 공장은 「대기환경보전법」상의 대기오염물질배출허용기준을 초과하여 동법에 의한 개선명령을 받고도 이를 이행하지 않고 있다. 인근 주민 乙은 이 공장으로부터 날아드는 대기오염물질로 인해 급박하고 막대한 건강상·환경상 피해를 받고 있어 관할 광역시장 S에게 甲에 대한 행정권 발동을 요구하였으나 S는 어떠한 조치도 취하지 않고 있다. 아래 보기 중 옳은 것(○)과 옳지 않은 것(✕)을 올바르게 조합한 것은? (다툼이 있는 경우 판례에 의함)

「대기환경보전법」 제34조 【조업정지명령 등】 ② 환경부장관 또는 시·도지사는 대기오염으로 주민의 건강상·환경상의 피해가 급박하다고 인정하면 … 즉시 그 배출시설에 대하여 조업시간의 제한이나 조업정지 그 밖에 필요한 조치를 명할 수 있다.
*위 조항에 의한 환경부장관의 조업시간제한조치 등의 권한이 시·도지사에게 위임되었음을 전제로 함

ㄱ. 「대기환경보전법」 제34조 제2항은 乙의 사익도 보호하려는 취지로 해석할 수 있다.
ㄴ. 공권의 인정 범위를 넓게 보는 견해에 의하면 급박하고 막대한 건강상·환경상 피해를 입고 있는 乙에게는 조업정지 등 행정권 발동을 요청할 행정개입청구권이 인정될 수 있다.
ㄷ. 위 ㄴ.에 의하면 乙은 S의 부작위에 대해서 부작위위법확인소송을 제기할 수 있다.
ㄹ. 乙은 S의 부작위에 대해서 「행정심판법」상의 부작위위법확인심판을 제기할 수 있다.
ㅁ. 판례에 의하면 乙은 S의 부작위에 대해서 의무이행소송을 제기할 수 있다.
ㅂ. 乙은 「국가배상법」에 의한 손해배상을 청구할 수 없지만, 甲에 대한 민사소송은 제기할 수 있다.

	ㄱ	ㄴ	ㄷ	ㄹ	ㅁ	ㅂ
①	○	○	○	✕	✕	✕
②	○	✕	○	○	✕	✕
③	✕	○	✕	○	✕	○
④	○	○	○	○	✕	✕
⑤	✕	○	○	✕	○	○

해설

KEYWORD 행정입법, 행정심판, 국가배상법 제2조

ㄱ. [○] 위 조항의 규정상 대기오염으로 인한 주민의 건강상 환경상의 피해를 고려한다는 점에서 사익보호성이 인정된다고 할 수 있다.

ㄴ. [○] 「대기환경보전법」 제34조 제2항의 개선명령 발동 여부는 환경부장관의 재량에 속하므로 乙은 원칙적으로 행정개입청구권을 행사할 수 없다. 그러나 乙에게 사익보호성이 인정되고 재량이 0으로 수축되는 경우에는 환경부장관은 행위의무를 부담하는데, 설문의 경우는 피해가 급박하므로 재량이 0으로 수축되는 경우에 해당하므로 행정개입청구권이라는 공권이 성립한다고 볼 수 있다.

ㄷ. [○] 부작위위법확인소송의 대상이 되는 부작위는 사인에게 법규상·조리상 신청권이 존재하고 행정청이 일정한 처분을 해야하는 법적 의무가 존재함에도 상당기간이 경과하도록 행정청이 아무런 처분을 하지 않는 경우에 성립된다. 위 사안에서는 乙에게 행정개입청구권이라는 공권이 발생하고 행정청은 행정권발동의무를 부담함에도 행정청이 아무런 조치를 취하지 않은 경우이므로 부작위위법확인소송의 제기가 가능하다.

> 「행정소송법」 제2조 【정의】 ① 이 법에서 사용하는 용어의 정의는 다음과 같다.
> 2. "부작위"라 함은 행정청이 당사자의 신청에 대하여 상당한 기간 내에 일정한 처분을 하여야 할 법률상 의무가 있음에도 불구하고 이를 하지 아니하는 것을 말한다.
> 제4조 【항고소송】 항고소송은 다음과 같이 구분한다.
> 3. 부작위위법확인소송: 행정청의 부작위가 위법하다는 것을 확인하는 소송

ㄹ. [×] 행정소송과 달리 행정심판에는 의무이행심판제도가 있으므로 부작위위법확인심판은 규정되어 있지 않다.

> 「행정심판법」 제4조 【특별행정심판 등】 ③ 관계 행정기관의 장이 특별행정심판 또는 이 법에 따른 행정심판절차에 대한 특례를 신설하거나 변경하는 법령을 제정·개정할 때에는 미리 중앙행정심판위원회와 협의하여야 한다.

ㅁ. [×] 의무이행소송은 현행법상 인정되지 않고 판례는 부정적 입장이다.

> 행정소송법 제3조와 제4조가 행정청의 부작위가 위법하다는 것을 확인하는 소송을 규정하고 있을 뿐 행정청의 부작위에 대하여 일정한 처분을 하도록 하는 의무이행소송에 관하여는 규정하고 있지 아니하여 행정청의 위법 또는 부당한 부작위에 대하여 일정한 처분을 하도록 청구하는 소송을 허용하지 아니한 것이 국민의 재산권을 보장한 헌법 제23조에 위배된다고 볼 수 없다(대판 1992.12.22. 92누13929).

ㅂ. [×] 판례의 입장에 따르면 광역시장 S의 부작위가 「국가배상법」 제2조의 요건을 충족하되 고의나 중과실이 인정되면 乙은 국가나 지방자치단체에게 국가배상책임을 묻는 외에 가해공무원에게도 불법행위책임을 물을 수 있고, 경과실인 경우에는 乙은 국가나 지방자치단체에 국가배상책임을 물을 수 있다.

정답 ①

062 2020년 국회직 8급

「담배사업법」은 일반소매인 사이에서는 그 영업소간에 100m 이상의 거리를 유지하도록 하는 '일반소매인의 영업소간에 거리제한' 규정을 두어 일반소매인간의 과당경쟁으로 인한 불합리한 경영을 방지하고 있다. 한편 동법은 일반소매인과 구내소매인의 영업소간에는 거리제한규정을 두지 않고, 동일 시설물 내 2개소 이상의 장소에 구내소매인을 지정할 수 있도록 규정하고 있다. 甲은 A시 시장으로부터 「담배사업법」상 담배 일반소매인으로서 지정을 받아 영업을 하고 있다. 이에 대한 설명으로 옳은 것만을 <보기>에서 모두 고른 것은? (주어진 조건 이외의 다른 조건은 고려하지 않으며, 다툼이 있는 경우 판례에 의함)

<보기>

ㄱ. 甲의 영업소에서 70m 떨어진 장소에 乙이 담배 일반소매인으로 지정을 받은 경우, 甲은 乙의 일반소매인 지정의 취소를 구할 원고적격이 있다.

ㄴ. 甲의 영업소에서 30m 떨어진 장소에 丙이 담배 구내소매인으로 지정을 받은 경우 甲이 원고로서 제기한 丙의 구내소매인 지정에 대한 취소를 구하는 소는 적법하고, 甲은 수소법원에 丙의 구내소매인 지정에 대한 집행정지신청을 할 수 있다.

ㄷ. 丁이 담배 일반소매인으로 지정을 받은 장소가 甲의 영업소에서 120m 떨어진 곳이자 丙이 담배 구내소매인으로 지정을 받은 곳에서 50m 떨어져 있다면, 甲과 丙이 공동소송으로 제기한 丁의 일반소매인 지정에 대한 취소소송에서 甲과 丙은 각각 원고적격이 있다.

① ㄱ
② ㄴ
③ ㄷ
④ ㄱ, ㄴ
⑤ ㄱ, ㄷ

해설

KEYWORD 원고적격

ㄱ. [O] 일반소매인의 경우 영업소간 100m 거리제한이 있고 乙의 영업소는 甲의 영업소에서 70m 떨어진 장소에 있으므로 거리제한규정의 적용을 받는다. 따라서 일반소매인 甲은 乙의 일반소매인 지정의 취소를 구할 원고적격이 있다.

> 담배 일반소매인의 지정기준으로서 일반소매인의 영업소간에 일정한 거리제한을 두고 있는 것은 공익목적을 달성하고자 함과 동시에 일반소매인간의 과당경쟁으로 인한 불합리한 경영을 방지함으로써 일반소매인의 경영상 이익을 보호하는 데에도 그 목적이 있다고 보이므로, 일반소매인으로 지정되어 영업을 하고 있는 기존업자의 신규 일반소매인에 대한 이익은 단순한 사실상의 반사적 이익이 아니라 법률상 보호되는 이익이라고 해석함이 상당하다(대판 2008.3.27. 2007두23811).

ㄴ. [×] 일반소매인과 구내소매인의 영업소간에는 거리제한규정을 두지 않고, 동일 시설물 내 2개소 이상의 장소에 구내소매인을 지정할 수 있도록 규정하고 있으므로 甲은 담배 일반소매인으로서 구내소매인 丙에 대한 구내소매인 지정처분을 다툴 수 없고, 甲이 원고로서 제기한 丙의 구내소매인 지정에 대한 취소를 구하는 소는 부적법하다. 집행정지는 신청인의 본안청구가 적법한 것이어야 가능하므로 결국 **甲의 소는 부적법하므로 집행정지신청도 부적법하다.**

> 일반소매인으로 지정되어 영업을 하고 있는 기존업자의 신규 구내소매인에 대한 이익은 법률상 보호되는 이익이 아니라 단순한 사실상의 반사적 이익이라고 해석함이 상당하므로, 기존 일반소매인은 신규 구내소매인 지정처분의 취소를 구할 원고적격이 없다(대판 2008.4.10. 2008두402).

ㄷ. [×] 丁이 담배 일반소매인으로 지정을 받은 장소가 甲의 영업소에서 120m 떨어진 곳이어서 일반소매인 甲은 丁에 대한 일반소매인 지정처분을 다툴 수 없다. 또한 丙은 구내소매인이며 일반소매인과 구내소매인간에는 거리제한규정이 적용되지 않으므로 丙도 丁의 일반소매인 지정처분을 다툴 법률상 이익이 없다. 결론적으로 **甲과 丙이 공동소송으로 제기한 丁의 일반소매인 지정에 대한 취소소송은 모두 원고적격이 없다.**

정답 ①

---

063 | 2018년 지방직 9급 | 난이도 ●●○

다음 사례에 대한 설명으로 옳지 않은 것은? (다툼이 있는 경우 판례에 의함)

> 甲은 「식품위생법」 제37조 제1항에 따라 허가를 받아 식품조사처리업 영업을 하고 있던 중 乙과 영업양도계약을 체결하였다. 당해 계약은 하자 있는 계약이었음에도 불구하고, 乙은 같은 법 제39조에 따라 식품의약품안전처장에게 영업자지위승계신고를 하였다.

① 식품의약품안전처장이 乙의 신고를 수리한다면, 이는 실질에 있어서 乙에게는 적법하게 사업을 할 수 있는 권리를 설정하여 주는 행위이다.

② 식품의약품안전처장이 乙의 신고를 수리하는 경우에 甲과 乙의 영업양도계약이 무효라면 위 신고수리처분도 무효이다.

③ 식품의약품안전처장이 乙의 신고를 수리하기 전에 甲의 영업허가처분이 취소된 경우, 乙이 甲에 대한 영업허가처분의 취소를 구하는 소송을 제기할 법률상 이익은 없다.

④ 甲은 민사쟁송으로 양도·양수행위의 무효를 구함이 없이 막바로 식품의약품안전처장을 상대로 한 행정소송으로 위 신고수리처분의 무효확인을 구할 법률상 이익이 있다.

해설

KEYWORD 소의 이익

① [○] 영업양도에 따른 지위승계신고를 수리하는 허가관청의 행위는 단순히 양도인과 양수인 사이에 이미 발생한 사법상 사업양도의 법률효과에 의하여 양수인이 영업을 승계하였다는 사실의 신고를 접수하는 행위에 그치는 것이 아니라, 실질적으로 양도자의 사업허가 등을 취소함과 아울러 양수자에게 적법하게 사업을 할 수 있는 권리를 설정하여 주는 행위로서 사업허가자 등의 변경이라는 법률효과를 발생시키는 행위이다(대판 2012.1.12. 2011도6561).

② [○] 사업양도·양수에 따른 허가관청의 지위승계신고의 수리는 적법한 사업의 양도·양수가 있었음을 전제로 하는 것이므로 그 수리 대상인 사업양도·양수가 존재하지 아니하거나 무효인 때에는 수리를 하였다 하더라도 그 수리는 유효한 대상이 없는 것으로서 당연히 무효라 할 것이고, 사업의 양도행위가 무효라고 주장하는 양도자는 민사쟁송으로 양도·양수행위의 무효를 구함이 없이 막바로 허가관청을 상대로 하여 행정소송으로 위 신고수리처분의 무효확인을 구할 법률상 이익이 있다(대판 2005.12.23. 2005두3554).

③ [×] 수허가자의 지위를 양수받아 명의변경신고를 할 수 있는 양수인의 지위는 단순한 반사적 이익이나 사실상의 이익이 아니라 산림법령에 의하여 보호되는 직접적이고 구체적인 이익으로서 법률상 이익이라고 할 것이고, 채석허가가 유효하게 존속하고 있다는 것이 양수인의 명의변경신고의 전제가 된다는 의미에서 관할 행정청이 양도인에 대하여 채석허가를 취소하는 처분을 하였다면 이는 양수인의 지위에 대한 직접적 침해가 된다고 할 것이므로 양수인은 채석허가를 취소하는 처분의 취소를 구할 법률상 이익을 가진다(대판 2003.7.11. 2001두6289).

④ [○] 허가관청의 사업양수에 의한 지위승계신고의 수리는 적법한 사업의 양도가 있었음을 전제로 하는 것이므로 사업의 양도행위가 무효라고 주장하는 양도자는 민사쟁송으로 양도행위의 무효를 구함이 없이 막바로 허가관청을 상대로 하여 행정소송으로 위 신고수리처분의 무효확인을 구할 법률상 이익이 있다(대판 1993.6.8. 91누11544).

정답 ③

064 2017년 지방직 7급

甲은 값싼 외국산 수입재료를 국내산 유기농 재료로 속여 상품을 제조·판매하였음을 이유로 「식품위생법」에 따라 관할 행정청으로부터 영업정지 3개월 처분을 받았다. 한편, 위 영업정지의 처분기준에는 1차 위반의 경우 영업정지 3개월, 2차 위반의 경우 영업정지 6개월, 3차 위반의 경우 영업허가취소처분을 하도록 규정되어 있다. 甲은 영업정지 3개월 처분의 취소를 구하는 소송을 제기하였다. 이에 대한 설명으로 옳지 않은 것은? (다툼이 있는 경우 판례에 의함)

① 위와 같은 처분기준이 없는 경우라면, 영업정지처분에 정하여진 기간이 경과되어 효력이 소멸한 경우에는 그 영업정지 처분의 취소를 구할 법률상 이익은 부정된다.

② 위 처분기준이 「식품위생법」이나 동법 시행령에 규정되어 있는 경우에는 대외적 구속력이 인정되나, 동법 시행규칙에 규정되어 있는 경우에는 대외적 구속력은 부정된다.

③ 甲에 대하여 법령상 임의적 감경사유가 있음에도, 관할 행정청이 이를 전혀 고려하지 않았거나 감경사유에 해당하지 않는다고 오인하여 영업정지 3개월 처분을 한 경우에는 재량권을 일탈·남용한 위법한 처분이 된다.

④ 甲에 대한 영업정지 3개월의 기간이 경과되어 효력이 소멸한 경우에 위 처분기준이 「식품위생법」이나 동법 시행령에 규정되어 있다면 甲은 영업정지 3개월 처분의 취소를 구할 소의 이익이 있지만, 동법 시행규칙에 규정되어 있다면 소의 이익이 인정되지 않는다.

해설

KEYWORD 제재적 행정처분기준

① [O] 가중된 제재적 행정처분기준이 없는 경우에는 영업정지기간의 경과로 그 영업정지처분의 효력은 상실되므로 그 기간 경과 후에는 그 처분의 취소를 구할 법률상의 이익이 있다고 할 수 없다(대판 1995.10.17. 94누14148 전합).

② [O] 판례는 제재적 행정처분의 기준이 법률이나 대통령령시행령의 형식으로 정해진 경우에는 그 기준을 대외적 구속력이 인정되는 법규명령으로 보나 대판 누 등 부령시행규칙의 형식으로 정해진 경우에는 그 기준을 원칙적으로 대외적 구속력이 인정되지 않는 행정규칙으로 본다(대판 1994.10.14. 94누4370).

③ [O] 행정청이 관련 법령에 따라 영업자에 대하여 영업정지처분을 할 때 영업자에게 영업정지기간의 감경에 관한 참작사유가 존재하는 경우 행정청이 그 사유까지 고려하고도 영업정지기간을 감경하지 아니한 채 시행령별표 개별기준이 정한 영업정지기간대로 영업정지처분을 한 때에는 이를 위법하다고 단정할 수 없으나 위와 같은 사유가 있음에도 이를 전혀 고려하지 않거나 그 사유에 해당하지 않는다고 오인한 나머지 영업정지기간을 감경하지 아니하였다면 영업정지처분은 재량권을 일탈·남용한·위법한 처분이다(대판 2016.8.29. 2014두45956).

④ [X] 제재적 행정처분의 가중사유나 전제요건에 관한 규정이 법령이 아니라 부령인 시행규칙의 형식으로 되어있다고 하더라도 그러한 규칙이 법령에 근거를 두고 있는 이상 그 법적 성질이 대외적 일반적·구속력을 갖는 법규명령인지 여부와는 상관없이 규칙이 정한 바에 따라 선행처분을 가중사유 또는 전제요건으로 하는 후행처분을 받을 우려가 현실적으로 존재하는 경우에는 선행처분을 받은 상대방은 비록 그 처분에서 정한 제재기간이 경과하였다 하더라도 그 처분의 취소소송을 통하여 그러한 불이익을 제거할 권리보호의 필요성이 충분히 인정된다고 할 것이므로 선행처분의 취소를 구할 법률상 이익이 있다고 보아야 한다(대판 2006.6.22. 2003두1684).

정답 ④

065 2011년 국회직 9급

甲은 관할 A행정청으로부터 2011.10.1. 300만원의 과징금부과처분을 받았고, 동년 10.15. 200만원으로 감액되었다. 이후 동년 10.20. 甲에 대한 과징금부과권한이 A행정청에서 B행정청으로 승계가 되었고, 甲은 과징금부과처분에 대하여 동년 10.30.에 취소소송을 제기하려 한다. 판례에 의할 때, 취소소송의 대상과 피고는?

① 10.1.자 과징금 300만원 처분에 대하여 A행정청을 피고로 해야 한다.

② 10.15.자 과징금 200만원 처분에 대하여 A행정청을 피고로 해야 한다.

③ 10.1.자 과징금 200만원 처분에 대하여 B행정청을 피고로 해야 한다.

④ 10.15.자 과징금 200만원 처분에 대하여 B행정청을 피고로 해야 한다.

⑤ 10.15.자 100만원 감액처분에 대하여 B행정청을 피고로 해야 한다.

해설

KEYWORD 피고적격

③ [○] 감액경정처분이 있었으므로 소송의 대상은 감액되고 남은 당초 처분인 10.1.자 과징금 200만원 처분이다. 피고는 A행정청에서 B행정청으로 승계되었으므로 권한을 승계한 B행정청을 피고로 해야 한다.

정답 ③

066 2014년 국가직 9급

甲은 자신이 운영하는 사회복지시설의 재정이 어려워지자 관할 행정청에 보조금을 신청하였으나 거부되었다. 이와 관련한 법률관계에 대한 설명으로 옳은 것은? (다툼이 있는 경우 판례에 의함)

① 甲이 위 거부행위에 대해 취소소송으로 다투기 위해서는 甲에게 보조금을 신청할 수 있는 권리가 성문법령에 규정되어 있어야만 한다.
② 甲이 위 거부행위에 대하여 취소소송을 제기하여 다투는 경우에 집행정지를 통한 권리구제는 허용되지 않는다.
③ 위 거부행위는 불이익처분이므로 관할 행정청이 甲의 신청을 거부하는 경우에는 「행정절차법」상 사전통지절차를 거쳐야 한다.
④ 위 거부행위가 있은 후에 甲은 보조금지급을 요구하는 의무이행소송을 제기할 수 있다.

해설

KEYWORD 처분성

① [×] **신청권은** 성문의 법규상에 규정된 경우뿐만 아니라 **조리상 인정될 수도 있다.**

② [○] 허가신청에 대한 거부처분은 그 효력이 정지되더라도 그 처분이 없었던 것과 같은 상태를 만드는 것에 지나지 아니하는 것이고 그 이상으로 행정청에 대하여 어떠한 처분을 명하는 등 적극적인 상태를 만들어 내는 경우를 포함하지 아니하는 것이므로, 교도소장이 접견을 불허한 처분에 대하여 효력정지를 한다 하여도 이로 인하여 위 교도소장에게 접견의 허가를 명하는 것이 되는 것도 아니고 또 당연히 접견이 되는 것도 아니어서 접견허가거부처분에 의하여 생길 회복할 수 없는 손해를 피하는 데 아무런 보탬도 되지 아니하니 접견허가거부처분의 효력을 정지할 필요성이 없다(대결 1991.5.2. 91두15).

③ [×] 행정절차법 제21조 제1항은 행정청은 당사자에게 의무를 과하거나 권익을 제한하는 처분을 하는 경우에는 미리 처분의 제목, 당사자의 성명 또는 명칭과 주소, 처분하고자 하는 원인이 되는 사실과 처분의 내용 및 법적 근거, 그에 대하여 의견을 제출할 수 있다는 뜻과 의견을 제출하지 아니하는 경우의 처리방법, 의견제출기관의 명칭과 주소, 의견제출기한 등을 당사자 등에게 통지하도록 하고 있는바, 신청에 따른 처분이 이루어지지 아니한 경우에는 아직 당사자에게 권익이 부과되지 아니하였으므로 특별한 사정이 없는 한 신청에 대한 거부처분이라고 하더라도 직접 당사자의 권익을 제한하는 것은 아니어서 신청에 대한 **거부처분을 여기에서 말하는 '당사자의 권익을 제한하는 처분'에 해당한다고 할 수 없는 것이어서 처분의 사전통지대상이 된다고 할 수 없다**(대판 2003.11.28. 2003두674).

④ [×] 행정청의 부작위에 대하여 일정한 처분을 하도록 하는 **의무이행소송은 현행 행정소송법상 허용되지 아니한다**(대판 1995.3.10. 94누14018).

정답 ②

067 2021년 국가직 9급

다음 사례에 대한 설명으로 옳은 것은? (다툼이 있는 경우 판례에 의함)

- 甲은 자신의 토지에 대한 개별공시지가결정을 통지받은 후 90일이 넘어 과세처분을 받았는데, 과세처분이 위법한 개별공시지가결정에 기초하였다는 이유로 과세처분의 취소를 구하고자 한다.
- 甲은 토지대장에 전(田)으로 기재되어 있는 지목을 대(垈)로 변경하고자 지목변경신청을 하였다.
- 乙은 甲의 토지가 사실은 자신 소유라고 주장하면서 토지대장상의 소유자명의변경을 신청하였으나 거부되었다.

① 甲은 과세처분이 있기 전에는 개별공시지가결정에 대해서 취소소송을 제기할 수 없다.

② 甲은 과세처분의 위법성이 인정되지 않더라도 과세처분 취소소송에서 개별공시지가결정의 위법을 독립된 위법사유로 주장할 수 있다.

③ 토지대장에 등재된 사항을 변경하는 행위는 행정사무집행의 편의와 사실증명의 자료로 삼기 위한 것이므로, 甲은 지목변경신청이 거부되더라도 이에 대하여 취소소송으로 다툴 수 없다.

④ 乙에 대한 토지대장상의 소유자명의변경신청 거부는 처분성이 인정된다.

해설

KEYWORD 처분성

① [×], ② [○] 위법한 개별공시지가를 기초로 한 과세처분 등 후행 행정처분에서 개별공시지가결정의 위법을 주장할 수 없도록 하는 것은 수인한도를 넘는 불이익을 강요하는 것으로서 국민의 재산권과 재판받을 권리를 보장한 헌법의 이념에도 부합하는 것이 아니라고 할 것이므로, 개별공시지가결정에 위법이 있는 경우에는 그 자체를 행정소송의 대상이 되는 행정처분으로 보아 그 위법 여부를 다툴 수 있음은 물론 이를 기초로 한 과세처분 등 행정처분의 취소를 구하는 행정소송에서도 선행처분인 개별공시지가결정의 위법을 독립된 위법사유로 주장할 수 있다고 해석함이 타당하다(대판 1996.6.25. 93누17935).

③ [×] 지목은 토지에 대한 공법상의 규제, 개발부담금의 부과대상, 지방세의 과세대상, 공시지가의 산정, 손실보상가액의 산정 등 토지행정의 기초로서 공법상의 법률관계에 영향을 미치고, 토지소유자는 지목을 토대로 토지의 사용·수익·처분에 일정한 제한을 받게 되는 점 등을 고려하면, 지목은 토지소유권을 제대로 행사하기 위한 전제요건으로서 토지소유자의 실체적 권리관계에 밀접하게 관련되어 있으므로 지적공부 소관청의 지목변경신청 반려행위는 국민의 권리관계에 영향을 미치는 것으로서 항고소송의 대상이 되는 행정처분에 해당한다(대판 2004.4.22. 2003두9015 전합).

④ [×] 토지대장에 기재된 일정한 사항을 변경하는 행위는, 그것이 지목의 변경이나 정정 등과 같이 토지소유권 행사의 전제요건으로서 토지소유자의 실체적 권리관계에 영향을 미치는 사항에 관한 것이 아닌 한 행정사무집행의 편의와 사실증명의 자료로 삼기 위한 것일 뿐이어서, 그 소유자 명의가 변경된다고 하여도 이로 인하여 당해 토지에 대한 실체상의 권리관계에 변동을 가져올 수 없고 토지소유권이 지적공부의 기재만에 의하여 증명되는 것도 아니다. 따라서 소관청이 토지대장상의 소유자명의변경신청을 거부한 행위는 이를 항고소송의 대상이 되는 행정처분이라고 할 수 없다(대판 2012.1.12. 2010두12354).

정답 ②

068 2017년 국가직 9급(12월 추가)

다음 사례에 대한 설명으로 옳은 것은? (다툼이 있는 경우 판례에 의함)

> 국토교통부장관은 몰디브 직항 항공노선 1개의 면허를 국내항공사에 발급하기로 결정하고, 이 사실을 공고하였다. 이에 따라 A항공사와 B항공사는 각각 노선면허취득을 위한 신청을 하였는데, 국토교통부장관은 심사를 거쳐 A항공사에게 노선면허를 발급(이하 '이 사건 노선면허발급처분'이라 한다)하였다.

① B항공사는 이 사건 노선면허발급처분에 대해 취소소송을 제기할 원고적격이 인정되지 않는다.

② B항공사가 자신에 대한 노선면허발급거부처분에 대해 취소소송을 제기하여 인용판결을 받더라도 이 사건 노선면허발급처분이 취소되지 않는 이상 자신이 노선면허를 발급받을 수는 없으므로 B항공사에게는 자신에 대한 노선면허발급거부처분의 취소를 구할 소의 이익이 인정되지 않는다.

③ 만약 B항공사가 이 사건 노선면허발급처분에 대한 행정심판을 청구하여 인용재결을 받는다면, A항공사는 그 인용재결의 취소를 구하는 소송을 제기할 수 있다.

④ 만약 위 사례와 달리 C항공사가 몰디브 직항 항공노선에 관하여 이미 노선면허를 가지고 있었는데, A항공사가 국토교통부장관에게 몰디브 직항 항공노선면허를 신청하였고 이에 대해 국토교통부장관이 A항공사에게도 신규로 노선면허를 발급한 것이라면, C항공사는 A항공사에 대한 노선면허발급처분에 대해 취소소송을 제기할 원고적격이 없다.

해설

KEYWORD 재결취소소송

① [×] 인·허가 등의 수익적 행정처분을 신청한 수인이 서로 경쟁관계에 있어서 일방에 대한 허가 등의 처분이 타방에 대한 불허가 등으로 귀결될 수밖에 없는 때 허가 등의 처분을 받지 못한 자는 비록 경원자에 대하여 이루어진 허가 등 처분의 상대방이 아니라 하더라도 당해 처분의 취소를 구할 원고적격이 있다. 다만, 명백한 법적 장애로 인하여 원고 자신의 신청이 인용될 가능성이 처음부터 배제되어 있는 경우에는 당해 처분의 취소를 구할 정당한 이익이 없다(대판 2009.12.10. 2009두8359).

② [×] 인가·허가 등 수익적 행정처분을 신청한 여러 사람이 서로 경원관계에 있어서 한 사람에 대한 허가 등 처분이 다른 사람에 대한 불허가 등으로 귀결될 수밖에 없을 때 허가 등 처분을 받지 못한 사람은 신청에 대한 거부처분의 직접 상대방으로서 원칙적으로 자신에 대한 거부처분의 취소를 구할 원고적격이 있고, 취소판결이 확정되는 경우 판결의 직접적인 효과로 경원자에 대한 허가 등 처분이 취소되거나 효력이 소멸되는 것은 아니더라도 행정청은 취소판결의 기속력에 따라 판결에서 확인된 위법사유를 배제한 상태에서 취소판결의 원고와 경원자의 각 신청에 관하여 처분요건의 구비 여부와 우열을 다시 심사하여야 할 의무가 있으며, 재심사 결과 경원자에 대한 수익적 처분이 직권취소되고 취소판결의 원고에게 수익적 처분이 이루어질 가능성을 완전히 배제할 수는 없으므로, 특별한 사정이 없는 한 경원관계에서 허가 등 처분을 받지 못한 사람은 자신에 대한 거부처분의 취소를 구할 소의 이익이 있다(대판 2015.10.29. 2013두27517).

③ [○] 이른바 복효적 행정행위, 특히 제3자효를 수반하는 행정행위에 대한 행정심판청구에 있어서 그 청구를 인용하는 내용의 재결로 인하여 비로소 권리이익을 침해받게 되는 자는 그 인용재결에 대하여 다툴 필요가 있고, 그 인용재결은 원처분과 내용을 달리하는 것이므로 그 인용재결의 취소를 구하는 것은 원처분에는 없는 재결에 고유한 하자를 주장하는 셈이어서 당연히 항고소송의 대상이 된다(대판 2001.5.29. 99두10292).

④ [×] 일반적으로 면허나 인·허가 등의 수익적 행정처분의 근거가 되는 법률이 해당업자들 사이의 과당경쟁으로 인한 경영의 불합리를 방지하는 것도 그 목적으로 하고 있는 경우, **다른 업자에 대한 면허나 인·허가 등의 수익적 행정처분에 대하여 미리 같은 종류의 면허나 인·허가 등의 수익적 행정처분을 받아 영업을 하고 있는 기존의 업자는 경업자에 대하여 이루어진 면허나 인·허가 등 행정처분의 상대방이 아니라 하더라도 당해 행정처분의 취소를 구할 당사자적격이 있다**(대판 2002.10.25. 2001두4450).

정답 ③

069 2018년 국가직 9급

판례에 따를 경우 甲이 제기하는 소송이 적법하게 되기 위한 설명으로 옳은 것은?

> A시장은 2016.12.23. 「식품위생법」 위반을 이유로 甲에 대하여 3월의 영업정지처분을 하였고, 甲은 2016.12.26. 처분서를 송달받았다. 甲은 이에 대해 행정심판을 청구하였고, 행정심판위원회는 2017.3.6. "A시장은 甲에 대하여 한 3월의 영업정지처분을 2월의 영업정지에 갈음하는 과징금부과처분으로 변경하라."라는 일부인용의 재결을 하였으며, 그 재결서 정본은 2017.3.10. 甲에게 송달되었다. A시장은 재결취지에 따라 2017.3.13. 甲에 대하여 과징금부과처분을 하였다. 甲은 여전히 자신이 「식품위생법」 위반을 이유로 한 제재를 받을 이유가 없다고 생각하여 취소소송을 제기하려고 한다.

① 행정심판위원회를 피고로 하여 2016.12.23.자 영업정지처분을 대상으로 취소소송을 제기하여야 한다.
② 행정심판위원회를 피고로 하여 2017.3.13.자 과징금부과처분을 대상으로 취소소송을 제기하여야 한다.
③ 과징금부과처분으로 변경된 2016.12.23.자 원처분을 대상으로 2017.3.10.부터 90일 이내에 제기하여야 한다.
④ 2017.3.13.자 과징금부과처분을 대상으로 2017.3.6.부터 90일 이내에 제기하여야 한다.

해설

KEYWORD 제소기간

③ [○] 소의 대상은 과징금부과처분으로 변경된 2016.12.23.자 원처분이며, 그리고 소의 제기는 행정심판을 거친 경우에는 재결서를 송달받은 날로부터 90일 이내이다. 그러므로 송달받은 2017.3.10.부터 90일 이내에 제기하면 된다.

> 「행정소송법」 제20조【제소기간】① 취소소송은 처분 등이 있음을 안 날부터 90일 이내에 제기하여야 한다. 다만, 제18조 제1항 단서에 규정한 경우와 그 밖에 행정심판청구를 할 수 있는 경우 또는 행정청이 행정심판청구를 할 수 있다고 잘못 알린 경우에 행정심판청구가 있은 때의 기간은 재결서의 정본을 송달받은 날부터 기산한다.

취소소송의 제소기간은 그 재결서 정본이 甲에게 도달한 날로부터 90일 이내이다. 행정청이 식품위생법령에 기하여 영업자에 대하여 행정제재처분을 한 후 그 처분을 영업자에게 유리하게 변경하는 처분을 한 경우(이하 처음의 처분을 '당초 처분', 나중의 처분을 '변경처분'이라 한다), 변경처분에 의하여 당초 처분은 소멸하는 것이 아니고 당초부터 유리하게 변경된 내용의 처분으로 존재하는 것이므로, 변경처분에 의하여 유리하게 변경된 내용의 행정제재가 위법하다 하여 그 취소를 구하는 경우 그 취소소송의 대상은 변경된 내용의 당초 처분이지 변경처분은 아니고, 제소기간의 준수 여부도 변경처분이 아닌 변경된 내용의 당초 처분을 기준으로 판단하여야 한다. 원심이 확정한 사실관계 및 기록에 의하면, 피고는 2002.12.26. 원고에 대하여 3월의 영업정지처분이라는 이 사건 당초 처분을 하였고, 이에 대하여 원고가 행정심판청구를 하자 재결청은 2003.3.6. "피고가 2002.12.26. 원고에 대하여 한 3월의 영업정지처분을 2월의 영업정지에 갈음하는 과징금부과처분으로 변경하라"는 일부기각(일부인용)의 이행재결을 하였으며, 2003.3.10. 그 재결서 정본이 원고에게 도달한 사실, 피고는 위 재결취지에 따라 2003.3.13. "3월의 영업정지처분을 과징금 560만원으로 변경한다"는 취지의 이 사건 후속 변경처분을 함으로써 이 사건 당초 처분을 원고에게 유리하게 변경하는 처분을 하였으며, 원고는 2003.6.12. 이 사건 소를 제기하면서 청구취지로써 2003.3.13.자 과징금부과처분의 취소를 구하고 있음을 알 수 있다. 앞서 본 법리에 비추어 보면, 이 사건 후속 변경처분에 의하여 유리하게 변경된 내용의 행정제재인 과징금부과가 위법하다 하여 그 취소를 구하는 이 사건 소송에 있어서 위 청구취지는 이 사건 후속 변경처분에 의하여 당초부터 유리하게 변경되어 존속하는 2002.12.26.자 과징금부과처분의 취소를 구하고 있는 것으로 보아야 할 것이고, 일부기각(일부인용)의 이행재결에 따른 후속 변경처분에 의하여 변경된 내용의 당초 처분의 취소를 구하는 이 사건 소 또한 행정심판재결서 정본을 송달받은 날로부터 90일 이내 제기되어야 하는데 원고가 위 재결서의 정본을 송달받은 날로부터 90일이 경과하여 이 사건 소를 제기하였다는 이유로 이 사건 소가 부적법하다고 판단한 원심판결은 정당하고, 상고이유는 받아들일 수 없다(대판 2007.4.27. 2004두9302).

정답 ③

070 · 2021년 국가직 9급

甲회사는 '토석채취허가지 진입도로와 관련 우회도로 개설 등은 인근 주민들과의 충분한 협의를 통해 민원발생에 따른 분쟁이 생기지 않도록 조치 후 사업을 추진할 것'이란 조건으로 토석채취허가를 받았다. 그러나 甲은 위 조건이 법령에 근거가 없다는 이유로 이행하지 아니하였고, 인근 주민이 민원을 제기하자 관할 행정청은 甲에게 공사중지명령을 하였다. 甲은 공사중지명령의 해제를 신청하였으나 거부되자 거부처분 취소소송을 제기하였다. 이에 대한 설명으로 옳지 않은 것은? (다툼이 있는 경우 판례에 의함)

① 일반적으로 기속행위의 경우 법령의 근거 없이 위와 같은 조건을 부가하는 것은 위법하다.

② 공사중지명령의 원인사유가 해소되었다면 甲은 공사중지명령의 해제를 신청할 수 있고, 이에 대한 거부는 처분성이 인정된다.

③ 甲에게는 공사중지명령 해제신청 거부처분에 대한 집행정지를 구할 이익이 인정되지 아니한다.

④ 甲이 앞서 공사중지명령 취소소송에서 패소하여 그 판결이 확정되었더라도, 甲은 그 후 공사중지명령의 해제를 신청한 후 해제신청 거부처분 취소소송에서 다시 그 공사중지명령의 적법성을 다툴 수 있다.

해설

KEYWORD 판결

① [O] 재량행위에는 법령의 근거가 없어도 부관을 붙일 수 있으나, 일반적으로 기속행위 내지 기속재량행위에는 법령에 근거가 없는 한 부관을 붙일 수 없고 가사 부관을 붙였다 하더라도 이는 무효이다. 다만, 법률에서 명시적으로 부관을 허용하고 있으면 기속행위에도 부관을 붙일 수 있다(대판 1995.6.13. 94다56883).

② [O] 공사중지명령에 대하여 그 명령의 상대방이 해제를 구하기 위해서는 명령의 내용 자체로 또는 성질상으로 명령 이후에 원인사유가 해소되었음이 인정되어야 한다. 따라서 공사중지명령의 원인사유가 해소되었다면 甲은 공사중지명령의 해제를 신청할 수 있고, 이에 대한 거부는 처분성이 인정된다.

> 행정청이 관련 법령에 근거하여 행한 공사중지명령의 상대방이 명령의 취소를 구한 소송에서 패소함으로써 그 명령이 적법한 것으로 이미 확정되었다면, 이후 이러한 공사중지명령의 상대방은 그 명령의 해제신청을 거부한 처분의 취소를 구하는 소송에서 그 명령의 적법성을 다툴 수 없다. 그와 같은 공사중지명령에 대하여 그 명령의 상대방이 해제를 구하기 위해서는 명령의 내용 자체로 또는 성질상으로 명령 이후에 원인사유가 해소되었음이 인정되어야 한다(대판 2014.11.27. 2014두37665).

③ [O] 거부처분의 경우 「행정소송법」상 집행정지로 적극적 상태를 만들 수 없으므로 거부처분에 대해서는 집행정지가 인정되지 않는다.

> 신청에 대한 거부처분의 효력을 정지하더라도 거부처분이 없었던 것과 같은 상태, 즉 거부처분이 있기 전의 신청시의 상태로 되돌아가는 데에 불과하고 행정청에게 신청에 따른 처분을 하여야 할 의무가 생기는 것이 아니므로, 거부처분의 효력정지는 그 거부처분으로 인하여 신청인에게 생길 손해를 방지하는 데 아무런 보탬이 되지 아니하여 그 효력정지를 구할 이익이 없다(대결 1995.6.21. 95두26).

④ [X] 행정청의 공사중지명령에 대한 취소소송에서 기각판결이 확정된 경우라면 그 기각판결의 기판력은 당해 처분이 적법하다는 것에 미치며, 그 명령의 상대방이 제기한 명령의 해제신청을 거부한 처분의 취소를 구하는 소송에서 명령의 적법성 판단에도 미친다.

> 행정청이 관련 법령에 근거하여 행한 공사중지명령의 상대방이 명령의 취소를 구한 소송에서 패소함으로써 그 명령이 적법한 것으로 이미 확정되었다면, 이후 이러한 공사중지명령의 상대방은 그 명령의 해제신청을 거부한 처분의 취소를 구하는 소송에서 그 명령의 적법성을 다툴 수 없다. 그와 같은 공사중지명령에 대하여 그 명령의 상대방이 해제를 구하기 위해서는 명령의 내용 자체로 또는 성질상으로 명령 이후에 원인사유가 해소되었음이 인정되어야 한다(대판 2014.11.27. 2014두37665).

정답 ④

071 2021년 국가직 7급

다음 사례에 대한 설명으로 옳은 것은? (다툼이 있는 경우 판례에 의함)

> 관할 행정청은 2019.4.17. 「청소년 보호법」의 규정에 따라 ⊙ A주식회사가 운영하는 인터넷 사이트를 청소년유해매체물로 결정하는 내용, ⓒ 일반 불특정 다수인을 상대방으로 하여 일률적으로 표시의무, 포장의무, 청소년에 대한 판매·대여 등의 금지의무 등 각종 의무를 발생시키는 내용, ⓒ 그 결정·고시의 효력발생일을 2019.4.24.로 정하는 내용 등을 포함한 청소년유해매체물 결정·고시를 하였다.

① 위 결정·고시는 항고소송의 대상이 되는 행정처분에 해당하지 않는다.

② 관할 행정청이 위 결정·고시를 함에 있어서 A주식회사에게 이를 통지하지 않았다고 하여 결정·고시의 효력 자체가 발생하지 않는 것은 아니다.

③ A주식회사가 위 결정을 통지받지 못하였다는 것은 취소소송의 제소기간을 준수하지 못한 것에 대한 정당한 사유가 될 수 있다.

④ 위 결정·고시에 대한 취소소송의 제소기간을 계산함에 있어서는, A주식회사가 위 결정·고시가 있었다는 사실을 현실적으로 알았는지 여부에 관계없이 고시일인 2019.4.17.에 위 결정·고시가 있음을 알았다고 보아야 한다.

해설

KEYWORD 제소기간, 처분

① [×], ② [○] 구 청소년 보호법에 따른 청소년유해매체물 결정 및 고시처분은 당해 유해매체물의 소유자 등 특정인만을 대상으로 한 행정처분이 아니라 일반 불특정 다수인을 상대방으로 하여 일률적으로 표시의무, 포장의무, 청소년에 대한 판매·대여 등의 금지의무 등 각종 의무를 발생시키는 행정처분으로서, 정보통신윤리위원회가 특정 인터넷 웹사이트를 청소년유해매체물로 결정하고 청소년보호위원회가 효력발생시기를 명시하여 고시함으로써 그 명시된 시점에 효력이 발생하였다고 봄이 상당하고, 정보통신윤리위원회와 청소년보호위원회가 위 처분이 있었음을 위 웹사이트 운영자에게 제대로 통지하지 아니하였다고 하여 그 효력 자체가 발생하지 아니한 것으로 볼 수는 없다(대판 2007.6.14. 2004두619).

③ [×] 인터넷 웹사이트에 대하여 구 청소년 보호법에 따른 청소년유해매체물 결정 및 고시처분을 한 사안에서, 위 결정은 이해관계인이 고시가 있었음을 알았는지 여부에 관계없이 관보에 고시됨으로써 효력이 발생하고, 그가 위 결정을 통지받지 못하였다는 것이 제소기간을 준수하지 못한 것에 대한 정당한 사유가 될 수 없다(대판 2007.6.14. 2004두619).

④ [×] 통상 고시 또는 공고에 의하여 행정처분을 하는 경우에는 그 처분의 상대방이 불특정 다수인이고 그 처분의 효력이 불특정 다수인에게 일률적으로 적용되는 것이므로, 그 행정처분에 이해관계를 갖는 자가 고시 또는 공고가 있었다는 사실을 현실적으로 알았는지 여부에 관계없이 고시가 효력을 발생하는 날 행정처분이 있음을 알았다고 보아야 한다(대판 2007.6.14. 2004두619). 즉, 위 결정·고시의 효력발생일인 2019.4.24.에 위 결정·고시가 있음을 알았다고 보아야 한다.

정답 ②

072 2016년 서울시 9급

甲은 A행정청에 허가신청을 하였으나 거부되었고, 이에 대해 거부처분 취소소송을 제기하여 인용판결이 확정되었다. 이에 대한 설명으로 가장 옳지 않은 것은? (다툼이 있는 경우 판례에 의함)

① 위 거부처분이 절차의 위법을 이유로 취소된 경우에는 A행정청은 적법한 절차를 거쳐 다시 거부처분을 할 수 있다.
② 위 거부처분이 실체적 위법을 이유로 취소된 경우에는 A행정청은 취소판결의 기속력에 의해 다시 거부처분을 할 수 없고, 甲에게 허가처분을 하여야 한다.
③ A행정청이 기속력에 반하는 재처분을 한 경우, 그 처분은 당연무효이다.
④ A행정청이 재처분을 하였더라도 기속력에 위반된 경우에는 간접강제의 대상이 된다.

해설

KEYWORD 판결

① [○] 행정소송법 제30조 제2항의 규정에 의하면 행정청의 거부처분을 취소하는 판결이 확정된 경우에는 그 처분을 행한 행정청이 판결의 취지에 따라 이전의 신청에 대하여 재처분할 의무가 있다고 할 것이나, 그 취소사유가 행정처분의 절차·방법의 위법으로 인한 것이라면 그 처분행정청은 그 확정판결의 취지에 따라 그 위법사유를 보완하여 다시 종전의 신청에 대한 거부처분을 할 수 있고, 그러한 처분도 위 조항에 규정된 재처분에 해당한다(대판 2005.1.14. 2003두13045).

② [×] 취소소송에서 소송의 대상이 된 거부처분을 실체법상의 위법사유에 기하여 취소하는 판결이 확정된 경우에는 당해 거부처분을 한 행정청은 원칙적으로 신청을 인용하는 처분을 하여야 한다(대판 2001.3.23. 99두5238). 그러나 반드시 원고의 신청을 인용하는 재처분을 하여야 하는 것은 아니다. 따라서 **처분행정청은 종전 처분 후에 발생한 새로운 사유를 내세워 다시 거부처분을 할 수 있고**, 그러한 처분도 행정소송법 제30조 제2항에 규정된 재처분에 해당한다(대판 2011.10.27. 2011두14401).

③ [○] 확정판결의 당사자인 처분행정청이 그 행정소송의 사실심 변론종결 이전의 사유를 내세워 다시 확정판결과 저촉되는 행정처분을 하는 것은 허용되지 않는 것으로서, 이러한 행정처분은 그 하자가 중대하고도 명백한 것이어서 당연무효라 할 것이다(대판 1990.12.11. 90누3560). 즉, 새로운 거부처분을 한 것이 확정된 종전 거부처분 취소판결의 기속력에 저촉되는 경우에는 당연무효이다(대결 2002.12.11. 2002무22).

④ [○] 거부처분에 대한 취소의 확정판결이 있음에도 행정청이 아무런 재처분을 하지 아니하거나, 재처분을 하였다 하더라도 그것이 종전 거부처분에 대한 취소의 확정판결의 기속력에 반하는 등으로 당연무효라면 이는 아무런 재처분을 하지 아니한 때와 마찬가지라 할 것이므로, 이러한 경우에는 행정소송법 제30조 제2항, 제34조 제1항 등에 의한 간접강제신청에 필요한 요건을 갖춘 것으로 보아야 한다(대결 2002.12.11. 2002무22).

정답 ②

073 · 2016년 국회직 8급

甲이 관할 행정청으로부터 영업허가취소처분을 받았고, 이에 대해 취소소송을 제기하여 취소판결이 확정된 경우, 이에 대한 설명으로 옳은 것은? (다툼이 있는 경우 판례에 의함)

① 위 취소판결에는 기판력은 발생하지만 형성력은 발생하지 않는다.

② 취소판결을 통해 위 영업허가취소처분은 「국가배상법」상 공무원의 고의 또는 과실에 의한 불법행위로 인정된다.

③ 위 영업허가취소처분에 대한 취소판결은 사실심 변론종결시까지의 법령의 개폐 및 사실상태의 변동을 고려하여 내려진 것이다.

④ 甲이 영업허가취소처분이 있은 후 취소판결 이전에 영업행위를 하였더라도 이는 무허가영업에 해당하지 않는다.

⑤ 취소판결이 확정된 이후에는 다른 사유를 근거로 하더라도 다시 영업허가를 취소하는 처분을 할 수 없다.

해설

KEYWORD 판결

① [×] 취소판결에는 기판력, 기속력, 형성력이 모두 인정된다.

② [×] 어떠한 행정처분이 후에 항고소송에서 취소되었다고 할지라도 그 기판력에 의하여 당해 행정처분이 곧바로 공무원의 고의 또는 과실로 인한 것으로서 불법행위를 구성한다고 단정할 수는 없는 것이고, 그 행정처분의 담당 공무원이 보통 일반의 공무원을 표준으로 하여 볼 때 객관적 주의의무를 결하여 그 행정처분이 객관적 정당성을 상실하였다고 인정될 정도에 이른 경우에 국가배상법 제2조 소정의 국가배상책임의 요건을 충족하였다고 봄이 상당할 것이다(대판 2000.5.12. 99다70600).

③ [×] 항고소송에 있어서 행정처분의 위법 여부를 판단하는 기준시점에 대하여 판결시가 아니라 처분시라고 하는 의미는 행정처분이 있을 때의 법령과 사실상태를 기준으로 하여 위법 여부를 판단할 것이며 처분 후 법령의 개폐나 사실상태의 변동에 영향을 받지 않는다는 뜻이고 처분 당시 존재하였던 자료나 행정청에 제출되었던 자료만으로 위법 여부를 판단한다는 의미는 아니므로, 처분 당시의 사실상태 등에 대한 입증은 사실심 변론종결 당시까지 할 수 있고, 법원은 행정처분 당시 행정청이 알고 있었던 자료뿐만 아니라 사실심 변론종결 당시까지 제출된 모든 자료를 종합하여 처분 당시 존재하였던 객관적 사실을 확정하고 그 사실에 기초하여 처분의 위법 여부를 판단할 수 있다(대판 1993.5.27. 92누19033).

④ [○] 영업의 금지를 명한 영업허가취소처분 자체가 나중에 행정쟁송절차에 의하여 취소되었다면 그 영업허가취소처분은 그 처분시에 소급하여 효력을 잃게 되며, 그 영업허가취소처분에 복종할 의무가 원래부터 없었음이 확정되었다고 봄이 타당하고, 영업허가취소처분이 장래에 향하여서만 효력을 잃게 된다고 볼 것은 아니므로 그 영업허가취소처분 이후의 영업행위를 무허가영업이라고 볼 수는 없다(대판 1993.6.25. 93도277).

⑤ [×] 행정처분의 위법 여부는 행정처분이 행하여진 때의 법령과 사실을 기준으로 판단하므로, 확정판결의 당사자인 처분행정청은 종전 처분 후에 발생한 새로운 사유를 내세워 다시 처분을 할 수 있고, 새로운 처분의 처분사유가 종전 처분의 처분사유와 기본적 사실관계에서 동일하지 않은 다른 사유에 해당하는 이상, 처분사유가 종전 처분 당시 이미 존재하고 있었고 당사자가 이를 알고 있었더라도 이를 내세워 새로이 처분을 하는 것은 확정판결의 기속력에 저촉되지 않는다(대판 2016.3.24. 2015두48235).

정답 ④

074 2019년 지방직 7급

甲은 단순위법인 취소사유가 있는 A처분에 대하여 「행정소송법」상 무효확인소송을 제기하였다. 이에 대한 설명으로 옳은 것은? (다툼이 있는 경우 판례에 의함)

① 무효확인소송에 A처분의 취소를 구하는 취지도 포함되어 있고 무효확인소송이 「행정소송법」상 취소소송의 적법요건을 갖추었다 하더라도, 법원은 A처분에 대한 취소판결을 할 수 없다.

② 무효확인소송이 「행정소송법」상 취소소송의 적법한 제소기간 안에 제기되었더라도, 적법한 제소기간 이후에는 A처분의 취소를 구하는 소를 추가적·예비적으로 병합하여 제기할 수 없다.

③ 甲이 무효확인소송의 제기 전에 이미 A처분의 위법을 이유로 국가배상청구소송을 제기하였다면, 무효확인소송의 수소법원은 甲의 무효확인소송을 국가배상청구소송이 계속된 법원으로 이송·병합할 수 있다.

④ 甲이 무효확인소송의 제기 당시에 원고적격을 갖추었더라도 상고심 중에 원고적격을 상실하면 그 소는 부적법한 것이 된다.

해설

KEYWORD 무효등확인소송

① [×] 일반적으로 행정처분의 무효확인을 구하는 소에는 원고가 그 처분의 취소를 구하지 아니한다고 밝히지 아니한 이상 그 처분이 만약 당연무효가 아니라면 그 취소를 구하는 취지도 포함되어 있는 것으로 보아야 한다(대판 1994.12.23. 94누477).

② [×] 행정처분의 무효확인을 구하는 소에는 특단의 사정이 없는 한 그 취소를 구하는 취지도 포함되어 있다고 보아야 하는 점 등에 비추어 볼 때, 동일한 행정처분에 대하여 무효확인의 소를 제기하였다가 그 후 그 처분의 취소를 구하는 소를 추가적으로 병합한 경우, 주된 청구인 무효확인의 소가 적법한 제소기간 내에 제기되었다면 추가로 병합된 취소청구의 소도 적법하게 제기된 것으로 봄이 상당하다(대판 2005.12.23. 2005두3554).

③ [×] 수소법원은 국가배상청구소송을 무효확인소송이 계속된 법원으로 이송·병합하여야 한다.

> 「행정소송법」제10조【관련청구소송의 이송 및 병합】① 취소소송과 다음 각 호의 1에 해당하는 소송(이하 '관련청구소송'이라 한다)이 각각 다른 법원에 계속되고 있는 경우에 관련청구소송이 계속된 법원이 상당하다고 인정하는 때에는 당사자의 신청 또는 직권에 의하여 이를 취소소송이 계속된 법원으로 이송할 수 있다.
> 1. 당해 처분 등과 관련되는 손해배상·부당이득반환·원상회복 등 청구소송
> 2. 당해 처분 등과 관련되는 취소소송
> 제38조【준용규정】① 제9조, 제10조, 제13조 내지 제17조, 제19조, 제22조 내지 제26조, 제29조 내지 제31조 및 제33조의 규정은 무효등확인소송의 경우에 준용한다.

④ [○] 원고적격은 소송요건의 하나이므로 사실심 변론종결시는 물론 상고심에서도 존속하여야 하고 이를 흠결하면 부적법한 소가 된다(대판 2007.4.12. 2004두7924).

정답 ④

075 2021년 국회직 8급

甲은 중대명백한 하자가 있어 무효인 A처분에 대해 소송을 제기하려고 한다. 이에 대한 설명으로 옳은 것은? (다툼이 있는 경우 판례에 의함)

① 甲은 A처분에 대한 무효확인소송과 취소소송을 선택적 청구로서 병합하여 제기할 수 있다.

② 甲이 A처분에 대해 취소소송을 제기하는 경우 제소기간의 제한을 받지 않는다.

③ 甲이 취소소송을 제기하였더라도 A처분에 중대명백한 하자가 있다면 법원은 무효확인판결을 하여야 한다.

④ 甲이 A처분에 대해 무효확인소송을 제기하려면 확인소송의 일반적 요건인 즉시확정의 이익이 있어야 한다.

⑤ 甲이 A처분에 대해 무효확인소송을 제기하였다가 그 후 그 처분에 대한 취소소송을 추가적으로 병합한 경우, 주된 청구인 무효확인소송이 적법한 제소기간 내에 제기되었다면 추가로 병합된 취소소송도 제소기간을 준수한 것으로 보아야 한다.

해설

KEYWORD 무효등확인소송

① [×] 행정처분에 대한 무효확인과 취소청구는 서로 양립할 수 없는 청구로서 주위적·예비적 청구로서만 병합이 가능하고 선택적 청구로서의 병합이나 단순 병합은 허용되지 아니한다(대판 1999.8.20. 97누6889).

② [×] 무효선언적 의미의 취소소송에는 제소기간이 적용된다.

③ [×] 무효선언적 의미의 취소소송이라고 해도 취소소송의 형식을 따르므로 처분의 위법성이 취소사유든지 무효사유든지에 관계없이 인용판결(취소판결)을 내린다.

④ [×] 행정소송법 제4조에서는 무효확인소송을 항고소송의 일종으로 규정하고 있고, 행정소송법 제38조 제1항에서는 처분 등을 취소하는 확정판결의 기속력 및 행정청의 재처분의무에 관한 행정소송법 제30조를 무효확인소송에도 준용하고 있으므로 무효확인판결 자체만으로도 실효성을 확보할 수 있다. 그리고 무효확인소송의 보충성을 규정하고 있는 외국의 일부 입법례와는 달리 우리나라 행정소송법에는 명문의 규정이 없어 이로 인한 명시적 제한이 존재하지 않는다. 이와 같은 사정을 비롯하여 행정에 대한 사법통제, 권익구제의 확대와 같은 행정소송의 기능 등을 종합하여 보면, 행정처분의 근거법률에 의하여 보호되는 직접적이고 구체적인 이익이 있는 경우에는 행정소송법 제35조에 규정된 '무효확인을 구할 법률상 이익'이 있다고 보아야 하고, 이와 별도로 무효확인소송의 보충성이 요구되는 것은 아니므로 행정처분의 무효를 전제로 한 이행소송 등과 같은 직접적인 구제수단이 있는지 여부를 따질 필요가 없다고 해석함이 상당하다(대판 2008.3.20. 2007두6342 전합).

⑤ [○] 하자 있는 행정처분을 놓고 이를 무효로 볼 것인지 아니면 단순히 취소할 수 있는 처분으로 볼 것인지는 동일한 사실관계를 토대로 한 법률적 평가의 문제에 불과하고, 행정처분의 무효확인을 구하는 소에는 특단의 사정이 없는 한 그 취소를 구하는 취지도 포함되어 있다고 보아야 하는 점 등에 비추어 볼 때, 동일한 행정처분에 대하여 무효확인의 소를 제기하였다가 그 후 그 처분의 취소를 구하는 소를 추가적으로 병합한 경우, 주된 청구인 무효확인의 소가 적법한 제소기간 내에 제기되었다면 추가로 병합된 취소청구의 소도 적법하게 제기된 것으로 봄이 상당하다(대판 2005.12.23. 2005두3554).

정답 ⑤

076 2005년 국가직 9급

甲은 자신의 주거지 인근에 위치한 대기오염을 발생시키는 공장에 대하여 관할 관청에 「대기환경보전법」의 관련 규정에 의거하여 개선명령을 발동해 줄 것을 요구하였으나 이에 대해 주무부장관인 환경부장관은 아무런 응답이 없었다. 이에 대한 甲의 현행 「행정소송법」상의 권리구제에 대한 설명으로 옳지 않은 것은? (다툼이 있는 경우 판례에 의함)

① 甲은 이 경우 의무이행심판을 청구할 수는 있으나, 취소심판을 청구할 수는 없다.

② 의무이행심판의 인용재결이 있는 경우는 국무총리행정심판위원회(현 중앙행정심판위원회)의 의결에 따라 환경부장관이 스스로 甲의 신청에 따르는 처분을 하면 된다.

③ 甲은 부작위위법확인소송을 제기할 수 있으나 법원은 부작위가 위법임을 확인하는 데 그쳐야 하고 행정청이 발동하여야 할 실체적 처분의 내용까지 심리할 수 없다는 것이 판례의 입장이다.

④ 판례에 따르면 부작위위법확인소송에서 법원의 인용판결이 있으면 환경부장관은 판결의 기속력에 따라 적극적으로 개선명령을 발동하여야 하고, 또 다시 거부처분과 같은 소극적 처분을 하여서는 안 된다.

해설

KEYWORD 부작위위법확인소송

① [○] 행정심판의 종류에는 취소심판, 무효등확인심판, 의무이행심판 등 세 가지밖에 없는바 행정청의 부작위에 대해 의무이행심판을 제기할 수 있고 부작위확인심판은 제기할 수 없다. 또한 행정청의 부작위가 '간주거부가 아닌 이상' 거부처분의 취소심판을 청구하지 못한다.

② [○] 의무이행심판을 이행쟁송으로 보는 것이 통설이다. 즉, 의무이행심판은 처분청에게 일정한 처분을 할 것을 명하는 재결을 구하는 행정심판이므로 이행쟁송이라고 본다. 따라서 국무총리행정심판위원회(현 중앙행정심판위원회)의 의결에 따라 환경부장관이 스스로 甲의 신청에 따르는 처분을 하면 된다.

③ [○] 부작위위법확인의 소는 행정청이 … 법률상의 응답의무가 있음에도 불구하고 이를 하지 아니하는 경우, 판결(사실심의 구두변론 종결)시를 기준으로 그 부작위의 위법을 확인함으로써 행정청의 응답을 신속하게 하여 부작위 내지 무응답이라고 하는 소극적인 위법상태를 제거하는 것을 목적으로 하는 것이다(대판 1990.9.25. 89누4758).

④ [×] 판례에 따르면 부작위위법확인소송에서 법원의 인용판결이 있으면 환경부장관은 판결의 기속력에 따라 적극적으로 개선명령을 발동할 수도 있고 또 다시 거부처분과 같은 소극적 처분을 할 수도 있다.

정답 ④

077 2016년 지방직 9급

「도로법」제61조에서 "공작물·물건 그 밖의 시설을 신설·개축·변경 또는 제거하거나 그 밖의 사유로 도로를 점용하려는 자는 도로관리청의 허가를 받아야 한다."고 규정하고 있다. 甲은 도로관리청 乙에게 도로점용허가를 신청하였으나, 상당한 기간이 지났음에도 아무런 응답이 없어 행정쟁송을 제기하여 권리구제를 강구하려고 한다. 이에 대한 설명으로 옳은 것은? (다툼이 있는 경우 판례에 의함)

① 甲이 의무이행심판을 제기한 경우, 도로점용허가는 기속행위이므로 의무이행심판의 인용재결이 있으면 乙은 甲에 대하여 도로점용허가를 발급해 주어야 한다.

② 甲이 부작위위법확인소송을 제기한 경우, 법원은 乙이 도로점용허가를 발급해 주어야 하는지 여부를 심리할 수 있다.

③ 甲이 제기한 부작위위법확인소송에서 법원의 인용판결이 있는 경우, 乙은 甲에 대하여 도로점용허가신청을 거부하는 처분을 할 수 있다.

④ 甲은 의무이행소송을 제기하여 권리구제가 가능하다.

해설

KEYWORD 부작위위법확인소송

① [×] 도로점용허가는 재량행위이다.

② [×] 부작위위법확인소송에서 심리의 범위는 부작위의 위법성을 확인하는 데 그칠 뿐, 행정청이 행할 처분의 내용까지 심리할 수는 없다고 본다(소극설, 판례). 부작위위법확인의 소는 행정청이 당사자의 법규상 또는 조리상의 권리에 기한 신청에 대하여 상당한 기간 내에 그 신청을 인용하는 적극적 처분 또는 각하하거나 기각하는 등의 소극적 처분을 하여야 할 법률상의 응답의무가 있음에도 불구하고 이를 하지 아니하는 경우에 그 부작위가 위법하다는 것을 확인함으로써 행정청의 응답을 신속하게 하여 부작위 또는 무응답이라고 하는 소극적인 위법상태를 제거하는 것을 목적으로 하는 제도이다(대판 1992.6.9. 91누11278).

③ [○] 부작위위법확인소송의 목적은 권한 있는 자의 신청에 대하여 그 내용이 어떤 것이든지 응답의무를 이행하게 하는 데 있다(다수설). 따라서 부작위위법확인소송의 판결은 부작위의 위법을 확인하는 데 그치며 앞으로 행정청이 행할 처분의 내용까지 들어가 판단을 할 수 없다고 본다. 행정청은 판결의 취지에 따라 어떠한 처분을 하기만 하면 되는 것이므로 도로점용허가신청을 거부하는 처분도 할 수 있다.

④ [×] 현행법상 의무이행소송은 허용되지 않는다.

정답 ③

078 2019년 변호사

甲은 자신의 영업소 인근 도로에 광고물을 설치하기 위해 관할 도로관리청인 A시장에게 도로점용허가를 신청하였으나 A시장은 신청 후 상당한 기간이 경과하였음에도 아무런 조치를 취하고 있지 않다. 이에 대한 설명으로 옳은 것은? (다툼이 있는 경우 판례에 의함)

① 甲은 의무이행심판뿐만 아니라 부작위위법확인심판을 청구할 수 있으며, 이때 의무이행심판 인용재결의 기속력에 관한 「행정심판법」 규정은 부작위위법확인심판에 준용된다.

② 甲이 청구한 의무이행심판에 대하여 처분의 이행을 명하는 재결이 있음에도 불구하고 A시장이 재결의 취지에 따른 처분을 하지 않는 경우, 甲은 관할 행정심판위원회에 간접강제를 신청할 수 있다.

③ 행정심판을 거치지 않고 부작위위법확인소송을 제기하는 경우 甲은 도로점용허가 신청 후 상당한 기간이 경과한 때부터 1년 내에 제소해야 한다.

④ 甲은 A시장의 부작위에 대해 행정심판을 거친 후 부작위위법확인의 소를 제기하려면 행정심판 재결서의 정본을 송달받은 날부터 60일 이내에 제기하여야 한다.

⑤ 甲이 제기한 부작위위법확인소송에서 A시장의 부작위 위법 여부는 甲의 허가신청시를 기준으로 판단되어야 한다.

해설

KEYWORD 부작위위법확인소송

① [✕] 부작위위법확인소송은 있지만 부작위위법확인심판은 없다.

② [○] 甲은 관할 행정심판위원회에 재결의 취지에 따른 간접강제를 신청할 수 있다.

> 「행정심판법」 제50조의2 【위원회의 간접강제】 ① 위원회는 피청구인이 제49조 제2항(제49조 제4항에서 준용하는 경우 포함) 또는 제3항에 따른 처분을 하지 아니하면 청구인의 신청에 의하여 결정으로 상당한 기간을 정하고 피청구인이 그 기간 내에 이행하지 아니하는 경우에는 그 지연기간에 따라 일정한 배상을 하도록 명하거나 즉시 배상을 할 것을 명할 수 있다.

③ [✕] 부작위위법확인의 소는 부작위상태가 계속되는 한 그 위법의 확인을 구할 소의 이익이 있으므로 원칙적으로 제소기간의 제한을 받지 않는다. 다만, 제소기간에 관한 제20조를 준용하고 있기 때문에 행정심판을 거친 경우라면 제소기간의 제한을 받는다.

④ [✕] 행정심판 재결서의 정본을 송달받은 날부터 90일 이내에 제기하여야 한다.

> 「행정소송법」 제38조 【준용규정】 ② 제9조, 제10조, 제13조 내지 제19조, 제20조, 제25조 내지 제27조, 제29조 내지 제31조, 제33조 및 제34조의 규정은 부작위위법확인소송의 경우에 준용한다.
> 제20조 【제소기간】 ① 취소소송은 처분 등이 있음을 안 날부터 90일 이내에 제기하여야 한다. 다만, 제18조 제1항 단서에 규정한 경우와 그 밖에 행정심판청구를 할 수 있는 경우 또는 행정청이 행정심판청구를 할 수 있다고 잘못 알린 경우에 행정심판청구가 있은 때의 기간은 재결서의 정본을 송달받은 날부터 기산한다.

⑤ [✕] 부작위위법확인소송에서는 처분이 존재하지 않기 때문에 판결시(사실심 변론종결시)를 기준으로 위법 여부를 판단해야 한다.

정답 ②

079 □□□ 2018년 국가직 9급

판례에 의할 때 ㄱ과 ㄴ에서 甲과 乙이 적법하게 행사할 수 있는 소송의 종류를 바르게 연결한 것은?

> ㄱ. 법관 甲이 이미 수령한 명예퇴직수당액이 구 법관 및 법원공무원 명예퇴직수당 등 지급규칙에서 정한 정당한 명예퇴직수당액에 미치지 못한다고 주장하여 차액의 지급을 신청하였으나 법원행정처장이 이를 거부한 경우
>
> ㄴ. 乙이 군인연금법령에 따라 국방부장관의 인정을 받아 퇴역연금을 지급받아 오던 중 군인보수법, 공무원보수규정에 의한 호봉이나 봉급액의 개정 등으로 퇴역연금액이 변경되어 국방부장관이 乙에게 법령의 개정에 따른 퇴역연금액 감액조치를 한 경우

	ㄱ	ㄴ
①	미지급명예퇴직수당액지급을 구하는 당사자소송	퇴역연금차액지급을 구하는 당사자소송
②	법원행정처장의 거부처분에 대한 취소소송	퇴역연금차액지급을 구하는 당사자소송
③	미지급명예퇴직수당액지급을 구하는 당사자소송	국방부장관의 퇴역연금감액처분에 대한 취소소송
④	법원행정처장의 거부처분에 대한 취소소송	국방부장관의 퇴역연금감액처분에 대한 취소소송

해설

KEYWORD 당사자소송

ㄱ. 명예퇴직수당은 명예퇴직수당 지급신청자 중에서 일정한 심사를 거쳐 피고가 명예퇴직수당 지급대상자로 결정한 경우에 비로소 지급될 수 있지만, 명예퇴직수당 지급대상자로 결정된 법관에 대하여 지급할 수당액은 명예퇴직수당규칙 제4조 [별표 1]에 산정기준이 정해져 있으므로, 위 법관은 위 규정에서 정한 정당한 산정기준에 따라 산정된 명예퇴직수당액을 수령할 구체적인 권리를 가진다. 따라서 위 법관이 이미 수령한 수당액이 위 규정에서 정한 정당한 명예퇴직수당액에 미치지 못한다고 주장하며 차액의 지급을 신청함에 대하여 법원행정처장이 거부하는 의사를 표시했더라도, 그 의사표시는 명예퇴직수당액을 형성·확정하는 행정처분이 아니라 공법상의 법률관계의 한쪽 당사자로서 지급의무의 존부 및 범위에 관하여 자신의 의견을 밝힌 것에 불과하므로 행정처분으로 볼 수 없다. 결국 명예퇴직한 법관이 미지급 명예퇴직수당액에 대하여 가지는 권리는 명예퇴직수당 지급대상자 결정절차를 거쳐 명예퇴직수당규칙에 의하여 확정된 공법상 법률관계에 관한 권리로서, 그 지급을 구하는 소송은 행정소송법의 당사자소송에 해당하며, 그 법률관계의 당사자인 국가를 상대로 제기하여야 한다(대판 2016.5.24. 2013두14863).

ㄴ. 국방부장관의 인정에 의하여 퇴역연금을 지급받아 오던 중 군인보수법 및 공무원보수규정에 의한 호봉이나 봉급액의 개정 등으로 퇴역연금액이 변경된 경우에는 법령의 개정에 따라 당연히 개정규정에 따른 퇴역연금액이 확정되는 것이지 구 군인연금법 제18조 제1항 및 제2항에 정해진 국방부장관의 퇴역연금액 결정과 통지에 의하여 비로소 그 금액이 확정되는 것이 아니므로, 법령의 개정에 따른 국방부장관의 퇴역연금액 감액조치에 대하여 이의가 있는 퇴역연금수급권자는 항고소송을 제기하는 방법으로 감액조치의 효력을 다툴 것이 아니라 직접 국가를 상대로 정당한 퇴역연금액과 결정, 통지된 퇴역연금액과의 차액의 지급을 구하는 공법상 당사자소송을 제기하는 방법으로 다툴 수 있다 할 것이고, 같은 법 제5조 제1항에 그 법에 의한 급여에 관하여 이의가 있는 자는 군인연금급여재심위원회에 그 심사를 청구할 수 있다는 규정이 있다하여 달리 볼 것은 아니다(대판 2003.9.5. 2002두3522).

정답 ①

080 실전문제

甲은 A시에서 숙박업을 하는 자로서, 청소년에 대하여 이성혼숙을 하게 하였다. 관할 A시장은 「공중위생관리법」 제11조 제1항을 근거로 같은 법 시행규칙 제19조 및 [별표 7]에 따라 甲에게 2월의 영업정지처분을 하였다. 甲은 영업정지처분에 승복할 수가 없어 취소소송을 제기하였으나 소송 계속 중 2월의 영업정지기간이 경과하였다. 이에 대한 설명으로 옳은 것을 모두 고른 것은? (다툼이 있는 경우 판례에 의함)

공중위생관리법 시행규칙 [별표 7] 행정처분기준(제19조 관련)
Ⅱ. 개별기준
1. 숙박업

위반행위	근거 법조문	행정처분기준		
		1차 위반	2차 위반	3차 위반
4) 청소년에 대하여 이성혼숙을 하게 하는 등 풍기를 문란하게 하는 영업행위를 하거나 그를 목적으로 장소를 제공한 경우	법 제11조 제1항 제8호	영업정지 2월	영업정지 3월	영업장 폐쇄명령

ㄱ. 영업정지기간의 경과로 영업정지처분의 효력은 상실되므로 甲이 제기한 소송은 소의 이익(권리보호의 필요)이 인정될 수 없다.
ㄴ. 공중위생관리법 시행규칙 [별표 7] 행정처분기준은 행정기관 내부의 사무처리준칙을 규정한 행정규칙이다.
ㄷ. 영업정지처분이 적법한지 여부는 공중위생관리법 시행규칙 [별표 7]에 합치하는 것인지 여부에 따라 판단되어야 한다.
ㄹ. 甲에게 소의 이익(권리보호의 필요)이 인정될 수 있는지 여부는 공중위생관리법 시행규칙 [별표 7]의 법적 성격이 법규명령인지 또는 행정규칙인지 여부와 무관하다.

① ㄱ, ㄴ
② ㄱ, ㄷ
③ ㄴ, ㄷ
④ ㄴ, ㄹ
⑤ ㄷ, ㄹ

해설

KEYWORD 법규명령형식의 행정규칙, 소의 이익

ㄱ. [×], ㄹ. [○] 제재적 행정처분이 그 처분에서 정한 제재기간의 경과로 인하여 그 효과가 소멸되었으나, 부령인 시행규칙 또는 지방자치단체의 규칙(이하 '규칙'이라 한다)의 형식으로 정한 처분기준에서 제재적 행정처분(이하 '선행처분'이라 한다)을 받은 것을 가중사유나 전제요건으로 삼아 장래의 제재적 행정처분(이하 '후행처분'이라 한다)을 하도록 정하고 있는 경우, 제재적 행정처분의 가중사유나 전제요건에 관한 규정이 법령이 아니라 규칙의 형식으로 되어 있다고 하더라도, 그러한 규칙이 법령에 근거를 두고 있는 이상 그 법적 성질이 대외적·일반적 구속력을 갖는 법규명령인지 여부와는 상관없이, 관할 행정청이나 담당 공무원은 이를 준수할 의무가 있으므로 이들이 그 규칙에 정해진 바에 따라 행정작용을 할 것이 당연히 예견되고, 그 결과 행정작용의 상대방인 국민으로서는 그 규칙의 영향을 받을 수밖에 없다. 따라서 그러한 규칙이 정한 바에 따라 선행처분을 받은 상대방이 그 처분의 존재로 인하여 장래에 받을 불이익, 즉 후행처분의 위험은 구체적이고 현실적인 것이므로, 상대방에게는 선행처분의 취소소송을 통하여 그 불이익을 제거할 필요가 있다. 또한 나중에 후행처분에 대한 취소소송에서 선행처분의 사실관계나 위법 등을 다툴 수 있는 여지가 남아 있다고 하더라도, 이러한 사정은 후행처분이 이루어지기 전에 이를 방지하기 위하여 직접 선행처분의 위법을 다투는 취소소송을 제기할 필요성을 부정할 이유가 되지 못한다. 그러한 쟁송방법을 막는 것은 여러 가지 불합리한 결과를 초래하여 권리구제의 실효성을 저해할 수 있기 때문이다. 오히려 앞서 본 바와 같이 행정청으로서는 선행처분이 적법함을 전제로 후행처분을 할 것이 당연히 예견되므로, 이러한 선행처분으로 인한 불이익을 선행처분 자체에 대한 소송에서 사전에 제거할 수 있도록 해 주는 것이 상대방의 법률상 지위에 대한 불안을 해소하는 데 가장 유효적절한 수단이 된다고 할 것이고, 또한 그 소송을 통하여 선행처분의 사실관계 및 위법 여부가 조속히 확정됨으로써 이와 관련된 장래의 행정작용의 적법성을 보장함과 동시에 국민생활의 안정을 도모할 수 있다. 이상의 여러 사정과 아울러, 국민의 재판청구권을 보장한 헌법 제27조 제1항의 취지와 행정처분으로 인한 권익침해를 효과적으로 구제하려는 행정소송법의 목적 등에 비추어 행정처분의 존재로 인하여 국민의 권익이 실제로 침해되고 있는 경우는 물론이고 권익침해의 구체적·현실적 위험이 있는 경우에도 이를 구제하는 소송이 허용되어야 한다는 요청을 고려하면, **규칙이 정한 바에 따라 선행처분을 가중사유 또는 전제요건으로 하는 후행처분을 받을 우려가 현실적으로 존재하는 경우에는, 선행처분을 받은 상대방은 비록 그 처분에서 정한 제재기간이 경과하였다 하더라도 그 처분의 취소소송을 통하여 그러한 불이익을 제거할 권리보호의 필요성이 충분히 인정된다고 할 것이므로, 선행처분의 취소를 구할 법률상 이익이 있다고 보아야 한다**(대판 2006.6.22. 2003두1684 전합).

ㄴ. [○] 구 공중위생법 제23조 제4항에 의하여 마련된 공중위생법 시행규칙 제41조 [별표 7]에서 행정처분의 기준을 정하고 있더라도 이 시행규칙은 형식은 부령으로 되어 있으나 그 성질은 행정기관 내부의 사무처리준칙을 규정한 것에 불과한 것으로서 보건사회부장관이 관계행정기관 및 직원에 대하여 그 직무권한 행사의 지침을 정하여 주기 위하여 발한 행정명령의 성질을 가지는 것이지 위 법 제23조 제1항에 의하여 보장된 재량권을 기속하거나 대외적으로 국민이나 법원을 기속하는 것은 아니라 할 것이다(대판 1990.6.12. 90누1588).

ㄷ. [×] 구 식품위생법 시행규칙 제53조에서 [별표 15]로 식품위생법 제58조에 따른 행정처분의 기준을 정하였다고 하더라도 이는 형식만 부령으로 되어 있을 뿐, 그 성질은 행정기관 내부의 사무처리준칙을 정한 것으로서 행정명령의 성질을 가지는 것이고, 대외적으로 국민이나 법원을 기속하는 힘이 있는 것은 아니므로 **같은 법 제58조 제1항에 의한 처분의 적법 여부는 같은 법 시행규칙에 적합한 것인가의 여부에 따라 판단할 것이 아니라 같은 법의 규정 및 그 취지에 적합한 것인가의 여부에 따라 판단하여야 한다**(대판 1995.3.28. 94누6925).

정답 ④

081 2017년 변호사

시내버스 운수사업자 甲이 유류사용량을 실제보다 부풀려 유가보조금을 과다지급 받은 데 대하여 관할 시장 乙이 「여객자동차 운수사업법」 제51조 제3항에 따라 부정수급기간 동안 지급된 유가보조금 전액을 회수하는 처분을 하자, 甲은 회수처분의 취소를 구하는 소송을 제기하였다. 이에 대한 설명으로 옳은 것을 모두 고른 것은? (다툼이 있는 경우 판례에 의함)

ㄱ. 乙이 회수처분의 근거법률을 적용함에 있어 그 법률관계나 사실관계에 대하여 그 법률의 규정을 적용할 수 없다는 법리가 명백히 밝혀지지 아니하여 그 해석에 다툼의 여지가 있었다면, 乙이 이를 잘못 해석하여 행정처분을 하였더라도 이는 그 처분요건사실을 오인한 것에 불과하여 그 하자가 명백하다고 할 수 없다.

ㄴ. 甲이 위 회수처분에 대해 행정심판을 거쳐 취소소송을 제기한 경우, 행정심판절차에서 주장하지 아니한 공격방어방법을 취소소송절차에서 주장할 수 있으며, 법원은 이를 심리하여 처분의 적법 여부를 판단할 수 있다.

ㄷ. 甲의 취소청구를 기각하는 판결이 확정된 후 甲이 다시 위 회수처분에 대해 무효확인소송을 제기한 경우, 그 기각판결의 기판력은 무효확인소송에도 미친다.

ㄹ. 만약 乙이 甲의 취소소송 제기 전에 보조금 회수액을 감액하는 감액처분을 하였고, 甲이 감액처분으로도 아직 취소되지 않고 남은 부분에 대해 불복하여 취소소송을 제기하는 경우, 제소기간의 준수 여부는 당초 처분이 아닌 감액처분을 기준으로 판단하여야 한다.

① ㄱ, ㄴ
② ㄴ, ㄹ
③ ㄷ, ㄹ
④ ㄱ, ㄴ, ㄷ
⑤ ㄱ, ㄷ, ㄹ

해설

KEYWORD 제소기간, 기판력, 행정심판, 행정소송

ㄱ. [○] 행정청이 어느 법률관계나 사실관계에 대하여 어느 법률규정을 적용하여 행정처분을 한 경우에 그 법률관계나 사실관계에 대하여는 그 법률규정을 적용할 수 없다는 법리가 명백히 밝혀져 해석에 다툼의 여지가 없음에도 행정청이 위 규정을 적용하여 처분을 한 때에는 하자가 중대하고도 명백하지만, 그 법률관계나 사실관계에 대하여 그 법률규정을 적용할 수 없다는 법리가 명백히 밝혀지지 않아 해석에 다툼의 여지가 있는 때에는 행정관청이 이를 잘못 해석하여 행정처분을 했더라도 이는 처분요건사실을 오인한 것에 불과하여 하자가 명백하다고 할 수 없다(대판 2012.8.23. 2010두13463).

ㄴ. [○] 행정심판을 거쳐 취소소송을 제기하는 경우, 행정심판절차에서 주장하지 아니한 공격방어방법을 취소소송절차에서 주장할 수도 있으며, 법원은 이를 심리하여 처분의 적법 여부를 판단할 수 있다(대판 1987.3.24. 85누817).

ㄷ. [○] 행정처분취소청구를 기각하는 판결이 확정되면 그 처분이 적법하다는 점에 관하여 기판력이 생기고 그 소의 원고뿐만 아니라 관계 행정기관도 이에 기속된다 할 것이므로 면직처분이 위법하지 아니하다는 점이 판결에서 확정된 이상 원고가 다시 이를 무효라 하여 그 무효확인을 소구할 수는 없다(대판 1992.12.8. 92누6891).

ㄹ. [✗] 감액처분으로도 아직 취소되지 않고 남아 있는 부분이 위법하다 하여 다투고자 하는 경우, 감액처분을 항고소송의 대상으로 할 수는 없고, 당초 징수결정 중 감액처분에 의하여 취소되지 않고 남은 부분을 항고소송의 대상으로 할 수 있을 뿐이며, 그 결과 제소기간의 준수 여부도 감액처분이 아닌 당초 처분을 기준으로 판단해야 한다(대판 2012.9.27. 2011두27247).

정답 ④

082 · 2019년 국가직 7급

甲에 대한 과세처분 이후 조세부과의 근거가 되었던 법률에 대해 헌법재판소의 위헌결정이 있었고, 위헌결정 이후에 그 조세채권의 집행을 위해 甲의 재산에 대해 압류처분이 있었다. 이에 대한 설명으로 옳은 것은? (다툼이 있는 경우 판례에 의함)

① 甲은 압류처분에 대해 무효확인소송을 제기하려면 무효확인심판을 거쳐야 한다.

② 위헌결정 당시 이미 과세처분에 불가쟁력이 발생하여 조세채권이 확정된 경우에도 甲의 재산에 대한 압류처분은 무효이다.

③ 甲이 압류처분에 대해 무효확인소송을 제기하였다가 압류처분에 대한 취소소송을 추가로 병합하는 경우, 무효확인의 소가 취소소송 제소기간 내에 제기됐더라도 취소청구의 소의 추가 병합이 제소기간을 도과했다면 병합된 취소청구의 소는 부적법하다.

④ 甲이 압류처분에 대해 무효확인소송을 제기하였다가 취소소송으로 소의 종류를 변경하는 경우, 제소기간의 준수여부는 취소소송으로 변경되는 때를 기준으로 한다.

해설

KEYWORD 행정소송

① [×] 무효등확인소송에 대해서는 행정심판전치에 관한 규정(「행정소송법」 제18조)이 준용되지 않는다.

② [○] 조세 부과의 근거가 되었던 법률규정이 위헌으로 선언된 경우, 비록 그에 기한 과세처분이 위헌결정 전에 이루어졌고, 과세처분에 대한 제소기간이 이미 경과하여 조세채권이 확정되었으며, 조세채권의 집행을 위한 체납처분의 근거규정 자체에 대하여는 따로 위헌결정이 내려진 바 없다고 하더라도, 위와 같은 위헌결정 이후에 조세채권의 집행을 위한 새로운 체납처분에 착수하거나 이를 속행하는 것은 더 이상 허용되지 않고, 나아가 이러한 위헌결정의 효력에 위배하여 이루어진 체납처분은 그 사유만으로 하자가 중대하고 객관적으로 명백하여 당연무효라고 보아야 한다(대판 2012.2.16. 2010두10907 전합).

③ [×] 하자 있는 행정처분을 놓고 이를 무효로 볼 것인지 아니면 단순히 취소할 수 있는 처분으로 볼 것인지는 동일한 사실관계를 토대로 한 법률적 평가의 문제에 불과하고, 행정처분의 무효확인을 구하는 소에는 특단의 사정이 없는 한 그 취소를 구하는 취지도 포함되어 있다고 보아야 하는 점 등에 비추어 볼 때, 동일한 행정처분에 대하여 무효확인의 소를 제기하였다가 그 후 그 처분의 취소를 구하는 소를 추가적으로 병합한 경우, 주된 청구인 무효확인의 소가 적법한 제소기간 내에 제기되었다면 추가로 병합된 취소청구의 소도 적법하게 제기된 것으로 봄이 상당하다(대판 2005.12.23. 2005두3554).

④ [×] 취소소송으로 변경되는 때를 기준으로 하지 않고, 처음에 소를 제기한 때에 제기된 것으로 본다.

> 「행정소송법」 제21조 【소의 변경】 ① 법원은 취소소송을 당해 처분 등에 관계되는 사무가 귀속하는 국가 또는 공공단체에 대한 당사자소송 또는 취소소송 외의 항고소송으로 변경하는 것이 상당하다고 인정할 때에는 청구의 기초에 변경이 없는 한 사실심의 변론종결시까지 원고의 신청에 의하여 결정으로써 소의 변경을 허가할 수 있다.
> ④ 제1항의 규정에 의한 허가결정에 대하여는 제14조 제2항·제4항 및 제5항의 규정을 준용한다.
> 제14조 【피고경정】 ④ 제1항의 규정에 의한 결정이 있은 때에는 새로운 피고에 대한 소송은 처음에 소를 제기한 때에 제기된 것으로 본다.

정답 ②

083 2020년 국회직 8급

다음 사례에 대한 설명으로 옳은 것은? (다툼이 있는 경우 판례에 의함)

> 甲은 새롭게 개발된 A시 외곽에서 대형마트를 신축 개점하여 운영하고 있다. 甲은 신도시 입주가 완료되면서 마트 이용객들이 늘어나자 마트 인근 부지에 주차장을 추가로 확보하기 위해 토지를 매입하기로 하였다. 乙은 마트 인근 토지에서 작물농사를 하고 있다. 甲은 乙로부터 매매를 통해 토지를 취득 후 고객용 임시주차장으로 사용 중이다. 그런데 A시장은 甲에 대하여 해당 부지는 도로인 공공용물이며, 이를 무단으로 점유·사용하였으므로 주차시설 철거명령 및 변상금부과처분을 하였다. 해당 부지는 공공용물이나, A시에서 제대로 관리하지 않은 지난 25년 동안 乙이 계속해서 농사를 지어온 것으로 밝혀졌다.

① 乙이 25년 동안 평온·공연하게 해당 부지를 사용해왔으므로 점유취득시효의 완성으로 乙의 소유권이 인정되어, A시는 철거명령 및 변상금부과처분을 할 수 없다.

② 공공용물인 해당 부지를 사용하기 위해서는 별도로 점용허가를 받아야 하며 해당 점용허가의 법적 성질은 허가이다.

③ 甲은 정당한 사유 없이 공유재산을 점유하고 시설물을 설치하였으므로 A시장은 원상복구를 명할 수 있으며, 이를 이행하지 않을 경우 「행정대집행법」에 따라 시설물을 철거하고 그 비용을 징수할 수 있다.

④ 변상금부과처분은 행정청이 사경제주체로서 행하는 사법상의 행위이다.

⑤ 만약 해당 부지가 일반재산이라면 甲과 A시장은 대부계약을 체결할 수 있으며, 이 계약은 지방자치단체가 상대방과 대등한 지위에서 행하는 공법상 계약으로 이를 다투는 소송은 당사자소송이다.

해설

KEYWORD 행정행위, 대집행, 행정소송

① [×] 공물의 공용폐지에 관하여 국가의 묵시적인 의사표시가 있다고 인정되려면 **공물이 사실상 본래의 용도에 사용되고 있지 않다거나 행정주체가 점유를 상실하였다는 정도의 사정만으로는 부족하고**, 주위의 사정을 종합하여 객관적으로 공용폐지 의사의 존재가 추단될 수 있어야 한다(대판 2009.12.10. 2006다87538).

② [×] 도로법 제38조에 의한 **도로점용허가는 특정인에게 일정한 내용의 공물사용권을 설정하는 설권행위**로서 공물관리자가 신청인의 적격성, 사용목적 및 공익상의 영향 등을 참작하여 허가를 할 것인지의 여부를 결정하는 **재량행위**라고 할 것이다(대판 2010.12.23. 2010두21204).

③ [○] 공유재산 대부계약이 적법하게 해지된 이상 그 점유자의 공유재산에 대한 점유는 정당한 이유 없는 점유라 할 것이고, 따라서 지방자치단체의 장은 공유재산 및 물품관리법 제83조에 의하여 행정대집행의 방법으로 그 지상물(묘목 및 비닐하우스 등)을 철거시킬 수 있다(대판 2001.10.12. 2001두4078).

④ [×] 국유재산법은 국유재산의 무단점유자에 대하여는 대부 또는 사용, 수익허가 등을 받은 경우에 납부하여야 할 대부료 또는 사용료 상당액 외에도 그 징벌적 의미에서 국가 측이 일방적으로 그 2할 상당액을 추가하여 변상금을 징수토록 하고 있으며 국유재산의 관리청이 그 무단점유자에 대하여 하는 **변상금부과처분은 순전히 사경제주체로서 행하는 사법상의 법률행위라 할 수 없고 이는 관리청이 공권력을 가진 우월적 지위에서 행한 것으로서 행정소송의 대상이 되는 행정처분**이라고 보아야 한다(대판 2000.11.24. 2000다28568).

⑤ [×] 국유잡종재산(현 일반재산)에 관한 관리처분의 권한을 위임받은 기관이 **국유잡종재산을 대부하는 행위**는 국가가 사경제주체로서 상대방과 대등한 위치에서 행하는 사법상의 계약이지 행정청이 공권력의 주체로서 상대방의 의사 여하에 불구하고 일방적으로 행하는 행정처분이라고 볼 수 없고, 국유잡종재산에 관한 사용료의 납입고지 역시 사법상의 이행청구에 해당하는 것으로서 이를 항고소송의 대상이 되는 행정처분이라고 할 수 없다(대판 1995.5.12. 94누5281).

정답 ③

---

084 │ 2020년 국가직 9급 │ 난이도 ●●○

다음 사례에 대한 설명으로 옳은 것은? (다툼이 있는 경우 판례에 의함)

- 2020.1.6. 인기 아이돌 가수인 甲의 노래가 수록된 음반이 청소년유해매체물로 결정 및 고시되었는데, 여성가족부장관은 이 고시를 하면서 그 효력발생시기를 구체적으로 밝히지 않았다.
- A시의 시장이 「식품위생법」 위반을 이유로 乙에 대해 영업허가를 취소하는 처분을 하고자 하나 송달이 불가능하다.

① 행정 효율과 협업 촉진에 관한 규정에 따르면 여성가족부장관의 고시의 효력은 2020.1.20.부터 발생한다.

② 甲의 노래가 수록된 음반을 청소년유해매체물로 지정하는 결정 및 고시는 항고소송의 대상이 될 수 없다.

③ A시의 시장이 영업허가취소처분을 송달하려면 乙이 알기 쉽도록 관보, 공보, 게시판, 일간신문 중 하나 이상에 공고하고 인터넷에도 공고하여야 한다.

④ 乙의 영업허가취소처분이 공보에 공고된 경우, 乙이 자신에 대한 영업허가취소처분이 있음을 알고 있지 못하더라도 영업허가취소처분에 대한 취소소송을 제기하려면 공고가 효력을 발생한 날부터 90일 안에 제기해야 한다.

해설

KEYWORD 행정절차, 송달

① [×] 공고문서는 그 문서에서 효력발생시기를 구체적으로 밝히고 있지 않으면 그 고시 또는 공고 등이 있는 날부터 5일이 경과한 때에 효력이 발생하므로 2020.1.11.부터 효력이 발생한다.

> 「행정 효율과 협업 촉진에 관한 규정」 제6조 【문서의 성립 및 효력 발생】 ③ 제2항에도 불구하고 공고문서는 그 문서에서 효력발생시기를 구체적으로 밝히고 있지 않으면 그 고시 또는 공고 등이 있는 날부터 5일이 경과한 때에 효력이 발생한다.

② [×] 구 청소년 보호법에 따른 **청소년유해매체물 결정 및 고시처분**은 당해 유해매체물의 소유자 등 특정인만을 대상으로 한 행정처분이 아니라 **일반 불특정 다수인을 상대방으로 하여 일률적으로 표시의무, 포장의무, 청소년에 대한 판매·대여 등의 금지의무 등 각종 의무를 발생시키는 행정처분**이다(대판 2007.6.14. 2004두619).

③ [○] 송달이 불가능한 경우 송달받을 자가 알기 쉽도록 관보, 공보, 게시판, 일간신문 중 하나 이상에 공고하고, 인터넷에도 공고하여야 한다.

> 「행정절차법」 제14조【송달】④ 다음 각 호의 어느 하나에 해당하는 경우에는 송달받을 자가 알기 쉽도록 관보, 공보, 게시판, 일간신문 중 하나 이상에 공고하고 인터넷에도 공고하여야 한다.
> 1. 송달받을 자의 주소 등을 통상적인 방법으로 확인할 수 없는 경우
> 2. 송달이 불가능한 경우

④ [×] 乙(특정인)에 대한 공고방식의 처분이기 때문에 '공고가 효력을 발생한 날'이 아니라 '현실적으로 안 날'에 그 처분이 있음을 알았다고 보아야 한다. 따라서 乙이 영업허가취소처분에 대한 취소소송을 제기하려면 '현실적으로 안 날'로 부터 90일 안에 제기해야 한다.

> 행정소송법 제20조 제1항 소정의 제소기간 기산점인 '처분이 있음을 안 날'이라 함은 당사자가 통지, 공고 기타의 방법에 의하여 당해 처분이 있었다는 사실을 현실적으로 안 날을 의미하는바, 특정인에 대한 행정처분을 주소불명 등의 이유로 송달할 수 없어 관보·공보·게시판·일간신문 등에 공고한 경우에는, 공고가 효력을 발생하는 날에 상대방이 그 행정처분이 있음을 알았다고 볼 수는 없고, 상대방이 당해 처분이 있었다는 사실을 현실적으로 안 날에 그 처분이 있음을 알았다고 보아야 한다 (대판 2006.4.28. 2005두14851).

정답 ③

---

085 2020년 변호사

甲지방자치단체의 장인 乙은 甲지방자치단체가 설립·운영하는 A고등학교에 영상음악 과목을 가르치는 산학겸임교사로 丙을 채용하는 계약을 체결하였다. 그런데 계약기간 중에 乙은 일방적으로 丙에게 위 계약을 해지하는 통보를 하였다. 이에 대한 설명으로 옳은 것을 모두 고른 것은? (다툼이 있는 경우 판례에 의함)

> ㄱ. 丙을 채용하는 계약은 공법상 계약에 해당하므로, 계약해지 의사표시가 무효임을 다투는 당사자소송의 피고적격은 乙에게 있다.
> ㄴ. 丙이 계약해지 의사표시의 무효확인을 당사자소송으로 청구한 경우, 당사자소송은 항고소송과 달리 확인소송의 보충성이 요구되므로 그 확인소송이 권리구제에 유효적절한 수단이 될 때에 한하여 소의 이익이 있다.
> ㄷ. 乙의 계약해지 통보는 그 실질이 징계해고와 유사하므로 「행정절차법」에 의하여 사전통지를 하고, 그 근거와 이유를 제시하여야 한다.

① ㄱ
② ㄴ
③ ㄱ, ㄴ
④ ㄱ, ㄷ
⑤ ㄴ, ㄷ

해설

KEYWORD 공법상 계약

ㄱ. [×] 지방자치법 제9조 제2항 제5호 가목의 규정에 의하면, 피고 경기도에 의하여 설립된 이 사건 학교의 활동은 지방자치단체인 피고 경기도의 사무로서 그 공공적 업무수행의 일환으로 이루어진다고 해석되고, 형식적으로는 피고 한국애니메이션학교장과 원고가 근로계약을 체결하였다 하더라도 위 근로계약은 공법상의 근무관계의 설정을 목적으로 하여 피고 경기도와 원고(丙) 사이에 대등한 지위에서 의사가 합치되어 성립하는 공법상 근로계약에 해당하므로, 그 갱신 거절의 무효확인을 구하는 소의 피고적격은 피고 경기도(甲)에 있다(대판 2015.4.9. 2013두11499).

ㄴ. [○] 항고소송에서 무효확인소송은 보충성을 요구하지 않으나, 당사자소송에서 무효확인을 구하는 경우에는 보충성이 요구된다.

> 과거의 법률관계라 할지라도 현재의 권리 또는 법률상 지위에 영향을 미치고 있고 현재의 권리 또는 법률상 지위에 대한 위험이나 불안을 제거하기 위하여 그 법률관계에 관한 확인판결을 받는 것이 유효·적절한 수단이라고 인정될 때에는 그 법률관계의 확인소송은 즉시확정의 이익이 있다고 보아야 할 것이나 … 이미 채용기간이 만료되어 소송 결과에 의해 법률상 그 직위가 회복되지 않는 이상 채용계약 해지의 의사표시의 무효확인만으로는 당해 소송에서 추구하는 권리구제의 기능이 있다고 할 수 없고, 침해된 급료지급청구권이나 사실상의 명예를 회복하는 수단은 바로 급료의 지급을 구하거나 명예훼손을 전제로 한 손해배상을 구하는 등의 이행청구소송으로 직접적인 권리구제방법이 있는 이상 무효확인소송은 적절한 권리구제수단이라 할 수 없어 확인소송의 또 다른 소송요건을 구비하지 못하고 있다 할 것이다(대판 2008.6.12. 2006두16328).

ㄷ. [×] 계약직 공무원에 관한 현행 법령의 규정에 비추어 볼 때, 계약직 공무원 채용계약해지의 의사표시는 일반공무원에 대한 징계처분과는 달라서 항고소송의 대상이 되는 처분 등의 성격을 가진 것으로 인정되지 아니하고, 일정한 사유가 있을 때에 국가 또는 지방자치단체가 채용계약관계의 한쪽 당사자로서 대등한 지위에서 행하는 의사표시로 취급되는 것으로 이해되므로, 이를 징계해고 등에서와 같이 그 징계사유에 한하여 효력 유무를 판단하여야 하거나, 행정처분과 같이 행정절차법에 의하여 근거와 이유를 제시하여야 하는 것은 아니다(대판 2002.11.26. 2002두5948).

정답 ②

086 2022년 국가직 9급

다음 사례에 대한 설명으로 옳은 것은? (다툼이 있는 경우 판례에 의함)

> 민간시민단체 A는 관할 행정청 B에게 개발사업의 승인과 관련한 정보공개를 청구하였으나 B는 현재 재판 진행 중인 사안이 포함되어 있다는 이유로 「공공기관의 정보공개에 관한 법률」 제9조 제1항 제4호의 사유를 들어 A의 정보공개청구를 거부하였다.

① A는 공개청구한 정보에 대해 개별·구체적 이익이 없는 경우에도 B의 정보공개거부에 대해 취소소송으로 다툴 수 있다.
② A가 공개청구한 정보에 대해 직접적인 이해관계가 있는 경우에는 B의 정보공개거부에 대해 정보공개의 이행을 구하는 당사자소송을 제기하여 다툴 수 있다.
③ A가 공개청구한 정보의 일부가 「공공기관의 정보공개에 관한 법률」상 비공개사유에 해당하는 때에는 그 나머지 정보만을 공개하는 것이 가능한 경우라 하더라도 법원은 공개가능한 정보에 관한 부분만의 일부취소를 명할 수는 없다.
④ B의 비공개사유가 정당화되기 위해서는 A가 공개청구한 정보가 진행 중인 재판의 소송기록 자체에 포함된 내용이어야 한다.

해설

KEYWORD 정보공개제도

① [○] 1. 공공기관의 정보공개에 관한 법률(이하 '법'이라 한다) 제6조 제1항은 "모든 국민은 정보의 공개를 청구할 권리를 가진다."고 규정하고 있는데, 여기에서 말하는 국민에는 자연인은 물론 법인, 권리능력 없는 사단·재단도 포함되고, 법인, 권리능력 없는 사단·재단 등의 경우에는 설립목적을 불문하며, 한편 정보공개청구권은 법률상 보호되는 구체적인 권리이므로 청구인이 공공기관에 대하여 정보공개를 청구하였다가 거부처분을 받은 것 자체가 법률상 이익의 침해에 해당한다(대판 2003.3.11. 2001두6425).
2. 원심은 이유는 다르지만 권리능력 없는 사단인 원고(충주환경운동연합)에게 이 사건 정보공개를 청구할 수 있는 당사자능력과 이 사건 정보공개거부처분의 취소를 구할 법률상 이익이 있다고 판단한 결론은 정당하고, 거기에 상고이유에서 주장하는 바와 같은 정보공개청구에 있어서의 당사자능력이나 당사자적격 등에 관한 법리를 오해한 위법이 없다(대판 2003.12.12. 2003두8050).

② [×] B의 정보공개거부 처분에 대해서는 항고소송으로 다투어야 한다.

③ [×] 법원이 행정기관의 정보공개거부처분의 위법 여부를 심리한 결과 공개를 거부한 정보에 비공개대상 정보에 해당하는 부분과 공개가 가능한 부분이 혼합되어 있고, 공개청구의 취지에 어긋나지 아니하는 범위 안에서 두 부분을 분리할 수 있음을 인정할 수 있을 때에는 청구취지의 변경이 없더라도 공개가 가능한 정보에 관한 부분만의 일부취소를 명할 수 있다 할 것이다(대판 2004.12.9. 2003두12707).

④ [×] 법원 이외의 공공기관이 정보공개법 제9조 제1항 제4호에서 정한 '진행 중인 재판에 관련된 정보'에 해당한다는 사유로 정보공개를 거부하기 위하여는 반드시 그 정보가 진행 중인 재판의 소송기록 자체에 포함된 내용일 필요는 없다. 그러나 재판에 관련된 일체의 정보가 그에 해당하는 것은 아니고 진행 중인 재판의 심리 또는 재판결과에 구체적으로 영향을 미칠 위험이 있는 정보에 한정된다고 보는 것이 타당하다(대판 2011.11.24. 2009두19021).

정답 ①

087　2022년 국가직 9급

다음 사례에 대한 설명으로 옳지 않은 것은? (다툼이 있는 경우 판례에 의함)

> 건축주 甲은 토지소유자 乙과 매매계약을 체결하고 乙로부터 토지사용승낙서를 받아 乙의 토지 위에 건축물을 건축하는 건축허가를 관할 행정청인 A시장으로부터 받았다. 매매계약서에 의하면 甲이 잔금을 기일 내에 지급하지 못하면 즉시 매매계약이 해제될 수 있고 이 경우 토지사용승낙서는 효력을 잃으며 甲은 건축허가를 포기·철회하기로 甲과 乙이 약정하였다. 乙은 甲이 잔금을 기일 내에 지급하지 않자 甲과의 매매계약을 해제하였다.

① 착공에 앞서 甲의 귀책사유로 해당 토지를 사용할 권리를 상실한 경우, 乙은 A시장에 대하여 건축허가의 철회를 신청할 수 있다.

② 건축허가는 대물적 성질을 갖는 것이어서 행정청으로서는 그 허가를 할 때에 건축주 또는 토지소유자가 누구인지 등 인적 요소에 관하여는 형식적 심사만 한다.

③ A시장은 건축허가 당시 별다른 하자가 없었고 철회의 법적 근거가 없으므로 건축허가를 철회할 수 없다.

④ 철회권의 행사는 기득권의 침해를 정당화할 만한 중대한 공익상의 필요 또는 제3자의 이익을 보호할 필요가 있고, 공익상의 필요 등이 상대방이 입을 불이익을 정당화할 만큼 강한 경우에 한해 허용될 수 있다.

해설

KEYWORD 행정행위의 취소와 철회

① [○] 건축주(甲)가 토지 소유자로부터 토지사용승낙서를 받아 그 토지 위에 건축물을 건축하는 대물적 성질의 건축허가를 받았다가 착공에 앞서 건축주의 귀책사유로 해당 토지를 사용할 권리를 상실한 경우, 건축허가의 존재로 말미암아 토지에 대한 소유권 행사에 지장을 받을 수 있는 토지 소유자(乙)로서는 건축허가의 철회를 신청할 수 있다고 보아야 한다(대판 2017.3.15. 2014두41190).

② [○] 건축허가는 대물적 성질을 갖는 것으로서 행정청으로서는 허가를 함에 있어 건축주가 누구인가 등 인적 요소에 대하여는 형식적 심사만 하고 신청서에 기재된 바에 따르게 된다(대판 1993.6.29. 92누17822).

③ [×] **행정행위를 한 처분청은 비록 그 처분 당시에 별다른 하자가 없었고, 또 그 처분 후에 이를 철회할 별도의 법적 근거가 없다 하더라도** 원래의 처분을 존속시킬 필요가 없게 된 사정변경이 생겼거나 또는 중대한 공익상의 필요가 발생한 경우에는 그 효력을 상실케 하는 별개의 행정행위로 **이를 철회할 수 있다**(대판 2004.11.26. 2003두10251·10268).

④ [○] 수익적 행정행위를 취소 또는 철회하거나 중지시키는 경우에는 이미 부여된 국민의 기득권을 침해하는 것이 되므로, 비록 취소 등의 사유가 있다고 하더라도 그 취소권 등의 행사는 기득권의 침해를 정당화할 만한 중대한 공익상의 필요 또는 제3자의 이익을 보호할 필요가 있고, 이를 상대방이 받는 불이익과 비교·교량하여 볼 때 공익상의 필요 등이 상대방이 입을 불이익을 정당화할 만큼 강한 경우에 한하여 허용될 수 있다(대판 2017.3.15. 2014두41190).

정답 ③

088 ☐☐☐ 2022년 국가직 9급   난이도 ●●○

다음 사례에 대한 설명으로 옳지 않은 것은? (다툼이 있는 경우 판례에 의함)

> A시 시장은 「학교용지 확보 등에 관한 특례법」 관계 조항에 따라 공동주택을 분양받은 甲, 乙, 丙, 丁 등에게 각각 다른 시기에 학교용지 부담금을 부과하였다. 이후 해당 조항에 대하여 법원의 위헌법률심판제청에 따라 헌법재판소가 위헌결정을 하였다 (단, 甲, 乙, 丙, 丁은 모두 위헌법률심판제청신청을 하지 않은 것으로 가정).

① 甲이 부담금을 납부하였고 부담금부과처분에 불가쟁력이 발생한 상태라면, 해당 조항이 위헌으로 결정되더라도 이미 납부한 부담금을 반환받을 수 없다.

② 乙은 부담금을 납부한 후 부담금부과처분에 대해 행정소송을 제기하였고 현재 소가 계속 중인 경우에도, 乙이 위헌법률심판제청신청을 하지 않았으므로 乙에게 위헌결정의 소급효는 미치지 않는다.

③ 丙이 부담금부과처분에 대한 행정심판청구를 하여 기각재결서를 송달받았으나, 재결서 송달일로부터 90일 이내에 취소소송을 제기하였다면 丙의 청구는 인용될 수 있다.

④ 부담금부과처분에 대한 제소기간이 경과하여 丁의 부담금 납부의무가 확정되었고 위헌결정 전에 丁의 재산에 대한 압류가 이루어진 상태라도, 丁에 대해 부담금 징수를 위한 체납처분을 속행할 수는 없다.

해설

KEYWORD 행정행위의 효력

① [○] 용지부담금 부과의 근거조항이 위헌으로 결정된 경우 부담금부과처분은 취소사유의 하자가 있게 된다(판례). 한편 동 처분에 대하여 이미 불가쟁력이 발생하였으므로 부담금부과처분은 유효하게 확정되어, 甲은 민사소송으로 반환받을 수 없다.

> 이미 취소소송의 제기기간을 경과하여 확정력이 발생한 행정처분에는 위헌결정의 소급효가 미치지 않는다고 보아야 한다(대판 1994.10.28. 92누9463).

② [×] 헌법재판소의 위헌결정의 효력은 위헌제청을 한 당해 사건(당해사건), 위헌결정이 있기 전에 이와 동종의 위헌여부에 관하여 헌법재판소에 위헌여부심판제청을 하였거나 법원에 위헌여부심판제청신청을 한 경우의 당해 사건(동종사건)과 따로 위헌제청신청은 아니하였지만 당해 법률 또는 법률의 조항이 재판의 전제가 되어 법원에 계속 중인 사건(병행사건) 뿐만 아니라 위헌결정 이후에 위와 같은 이유로 제소된 일반사건에도 미친다(대판 1993.1.15. 91누5747).

③ [○] 행정심판에서의 기각재결과는 관계없이 법원은 불가쟁력이 발생하지 않은 부담금부과처분을 취소할 수 있다.

> 재결에 판결에서와 같은 기판력이 인정되는 것은 아니어서 재결이 확정된 경우에도 처분의 기초가 된 사실관계나 법률적 판단이 확정되고 당사자들이나 법원이 이에 기속되어 모순되는 주장이나 판단을 할 수 없게 되는 것은 아니다(대판 2015.11.27. 2013다6759).

④ [○] 조세 부과의 근거가 되었던 법률규정이 위헌으로 선언된 경우, 비록 그에 기한 과세처분이 위헌결정 전에 이루어졌고, 과세처분에 대한 제소기간이 이미 경과하여 조세채권이 확정되었다고 하더라도, 위와 같은 위헌결정 이후에 조세채권의 집행을 위한 새로운 체납처분에 착수하거나 이를 속행하는 것은 더 이상 허용되지 않고, 나아가 이러한 위헌결정의 효력에 위배하여 이루어진 체납처분은 그 사유만으로 하자가 중대하고 객관적으로 명백하여 당연무효라고 보아야 한다(대판 2012.2.16. 2010두10907 전합).

정답 ②

089 2022년 국가직 9급

다음 사례에 대한 설명으로 옳은 것은? (다툼이 있는 경우 판례에 의함)

> 건설회사 A는 택지개발사업을 위해 관련 법령에 따른 절차를 거쳐 甲 소유의 토지 등을 취득하고자 甲과 보상에 관한 협의를 하였으나 협의가 성립되지 않았다. 이에 관할 지방토지수용위원회에 재결을 신청하여 토지의 수용 및 보상금에 대한 수용재결을 받았다.

① 甲이 수용재결에 대하여 이의신청을 제기하면 사업의 진행 및 토지의 수용 또는 사용을 정지시키는 효력이 있다.

② 甲이 수용 자체를 다투는 경우 관할 지방토지수용위원회를 상대로 수용재결에 대하여 취소소송을 제기할 수 있다.

③ 甲은 보상금 증액을 위해 A를 상대로 손실보상을 구하는 민사소송을 제기할 수 있다.

④ 甲이 계속 거주하고 있는 건물과 토지의 인도를 거부할 경우 행정대집행의 대상이 될 수 있다.

해설

KEYWORD 손실보상의 불복

① [×] 「공익사업을 위한 토지 등의 취득 및 보상에 관한 법률」 제83조 【이의의 신청】 ① 중앙토지수용위원회의 제34조에 따른 재결에 이의가 있는 자는 중앙토지수용위원회에 이의를 신청할 수 있다.
제88조 【처분효력의 부정지】 제83조에 따른 이의의 신청이나 제85조에 따른 행정소송의 제기는 사업의 진행 및 토지의 수용 또는 사용을 정지시키지 아니한다.

② [○] 수용 자체를 다투는 경우에는 재결에 대하여 취소소송 또는 무효확인소송을 제기한다(제85조 제1항6). 이 때 피고는 당해 처분청이 된다. 사안의 경우 수용재결을 한 지방토지수용위원회가 된다.

③ [×] 토지수용법 제75조의2 제2항의 규정은 그 제1항에 의하여 이의재결에 대하여 불복하는 행정소송을 제기하는 경우, 이것이 보상금의 증감에 관한 소송인 때에는 이의재결에서 정한 보상금이 증액 변경될 것을 전제로 하여 기업자를 상대로 보상금의 지급을 구하는 공법상의 당사자소송을 규정한 것으로 볼 것이다(대판 1991.11.26. 91누285).

④ [×] 피수용자 등이 기업자에 대하여 부담하는 수용대상 토지의 인도의무에 관한 구 토지수용법 제63조, 제64조, 제77조 규정에서의 '인도'에는 명도도 포함되는 것으로 보아야 하고, 이러한 명도의무는 그것을 강제로 실현하면서 직접적인 실력행사가 필요한 것이지 대체적 작위의무라고 볼 수 없으므로 특별한 사정이 없는 한 행정대집행법에 의한 대집행의 대상이 될 수 있는 것이 아니다(대판 2005.8.19. 2004다2809).

정답 ②

090 2022년 국가직 9급

다음 사례에 대한 설명으로 옳은 것은? (다툼이 있는 경우 판례에 의함)

> A시 시장은 식품접객업주 甲에게 청소년고용금지업소에 청소년을 고용하였다는 사유로 「식품위생법」에 근거하여 영업정지 2개월 처분에 갈음하는 과징금부과처분을 하였고, 甲은 부과된 과징금을 납부하였다. 그러나 甲은 이후 과징금부과처분에 하자가 있음을 알게 되었다.

① 甲은 납부한 과징금을 돌려받기 위해 관할 행정법원에 과징금반환을 구하는 당사자소송을 제기할 수 있다.

② A시 시장이 과징금부과처분을 함에 있어 과징금부과통지서의 일부 기재가 누락되어 이를 이유로 甲이 관할 행정법원에 과징금부과처분의 취소를 구하는 소를 제기한 경우, A시 시장은 취소소송 절차가 종결되기 전까지 보정된 과징금부과처분 통지서를 송달하면 일부 기재 누락의 하자는 치유된다.

③ 「식품위생법」이 청소년을 고용한 행위에 대하여 영업허가를 취소하거나 6개월 이내의 기간을 정하여 그 영업의 전부 또는 일부를 정지하거나 영업소 폐쇄를 명할 수 있다고 하면서 행정처분의 세부기준은 총리령으로 위임한다고 정하고 있는 경우에, 총리령에서 정하고 있는 행정처분의 기준은 재판규범이 되지 못한다.

④ 甲이 자신은 청소년을 고용한 적이 없다고 주장하면서 제기한 과징금부과처분의 취소소송 계속 중에 A시 시장은 甲이 유통기한이 경과한 식품을 판매한 사실을 처분사유로 추가·변경할 수 있다.

해설

KEYWORD 과징금부과처분

① [×] 민사소송에 있어서 어느 행정처분의 당연무효 여부가 선결문제로 되는 때에는 이를 판단하여 당연무효임을 전제로 판결할 수 있고 반드시 행정소송 등의 절차에 의하여 그 취소나 무효확인을 받아야 하는 것은 아니다(대판 2010.4.8. 2009다90092).

② [×] 세액산출근거가 누락된 납세고지서에 의한 과세처분의 하자의 치유를 허용하려면 늦어도 과세처분에 대한 불복여부의 결정 및 불복신청에 편의를 줄 수 있는 상당한 기간 내에 하여야 한다고 할 것이므로 위 과세처분에 대한 전심절차가 모두 끝나고 상고심의 계류중에 세액산출근거의 통지가 있었다고 하여 이로써 위 과세처분의 하자가 치유되었다고는 볼 수 없다(대판 1984.4.10. 83누393).

③ [○] 식품위생법 시행규칙(총리령) 제89조가 식품위생법 제74조에 따른 행정처분의 기준으로 마련한 [별표 23] 제3호8. 라. 1)에서 위반사항을 '유흥주점 외의 영업장에 무도장을 설치한 경우'로 한 행정처분 기준을 규정하고 있을 뿐이다. 그러나 이러한 행정처분 기준은 행정청 내부의 재량준칙에 불과하다(대판 2015.7.9. 2014두47853).

④ [×] 청소년을 고용했다는 사유와 유통기한이 경과 된 식품을 판매했다는 사유는 기본적 사실관계의 동일성이 인정되지 아니하므로 처분사유의 추가·변경이 인정되지 않는다.

정답 ③

091

2021년 국회직 9급

다음 사례에 대한 설명으로 옳지 않은 것은? (다툼이 있는 경우 판례에 의함)

- 甲은 주택을 건축하기 위하여 관할 행정청에 「건축법」에 따라 건축신고를 하였다.
- 甲의 건축행위는 「국토의 계획 및 이용에 관한 법률」에 따른 개발행위허가가 필요한 경우이다.
- 「건축법」은 건축신고가 이루어진 경우 개발행위허가가 의제되는 것으로 규정하고 있다.

① 甲의 건축신고가 부적법한데도 행정청이 이를 수리하였다고 하여 신고에 어떠한 법적 효과가 발생하는 경우는 없다.

② 甲의 건축신고를 관할 행정청이 수리하지 않는 경우 그 거부행위에 대해 甲은 취소소송을 제기하여 다툴 수 있다.

③ 甲이 적법한 건축행위를 할 수 있는 시점은 적법한 신고서를 행정청에 제출한 시점이 아닌 행정청이 수리한 시점이다.

④ 甲의 건축신고가 개발행위허가에 필요한 요건을 충족하지 못한 경우 행정청은 이를 이유로 甲의 건축신고수리를 거부할 수 있다.

⑤ 甲의 건축신고는 행정청이 그 실체적 요건에 관한 심사를 한 후 수리하여야 하는 '수리를 요하는 신고'에 해당한다.

해설

KEYWORD 사인의 공법행위

① [×] 수리를 요하는 신고의 경우 부적법한 신고가 수리되면 하자 있는 수리행위가 된다. 수리행위가 무효인 경우에는 신고의 효과가 발생하지 않지만, 수리가 취소할 수 있는 행위인 경우 공정력에 의해 수리행위의 효과가 발생한다. 즉, 부적법한 신고를 행정청이 수리한 경우 수리가 무효가 아닌 한 신고의 효력이 발생하나 신고가 무효이면 수리행위도 당연히 무효이다.

② [○] 수리를 요하는 신고의 경우 수리는 행정행위인 수리행위이고, 수리거부는 거부처분에 해당하며 항고소송의 대상이 될 수 있다. 개발행위허가가 의제되는 건축신고는 수리를 요하는 신고이므로 甲의 건축신고를 관할 행정청이 수리하지 않는 경우 그 거부행위에 대해 甲은 취소소송을 제기하여 다툴 수 있다.

③ [○] 수리를 요하는 신고의 경우에는 적법한 신고가 있더라도 행정청의 수리행위가 있어야 신고의 효력이 발생한다. 따라서 甲이 적법한 건축행위를 할 수 있는 시점은 적법한 신고서를 행정청에 제출한 시점이 아니고 행정청이 이를 수리한 시점이다.

④ [○] 수리를 요하는 신고의 경우 법령이 정한 요건을 구비한 적법한 신고가 있으면 행정청은 의무적으로 수리하여야 하나 부적법한 신고의 경우 당연히 수리를 거부하여야 한다. 따라서 甲의 건축신고가 개발행위허가에 필요한 요건을 충족하지 못한 경우 행정청은 이를 이유로 甲의 건축신고수리를 거부할 수 있다.

> 개발행위허가의 기준으로 주변 지역의 토지이용실태 또는 토지이용계획, 건축물의 높이, 토지의 경사도, 수목의 상태, 물의 배수, 하천·호소·습지의 배수 등 주변 환경이나 경관과 조화를 이룰 것을 규정하고 있으므로, 국토의 계획 및 이용에 관한 법률상의 개발행위허가로 의제되는 건축신고가 위와 같은 기준을 갖추지 못한 경우 행정청으로서는 이를 이유로 그 수리를 거부할 수 있다고 보아야 한다(대판 2011.1.20. 2010두14954 전합).

⑤ [○] 인·허가의제 효과를 수반하는 건축신고는 일반적인 건축신고와는 달리, 특별한 사정이 없는 한 행정청이 그 실체적 요건에 관한 심사를 한 후 수리하여야 하는 이른바 '수리를 요하는 신고'로 보는 것이 옳다(대판 2011.1.20. 2010두14954 전합).

정답 ①

092 실전문제

甲은 乙로부터 유흥주점을 양도받고 영업자지위승계신고를 「식품위생법」 규정에 따라 관할 행정청 A에게 하였다. 이에 대한 설명으로 옳지 않은 것은? (다툼이 있는 경우 판례에 의함)

① 乙은 「행정절차법」상의 당사자의 지위에 있으므로 A는 이 유흥주점영업자지위승계신고를 수리함에 있어 乙에게 그 사실을 사전에 통지하여야 한다.
② 「행정절차법」상 인허가 등의 취소나 신분·자격의 박탈의 경우에는 당사자의 신청이 없어도 청문을 해야 한다.
③ 甲과 乙의 영업양도계약이 무효라 하더라도 영업자지위승계신고수리가 당연무효라고 할 수는 없다.
④ A의 유흥주점영업자지위승계신고수리는 乙의 권익을 제한하는 처분이다.

해설

KEYWORD 신고

① [O] 영업자의 지위를 승계한 자가 관계 행정청에 이를 신고하여 행정청이 이를 수리하는 경우에는 종전의 영업자에 대한 영업허가 등은 그 효력을 잃는다 할 것인데, 위 규정들을 종합하면 위 행정청이 구 식품위생법 규정에 의하여 영업자지위승계신고를 수리하는 처분은 종전의 영업자의 권익을 제한하는 처분이라 할 것이고 따라서 종전의 영업자는 그 처분에 대하여 직접 그 상대가 되는 자에 해당한다고 봄이 상당하므로, 행정청으로서는 위 신고를 수리하는 처분을 함에 있어서 행정절차법 규정 소정의 당사자에 해당하는 종전의 영업자에 대하여 위 규정 소정의 행정절차를 실시하고 처분을 하여야 한다(대판 2003.2.14. 2001두7015).

② [O]

> 「행정절차법」 제22조【의견청취】① 행정청이 처분을 할 때 다음 각 호의 어느 하나에 해당하는 경우에는 청문을 한다.
> 1. 다른 법령등에서 청문을 하도록 규정하고 있는 경우
> 2. 행정청이 필요하다고 인정하는 경우
> 3. 다음 각 목의 처분을 하는 경우
>   가. 인허가 등의 취소
>   나. 신분·자격의 박탈
>   다. 법인이나 조합 등의 설립허가의 취소

③ [X] 사업양도·양수에 따른 허가관청의 지위승계신고의 수리는 적법한 사업의 양도·양수가 있었음을 전제로 하는 것이므로 그 수리대상인 사업양도·양수가 존재하지 아니하거나 무효인 때에는 수리를 하였다 하더라도 그 수리는 유효한 대상이 없는 것으로서 당연히 무효라 할 것이고, 사업의 양도행위가 무효라고 주장하는 양도자는 민사쟁송으로 양도·양수행위의 무효를 구함이 없이 막바로 허가관청을 상대로 하여 행정소송으로 위 신고수리처분의 무효확인을 구할 법률상 이익이 있다(대판 2005.12.23. 2005두3554).

④ [O] 행정청이 구 식품위생법 규정에 의하여 영업자지위승계신고를 수리하는 처분은 종전의 영업자의 권익을 제한하는 처분이라 할 것이고 따라서 종전의 영업자는 그 처분에 대하여 직접 그 상대가 되는 자에 해당한다고 봄이 상당하므로, 행정청으로서는 위 신고를 수리하는 처분을 함에 있어서 행정절차법 규정 소정의 당사자에 해당하는 종전의 영업자에 대하여 위 규정소정의 행정절차를 실시하고 처분을 하여야 한다(대판 2003.2.14. 2001두7015).

정답 ③

093 · 2021년 군무원 7급

甲은 청소년에게 주류를 제공하였다는 이유로 A구청장으로부터 6개월 이내에서 영업정지처분을 할 수 있다고 규정하는 「식품위생법」 제75조, 총리령인 「식품위생법 시행규칙」 제89조 및 별표 23 [행정처분의 기준]에 근거하여 영업정지 2개월 처분을 받았다. 甲은 처음으로 단속된 사람이었다. 이에 대한 설명으로 가장 옳은 것은? (다툼이 있는 경우 판례에 의함)

① 위 영업정지처분은 기속행위이다.

② 위 별표는 법규명령이다.

③ A구청장은 2개월의 영업정지처분을 함에 있어서 가중 감경의 여지는 없다.

④ A구청장이 유사 사례와의 형평성을 고려하지 않고 3개월의 영업정지처분을 하였다면 甲은 행정의 자기구속원칙의 위반으로 위법함을 주장할 수 있다.

해설

KEYWORD 행정규칙

① [×] 「식품위생법」 제75조는 "6개월 이내에 영업정지처분을 할 수 있다."고 규정하고 있으므로 원칙적으로 재량행위에 해당한다.

② [×] 판례는 부령의 형식(시행규칙)으로 정해진 제재적 처분기준은 그 규정의 성질과 내용이 행정청 내의 사무처리기준을 정한 것에 불과하므로 행정규칙(재량준칙)의 성질을 가지며 대외적으로 국민이나 법원을 구속하는 것은 아니라고 본다.

> 구 식품위생법 시행규칙 제53조에서 [별표 15]로 식품위생법 제58조에 따른 행정처분의 기준을 정하였다고 하더라도 이는 형식만 부령으로 되어 있을 뿐, 그 성질은 행정기관 내부의 사무처리준칙을 정한 것으로서 행정명령의 성질을 가지는 것이고, 대외적으로 국민이나 법원을 기속하는 힘이 있는 것은 아니므로 같은 법 제58조 제1항에 의한 처분의 적법 여부는 같은 법 시행규칙에 적합한 것인가의 여부에 따라 판단할 것이 아니라 같은 법의 규정 및 그 취지에 적합한 것인가의 여부에 따라 판단하여야 한다(대판 1995.3.28. 94누6925).

③ [×] 「식품위생법 시행규칙」 제89조 및 별표 23의 행정처분의 기준은 부령의 형식으로 되어 있으나, 그 규정의 성질과 내용이 행정청 내부의 사무처리준칙을 규정한 것에 지나지 아니하므로 대외적으로 국민이나 법원을 기속하는 효력이 없다. 따라서 2개월의 영업정지처분을 함에 있어서 가중 감경할 수 있는 재량권 행사가 가능하다.

④ [○] 행정의 자기구속의 원칙이란 행정청은 동일한 사안에 대하여 이전에 제3자에게 한 것과 동일한 결정을 상대방에게도 하도록 스스로 구속을 받는다는 원칙을 의미한다. A구청장이 유사 사례와의 형평성을 고려하지 않고 3개월의 영업정지처분을 하였다면 甲은 행정의 자기구속원칙의 위반으로 위법함을 주장할 수 있다.

> 재량권 행사의 준칙인 행정규칙이 그 정한 바에 따라 되풀이 시행되어 행정관행이 이루어지게 되면 평등의 원칙이나 신뢰보호의 원칙에 따라 행정기관은 그 상대방에 대한 관계에서 그 규칙에 따라야 할 자기구속을 받게 되므로, 이러한 경우에는 특별한 사정이 없는 한 그를 위반하는 처분은 평등의 원칙이나 신뢰보호의 원칙에 위배되어 재량권을 일탈·남용한 위법한 처분이 된다(대판 2009.12.24. 2009두7967).

정답 ④

094 실전문제

다음 사례에 대한 설명으로 옳지 않은 것은? (다툼이 있는 경우 판례에 의함)

> 병무청장이 법무부장관에게 '가수 甲이 공연을 위하여 국외여행허가를 받고 출국한 후 미국시민권을 취득함으로써 사실상 병역의무를 면탈하였으므로 재외동포 자격으로 재입국하고자 하는 경우 국내에서 취업, 가수활동 등 영리활동을 할 수 없도록 하고, 불가능할 경우 입국 자체를 금지해 달라'고 요청함에 따라 법무부장관이 甲의 입국을 금지하는 결정을 하고, 그 정보를 내부전산망인 '출입국관리정보시스템'에 입력하였으나, 甲에게는 통보하지 않았다.

① 일반적으로 처분이 주체·내용·절차와 형식의 요건을 모두 갖추고 외부에 표시된 경우에는 처분의 존재가 인정되며, 행정의사가 외부에 표시되어 행정청이 자유롭게 취소·철회할 수 없는 구속을 받게 되는 시점에 처분이 성립한다.

② 재외동포에 대한 사증발급은 행정청의 재량행위에 속하는 것으로서, 재외동포가 사증발급을 신청한 경우에 「출입국관리법 시행령」에서 정한 재외동포체류자격의 요건을 갖추었다고 해서 무조건 사증을 발급해야 하는 것은 아니다.

③ 처분의 근거 법령이 행정청에 처분의 요건과 효과 판단에 일정한 재량을 부여하였는데도, 행정청이 처분으로 달성하려는 공익과 처분상대방이 입게 되는 불이익을 전혀 비교형량 하지 않은 채 처분을 한 경우, 재량권 일탈·남용으로 해당 처분을 취소해야 할 위법사유가 된다.

④ 위 입국금지결정은 항고소송의 대상이 되는 '처분'에 해당한다.

해설

KEYWORD 입국금지결정

① [○] 일반적으로 처분이 주체·내용·절차와 형식의 요건을 모두 갖추고 외부에 표시된 경우에는 처분의 존재가 인정된다. 행정의사가 외부에 표시되어 행정청이 자유롭게 취소·철회할 수 없는 구속을 받게 되는 시점에 처분이 성립하고, 그 성립 여부는 행정청이 행정의사를 공식적인 방법으로 외부에 표시하였는지를 기준으로 판단해야 한다(대판 2019.7.11. 2017두38874).

② [○] 재외동포에 대한 사증발급은 행정청의 재량행위에 속하는 것으로서, 재외동포가 사증발급을 신청한 경우에 출입국관리법 시행령 [별표 1의2]에서 정한 재외동포체류자격의 요건을 갖추었다고 해서 무조건 사증을 발급해야 하는 것은 아니다. 재외동포에게 출입국관리법 제11조 제1항 각 호에서 정한 입국금지사유 또는 재외동포법 제5조 제2항에서 정한 재외동포체류자격 부여 제외사유(예컨대 '대한민국 남자가 병역을 기피할 목적으로 외국국적을 취득하고 대한민국 국적을 상실하여 외국인이 된 경우')가 있어 그의 국내 체류를 허용하지 않음으로써 달성하고자 하는 공익이 그로 말미암아 발생하는 불이익보다 큰 경우에는 행정청이 재외동포체류자격의 사증을 발급하지 않을 재량을 가진다(대판 2019.7.11. 2017두38874).

③ [○] 처분의 근거 법령이 행정청에 처분의 요건과 효과 판단에 일정한 재량을 부여하였는데도, 행정청이 ··· 처분으로 달성하려는 공익과 처분상대방이 입게 되는 불이익의 내용과 정도를 전혀 비교형량 하지 않은 채 처분을 하였다면, 이는 재량권 불행사로서 그 자체로 재량권 일탈·남용으로 해당 처분을 취소하여야 할 위법사유가 된다(대판 2019.7.11. 2017두38874).

④ [×] 행정청이 행정의사를 외부에 표시하여 행정청이 자유롭게 취소·철회할 수 없는 구속을 받기 전에는 '처분'이 성립하지 않으므로, 법무부장관이 위와 같은 법령에 따라 이 사건 입국금지결정을 했다고 해서 '처분'이 성립한다고 볼 수는 없다. **입국금지결정은 법무부장관의 의사가 공식적인 방법으로 외부에 표시된 것이 아니라 단지 그 정보를 내부전산망인 '출입국관리정보시스템'에 입력하여 관리한 것에 지나지 않으므로, 항고소송의 대상이 될 수 있는 '처분'에 해당하지 않는다**(대판 2019.7.11. 2017두38874).

정답 ④

095 2021년 국가직 9급

「행정대집행법」상 대집행과 이행강제금에 대한 甲과 乙의 대화 중 乙의 답변이 옳지 않은 것은? (다툼이 있는 경우 판례에 의함)

① 甲: 행정대집행의 절차가 인정되는 경우에도 행정청이 민사상 강제집행수단을 이용할 수 있나요?
   乙: 행정대집행의 절차가 인정되어 실현할 수 있는 경우에는 따로 민사소송의 방법을 이용할 수 없습니다.

② 甲: 대집행의 적용대상은 무엇인가요?
   乙: 대집행은 공법상 대체적 작위의무의 불이행이 있는 경우에 행할 수 있습니다.

③ 甲: 행정청은 대집행의 대상이 될 수 있는 것에 대하여 이행강제금을 부과할 수도 있나요?
   乙: 행정청은 개별사건에 있어서 위법건축물에 대하여 대집행과 이행강제금을 선택적으로 활용할 수 있습니다.

④ 甲: 만약 이행강제금을 부과받은 사람이 사망하였다면 이행강제금의 납부의무는 상속인에게 승계되나요?
   乙: 이행강제금의 납부의무는 상속의 대상이 되므로, 상속인이 납부의무를 승계합니다.

해설

KEYWORD 행정상 강제집행

① [○] 행정상 강제집행이 인정되는 경우 민사상 강제집행은 인정될 수 없는 것이 원칙이다.

> 관계 법령상 행정대집행의 절차가 인정되어 행정청이 행정대집행의 방법으로 건물의 철거 등 대체적 작위의무의 이행을 실현할 수 있는 경우에는 따로 민사소송의 방법으로 그 의무의 이행을 구할 수 없다(대판 2017.4.28. 2016다213916).

② [○] 행정대집행의 대상이 되는 공법상의 의무는 타인이 대신하여 행할 수 있는 의무, 즉 대체적 작위의무이어야 한다.

③ [○] 현행 건축법상 위법건축물에 대한 이행강제수단으로 대집행과 이행강제금(제83조 제1항)이 인정되고 있는데, 양 제도는 각각의 장·단점이 있으므로 행정청은 개별사건에 있어서 위반내용, 위반자의 시정의지 등을 감안하여 대집행과 이행강제금을 선택적으로 활용할 수 있으며, 이처럼 그 합리적인 재량에 의해 선택하여 활용하는 이상 중첩적인 제재에 해당한다고 볼 수 없다(헌재 2004.2.26. 2001헌바80 등).

④ [×] **이행강제금 납부의무는 상속인 기타의 사람에게 승계될 수 없는 일신전속적 성질의 것이므로** 이미 사망한 사람에게 이행강제금을 부과하는 내용의 처분이나 결정은 당연무효이다.

> 구 건축법상의 이행강제금은 구 건축법의 위반행위에 대하여 시정명령을 받은 후 시정기간 내에 당해 시정명령을 이행하지 아니한 건축주 등에 대하여 부과되는 간접강제의 일종으로서 그 이행강제금 납부의무는 상속인 기타의 사람에게 승계될 수 없는 일신전속적인 성질의 것이므로 이미 사망한 사람에게 이행강제금을 부과하는 내용의 처분이나 결정은 당연무효이고, 이행강제금을 부과받은 사람의 이의에 의하여 비송사건절차법에 의한 재판절차가 개시된 후에 그 이의한 사람이 사망한 때에는 사건 자체가 목적을 잃고 절차가 종료한다(대결 2006.12.8. 2006마470).

정답 ④

096 2022년 소방

신문사 기자 甲은 A광역시가 보유·관리하고 있던 시의원 乙과 관련이 있는 정보를 사본 교부의 방법으로 공개하여 줄 것을 청구하였다. 이에 대한 설명으로 옳지 않은 것은? (다툼이 있는 경우 판례에 의함)

① 정보공개청구권자가 선택한 공개방법에 따라 정보를 공개하여야 하므로, 원칙적으로 A광역시는 사본 교부가 아닌 열람의 방법으로는 공개할 수 없다.

② 乙의 비공개 요청이 있는 경우 A광역시는 공개를 하여서는 아니 되고, 만일 공개하였다면 乙에 대하여 손해배상책임을 지게 된다.

③ 乙의 의견을 듣고 A광역시가 공개를 거부하였다면, 甲과 乙 사이에 아무런 법률상 이해관계가 없다고 할지라도 甲은 A광역시의 거부에 대하여 항고소송으로 다툴 수 있다.

④ A광역시가 「공공기관의 정보공개에 관한 법률」상 비공개 대상 정보임을 이유로 비공개 결정을 한 경우, A광역시는 당초 처분의 근거로 삼은 사유와 기본적 사실관계가 동일성이 있다고 인정되는 한도 내에서만 항고소송에서 다른 공개거부 사유를 추가하거나 변경할 수 있다.

해설

KEYWORD 정보공개제도

① [○] 「공공기관의 정보공개에 관한 법률」 제2조 제2항, 제3조, 제5조, 제8조 제1항, 같은 법 시행령 제14조, 같은 법 시행규칙 제2조 [별지 제1호 서식] 등의 각 규정을 종합하면, 정보공개를 청구하는 자가 공공기관에 대해 정보의 사본 또는 출력물의 교부의 방법으로 공개방법을 선택하여 정보공개청구를 한 경우에 공개청구를 받은 공공기관으로서는 같은 법 제8조 제2항에서 규정한 정보의 사본 또는 복제물의 교부를 제한할 수 있는 사유에 해당하지 않는 한 정보공개청구자가 선택한 공개방법에 따라 정보를 공개하여야 하므로 그 공개방법을 선택할 재량권이 없다고 해석함이 상당하다(대판 2003.12.12. 2003두8050).

② [×] 이는 공공기관이 보유·관리하고 있는 정보가 제3자와 관련이 있는 경우 그 정보공개여부를 결정함에 있어 공공기관이 제3자와의 관계에서 거쳐야 할 절차를 규정한 것에 불과할 뿐, 제3자의 비공개요청이 있다는 사유만으로 정보공개법상 정보의 비공개사유에 해당한다고 볼 수 없다(대판 2008.9.25. 2008두8680).

③ [○] 국민의 정보공개청구권은 법률상 보호되는 구체적인 권리이므로, 공공기관에 대하여 정보의 공개를 청구하였다가 공개거부처분을 받은 청구인은 행정소송을 통하여 그 공개거부처분의 취소를 구할 법률상의 이익이 있다(대판 2003.3.11. 2001두6425).

④ [○] 甲 등이 관할 구청장에게 재단법인 乙의 기본재산 처분에 관한 정보공개를 청구하였으나 해당 정보가 공공기관의 정보공개에 관한 법률 제9조 제1항 제4호(개인의 사생활침해 우려), 제7호 등에 해당한다는 이유로 비공개결정을 한 사안에서, 공공기관의 정보공개에 관한 법률 제1항 제4호(개인의 사생활침해 우려), 제5호, 제7호는 입법 취지가 다를 뿐 아니라 내용과 범위 및 요건이 달라 구청장이 처분사유로 추가한 공공기관의 정보공개에 관한 법률 제1항 제5호의 사유는 당초 처분사유인 같은 법 제9조 제1항 제4호(개인의 사생활침해 우려), 제7호의 사유와 기본적 사실관계가 동일하다고 할 수 없어 이를 추가하는 것은 허용되지 않는다(대판 2012.4.12. 2010두24913).

정답 ②

097 2020년 국회직 8급

시험을 준비하던 甲은 다음의 '2019년도 제56회 변리사 국가자격시험 시행계획 공고'를 보고 큰 혼란에 빠졌다. 제56회 변리사 국가자격시험 「상표법」 과목에 실무형 문제가 출제될 것을 예상하지 못했기 때문이다. 甲은 이와 같은 시험공고가 위법하다고 보고 이에 대해 다투려고 한다. 이에 대한 설명으로 옳지 않은 것은? (다툼이 있는 경우 판례에 의함)

> 2019년도 제56회 변리사 국가자격시험 시험계획 공고 <한국산업인력공단 공고 제2018 - 151호>
> 1. (생략)
> 2. 2019년 및 2020년 변경사항
>   ○ 2019년 제2차 시험과목 중 「특허법」과 「상표법」 과목에 실무형 문제를 각 1개씩 출제
>   다만, 2019년 제2차 시험에서의 실무형 문제 출제범위는 아래와 같고, 배점은 20점으로 함 (이하 생략)

① 공고에 의해서 비로소 국민에게 영향을 미치는 규율사항이 정해지는 경우 이에 대해서는 어떤 형태로든 법적으로 다툴 수 있는 기회를 주는 것이 타당하다.

② 헌법재판소는 공고에 의하여 비로소 응시자격이 확정되는 경우에는 공고에 대한 헌법소원을 인정하였으나 위와 같은 경우에는 헌법소원을 인정하지 않았다.

③ 공고가 분명히 위법하고 공무원에게 과실이 있어 이로 인한 손해를 입증한다면 甲은 국가배상을 청구할 수 있다.

④ 공고는 입법행위와 유사한 측면이 없지 않으나 침해의 직접성이 인정되는 경우 헌법소원의 대상이 될 수 있다.

⑤ 이미 법령에 규정된 내용을 그대로 공고한 경우 공고보다는 법령을 다툼의 대상으로 하여야 한다.

해설

KEYWORD 국가배상

① [○] 공고에 의해서 비로소 국민에게 영향을 미치는 규율사항이 정해지는 경우 이에 대해서는 헌법소원심판청구를 할 수 있다.

② [×] 헌법재판소는 관련 법령의 내용을 그대로 공고한 것이 아닌 공고에 의하여 비로소 응시자격이 확정되는 경우에는 공고에 대한 헌법소원을 인정한 바 있고, 위와 같이 변리사 국가자격시험 시행계획 공고에 의하여 실무형 문제가 출제되는 것이 확정되는 경우에도 헌법소원을 인정하였다.

③ [○] 현행 「국가배상법」에 의하면 국가배상책임이 성립하기 위하여는 공무원의 가해행위가 위법할 뿐만 아니라 그것이 공무원의 고의 또는 과실에 의한 것이어야 하므로 공고가 분명히 위법하고 공무원에게 과실이 있어 이로 인한 손해를 입증한다면 甲은 국가배상을 청구할 수 있다.

④ [○] 공고는 입법행위와 유사한 측면이 없지 않으나 침해의 직접성이 인정되는 경우(공고에 의해서 비로소 국민에게 영향을 미치는 규율사항이 정해지는 경우) 헌법소원의 대상이 될 수 있다.

⑤ [○] 그러나 침해의 직접성이 인정되지 않는 경우(이미 법령에 규정된 내용을 그대로 공고한 경우)에는 공고는 확인적 의미만 가지므로 헌법소원의 대상이 되는 공권력의 행사가 아니므로 그 법령을 다툼의 대상으로 하여야 한다.

> 이 사건 공고에서 응시연령을 "20세 이상 32세 이하"로, 해당 생년월일을 "1967.1.1.~1980.12.31."로 공고한 것은 공무원 임용 및 시험 시행규칙 제3조 및 별표1과 대전광역시지방공무원인사규칙 제8조 및 별표1의2가 정한 각 응시연령의 내용을 그대로 공고한 것에 불과하고, 해당 생년월일 부분은 위 규정들의 응시연령에 해당하는 생년월일을 구체적으로 명시한 것에 지나지 않는다. 따라서 이 사건 공고는 응시연령을 규정하고 있는 위 규칙조항들과 실질적으로 동일한 내용으로서 그에 대한 확인적 의미만을 갖고 있을 뿐, 위 규칙조항에 규정된 응시연령에 아무런 변경을 가져오는 것이 아니다. 그러므로 이 사건 공고는 청구인들의 기본권을 새로이 침해하는 헌법재판소법 제68조 제1항 소정의 공권력의 행사에 해당하지 아니하고, 따라서 헌법소원의 대상이 될 수 없다(헌재 2001.9.27. 2000헌마173 등).

관련 판례 2019년도 제56회 변리사 국가자격시험 시행계획

1. 공고는 특정의 사실을 불특정 다수에게 알리는 행위로서 그것이 공권력의 행사에 해당하는지 여부에 대해서는 일률적으로 말할 수 없고, 개별 공고의 내용과 관련 법령의 규정에 따라 구체적으로 판단하여야 한다. 따라서 응시자격, 시험일자, 시험장소 등이 그 공고를 통하여 비로소 확정되는 경우에는 그 공고 행위를 헌법소원의 대상이 되는 공권력의 행사로 볼 수 있지만, 이러한 사항들이 이미 법령에 구체적으로 정해져 있어 공고가 단지 그와 실질적으로 동일한 내용을 확인하는 의미에 불과한 경우에는 이로 인하여 새로운 권리제한이 발생하지 아니하므로 헌법소원의 대상이 되는 공권력의 행사라 볼 수 없다(헌재 2008.7.31. 2007헌마601).
2. 이 사건 공고의 근거법령의 내용만으로는 변리사 제2차 시험에서 '실무형 문제'가 출제되는지 여부가 정해져 있다고 볼 수 없고, 이 사건 공고에 의하여 비로소 2019년 제56회 변리사 제2차 시험에 실무형 문제가 출제되는 것이 확정된다. 이 사건 공고는 법령의 내용을 구체적으로 보충하고 세부적인 사항을 확정함으로써 대외적 구속력을 가지므로, 헌법소원의 대상이 되는 공권력의 행사에 해당한다(헌재 2019.5.30. 2018헌마1208).

정답 ②

---

098 2020년 군무원 9급

다음은 1993년 8월 12일에 발하여진 대통령의 금융실명거래 및 비밀보장에 관한 긴급재정경제명령(이하 '긴급재정경제명령'이라 한다)에 관한 위헌확인소원에서 헌법재판소가 내린 결정 내용이다. 이에 대한 설명으로 옳지 않은 것은? (다툼이 있는 경우 판례에 의함)

① 대통령의 긴급재정경제명령은 국가긴급권의 일종으로서 고도의 정치적 결단에 의하여 발동되는 행위이다.
② 대통령의 긴급재정경제명령은 이른바 통치행위에 속한다고 할 수 있다.
③ 통치행위를 포함하여 모든 국가작용은 국민의 기본권적 가치를 실현하기 위한 수단이라는 한계를 반드시 지켜야 한다.
④ 국민의 기본권 침해와 직접 관련되는 경우라도 그 국가작용이 고도의 정치적 결단에 의하여 행해진다면 당연히 헌법재판소의 심판대상이 되지 않는다.

해설

KEYWORD 통치행위

①②③ [O], ④ [X] 대통령의 긴급재정경제명령은 국가긴급권의 일종으로서 고도의 정치적 결단에 의하여 발동되는 행위이고 그 결단을 존중하여야 할 필요성이 있는 행위라는 의미에서 이른바 통치행위에 속한다고 할 수 있으나, 통치행위를 포함하여 모든 국가작용은 국민의 기본권적 가치를 실현하기 위한 수단이라는 한계를 반드시 지켜야 하는 것이고, 헌법재판소는 헌법의 수호와 국민의 기본권 보장을 사명으로 하는 국가기관이므로 비록 고도의 정치적 결단에 의하여 행해지는 국가작용이라고 할지라도 그것이 국민의 기본권침해와 직접 관련되는 경우에는 당연히 헌법재판소의 심판대상이 된다(헌재 1996.2.29. 93헌마186).

정답 ④

099 2019년 군무원 9급   난이도 ●○○

대한민국 국민 甲은 A 대학교 총장에게 해당 학교 체육특기생들의 3년간 출석 및 성적 관리에 대한 정보공개청구를 하였으나, A대학교 총장은 제3자에 관한 정보라는 이유로 이를 거부하였다. 이에 대한 설명으로 옳지 않은 것은? (다툼이 있는 경우 판례에 의함)

① 대한민국 국민인 甲은 해당 정보에 대한 공개를 청구할 권리를 가진다.

② 甲이 정보공개를 청구하였다가 거부처분을 받은 것 자체가 법률상 이익의 침해에 해당한다.

③ 체육특기생들의 비공개요청이 있는 경우 A 대학교 총장은 해당 정보를 공개하여서는 아니 된다.

④ 정보공개의무를 지는 공공기관에는 국·공립대학교뿐만 아니라 사립대학교도 포함된다.

해설

KEYWORD 정보공개제도

① [O] 정보공개청구권은 표현의 자유에 근거한 권리로서 甲은 국민으로서 정보공개청구권을 가진다.

② [O] 거부처분에 관해서는 신청권이 있는 자만이 원고적격을 가지는데 정보공개청구권은 국민이면 인정되는 권리다.

③ [X] 정보공개법 제21조는 공공기관이 보유·관리하고 있는 정보가 제3자와 관련이 있는 경우 그 정보공개여부를 결정함에 있어 공공기관이 제3자와의 관계에서 거쳐야 할 절차를 규정한 것에 불과할 뿐, **제3자의 비공개요청이 있다는 사유만으로 정보공개법상 비공개사유에 해당한다고 볼 수 없다**(대판 2008.9.25. 2008두8680).

④ [O] 「고등교육법」상 사립대학도 「정보공개법」상 정보공개 대상 공공기관에 해당한다.

정답 ③

100 　2019년 국가직 7급

甲 회사는 사옥을 신축하면서 A지하철역과 사옥을 연결하는 지하연결통로를 설치하여 사용하고 있는데, 그 지하연결통로의 용도와 기능은 종래대로 주로 일반시민의 교통편익을 위한 것이고 이에 곁들여 甲의 사옥에 출입하는 사람들의 통행로로도 이용되고 있다. 이에 대한 설명으로 옳은 것은? (다툼이 있는 경우 판례에 의함)

① 지하연결통로의 주된 용도와 기능이 일반시민의 교통편익을 위한 것이지만 부수적으로 이에 곁들여 甲 회사의 이익을 위하여도 사용되고 있는 이상, 지하연결통로는 특별사용에 제공된 것으로 그 설치·사용행위는 도로의 점용이라고 보아야 한다.

② 공물관리주체가 지하연결통로에 대하여 공용폐지를 하는 경우, 일반적인 시민생활에서 지하연결통로를 이용만 하는 사람에게는 그 용도폐지를 다툴 법률상의 이익이 인정되지 않는다.

③ 지하연결통로의 인접주민은 그 통로를 사용하지 않고 있는 경우에도 그 통로에 대해 고양된 일반사용권이 인정되므로, 다른 개인에 의하여 지하연결통로의 사용권을 침해당한 경우에「민법」상 방해배제청구권이나 손해배상청구권이 인정된다.

④ 지하연결통로 인근에서 공공목적의 개발행위로 지하연결통로를 일반사용하는 사람들이 지하연결통로를 이용하는데 불편을 겪는 등 사용을 제한받았다면, 특별한 사정이 없는 한 그로 인한 불이익에 대하여 손실보상이 인정된다.

해설

KEYWORD 공물의 일반사용

① [×] 지하철역과 원고의 사옥 사이의 지하연결통로의 용도와 기능이 주로 일반시민의 교통편익을 위한 것이고 이에 곁들여 위 건물에 출입하는 사람들의 통행로로도 이용되고 있는 정도라면 위 지하연결통로는 도로의 일반사용을 위한 것이고, 만일 이와 반대로 위 지하연결통로의 주된 용도와 기능이 원고 소유 건물에 출입하는 사람들의 통행로로 사용하기 위한 것이고 다만 이에 곁들여 일반인이 통행함을 제한하지 않은 것에 불과하다면 위 지하연결통로는 특별사용에 제공된 것이므로 이를 설치사용하는 행위는 도로의 점용이라고 보아야 할 것이며, 위 지하연결통로의 설치 사용이 위의 경우 중 어느 경우에 해당하는지는 위 지하연결통로의 위치와 구조, 원고 소유 건물 및 일반도로와의 연결관계 및 일반인의 이용상황 등 제반사정을 구체적으로 심리하여 판단하여야 한다(대판 1991.4.9. 90누8855).

② [○] 일반적으로 도로는 국가나 지방자치단체가 직접 공중의 통행에 제공하는 것으로서 일반국민은 이를 자유로이 이용할 수 있는 것이기는 하나, 그렇다고 하여 그 이용관계로부터 당연히 그 도로에 관하여 특정한 권리나 법령에 의하여 보호되는 이익이 개인에게 부여되는 것이라고까지는 말할 수 없으므로, 일반적인 시민생활에 있어 도로를 이용만 하는 사람은 그 용도폐지를 다툴 법률상의 이익이 있다고 말할 수 없지만, 공공용재산이라고 하여도 당해 공공용재산의 성질상 특정 개인의 생활에 개별성이 강한 직접적이고 구체적인 이익을 부여하고 있어서 그에게 그로 인한 이익을 가지게 하는 것이 법률적인 관점으로도 이유가 있다고 인정되는 특별한 사정이 있는 경우에는 그와 같은 이익은 법률상 보호되어야 할 것이고, 따라서 도로의 용도폐지처분에 관하여 이러한 직접적인 이해 관계를 가지는 사람이 그와 같은 이익을 현실적으로 침해당한 경우에는 그 취소를 구할 법률상의 이익이 있다(대판 1992.9.22. 91누13212).

③ [×] 공물의 인접주민은 다른 일반인보다 인접공물의 일반사용에 있어 특별한 이해관계를 가지는 경우가 있고, 그러한 의미에서 다른 사람에게 인정되지 아니하는 이른바 고양된 일반사용권이 보장될 수 있다. 따라서 구체적으로 공물을 사용하지 않고 있는 이상 그 공물의 인접주민이라는 사정만으로는 공물에 대한 고양된 일반사용권이 인정될 수 없다(대판 2006.12.22. 2004다68311·68328).

④ [×] 일반 공중의 이용에 제공되는 공공용물에 대하여 특허 또는 허가를 받지 않고 하는 일반사용은 다른 개인의 자유이용과 국가 또는 지방자치단체 등의 공공목적을 위한 개발 또는 관리·보존행위를 방해하지 않는 범위 내에서만 허용된다 할 것이므로, 공공용물에 관하여 적법한 개발행위 등이 이루어짐으로 말미암아 이에 대한 일정범위의 사람들의 일반사용이 종전에 비하여 제한받게 되었다 하더라도 특별한 사정이 없는 한 그로 인한 불이익은 손실보상의 대상이 되는 특별한 손실에 해당한다고 할 수 없다(대판 2002.2.26. 99다35300).

정답 ②

---

101 2019년 국가직 9급 난이도 ●●○

甲은 관할 A행정청에 토지형질변경허가를 신청하였으나 A행정청은 허가를 거부하였다. 이에 甲은 거부처분취소소송을 제기하여 재량의 일탈·남용을 이유로 취소판결을 받았고, 그 판결은 확정되었다. 이에 대한 설명으로 옳은 것은? (다툼이 있는 경우 판례에 의함)

① A행정청이 거부처분 이전에 이미 존재하였던 사유 중 거부처분 사유와 기본적 사실관계의 동일성이 없는 사유를 근거로 다시 거부처분을 하는 것은 허용되지 않는다.

② A행정청이 재처분을 하였더라도 취소판결의 기속력에 저촉되는 경우에는 甲은 간접강제를 신청할 수 있다.

③ A행정청의 재처분이 취소판결의 기속력에 저촉되더라도 당연무효는 아니고 취소사유가 될 뿐이다.

④ A행정청이 간접강제결정에서 정한 의무이행 기한내에 재처분을 이행하지 않아 배상금이 이미 발생한 경우에는 그 이후에 재처분을 이행하더라도 甲은 배상금을 추심할 수 있다.

해설

KEYWORD 간접강제

① [×] 행정처분의 위법 여부는 행정처분이 행하여진 때의 법령과 사실을 기준으로 판단하므로, 확정판결의 당사자인 처분 행정청은 종전 처분 후에 발생한 새로운 사유를 내세워 다시 처분을 할 수 있고, 새로운 처분의 처분사유가 종전 처분의 처분사유와 기본적 사실관계에서 동일하지 않은 다른 사유에 해당하는 이상, 처분사유가 종전 처분 당시 이미 존재하고 있었고 당사자가 이를 알고 있었더라도 이를 내세워 새로이 처분을 하는 것은 확정판결의 기속력에 저촉되지 않는다(대판 2016.3.24. 2015두48235).

② [○] 거부처분에 대한 취소의 확정판결이 있음에도 행정청이 아무런 재처분을 하지아니하거나, 재처분을 하였다 하더라도 그것이 종전 거부처분에 대한 취소의 확정판결의 기속력에 반하는 등으로 당연무효라면 이는 아무런 재처분을 하지 아니한 때와 마찬가지라 할 것이므로 이러한 경우에는 위 규정에 의한 간접강제신청에 필요한 요건을 갖춘 것으로 보아야할 것이다(대결 2002.12.11. 2002무22).

③ [×] 확정판결의 당사자인 처분행정청이 그 행정소송의 사실심 변론종결 이전의 사유를 내세워 다시 **확정판결과 저촉되는 행정처분**을 하는 것은 허용되지 않는 것으로서 이러한 행정처분은 그 하자가 중대하고도 명백한 것이어서 **당연무효**라 할 것이다(대판 1990.12.11. 90누3560).

④ [×] 행정소송법 제34조 소정의 간접강제결정에 기한 배상금은 거부처분취소판결이 확정된 경우 그 처분을 행한 행정청으로 하여금 확정판결의 취지에 따른 재처분의무의 이행을 확실히 담보하기 위한 것으로서, 확정판결의 취지에 따른 재처분의무 내용의 불확정성과 그에 따른 재처분에의 해당 여부에 관한 쟁송으로 인하여 간접강제 정에서 정한 재처분의무의 기한 경과에 따른 배상금이 증가될 가능성이 자칫 행정청으로 하여금 인용처분을 강제하여 행정청의 재량권을 박탈하는 결과를 초래할 위험성이 있는 점 등을 감안하면, 이는 확정판결의 취지에 따른 재처분의 지연에 대한 제재나 손해배상이 아니고 재처분의 이행에 관한 심리적 강제수단에 불과한 것으로 보아야 하므로, 특별한 사정이 없는 한 간접강제결정에서 정한 **의무이행기한이 경과한 후에라도 확정판결의 취지에 따른 재처분의 이행이 있으면 배상금을 추심함으로써 심리적 강제를 꾀할 목적이 상실되어 처분상대방이 더 이상 배상금을 추심하는 것은 허용되지 않는다**(대판 2004.1.15. 2002두2444).

정답 ②

102 2019년 서울시 9급

음식점을 운영하는 甲은 미성년자인 乙에게 음주를 제공한 사실이 적발되어, 관련법령에 따라 A자치구의 구청장인 丙으로부터 영업정지 2개월의 처분을 받았다. 이에 甲은 A자치구를 관할로 하는 B광역시 산하의 행정심판위원회(이하 'C'라 한다)에 행정심판을 제기하고자 한다. 이에 대한 설명으로 가장 옳지 않은 것은? (다툼이 있는 경우 판례에 의함)

① 甲은 丙의 영업정지처분에 대하여 C에 취소심판청구 및 집행정지 신청을 할 수 있다.
② C는 필요하면 甲이 주장하지 아니한 사실에 대해서도 심리할 수 있다.
③ C는 甲의 취소심판청구가 이유 있다고 인정하면 2개월의 영업정지처분을 1개월의 영업정지 처분으로 변경하는 재결을 할 수 있다.
④ C는 甲의 심판청구를 받은 날로부터 90일 이내에 재결을 하여야 한다.

해설

KEYWORD 행정심판

① [○] 甲은 丙의 영업정지처분에 대하여 C에게 취소심판을 청구할 수 있고, 청구인에게 중대한 손해가 생기는 것을 예방할 필요성이 긴급하다고 인정할 때에는 집행정지를 신청할 수 있다.

② [○] 「행정심판법」은 "위원회는 사건을 심리하기 위하여 필요하면 직권으로 또는 당사자의 신청에 의하여 다음 각 호의 방법에 따라 증거조사를 할 수 있고(법 제36조 제1항), 위원회는 필요하면 당사자가 주장하지 아니한 사실에 대하여도 심리할 수 있다(법 제39조)."고 하여 직권심리주의를 취하고 있다.

③ [○] 취소심판의 인용재결에는 취소재결, 변경재결, 변경명령재결이 있다. 구법에서 존재하였던 취소명령재결은 국민의 권리구제를 위하여 삭제되어 현행 「행정심판법」에는 존재하지 않는다. 2개월의 영업정지처분을 1개월의 영업정지처분으로 변경하는 것은 변경재결에 해당한다.

④ [×] 재결은 행정심판위원회 또는 피청구인인 행정청이 심판청구서를 받은 날부터 **60일 이내**에 하여야 한다. 다만, 부득이한 사정이 있을 때에는 위원장이 직권으로 30일을 연장할 수 있다(법 제45조 제1항). 즉 원칙은 60일 이내이다.

정답 ④

---

103 2018년 국가직 7급 난이도 ●●○

甲, 乙, 丙, 丁은 「국가공무원법」에 따라 일반직공무원으로 임용된 사람이다. 이와 관련한 법률관계에 대한 설명으로 옳지 않은 것은? (다툼이 있는 경우 판례에 의함)

① 임용 당시 甲에게 임용결격사유가 있었다면 비록 국가의 과실에 의하여 임용결격자임을 밝혀내지 못하였다 하더라도 그 임용행위는 당연무효이다.

② 임용 당시 乙에게 임용결격사유가 있음에도 임용되어 근무하다가 퇴직한 경우, 乙은 「공무원연금법」상 퇴직급여 청구 또는 「근로자퇴직급여 보장법」상 퇴직금 청구를 할 수 없다.

③ 丙이 외부에 자신의 상사 등을 비판하는 의견을 발표한 경우, 비록 그 표현에 개인적 감정에 휩쓸려 지나치게 단정적이고 과장된 부분이 있더라도, 행정조직의 개선과 발전에 도움이 되고 궁극적으로 행정청의 권한행사의 적정화에 기여하는 면이 있으므로, 품위유지의무 위반이 인정되지 않는다.

④ 행정기관이 보도자료를 작성할 때 증권 거래 등 일반인들에게 영향을 미칠 수 있는 정보가 포함되는 경우에, 담당 공무원 丁은 해당 정보의 진실성 여부 및 주식시장의 파급효과 등을 보다 면밀히 살펴 사실과 다르거나 오해를 낳을 수 있는 정보가 보도자료에 담기지 아니하도록 할 주의의무를 부담한다.

해설

KEYWORD 정직처분등취소

①② [○] 공무원연금법이나 근로자퇴직급여 보장법에서 정한 퇴직급여는 적법한 공무원으로서의 신분을 취득하거나 근로고용관계가 성립하여 근무하다가 퇴직하는 경우에 지급되는 것이다. 임용 당시 공무원 임용결격사유가 있었다면, 비록 국가의 과실에 의하여 임용결격자임을 밝혀내지 못하였다 하더라도 임용행위는 당연무효로 보아야 하고, 당연무효인 임용행위에 의하여 공무원의 신분을 취득한다거나 근로고용관계가 성립할 수는 없다. 따라서 임용결격자가 공무원으로 임용되어 사실상 근무하여 왔다 하더라도 적법한 공무원으로서의 신분을 취득하지 못한 자로서는 공무원연금법이나 근로자퇴직급여 보장법에서 정한 퇴직급여를 청구할 수 없다. 나아가 이와 같은 법리는 임용결격사유로 인하여 임용행위가 당연무효인 경우뿐만 아니라 임용행위의 하자로 임용행위가 취소되어 소급적으로 지위를 상실한 경우에도 마찬가지로 적용된다(대판 2017.5.11. 2012다200486).

③ [X] 공무원이 외부에 자신의 상사 등을 비판하는 의견을 발표하는 행위는 그것이 비록 행정조직의 개선과 발전에 도움이 되고, 궁극적으로 행정청의 권한행사의 적정화에 기여하는 면이 있다고 할지라도, 국민들에게는 그 내용의 진위나 당부와는 상관없이 그 자체로 행정청 내부의 갈등으로 비춰져, 행정에 대한 국민의 신뢰를 실추시키는 요인으로 작용할 수 있고, 특히 발표 내용 중에 진위에 의심이 가는 부분이 있거나 표현이 개인적인 감정에 휩쓸려 지나치게 단정적이고 과장된 부분이 있는 경우에는 그 자체로 국민들로 하여금 공무원 본인은 물론 행정조직 전체의 공정성, 중립성, 신중성 등에 대하여 의문을 갖게 하여 행정에 대한 국민의 신뢰를 실추시킬 위험성이 더욱 크므로, 그러한 발표행위는 공무원으로서의 체면이나 위신을 손상시키는 행위에 해당한다(대판 2017.4.13. 2014두8469).

④ [O] 행정기관이 제작하는 보도자료는 국민의 알 권리를 보호하기 위한 차원에서 작성되어야 한다. 국정을 홍보하기 위하여 보도자료를 작성하는 과정에서 행정기관의 의견을 개진하거나 정책의 타당성 등을 옹호하는 것이 부당하다고 할 수는 없지만, 행정기관이 알고 있는 객관적인 사정과 달리 해당 사항의 긍정적인 측면만을 부각하거나 불확실한 점이 있음에도 과장되거나 단정적인 표현을 사용하여 국민이 해당 사항에 관하여 잘못된 인식을 가지도록 하여서는 아니 된다. 특히 증권 거래 등 일반인들에게 영향을 미칠 수 있는 정보가 보도자료에 포함되는 경우에, 국민으로서는 마치 그 정보가 행정기관의 검증을 거치거나 합리적 근거에 기초한 것으로서 공적으로 인정받았다고 인식하게 되고 실질적으로 해당 정보가 주식시장에 공시되는 것과 유사한 결과를 초래하므로, 담당 공무원은 해당 정보의 진실성 여부 및 주식시장에 미칠 파급효과 등에 관하여 보다 면밀히 살펴 사실과 다르거나 오해를 낳을 수 있는 정보가 보도자료에 담기지 아니하도록 할 주의의무를 부담한다(대판 2017.12.22. 2016두38167).

정답 ③

104 2017년 지방직 9급

상급행정청 X로부터 권한을 내부 위임받은 하급행정청 Y는 2017.1.10. Y의 명의로 甲에 대하여 2,000만원의 부담금부과처분을 하였다가, 같은 해 2.3. 부과금액의 과다를 이유로 위 부담금을 1,000만원으로 감액하는 처분을 하였다. 甲이 이에 대해 취소소송을 제기하는 경우, ㄱ. 소의 대상과 ㄴ. 피고적격을 바르게 연결한 것은? (다툼이 있는 경우 판례에 의함)

	ㄱ	ㄴ
①	1,000만원으로 감액된 1.10.자 부담금부과처분	X
②	1,000만원으로 감액된 1.10.자 부담금부과처분	Y
③	2.3.자 1,000만원의 부담금부과처분	X
④	2.3.자 1,000만원의 부담금부과처분	Y

해설

KEYWORD 소의 대상, 피고적격

ㄱ. (1,000만원으로 감액된 1.10.자 부담금부과처분) 행정청이 「식품위생법」에 따라 영업자에게 행정제재처분을 한 후 당초처분을 영업자에게 유리하게 변경하는 처분을 한 경우, 변경처분에 의하여 유리하게 변경된 내용의 행정제재가 위법하다 하여 그 취소를 구하는 경우 그 취소소송의 대상은 변경된 내용의 당초처분이지 변경처분은 아니고, 제소기간의 준수여부도 변경처분이 아닌 변경된 내용의 당초 처분을 기준으로 판단하여야 한다(대판 2007.4.27. 2004두9302).

ㄴ. 내부위임이더라도 수임청이 자신의 이름으로 처분을 한 경우 피고는 처분의 명의자인 수임청이 된다.

정답 ②

---

105 2014년 변호사

甲은 2013.3.6. 산림 내에서의 토석채취허가신청을 하였는데 허가권자인 A는 2013.4.1. 인근 주민들의 동의서를 제출하지 않았다는 사유로 이를 반려하였다. 이에 甲은 2013.5.1. 인근주민들의 동의서를 받지 못한 것은 사실이나 위 사유는 적법한 반려사유가 아니라는 이유로 서울행정법원에 위 반려처분의 취소를 구하는 소를 제기하였고, 서울행정법원은 2013.9.6. 변론을 종결하고 2013.9.20. 위 반려처분을 취소하는 판결을 선고하였으며, 그 후 위 판결은 확정되었다. 이에 대한 설명으로 옳은 것을 모두 고른 것은? (다툼이 있는 경우 판례에 의함)

ㄱ. 행정소송에서 쟁송의 대상이 되는 행정처분의 존부는 소송요건으로서 직권조사사항이고, 자백의 대상이 될 수 없는 것이므로, 당사자들이 위 반려처분의 존재를 다투지 아니한다 하더라도 그 존부에 관하여 의심이 있는 경우에는 수소법원은 이를 직권으로 밝혀보아야 한다.

ㄴ. 행정소송은 민사소송과 달리 공법상 권리관계를 다루는 소송이어서 원칙적으로 변론주의가 적용되지 않으므로, 수소법원은 인근 주민들의 동의서를 제출하지 않았다는 사실에 대하여 당사자 사이에 다툼이 없더라도 증거를 조사하여 그 사실을 확정해야 한다.

ㄷ. 수소법원은 위 반려처분 당시 A가 알고 있었던 자료뿐만 아니라 변론종결 당시까지 제출된 모든 자료를 종합하여 처분 당시 존재하였던 객관적 사실을 확정하고 그 사실에 기초하여 위 반려처분의 위법 여부를 판단할 수 있다.

ㄹ. A가 소송 계속 중에 '토석채취를 하게 되면 자연경관이 심히 훼손되고 토석운반차량의 통행시 일어나는 소음, 먼지의 발생, 토석채취장에서 흘러내리는 토사가 부근의 농경지를 매몰할 우려가 있는 등 공익에 미치는 영향이 지대하기 때문에 위 반려처분이 적법하다.'는 사유를 새로이 처분사유로 추가하는 것은 당초의 처분사유와 기본적 사실관계의 동일성이 없는 별개의 처분사유를 주장하는 것이므로 허용되지 아니한다.

ㅁ. A는 위 확정 판결의 취지에 따라 이전의 신청에 대하여 재처분할 의무가 있으므로, 위 소송의 변론종결 이후에 발생한 새로운 사유를 내세워 다시 이전의 신청에 대하여 거부처분을 할 수 없고 토석채취허가를 해야 한다.

① ㄱ, ㄴ, ㄹ
② ㄱ, ㄴ, ㅁ
③ ㄱ, ㄷ, ㄹ
④ ㄴ, ㄷ, ㅁ
⑤ ㄷ, ㄹ, ㅁ

해설

KEYWORD 처분, 행정소송

ㄱ. [O] 소송요건은 피고의 항변을 기다릴 필요가 없는 법원의 직권조사사항이다. 직권조사사항은 자백의 대상이 아니다.

ㄴ. [X] **행정소송도 민사소송법과 마찬가지로 변론주의가 원칙이지만,** 직권탐지주의를 보충적으로 인정하고 있다. 따라서 수소법원은 인근 주민들의 동의서를 제출하지 않았다는 사실에 대하여 당사자 사이에 다툼이 없더라도 증거를 조사하여 그 사실을 확정할 수 있다.

> 「행정소송법」 제26조 【직권심리】 법원은 필요하다고 인정할 때에는 직권으로 증거조사를 할 수 있고, 당사자가 주장하지 아니한 사실에 대하여도 판단할 수 있다.

ㄷ. [O] 행정처분의 위법 여부를 판단하는 기준 시점에 대하여 판결시가 아니라 처분시라고 하는 의미는 행정처분이 있을 때의 법령과 사실상태를 기준으로 하여 위법 여부를 판단할 것이며 처분 후 법령의 개폐나 사실상태의 변동에 영향을 받지 않는다는 뜻이지 처분 당시 존재하였던 자료나 행정청에 제출되었던 자료만으로 위법 여부를 판단한다는 의미는 아니므로 처분 당시의 사실상태 등에 대한 입증은 사실심 변론종결 당시까지 할 수 있고, 법원은 행정처분 당시 행정청이 알고 있었던 자료뿐만 아니라 사실심 변론종결 당시까지 제출된 모든 자료를 종합하여 처분 당시 존재하였던 객관적 사실을 확정하고 그 사실에 기초하여 처분의 위법 여부를 판단할 수 있다(대판 1995.11.10. 95누8461).

ㄹ. [O] 원고의 이 사건 토석채취허가신청에 대하여 피고는 인근주민들의 동의서를 제출하지 아니하였음을 이유로 이를 반려하였음이 분명하고 피고가 이 사건 소송에서 위 반려사유로 새로이 추가하는 처분사유는 이 사건 허가신청지역은 전남 나주군 문평면에 소재한 백용산의 일부로서 토석채취를 하게 되면 자연경관이 심히 훼손되고 암반의 발파시 생기는 소음, 토석운반차량의 통행시 일어나는 소음, 먼지의 발생, 토석채취장에서 흘러 내리는 토사가 부근의 농경지를 매몰할 우려가 있는 등 공익에 미치는 영향이 지대하고 이는 산림내토석채취사무취급요령 제11조 소정의 제한사유에도 해당되기 때문에 위 반려처분이 적법하다는 것인 바, 이는 피고가 당초 위 반려처분의 근거로 삼은 사유와는 그 기본적 사실관계에 있어서 동일성이 인정되지 아니하는 별개의 사유라고 할 것이므로 피고는 이와 같은 사유를 이사건 반려처분의 근거로 추가할 수 없다고 보아야 할 것이다(대판 1992.8.18. 91누3659).

ㅁ. [X] 취소판결이 확정된 후 새로운 사실관계나 신법령 등 새로운 사유를 근거로 동일 당사자에 대하여 동일한 내용의 처분을 하여도 기속력에 반하는 것이 아니다. 따라서 **소송의 변론종결 이후에 발생한 새로운 사유를 내세워 다시 이전의 신청에 대하여 거부처분을 할 수 있다.**

정답 ③

106 · 2015년 변호사

甲은 2013.11.6. 乙로부터 A시 소재 B유흥주점의 영업시설 일체를 양도받아, 2013.12.2. A시장에게 영업자 지위를 승계하였음을 신고하고 위 주점을 운영하여 왔다. 그런데 甲이 인수하기 전인 2013.10.초순, 乙은 청소년인 丙, 丁(당시 각 18세)을 유흥접객원으로 고용하여 유흥행위를 하게 하였다. 이에 A시장은 2014.2.3. 甲에 대하여 「식품위생법」 위반을 이유로 영업허가를 취소하였다. 이에 대한 설명으로 옳지 않은 것은? (다툼이 있는 경우 판례에 의함)

① A시장이 甲의 지위승계신고를 수리하는 행위는 실질적으로 乙의 영업허가를 취소함과 아울러 甲에게 적법하게 영업을 할 수 있는 권리를 설정하여 주는 행위이다.

② A시장의 乙에 대한 영업허가는 대물적 허가이지만, 만일 乙에 대한 영업정지처분이 내려졌다면 그 효과는 甲에게 승계되지 않음이 원칙이다.

③ 만일 A시장이 2013.11.27. 乙에 대한 허가취소처분을 하였다면, 甲은 지위승계신고 수리 이전이라도 사실상 양수인으로서 이를 소송상 다툴 법률상 이익이 있다.

④ A시장은 지위승계신고를 수리할 경우 乙에게 사전통지하여야 한다.

⑤ 영업양도가 무효이면 지위승계신고 수리가 있었더라도 그 수리는 무효이므로 乙은 민사쟁송으로 양도·양수행위의 무효를 구함이 없이 막바로 허가관청을 상대로 신고수리처분의 무효확인을 구할 법률상 이익이 있다.

해설

KEYWORD 신고, 소의 이익

① [○] 구 「식품위생법」상 영업양도에 따른 지위승계신고를 수리하는 허가관청의 행위는 단순히 양도인과 양수인 사이에 이미 발생한 사법상 사업양도의 법률효과에 의하여 양수인이 영업을 승계하였다는 사실의 신고를 접수하는 행위에 그치는 것이 아니라, 실질적으로 양도자의 사업허가 등을 취소함과 아울러 양수자에게 적법하게 사업을 할 수 있는 권리를 설정하여 주는 행위로서 사업허가자 등의 변경이라는 법률효과를 발생시키는 행위라고 할 것이다(대판 2012.1.12. 2011도6561).

② [×] 소위 대물적 허가의 성질을 갖는 영업허가에 있어서는 그 사업의 양도도 가능하고, 이 경우 양수인은 양도인의 지위를 승계하게 됨에 따라 양도인의 위 허가에 따른 권리의무가 양수인에게 이전되는 것이다(대판 1986.7.22. 86누203).

③ [○] 수허가자의 지위를 양수받아 명의변경신고를 할 수 있는 양수인의 지위는 단순한 반사적 이익이나 사실상의 이익이 아니라 법령에 의하여 보호되는 직접적이고 구체적인 이익으로서 법률상 이익이라고 할 것이고, 허가가 유효하게 존속하고 있다는 것이 양수인의 명의변경신고의 전제가 된다는 의미에서 관할 행정청이 양도인에 대하여 허가를 취소하는 처분을 하였다면 이는 양수인의 지위에 대한 직접적 침해가 된다고 할 것이므로 양수인은 허가를 취소하는 처분의 취소를 구할 법률상 이익을 가진다(대판 2003.7.11. 2001두6289).

④ [○] 행정청이 「식품위생법」 규정에 의하여 영업자지위승계신고를 수리하는 처분은 종전의 영업자의 권익을 제한하는 처분이라 할 것이고 따라서 종전의 영업자는 그 처분에 대하여 직접 그 상대가 되는 자에 해당한다고 봄이 상당하므로, 행정청으로서는 위 신고를 수리하는 처분을 함에 있어서 「행정절차법」 규정 소정의 당사자에 해당하는 종전의 영업자에 대하여 사전통지를 하고 의견제출의 기회를 주고 처분을 하여야 한다(대판 2003.2.14. 2001두7015).

⑤ [○] 사업양도·양수에 따른 허가관청의 지위승계신고의 수리는 적법한 사업의 양도·양수가 있었음을 전제로 하는 것이므로 그 수리대상인 사업양도·양수가 존재하지 아니하거나 무효인 때에는 수리를 하였다 하더라도 그 수리는 유효한 대상이 없는 것으로서 당연히 무효라 할 것이고, 사업의 양도행위가 무효라고 주장하는 양도자는 민사쟁송으로 양도·양수행위의 무효를 구함이 없이 막바로 허가관청을 상대로 하여 행정소송으로 위 신고수리처분의 무효확인을 구할 법률상 이익이 있다(대판 2005.12.23. 2005두3554).

정답 ②

107 2015년 변호사

甲은 한옥 여관건물을 신축하기 위하여 관할 A시장에게 건축허가를 신청하였다. 한편 「건축법」 제11조 제4항은 허가권자는 위락시설이나 숙박시설에 해당하는 건축물의 건축을 허가하는 경우 해당 대지에 건축하려는 건축물의 용도·규모 또는 형태가 주거환경이나 교육환경 등 주변 환경을 고려할 때 부적합하다고 인정되는 경우에는 건축위원회의 심의를 거쳐 건축허가를 하지 아니할 수 있다는 취지로 규정하고 있다. 그런데 A시장은 위 여관건물이 한옥이 아닌 일반 빌딩의 형태인 것으로 오인하여 위 제4항에 따라 "甲이 건축하고자 하는 여관건물이 주변 한옥마을 사이에 위치하게 되면 그 외관이 주변과 조화되지 않는다."는 이유로 건축허가를 거부하였다. 이에 대한 설명으로 옳지 않은 것은? (다툼이 있는 경우 판례에 의함)

① A시장의 건축허가거부처분은 사전통지의 대상이 아니므로, 허가거부에 앞서 미리 甲에게 그 내용을 통지하지 않았다고 하더라도 이로써 위 거부처분이 위법하게 되는 것은 아니다.

② 甲의 건축허가신청 후 건축허가기준에 관한 관계 법령의 규정이 개정된 경우, A시장은 새로이 개정된 법령의 경과규정에서 달리 정하는 경우 등을 제외하고는 처분 당시에 시행되는 개정 법령과 그에서 정한 기준에 의하여 허가 여부를 결정하는 것이 원칙이다.

③ 만일 A시장이 甲의 건축허가신청에 대한 거부에 앞서 건축위원회의 심의를 거치지 않았다면 이는 절차상 하자에 해당하므로 법원은 이를 이유로 건축허가거부처분을 취소할 수 있다.

④ 주변 환경에 대한 고려는 비대체적 결정영역 또는 예측결정으로서 판단여지가 인정되는 영역이므로, 주변 환경과 조화되지 않는다는 A시장의 판단에 대해서 법원은 사법심사를 할 수 없다.

⑤ 甲이 A시장의 건축허가거부처분에 대해 취소소송을 제기하여 인용판결을 받아 확정된 경우에도, A시장은 위 소송의 계속 중에 개정된 관계 법령에 따라 강화된 건축허가기준의 미비를 이유로 甲에게 재차 건축허가거부처분을 할 수 있다.

해설

KEYWORD 건축허가거부처분

① [○] 「행정절차법」 제21조 제1항은 행정청은 당사자에게 의무를 부과하거나 권익을 제한하는 처분을 하는 경우에는 미리 처분의 제목 등을 당사자 등에게 통지하도록 하고 있는바, 신청에 따른 처분이 이루어지지 아니한 경우에는 아직 당사자에게 권익이 부과되지 아니하였으므로 특별한 사정이 없는 한 신청에 대한 거부처분이라고 하더라도 직접 당사자의 권익을 제한하는 것은 아니어서 신청에 대한 거부처분을 여기에서 말하는 '당사자의 권익을 제한하는 처분'에 해당한다고 할 수 없는 것이어서 처분의 사전통지대상이 된다고 할 수 없다(대판 2003.11.28. 2003두674).

② [○] 행정행위는 처분 당시에 시행 중인 법령과 허가기준에 의하여 하는 것이 원칙이고, 인·허가신청 후 처분 전에 관계 법령이 개정 시행된 경우 신법령 부칙에 그 시행 전에 이미 허가신청이 있는 때에는 종전의 규정에 의한다는 취지의 경과규정을 두지 아니한 이상 당연히 허가신청 당시의 법령에 의하여 허가 여부를 판단하여야 하는 것은 아니며, 소관 행정청이 허가신청을 수리하고도 정당한 이유 없이 처리를 늦추어 그 사이에 법령 및 허가기준이 변경된 것이 아닌 한 변경된 법령 및 허가기준에 따라서 한 불허가처분은 위법하다고 할 수 없다(대판 2005.7.29. 2003두3550).

③ [○] 「건축법」상 반드시 건축위원회의 심의를 거치도록 규정되어 있음에도 그 심의를 거치지 아니한 경우, 이는 하자 있는 행정행위라 할 것이고(대판 2007.10.11. 2007두1316), 이와 같은 심의를 누락한 흠이 있다면 그와 같은 흠을 가리켜 행정처분의 효력에 아무런 영향을 주지 않는다거나 경미한 정도에 불과하다고 볼 수는 없으므로 특별한 사정이 없는 한 이는 행정처분을 위법하게 하는 취소사유가 된다(대판 2007.3.15. 2006두15806).

④ [×] 판례는 재량과 판단여지를 구별하지 않고 있으며, 판단여지가 인정될 수 있는 경우도 재량으로 보고 있다(대판 2008.12.24. 2008두8970 등). 따라서 재량권의 일탈·남용의 경우에는 법원이 사법심사의 대상으로 삼아 취소할 수 있다(「행정소송법」 제27조). 설령 학설에 따라 판단여지가 인정되는 영역으로 보더라도 A 시장이 여관건물이 한옥이 아닌 일반 빌딩의 형태인 것으로 오인하여 그 외관이 주변 한옥마을과 조화되지 않는다는 이유로 건축허가를 거부한 것은 사실인정을 잘못한 경우에 해당하여 사법심사가 가능하게 된다.

⑤ [○] 행정처분의 적법 여부는 그 행정처분이 행하여 진 때의 법령과 사실을 기준으로 하여 판단하는 것이므로 거부처분 후에 법령이 개정·시행된 경우에는 개정된 법령 및 허가기준을 새로운 사유로 들어 다시 이전의 신청에 대한 거부처분을 할 수 있으며 그러한 처분도 「행정소송법」 제30조 제2항에 규정된 재처분에 해당된다(대판 1998.1.7. 97두22).

정답 ④

108 ☐☐☐ 2015년 변호사

다음 사례에 대한 설명으로 옳은 것은? (단, 담배소매인지정처분의 법적 성격은 강학상 '특허'임을 전제로 하며, 다툼이 있는 경우 판례에 의함)

- 甲은 건물 1층에서 담배소매인 지정을 받아 담배소매업을 하고 있었는데, 관할 구청장 A는 법령상의 거리제한 규정을 위반하여 그 영업소에서 30미터 떨어진 인접 아파트 상가에서 乙이 담배소매업을 할 수 있도록 담배소매인 신규지정처분을 하였다.
- 丙과 丁은 같은 상가의 1층과 2층에서 각각 담배소매업을 하고자 관할 구청장 B에게 담배소매인 지정신청을 하였으나, B는 丁에게만 담배소매인지정처분을 하였다.

① 甲은 乙에게 발령된 담배소매인 신규지정처분에 대한 취소소송을 제기하면서 그 신규지정처분의 위법을 이유로 하는 손해배상청구소송을 그 취소소송에 병합하여 제기할 수 있다.

② 甲이 자신에 대한 담배소매인지정처분을 통하여 기존에 누렸던 이익은 乙 등 제3자에 대한 신규지정처분이 발령되지 않음으로 인한 사실상의 이익에 해당한다.

③ 丙이 자신에 대한 담배소매인 지정거부를 취소소송으로 다투면서 집행정지를 신청한다면 법원은 이를 인용하게 될 것이다.

④ 丁에 대한 담배소매인지정처분을 대상으로 丙이 제기한 취소소송에서 丁이 「행정소송법」상 소송참가를 하였으나 본안에서 丙이 승소판결을 받아 확정되었다면, 丁은 「행정소송법」 제31조에 의한 재심을 통해 이를 다툴 수 있다.

⑤ 丙이 丁에 대한 담배소매인지정처분 취소심판을 제기하여 취소재결을 받은 후 B가 丁에게 담배소매인지정처분의 취소를 통지하였다면, 丁은 취소소송을 제기할 경우 취소재결이 아니라 B가 행한 담배소매인 지정취소처분을 소의 대상으로 하여야 한다.

해설

KEYWORD 행정소송, 소의 이익

① [O] 취소소송에는 사실심의 변론종결 시까지 당해 처분 등과 관련되는 손해배상·부당이득반환·원상회복 등 청구소송과 당해 처분 등과 관련되는 취소소송을 취소소송이 계속된 법원에 병합하여 제기할 수 있다(「행정소송법」 제10조 제2항). 여기서 당해 처분 등과 관련되는 손해배상이란 청구의 내용 또는 발생원인이 행정소송의 대상인 처분 등과 법률상 또는 사실상 공통되는 관계에 있는 청구를 말하며, 처분에 대한 취소소송에 해당 처분으로 인한 손해배상청구소송을 병합하는 경우가 이에 해당한다.

② [×] 담배 일반소매인의 지정기준으로서 일반소매인의 영업소 간에 일정한 거리제한을 두고 있는 것은 담배유통구조의 확립을 통하여 국민의 건강과 관련되고 국가 등의 주요 세원이 되는 담배산업 전반의 건전한 발전 도모 및 국민경제에의 이바지라는 공익목적을 달성하고자 함과 동시에 일반소매인 간의 과당경쟁으로 인한 불합리한 경영을 방지함으로써 일반소매인의 경영상 이익을 보호하는 데에도 그 목적이 있다고 보이므로, **일반소매인으로 지정되어 영업을 하고 있는 기존업자의 신규 일반소매인에 대한 이익은 단순한 사실상의 반사적 이익이 아니라 법률상 보호되는 이익이라고 해석함이 상당하다**(대판 2008.3.27. 2007두23811).

③ [×] 신청에 대한 거부처분의 효력을 정지하더라도 거부처분이 없었던 것과 같은 상태, 즉 거부처분이 있기 전의 신청시의 상태로 되돌아가는 데에 불과하고 행정청에게 신청에 따른 처분을 하여야 할 의무가 생기는 것이 아니므로, **거부처분의 효력정지는 그 거부처분으로 인하여 신청인에게 생길 손해를 방지하는 데 아무런 보탬이 되지 아니하여 그 효력정지를 구할 이익이 없다**(대판 1995.6.21. 95두26).

④ [X] 처분 등을 취소하는 판결에 의하여 권리 또는 이익의 침해를 받은 제3자는 자기에게 책임 없는 사유로 **소송에 참가하지 못함으로써** 판결의 결과에 영향을 미칠 공격 또는 방어방법을 제출하지 못한 때에는 이를 이유로 확정된 종국판결에 대하여 재심의 청구를 할 수 있다(「행정소송법」제31조). 따라서 **소송참가를 한 丁은 재심을 청구할 수가 없다.**

⑤ [X] 행정심판 재결의 내용이 처분청에게 허가처분의 취소를 명하는 것이 아니라 재결청이 스스로 허가처분을 취소하는 것(형성재결)일 때에는 그 재결의 형성력에 의하여 당해 허가처분은 별도의 행정처분을 기다릴 것 없이 당연히 취소되어 소멸되는 것이고, 그 이후에 다시 위 허가처분을 취소한 당해 처분은 당해 취소재결의 당사자가 아니어서 그 재결이 있었음을 모르고 있는 원처분의 상대방에게 위 허가처분이 취소·소멸되었음을 확인하여 알려주는 의미의 사실 또는 관념의 통지에 불과할 뿐 위 허가처분을 취소·소멸시키는 새로운 형성적 행위가 아니므로 항고소송의 대상이 되는 처분이라고 할 수 없다. 이와 같이 **원처분의 상대방이 아닌 제3자가 행정심판을 청구하여 재결청이 원처분을 취소하는 형성재결을 한 경우에 그 원처분의 상대방은 그 재결에 대하여 항고소송을 제기할 수밖에 없고, 이 경우 재결은 원처분과 내용을 달리 하는 것이어서 재결의 취소를 구하는 것은 원처분에 없는 재결 고유의 위법을 주장하는 것이 된다**(대판 1998.4.24. 97누17131).

정답 ①

---

109 2015년 변호사 난이도 ●●○

다음 고시에 대한 설명으로 옳은 것(○)과 옳지 않은 것(×)을 올바르게 조합한 것은? (다툼이 있는 경우 판례에 의함)

여성가족부 고시 제2014-21호 「청소년보호법」 제7조 제1항의 규정에 의거 방송통신심의위원회가 결정한 청소년유해매체물을 같은 법 제21조 제2항에 의거 다음과 같이 고시합니다.
2014년 9월 22일
여성가족부장관
1. 청소년유해매체물 목록: 아래 목록표와 같음
2. 의무사항
  ○ 다음 목록의 청소년 유해 정보물을 제공하는 사업자는 「청소년보호법」상 청소년유해표시 의무(법 제13조)를 이행하여야 하며, 누구든지 영리를 목적으로 동 매체물을 청소년을 대상으로 판매·대여·배포하거나 시청·관람·이용에 제공하여서는 아니 됨(법 제16조)
3. 벌칙내용
  ○ 청소년유해표시 의무(법 제13조)위반: 2년 이하의 징역 또는 1천만원 이하의 벌금(법 제59조 제1호)
  ○ 판매 금지 등의 의무(법 제16조)위반: 3년 이하의 징역 또는 2천만원 이하의 벌금(법 제58조 제1호)

청소년유해매체물(전기통신정보) 목록표 [인터넷]								
일련 번호	제목	정보 위치	정보 제공자	심의결정 기관	심의 번호	결정 연월일	결정 사유	고시의 효력 발생일
2014-366	www.gay.cOm ('게이닷컴')	인터넷	㈜GD커뮤니케이션	방송통신심의위원회	894127	2014.9.15.	청소년유해매체물	2014.9.29.
⋮	⋮	⋮	⋮	⋮	⋮	⋮	⋮	⋮

*위 고시는 가상(假想)으로 구성한 것임

위 고시가 있은 후 ㈜GD커뮤니케이션은 자신이 운영하는 동성애자 커뮤니티 '게이닷컴'에는 청소년유해매체물로 지정될 만한 내용이 전혀 포함되어 있지 않음에도, 여성가족부장관이 자신에게 통지하지 않은 채 고시하였다며 2014.12.31. 무효확인을 구하는 항고소송을 제기하였다.

> ㄱ. 위 고시일부터 90일이 지난 시점에서 소송을 제기하였으므로 ㈜GD커뮤니케이션이 제기한 소송은 제소기간을 도과한 부적법한 소로서 각하되어야 한다.
> ㄴ. 여성가족부장관은 ㈜GD커뮤니케이션에게 반드시 통지를 하여야 하고, 그 통지를 결한 처분은 무효사유에 해당한다.
> ㄷ. 만일 ㈜GD커뮤니케이션이 위 고시에 대한 취소소송을 제기한다면, 제소기간의 기산일은 2014.9.29.이다.
> ㄹ. 청소년유해매체물 결정·고시는 일반 불특정 다수인을 상대방으로 하여 일률적으로 표시의무, 포장의무, 청소년에 대한 판매·대여 등의 금지의무 등 각종 의무를 발생시키는 행정처분의 성격을 갖는다.

	ㄱ	ㄴ	ㄷ	ㄹ			ㄱ	ㄴ	ㄷ	ㄹ
①	○	○	×	×		②	○	×	×	○
③	×	×	○	○		④	×	○	○	×
⑤	×	×	×	○						

해설

KEYWORD 고시, 처분

ㄱ. [×] 무효등확인소송에는 취소소송의 제20조(제소기간)가 준용되지 않는다(「행정소송법」 제38조 제1항). 따라서 무효등확인소송은 제소기간의 제한이 없다.

ㄴ. [×], ㄹ. [○] 구 「청소년보호법」에 따른 청소년유해매체물 결정 및 고시처분은 당해 유해매체물의 소유자 등 특정인만을 대상으로 한 행정처분이 아니라 일반 불특정 다수인을 상대방으로 하여 일률적으로 표시의무, 포장의무, 청소년에 대한 판매·대여 등의 금지의무 등 각종 의무를 발생시키는 행정처분으로서, 정보통신윤리위원회가 특정 인터넷 웹사이트를 청소년유해매체물로 결정하고 청소년보호위원회가 효력발생시기를 명시하여 고시함으로써 그 명시된 시점에 효력이 발생하였다고 봄이 상당하고, 정보통신윤리위원회와 청소년보호위원회가 위 처분이 있었음을 위 웹사이트 운영자에게 제대로 통지하지 아니하였다고 하여 그 효력 자체가 발생하지 아니한 것으로 볼 수는 없다(대판 2007.6.14. 2004두619).

ㄷ. [○] 통상 고시 또는 공고에 의하여 행정처분을 하는 경우에는 그 처분의 상대방이 불특정 다수인이고 그 처분의 효력이 불특정 다수인에게 일률적으로 적용되는 것이므로, 그 행정처분에 이해관계를 갖는 자가 고시 또는 공고가 있었다는 사실을 현실적으로 알았는지 여부에 관계없이 고시가 효력을 발생하는 날 행정처분이 있음을 알았다고 보아야 한다(대판 2007.6.14. 2004두619). 그런데 취소소송은 처분 등이 있음을 안 날부터 90일 이내에 제기하여야 하므로(「행정소송법」 제20조 제1항), 위 청소년유해매체물 목록표상 고시의 효력발생일인 2014.9.29.이 그 기산일이다.

정답 ③

110 · 2015년 변호사

「음악산업진흥에 관한 법률」 제30조는 동법 소정의 의무위반을 이유로 노래연습장의 등록을 취소하고자 하는 경우에는 청문을 실시하여야 한다는 취지로 규정하고 있다. 이에 관할 시장은 甲에 대해 동법 소정의 의무위반을 이유로 청문을 실시하고 2014.8.4. 등록취소처분을 하였으나, 청문을 실시함에 있어서 「행정절차법」에서 보장하는 10일의 기간을 준수하지 않고 청문 개시일 7일 전에야 비로소 청문에 관한 통지를 하였다. 甲은 청문기일에 출석하여 의견진술을 하였으나 받아들여지지 않았다. 甲은 노래연습장 등록취소처분을 다투는 취소심판을 제기하였으나 2014.10.2. 기각재결서 정본을 송달받았다. 이에 甲은 2015.1.5. 노래연습장 등록취소처분의 취소를 구하는 행정소송을 제기하였다. 이에 대한 설명으로 옳지 않은 것을 모두 고른 것은? (다툼이 있는 경우 판례에 의함)

ㄱ. 甲이 이의를 제기하지 아니하고 청문일에 출석하여 그 의견을 진술하고 변명하는 등 방어의 기회를 충분히 가졌다면 절차상 하자는 치유되었다.
ㄴ. 甲은 노래연습장 등록취소처분취소소송의 제소기간을 준수하였다.
ㄷ. 만일 甲이 제기한 취소심판에서 인용재결이 내려졌다면 처분청은 인용재결을 대상으로 취소소송을 제기할 수 있다.

① ㄱ
② ㄷ
③ ㄱ, ㄴ
④ ㄱ, ㄷ
⑤ ㄴ, ㄷ

해설

KEYWORD 행정소송

ㄱ. [○] 행정청이 청문서 도달기간을 다소 어겼다 하더라도 영업자가 이에 대하여 이의하지 아니한 채 스스로 청문일에 출석하여 그 의견을 진술하고 변명하는 등 방어의 기회를 충분히 가졌다면 청문서 도달기간을 준수하지 아니한 하자는 치유되었다고 봄이 상당하다(대판 1992.10.23. 92누2844).

ㄴ. [×] 취소소송은 처분 등이 있음을 안 날부터 90일 이내에 제기하여야 하나, 행정심판청구가 있은 때의 기간은 재결서의 정본을 송달받은 날부터 기산한다(「행정소송법」 제20조 제1항). 따라서 초일불산입의 원칙에 따라 기각재결서 정본을 송달받은 2014.10.3.부터 기산하여 90일이 만료되는 2014.12.31.까지 등록취소처분의 취소를 구하는 행정소송을 제기하여야 한다.

ㄷ. [×] 「행정심판법」 제49조 제1항은 "심판청구를 인용하는 재결은 피청구인과 그 밖의 관계 행정청을 기속(羈束)한다."고 규정하고 있고, 이에 따라 처분 행정청은 재결에 기속되어 재결의 취지에 따른 처분의무를 부담하게 되므로 이에 불복하여 행정소송을 제기할 수 없다 할 것이다(대판 1998.5.8. 97누15432).

정답 ⑤

111   2015년 변호사

환경부는 전국에 유통 중인 생수 7개 제품에서 기준치를 초과하는 발암우려물질이 검출됐다고 발표했다. 그러나 환경부는 신용훼손 등을 이유로 제조사 丙 등의 명단은 발표하지 않았다. 이에 대하여 甲은 환경부장관 乙에게 제조사 명단에 대한 정보공개를 청구하였다. 甲의 정보공개청구에 대하여 乙은 명단의 공개가 「공공기관의 정보공개에 관한 법률」 제9조 제1항 제7호의 '법인·단체 또는 개인의 경영상·영업상 비밀에 관한 사항으로서 공개될 경우 법인등의 정당한 이익을 현저히 해칠 우려가 있다고 인정되는 정보'에 해당된다는 이유로 공개를 거부하였다. 이에 대한 설명으로 옳지 않은 것은? (다툼이 있는 경우 판례에 의함)

① 甲은 乙의 거부처분에 대하여 「공공기관의 정보공개에 관한 법률」상의 이의신청절차를 거치지 아니하고 행정심판을 청구할 수 있다.

② 정보공개청구권은 법률상 보호되는 구체적인 권리이므로 甲이 乙에게 정보공개를 청구하였다가 거부처분을 받은 것 자체가 법률상 이익의 침해에 해당한다.

③ 乙은 甲이 공개 청구한 대상정보와 관련이 있는 제3자인 丙에게 그 사실을 지체 없이 통지하여야 한다.

④ 「공공기관의 정보공개에 관한 법률」은 제3자의 권리구제수단에 대해서는 별도의 규정을 두고 있지 않으나, 만일 丙의 비공개 요청에도 불구하고 乙이 공개결정을 하였다면 丙은 그 공개결정에 대한 행정소송을 제기할 수 있다.

⑤ 甲이 공개 청구한 정보가 비공개 대상정보에 해당하는 부분과 공개 가능한 부분이 혼합되어 있는 경우 공개 청구 취지에 어긋나지 않는 범위에서 두 부분을 분리할 수 있다면 乙은 비공개정보에 해당하는 부분을 제외하고 공개하여야 한다.

해설

KEYWORD 정보공개청구

① [O] 정보공개청구인은 이의신청절차를 거치지 아니하고 행정심판을 청구할 수 있다(「공공기관의 정보공개에 관한 법률」 제19조 제2항).

② [O] 정보공개 청구권은 법률상 보호되는 구체적인 권리이므로 청구인이 공공기관에 대하여 정보공개를 청구하였다가 거부처분을 받은 것 자체가 법률상 이익의 침해에 해당한다고 할 것이고, 거부처분을 받은 것 이외에 추가로 어떤 법률상의 이익을 가질 것을 요구하는 것은 아니다(대판 2004.9.23. 2003두1370).

③ [O] 공공기관은 공개 청구된 공개 대상 정보의 전부 또는 일부가 제3자와 관련이 있다고 인정할 때에는 그 사실을 제3자에게 지체 없이 통지하여야 하며, 필요한 경우에는 그의 의견을 들을 수 있다(「공공기관의 정보공개에 관한 법률」 제11조 제3항).

④ [X] 제11조 제3항에 따라 공개 청구된 사실을 통지받은 제3자는 그 통지를 받은 날부터 3일 이내에 해당 공공기관에 대하여 자신과 관련된 정보를 공개하지 아니할 것을 요청할 수 있고, 그 비공개 요청에도 불구하고 공공기관이 공개 결정을 할 때에는 공개 결정 이유와 공개 실시일을 분명히 밝혀 지체 없이 문서로 통지하여야 하며, 제3자는 해당 공공기관에 문서로 이의신청을 하거나 행정심판 또는 행정소송을 제기할 수 있다. 이 경우 이의신청은 통지를 받은 날부터 7일 이내에 하여야 한다(「공공기관의 정보공개에 관한 법률」 제21조 제1항, 제2항). 즉, **「공공기관의 정보공개에 관한 법률」은 제3자의 권리구제수단에 대한 규정을 두고 있다.**

⑤ [O] 공개 청구한 정보가 비공개 대상 정보에 해당하는 부분과 공개 가능한 부분이 혼합되어 있는 경우로서 공개 청구의 취지에 어긋나지 아니하는 범위에서 두 부분을 분리할 수 있는 때에는 비공개 대상 정보에 해당하는 부분을 제외하고 공개하여야 한다(「공공기관의 정보공개에 관한 법률」 제14조).

정답 ④

112 | 2015년 변호사

甲이 「국토의 계획 및 이용에 관한 법률」상 용도지역이 농림지역인 토지에 건설폐기물처리업을 영위할 목적으로 군수 A에게 폐기물처리업 사업계획서를 제출하자 A는 사업계획에 대한 적정통보를 하였다. 그 후 甲은 A에게 이 사건 토지에 대한 용도지역을 농림지역에서 도시지역으로 변경하여 달라는 도시·군관리계획 변경신청을 하였으나, A는 甲의 신청을 거부하였다. 이에 대한 설명으로 옳은 것을 모두 고른 것은? (다툼이 있는 경우 판례에 의함)

ㄱ. 폐기물처리업 사업계획에 대한 적정통보는 사업부지에 대한 도시·군관리계획 변경신청을 승인해 주겠다는 취지의 공적 견해를 표명한 것으로 볼 수 있다.

ㄴ. 폐기물처리업 사업계획에 대한 적정통보와 도시·군관리계획의 변경은 각기 그 제도의 취지와 결정단계에서 고려해야 할 사항들이 다르므로 A의 거부처분은 신뢰보호원칙에 위반되지 않는다.

ㄷ. 폐기물처리시설로 인한 수질오염 등을 예방하고자 하는 공익보다 甲의 폐기물처리업 준비에 소요된 비용의 회수이익이 크지 않다면 甲의 신뢰는 보호받을 수 없다.

ㄹ. 甲이 A의 적정통보에 근거하여 도시·군관리계획 변경신청승인에 대해 신뢰를 갖고 폐기물처리업 준비를 하였다면 甲에게는 귀책사유가 없다.

① ㄱ, ㄷ
② ㄱ, ㄹ
③ ㄴ, ㄷ
④ ㄴ, ㄹ
⑤ ㄴ, ㄷ, ㄹ

해설

KEYWORD 신뢰보호, 처분

ㄱ, ㄹ. [×], ㄴ. [○] 폐기물관리법령에 의한 폐기물처리업 사업계획에 대한 적정통보와 국토이용관리법령에 의한 국토이용계획변경은 각기 그 제도적 취지와 결정단계에서 고려해야 할 사항들이 다르므로, 피고(전북 진안군수)가 위와 같이 폐기물처리업 사업계획에 대하여 적정통보를 한 것만으로 그 사업부지 토지에 대한 국토이용계획변경신청을 승인하여 주겠다는 취지의 공적인 견해표명을 한 것으로 볼 수 없고, 그럼에도 불구하고 원고가 그 승인을 받을 것으로 신뢰하였다면 원고에게 귀책사유가 있다 할 것이므로, 위 거부처분이 신뢰보호의 원칙에 위배된다고 할 수 없다(대판 2005.4.28. 2004두8828).

ㄷ. [○] 이 사건 토지 일대는 섬진강수계 발원지 인근에 위치한 농촌지역으로서 자연환경을 보전해야 할 필요성이 적지 아니할 뿐만 아니라, 이 사건 토지에 폐기물최종처리시설이 들어설 경우 수질오염 등으로 인근 주민의 생활환경에 악영향을 끼칠 가능성이 없지 아니하므로, 피고로서는 농림지역 또는 준농림지역으로 지정되어 있는 이 사건 토지에 대한 국토이용계획을 변경하지 않고 그대로 유지할 필요성이 있다 할 것이고, 비록 이 사건 처분으로 원고가 폐기물최종처리사업을 준비하는 과정에서 들인 비용의 회수가 어렵다는 사정을 감안하더라도, 이 사건 처분으로 원고가 입게 될 불이익보다는 이 사건 처분에 의하여 달성하려고 하는 공익상 필요의 정도가 더 크다고 할 것이므로, 이 사건 처분이 공익과 사익을 비교형량함에 있어 비례의 원칙에 반하여 재량권을 일탈·남용한 것으로 볼 수 없다. 즉 폐기물처리업을 위한 국토이용계획변경신청을 폐기물처리시설이 들어설 경우 수질오염 등으로 인근 주민들의 생활환경에 피해를 줄 우려가 있다는 등의 공익상의 이유를 들어 거부한 경우, 그 거부처분은 재량권의 일탈·남용이 아니라고 하였다(대판 2005.4.28. 2004두8828).

정답 ③

113 □□□ 2016년 변호사 난이도 ●●○

乙구청장은 휴게음식점 영업자인 甲에 대해 「청소년보호법」 및 같은 법 시행령 [별표]의 위반행위의 종별에 따른 과징금부과처분기준에 따라 1,000만 원의 과징금부과처분을 하였고, 甲은 과징금부과처분을 소송상 다투려고 한다. 이에 대한 설명으로 옳지 않은 것은? (다툼이 있는 경우 판례에 의함)

① 규정형식상 부령인 시행규칙으로 정한 과징금부과처분의 기준은 행정청 내부의 사무처리준칙을 규정한 행정규칙에 지나지 않지만, 대통령령으로 정한 위 과징금부과처분기준은 대외적 구속력이 있는 법규명령에 해당한다.

② 甲이 제기한 과징금부과처분에 대한 취소소송에서 수소법원이 1,000만 원의 과징금부과금액이 과도하다고 판단하는 경우, 수소법원은 적정하다고 인정하는 금액을 초과하는 부분만 취소할 수 있다.

③ 甲이 과징금부과처분이 위법함을 이유로 국가배상청구소송을 제기하였다면, 수소법원은 과징금부과처분의 취소판결이 없더라도 동 처분의 위법 여부를 판단할 수 있다.

④ 일정액으로 규정되어 있는 위 과징금부과처분기준을 적용함에 있어서 모법의 위임규정의 내용과 취지, 헌법상 과잉금지의 원칙과 평등의 원칙 등에 비추어 여러 요소를 종합적으로 고려하여 사안에 따라 적정한 과징금의 액수를 정하여야 할 것이므로 과징금부과처분기준 상의 금액은 정액이 아니라 최고한도액이라고 보아야 한다.

⑤ 행정소송에 대한 대법원판결에 의하여 과징금부과처분기준이 위헌 또는 위법이라고 확정된 경우에는 대법원은 지체 없이 그 사유를 행정안전부장관에게 통보하여야 한다.

해설

KEYWORD 과징금부과처분

① [O] 판례는 법규명령형식의 행정규칙의 경우, 그 형식이 부령(시행규칙)으로 정해진 제재적 처분의 기준은 원칙적으로 행정규칙으로서의 성질을 가진다고 보고, 대통령령(시행령)으로 정한 행정처분의 기준을 법규명령으로 본다.

② [X] 과징금부과처분이 법이 정한 한도액을 초과하여 위법할 경우 법원으로서는 그 전부를 취소할 수밖에 없고, 그 한도액을 초과한 부분이나 법원이 적정하다고 인정되는 부분을 초과한 부분만을 취소할 수는 없다(대판 1993.7.27. 93누1077).

③ [O] 위법한 행정행위에 대한 국가배상소송의 수소법원(민사법원)은 해당 행정행위의 취소여부와 상관없이 그 위법여부를 심리·판단하여 배상을 명할 수 있다는 것이 통설과 판례이다(대판 1972.4.28. 72다337).

④ [O] 구 청소년보호법(1999.2.5. 법률 제5817호로 개정되기 전의 것, 이하 '법' 이라고 한다) 제49조 제1항, 제2항에 따른 법 시행령(1999.6.30. 대통령령 제16461호로 개정되기 전의 것, 이하 '시행령'이라고 한다) 제40조 [별표 6]의 위반행위의종별에따른과징금처분기준은 법규명령이기는 하나 모법의 위임규정의 내용과 취지 및 헌법상의 과잉금지의 원칙과 평등의 원칙 등에 비추어 같은 유형의 위반행위라 하더라도 그 규모나 기간·사회적 비난 정도·위반행위로 인하여 다른 법률에 의하여 처벌받은 다른 사정·행위자의 개인적 사정 및 위반행위로 얻은 불법이익의 규모 등 여러 요소를 종합적으로 고려하여 사안에 따라 적정한 과징금의 액수를 정하여야 할 것이므로 그 수액은 정액이 아니라 최고한도액이라고 할 것이다(대판 2001.3.9. 99두5207).

⑤ [O] 「행정소송법」 제6조 【명령·규칙의 위헌판결등 공고】 ① 행정소송에 대한 대법원판결에 의하여 명령·규칙이 헌법 또는 법률에 위반된다는 것이 확정된 경우에는 대법원은 지체 없이 그 사유를 행정안전부장관에게 통보하여야 한다.

정답 ②

114 · 2016년 변호사

甲은 아파트를 건설하고자 乙시장에게 「주택법」상 사업계획승인신청을 하였는데, 乙시장은 아파트단지 인근에 개설되는 자동차전용도로의 부지로 사용할 목적으로 甲 소유 토지의 일부를 아파트 사용검사 시까지 기부채납할 것을 조건으로 하여 사업계획을 승인하였다. 이에 대한 설명으로 옳지 않은 것은? (다툼이 있는 경우 판례에 의함)

① 위 부관이 위법한 경우 甲은 부관만을 대상으로 하여 취소소송을 제기할 수 있다.

② 甲이 위 부관을 불이행하였다면 乙시장은 이를 이유로 사업계획승인을 철회하거나, 위 부관상의 의무 불이행에 대해 행정대집행을 할 수 있다.

③ 甲이 위 부관을 이행하지 아니하더라도 乙시장의 사업계획승인이 당연히 효력을 상실하는 것은 아니다.

④ 乙시장은 기부채납의 내용을 甲과 사전에 협의하여 협약의 형식으로 미리 정한 다음, 사업계획승인을 하면서 위 부관을 부가할 수도 있다.

⑤ 만일 甲이 「건축법」상 기속행위에 해당하는 건축허가를 신청하였고, 乙시장이 건축허가를 하면서 기부채납 부관을 붙였다면 그 부관은 무효이다.

해설

KEYWORD 부관

① [O] 기부채납 부관은 부담으로서, 부담은 그 자체로서 행정쟁송의 대상이 될 수 있다(대판 1992.1.21. 91누1264).

② [X] 부담에 의해 부과된 의무의 불이행시 주된 행정행위를 철회할 수 있다. 그리고 부관은 그 자체로서 독립된 행정행위에 해당하므로 부담에 의해 부과된 의무의 불이행이 있는 경우에 독립하여 강제집행의 대상이 된다. 다만 기부채납과 같은 비대체적 작위의무의 경우는 행정대집행의 대상이 되지 않는다.

③ [O] 부담부 행정행위는 부담을 불이행하더라도 별도로 철회를 하지 않는 한 당연히 효력이 소멸하는 것은 아니다.

④ [O] 부담을 부가하기 이전에 상대방과 협의하여 부담의 내용을 협약의 형식으로 미리 정한 다음 행정처분을 하면서 이를 부가할 수 있다(대판 2009.2.12. 2005다65500).

⑤ [O] 건축허가를 하면서 일정 토지의 기부채납을 허가조건으로 하는 부관은 기속행위 내지 기속적 재량행위에 붙인 부담이거나 또는 법령상 근거가 없는 부관이어서 무효이다(대판 1995.6.13. 94다56883).

정답 ②

115 2016년 변호사

관할 세무서장 A는 주택건설업을 하고 있는 甲회사에게 관련 법률에 근거하여 법인세를 부과하였으나, 甲회사가 이를 체납하자 甲회사 명의의 예금채권을 압류처분 하였다. 그런데 위 과세처분 후 압류처분이 있기 이전에 헌법재판소가 과세처분의 근거조항을 위헌으로 결정하였다. 이에 대한 설명으로 옳은 것을 모두 고른 것은? (다툼이 있는 경우 판례에 의함)

ㄱ. 헌법재판소의 위헌결정으로 甲회사에 대한 과세처분은 법률의 근거가 없이 행하여진 것과 마찬가지가 되어 하자있는 처분이라 할 것이며, 특별한 사정이 없는 한 이러한 하자는 과세처분의 취소사유에 해당할 뿐 당연무효사유는 아니다.

ㄴ. 위 과세처분에 대한 취소소송의 제기기간이 경과되어 과세처분에 확정력이 발생한 경우에는 위헌결정의 소급효가 미치지 않는다.

ㄷ. 위 사안에서 조세채권의 집행을 위해 A가 행한 압류처분은 당연무효이다.

① ㄴ
② ㄱ, ㄴ
③ ㄱ, ㄷ
④ ㄴ, ㄷ
⑤ ㄱ, ㄴ, ㄷ

해설

KEYWORD 행정행위의 효력

ㄱ. [○] 법률에 근거하여 행정처분이 발하여진 후에 헌법재판소가 그 행정처분의 근거가 된 법률을 위헌으로 결정하였다면 결과적으로 위 행정처분은 법률의 근거가 없이 행하여진 것과 마찬가지가 되어 하자가 있는 것이 된다고 할 것이다. 그러나 하자 있는 행정처분이 당연무효가 되기 위하여는 그 하자가 중대할 뿐만 아니라 명백한 것이어야 하는데, 일반적으로 법률이 헌법에 위반된다는 사정이 헌법재판소의 위헌결정이 있기 전에는 객관적으로 명백한 것이라고 할 수는 없으므로 헌법재판소의 위헌결정 전에 행정처분의 근거되는 당해 법률이 헌법에 위반된다는 사유는 특별한 사정이 없는 한 그 행정처분의 취소소송의 전제가 될 수 있을 뿐 당연무효사유는 아니라고 봄이 상당하다(대판 2002.11.8. 2001두3181).

ㄴ. [○] 위헌인 법률에 근거한 행정처분이 당연무효인지의 여부는 위헌결정의 소급효와는 별개의 문제로서 위헌결정의 소급효가 인정된다고 하여 위헌인 법률에 근거한 행정처분이 당연무효가 된다고는 할 수 없고 오히려 이미 취소소송의 제기기간을 경과하여 확정력(불가쟁력)이 발생한 행정처분에는 위헌결정의 소급효가 미치지 않는다고 보아야 한다(대판 1994.10.28. 92누9463).

ㄷ. [○] 과세처분 이후 조세 부과의 근거가 되었던 법률규정에 대하여 위헌결정이 내려진 경우, 그 조세채권의 집행을 위한 체납처분은 당연무효이다(대판 2012.2.16. 2010두10907 전합).

정답 ⑤

116 실전문제

국토교통부 산하 A시설공단은 「공공기관의 운영에 관한 법률」의 적용을 받는 법인격 있는 공기업이다. A시설공단은 시설물 설치를 위한 지반공사를 위해 「국가를 당사자로 하는 계약에 관한 법률」이 정하는 바에 따라 甲건설회사와 공사도급계약을 체결하였다. 그런데 甲건설회사가 공사를 하는 과정에서 규격에 미달하는 저급한 자재를 사용하여 지반이 침하하는 사고가 발생하였고, A시설공단은 계약의 부실 이행을 이유로 「공공기관의 운영에 관한 법률」 제39조 제2항에 따라 甲건설회사에 대해 3개월간 입찰참가자격을 제한한다는 통보를 하였다. 이에 대한 설명으로 옳지 않은 것은? (다툼이 있는 경우 판례에 의함)

① A시설공단과 甲건설회사 간의 공사도급계약은 사법상(私法上) 계약이며, 그 내용에 관한 분쟁의 해결은 민사소송에 의한다.
② 甲건설회사가 위 입찰참가자격 제한조치에 대해 취소소송을 제기하는 경우 피고는 국토교통부장관이 아니라 A시설공단으로 하여야 한다.
③ 입찰참가자격 제한조치에 대한 취소소송의 계속 중 피고는 甲건설회사가 부실공사를 무마하기 위해 관계 공무원에게 뇌물을 공여한 사실이 있음을 처분사유로 추가할 수 없다.
④ 입찰참가자격 제한조치의 근거조항인 「공공기관의 운영에 관한 법률」 제39조 제2항, 제3항에 따라 입찰참가자격 제한기준을 정하고 있는 「공기업·준정부기관 계약사무규칙」은 부령의 형식으로 되어있으므로 공기업·준정부기관이 행하는 입찰참가자격 제한처분에 관한 행정청 내부의 재량준칙을 정한 것에 불과하다고 할 수 없고 대외적으로 국민이나 법원을 기속한다.
⑤ 甲건설회사가 입찰참가자격 제한조치에 대한 취소를 구하는 소를 제기하여 소송계속 중인 가운데 A시설공단이 입찰참가자격 제한처분을 직권으로 취소하고 제1심판결의 취지에 따라 그 제재기간만을 감경하여 입찰참가자격을 제한하는 내용의 새로운 처분을 다시 한 경우, 당초의 입찰참가자격 제한처분에 대해 취소를 구할 소의 이익은 없다.

해설

KEYWORD 행정소송

① [○] 행정주체와 사인간의 공사도급계약은 사법상 계약에 해당하며 이에 대한 분쟁해결절차는 민사소송절차에 의한다.
② [○] 국가나 지방자치단체의 사무가 공법인에게 위임된 경우에는 공법인 그 자체가 취소소송의 피고가 된다.
③ [○] 처분사유의 추가·변경에 대해 판례는 당초의 처분사유와 기본적인 사실관계의 동일성이 인정되는 한도 내에서만 다른 처분사유를 추가·변경할 수 있다고 본다(대판 1992.8.18. 91누3659). 그리고 기본적 사실관계의 동일성 유무는 처분사유를 법률적으로 평가하기 이전의 구체적인 사실에 착안하여 그 기초인 사회적 사실관계가 기본적인 점에서 동일한지 여부에 따라 결정한다고 한다(대판 2003.12.11. 2001두8827). 따라서 계약의 부실이행과 뇌물을 공여한 사실간에는 기본적 사실관계의 동일성이 부정되어 처분사유를 추가할 수 없다.
④ [×] 공공기관의 운영에 관한 법률 제39조 제2항, 제3항에 따라 입찰참가자격 제한기준을 정하고 있는 구 공기업·준정부기관 계약사무규칙(2013.11.18. 기획재정부령 제375호로 개정되기 전의 것) 제15조 제2항, 국가를 당사자로 하는 계약에 관한 법률 시행규칙 제76조 제1항 [별표 2], 제3항 등은 비록 부령의 형식으로 되어 있으나 규정의 성질과 내용이 공기업·준정부기관(이하 '행정청'이라 한다)이 행하는 입찰참가자격 제한처분에 관한 **행정청 내부의 재량준칙을 정한 것에 지나지 아니하여 대외적으로 국민이나 법원을 기속하는 효력이 없다**(대판 2014.11.27. 2013두18964).

⑤ [○] 납품업자에 대한 입찰참가자격 제한처분을 직권으로 취소하고 제1심판결의 취지에 따라 그 제재기간만을 감경하여 입찰참가자격을 제한하는 내용의 새로운 처분을 다시 한 경우, 당초의 입찰참가자격 제한처분은 적법하게 취소되었다고 할 것이어서 그 처분의 취소를 구할 소의 이익이 없다(대판 2002.9.6. 2001두5200).

정답 ④

117 실전문제 난이도 ●○○

甲은 A를 강간죄로 고소하였고, 관할 검찰청 검사는 사건을 수사한 후 「성폭력범죄의 처벌 등에 관한 특례법」 위반으로 A를 기소하였다. 그 후 甲은 관할 검찰청 검사장 乙에게 이 사건 공소장의 공개를 요구하는 정보공개청구서를 제출하였다. 이에 대한 설명으로 옳은 것을 모두 고른 것은? (다툼이 있는 경우 판례에 의함)

ㄱ. 甲이 청구한 공개대상정보가 공소장 원본일 필요는 없지만 공소장 원본이 더럽혀지거나 파손될 우려가 있거나 그 밖에 상당한 이유가 있다고 인정할 때에는 그 정보의 사본·복제물을 공개할 수 있다.

ㄴ. 위 공소장의 내용을 인터넷 검색 등을 통하여 쉽게 알 수 있다면, 乙은 그 이유를 들어 甲의 정보공개청구를 거부할 수 있다.

ㄷ. 위 공소장이 폐기되어 존재하지 않게 되었다면, 공소장을 더 이상 보유·관리하고 있지 아니하다는 점에 대한 입증책임은 乙에게 있다.

ㄹ. 乙이 甲의 정보공개청구를 거부한 경우 甲은 「공공기관의 정보공개에 관한 법률」에 따른 행정심판 절차를 거치지 아니하고 행정소송을 청구할 수 있다.

① ㄱ
② ㄴ, ㄹ
③ ㄱ, ㄷ, ㄹ
④ ㄴ, ㄷ, ㄹ

해설

KEYWORD 정보공개제도

ㄱ. [○] 공공기관은 정보를 공개하는 경우 그 정보의 원본이 더럽혀지거나 파손될 우려가 있거나 그 밖에 상당한 이유가 있다고 인정할 때에는 그 정보의 사본이나 복제물을 공개할 수 있다고 규정하고 있어서, 반드시 원본을 공개할 필요는 없다.

> 「공공기관의 정보공개에 관한 법률」 제13조【정보공개 여부 결정의 통지】④ 공공기관은 제1항에 따라 정보를 공개하는 경우에 그 정보의 원본이 더럽혀지거나 파손될 우려가 있거나 그 밖에 상당한 이유가 있다고 인정할 때에는 그 정보의 사본·복제물을 공개할 수 있다.

ㄴ. [×] 공개청구의 대상이 되는 정보가 이미 다른 사람에게 공개되어 널리 알려져 있다거나 인터넷 등을 통하여 공개되어 인터넷검색 등을 통하여 쉽게 알 수 있다는 사정만으로는 소의 이익이 없다거나 비공개결정이 정당화될 수 없다(대판 2008.11.27. 2005두15694).

ㄷ. [○] 정보공개제도는 공공기관이 보유·관리하는 정보를 그 상태대로 공개하는 제도로서 공개를 구하는 정보를 공공기관이 보유·관리하고 있을 상당한 개연성이 있다는 점에 대하여 원칙적으로 공개청구자에게 증명책임이 있다고 할 것이지만, 공개를 구하는 정보를 공공기관이 한 때 보유·관리하였으나 후에 그 정보가 담긴 문서등이 폐기되어 존재하지 않게 된 것이라면 그 정보를 더 이상 보유·관리하고 있지 아니하다는 점에 대한 증명책임은 공공기관에게 있다(대판 2004.12.9. 2003두12707). 따라서 공소장을 더 이상 보유 관리하고 있지 아니하다는 점에 대한 입증책임은 검사장 乙에게 있다.

ㄹ. [○] 행정심판 절차는 임의적 절차이다.

> 「공공기관의 정보공개에 관한 법률」제18조【이의신청】① 청구인이 정보공개와 관련한 공공기관의 비공개 결정 또는 부분공개 결정에 대하여 불복이 있거나 정보공개 청구 후 20일이 경과하도록 정보공개 결정이 없는 때에는 공공기관으로부터 정보공개 여부의 결정 통지를 받은 날 또는 정보공개 청구 후 20일이 경과한 날부터 30일 이내에 해당 공공기관에 문서로 이의신청을 할 수 있다.
> 제19조【행정심판】① 청구인이 정보공개와 관련한 공공기관의 결정에 대하여 불복이 있거나 정보공개 청구 후 20일이 경과하도록 정보공개 결정이 없는 때에는「행정심판법」에서 정하는 바에 따라 행정심판을 청구할 수 있다. 이 경우 국가기관 및 지방자치단체 외의 공공기관의 결정에 대한 감독행정기관은 관계 중앙행정기관의 장 또는 지방자치단체의 장으로 한다.
> ② 청구인은 제18조에 따른 이의신청 절차를 거치지 아니하고 행정심판을 청구할 수 있다.
> 제20조【행정소송】① 청구인이 정보공개와 관련한 공공기관의 결정에 대하여 불복이 있거나 정보공개 청구 후 20일이 경과하도록 정보공개 결정이 없는 때에는「행정소송법」에서 정하는 바에 따라 행정소송을 제기할 수 있다.

정답 ③

118 2016년 변호사

甲은 공동주택 및 근린생활시설을 건축하는 내용의 주택건설사업계획승인신청을 하였으나 행정청 乙은 거부처분을 하였다. 이에 甲이 거부처분취소소송을 제기하여 승소판결을 받았고, 그 판결은 확정되었다. 이에 대한 설명으로 옳지 않은 것은? (다툼이 있는 경우 판례에 의함)

① 乙이 판결의 취지에 따른 재처분의무를 이행하지 않는 경우 甲은 제1심 수소법원에 간접강제를 신청할 수 있다.

② 乙이 재처분을 하더라도 그것이 거부처분에 대한 취소의 확정판결의 기속력에 위반되는 경우 甲은 간접강제를 신청할 수 있다.

③ 乙이 재처분의무를 이행하지 않아 간접강제결정이 행하여진 경우 간접강제결정에서 정한 의무이행기한이 경과한 후라도 乙이 판결의 취지에 따른 재처분의무를 이행하면 더 이상 배상금의 추심은 허용되지 않는다.

④ 위 취소소송 계속 중에 관련 법령이 개정되었고, 개정 법령에 이미 주택건설사업계획 승인을 신청 중인 사안에 대해서는 종전 규정에 따른다는 경과규정이 있음에도 거부처분취소판결이 확정된 후 乙이 개정 법령을 적용하여 다시 거부처분을 한 경우, 甲은 간접강제를 신청할 수 있다.

⑤ 만약 甲이 乙의 거부처분에 대해 무효확인소송을 제기하여 무효확인판결이 확정된 경우, 취소판결의 재처분의무에 관한 규정과 간접강제에 관한 규정이 준용된다.

해설

KEYWORD 간접강제

① [○] 거부처분의 취소판결이 확정되었음에도 행정청이 재처분의무를 이행하지 아니하는 때에는 제1심 수소법원은 당사자의 신청에 의하여 결정으로써 손해배상을 할 것을 명할 수 있는바 이를 간접강제결정이라고 한다.

> 「행정소송법」제34조【거부처분취소판결의 간접강제】① 행정청이 제30조 제2항의 규정에 의한 처분을 하지 아니하는 때에는 제1심수소법원은 당사자의 신청에 의하여 결정으로써 상당한 기간을 정하고 행정청이 그 기간내에 이행하지 아니하는 때에는 그 지연기간에 따라 일정한 배상을 할 것을 명하거나 즉시 손해배상을 할 것을 명할 수 있다.
> ② 제33조와「민사집행법」제262조의 규정은 제1항의 경우에 준용한다.

② [○] 거부처분에 대한 취소의 확정판결이 있음에도 행정청이 아무런 재처분을 하지 아니하거나, 재처분을 하였다 하더라도 그것이 종전 거부처분에 대한 취소의 확정판결의 기속력에 반하는 등으로 당연무효라면 이는 아무런 재처분을 하지 아니한 때와 마찬가지라 할 것이므로 이러한 경우에는 행정소송법 제30조 제2항, 제34조 제1항 등에 의한 간접강제신청에 필요한 요건을 갖춘 것으로 보아야 한다(대결 2002.12.11. 2002무22).

③ [○] 행정소송법 제34조 소정의 간접강제결정에 기한 배상금은 확정판결의 취지에 따른 재처분의 지연에 대한 제재나 손해배상이 아니고 재처분의 이행에 관한 심리적 강제수단에 불과한 것으로 보아야 하므로, 간접강제결정에서 정한 의무이행기한이 경과한 후에라도 확정판결의 취지에 따른 재처분이 행하여지면 배상금을 추심함으로써 심리적 강제를 꾀한다는 당초의 목적이 소멸하여 처분상대방이 더 이상 배상금을 추심하는 것이 허용되지 않는다(대판 2010.12.23. 2009다37725).

④ [○] 거부처분에 대한 취소의 확정판결이 있음에도 행정청이 아무런 재처분을 하지 아니하거나, 재처분을 하였다 하더라도 그것이 종전 거부처분에 대한 취소의 확정판결의 기속력에 반하는 등으로 당연무효라면 이는 아무런 재처분을 하지 아니한 때와 마찬가지라 할 것이므로 이러한 경우에는「행정소송법」제30조 제2항, 제34조 제1항 등에 의한 간접강제신청에 필요한 요건을 갖춘 것으로 보아야 한다.

> 주택건설사업 승인신청 거부처분의 취소를 명하는 판결이 확정되었음에도 행정청이 그에 따른 재처분을 하지 않은 채 위 취소소송 계속 중에 도시계획법령이 개정되었다는 이유를 들어 다시 거부처분을 한 경우, 개정된 도시계획법령에 그 시행 당시 이미 개발행위허가를 신청 중인 경우에는 종전 규정에 따른다는 경과규정을 두고 있으므로 위 사업승인신청에 대하여는 종전 규정에 따른 재처분을 하여야 함에도 불구하고 개정 법령을 적용하여 새로운 거부처분을 한 것은 확정된 종전 거부처분 취소판결의 기속력에 저촉되어 당연무효이다(대결 2002.12.11. 2002무22).

⑤ [×]「행정소송법」제34조의 **간접강제규정은 무효등확인소송에 준용규정이 없다.**

정답 ⑤

119 2016년 변호사

A국립대학교 교원인 甲은 소속 대학교의 총장으로부터 해임처분을 받았다. 甲은 이에 불복하여 「교원지위향상을 위한 특별법」에 따라 교원소청심사위원회에 소청심사를 청구하였으나 동 청구는 기각되었다. 이에 甲은 교원소청심사위원회의 결정에 불복하여 취소소송을 제기하려고 한다. 이에 대한 설명으로 옳은 것(○)과 옳지 않은 것(×)을 올바르게 조합한 것은? (다툼이 있는 경우 판례에 의함)

ㄱ. 교원소청심사위원회의 결정은 행정심판의 재결의 성격을 가진다.
ㄴ. 甲이 소청심사결정의 취소를 구하는 소송을 제기하는 경우에는 교원소청심사위원회를 피고로 하여야 한다.
ㄷ. 소청심사결정의 취소를 구하는 소송에서는 원처분인 A국립대학교 총장의 해임처분의 하자를 주장할 수 없다.
ㄹ. 甲이 소청심사결정의 취소를 구하는 소송을 통해 교원소청심사위원회의 기각결정에 사실오인이나 재량권 일탈·남용의 위법이 있다고 주장하는 경우, 이는 소청심사결정 자체의 고유한 위법을 주장하는 것으로 볼 수 있다.

	ㄱ	ㄴ	ㄷ	ㄹ		ㄱ	ㄴ	ㄷ	ㄹ
①	○	○	×	×	②	○	×	○	×
③	×	×	×	○	④	○	○	○	×
⑤	○	○	○	○					

해설

KEYWORD 처분, 재결

ㄱ. [○] 국공립학교 교원의 경우에는 징계처분이 원처분이고 교원소청심사위원회의 결정은 일반 공무원에 대한 소청결정에 대응하는 행정심판이므로, 일반 공무원의 경우와 마찬가지로 항고소송의 대상이 되는 것은 원처분인 징계처분이고 교원소청심사위원회의 결정은 고유한 위법이 있는 경우에만 항고소송의 대상이 될 수 있다(대판 1994.2.8. 93누17874).

ㄴ, ㄷ. [○], ㄹ. [×] 국공립학교교원에 대한 징계 등 불리한 처분은 행정처분이므로 국공립학교교원이 징계 등 불리한 처분에 대하여 불복이 있으면 교원징계재심위원회에 재심청구를 하고 위 재심위원회의 재심결정에 불복이 있으면 항고소송으로 이를 다투어야 할 것인데, 이 경우 그 소송의 대상이 되는 처분은 원칙적으로 원처분청의 처분이고, 원처분이 정당한 것으로 인정되어 재심청구를 기각한 재결에 대한 항고소송은 원처분의 하자를 이유로 주장할 수는 없고 그 재결 자체에 고유한 주체·절차·형식 또는 내용상의 위법이 있는 경우에 한한다고 할 것이므로, 도교육감의 해임처분의 취소를 구하는 재심청구를 기각한 재심결정에 사실오인의 위법이 있다거나 재량권의 남용 또는 그 범위를 일탈한 것으로서 위법하다는 사유는 재심결정 자체에 고유한 위법을 주장하는 것으로 볼 수 없어 재심결정의 취소사유가 될 수 없다(대판 1994.2.8. 93누17874).

정답 ④

120 2017년 변호사

甲은 「지방공무원법」 제31조에 정한 공무원 임용결격사유가 있는 자임에도 불구하고 지방공무원으로 임용되어 25년간 큰 잘못없이 근무하다가 위 사실이 발각되어 임용권자로부터 당연퇴직통보를 받았다. 「지방공무원법」 제61조는 같은 법 제31조의 임용결격사유를 당연퇴직사유로 규정하고 있다. 이에 대한 설명으로 옳은 것은? (다툼이 있는 경우 판례에 의함)

① 甲의 부정행위가 없는 한 甲에 대한 임용행위는 취소할 수 있는 행위일 뿐 당연무효인 행위는 아니다.

② 임용 당시 임용권자의 과실로 임용결격자임을 밝혀내지 못한 경우에는 甲에 대한 임용행위는 유효하다.

③ 甲이 공무원으로 사실상 근무 중 甲의 임용결격사유가 해소된 경우에는 甲의 공무원으로서의 신분이 그 때부터 당연히 인정된다.

④ 甲이 새로이 공무원으로 특별임용된 경우, 甲이 특별임용되기 이전에 사실상 공무원으로 계속 근무하여 온 과거의 재직기간은 「공무원연금법」상의 재직기간에 합산될 수 없다.

⑤ 甲에 대한 당연퇴직의 통보는 취소소송의 대상이 되는 행정처분이다.

해설

KEYWORD 처분, 취소 및 무효

① [×] 국가가 공무원임용결격사유가 있는 자에 대하여 결격사유가 있는 것을 알지 못하고 공무원으로 임용하였다가 사후에 결격사유가 있는 자임을 발견하고 공무원 임용행위를 취소하는 것은 당사자에게 원래의 임용행위가 당초부터 당연무효이었음을 통지하여 확인시켜 주는 행위에 지나지 아니하는 것이므로, 그러한 의미에서 당초의 임용처분을 취소함에 있어서는 신의칙 내지 신뢰의 원칙을 적용할 수 없고 또 그러한 의미의 취소권은 시효로 소멸하는 것도 아니다(대판 1987.4.14. 86누459).

② [×] 임용당시 공무원임용결격사유가 있었다면 비록 국가의 과실에 의하여 임용결격자임을 밝혀내지 못하였다 하더라도 그 임용행위는 당연무효로 보아야 한다(대판 1987.4.14. 86누459).

③ [×] 임용결격자가 공무원으로 임용되어 사실상 근무하여 왔다고 하더라도 적법한 공무원으로서의 신분을 취득하지 못한 자로서는 공무원연금법 소정의 퇴직급여 등을 청구할 수 없으며, 나아가 임용결격사유가 소멸된 후에 계속 근무하여 왔다고 하더라도 그때부터 무효인 임용행위가 유효로 되어 적법한 공무원의 신분을 회복하고 퇴직급여 등을 청구할 수 있다고 볼 수는 없다(대판 1996.2.27. 95누9617).

④ [○] 공무원연금법에 의한 퇴직금은 적법한 공무원으로서의 신분을 취득하여 근무하다가 퇴직하는 경우에 지급되는 것이므로, 당연퇴직사유에 해당되어 공무원으로서의 신분을 상실한 자가 그 이후 사실상 공무원으로 계속 근무하여 왔다고 하더라도 당연퇴직 후의 사실상의 근무기간은 공무원연금법상의 재직기간에 합산될 수 없다(대판 2002.7.26. 2001두205).

⑤ [×] 당연퇴직의 통보는 법률상 당연히 발생하는 퇴직사유를 공적으로 확인하여 알려 주는 사실의 통보에 불과한 것이지 그 통보자체가 징계파면이나 직권면직과 같이 공무원의 신분을 상실시키는 새로운 형성적 행위는 아니므로 항고소송의 대상이 되는 독립한 행정처분이 될 수는 없다(대판 1985.7.23. 84누374).

정답 ④

121 2018년 변호사

甲은 개발제한구역 내에서 레미콘시설에 대한 설치허가를 신청하였고, 이에 대해 관할 행정청 乙은 허가를 하면서 기한의 제한에 관한 규정이 없음에도 허가기간을 5년으로 하였다. 이에 대한 설명으로 옳은 것은? (다툼이 있는 경우 판례에 의함)

① 설치허가에 부가된 5년의 기한은 법령상 근거가 없는 것으로서 당연무효인 부관이다.

② 乙이 설치허가 이전에 미리 甲과 협의하여 5년의 기한을 붙일 것을 협약의 형식으로 정하여 허가시 부가한 경우, 그 허가는 처분성을 상실하고 공법상 계약의 성질을 가진다.

③ 甲이 5년의 기한은 레미콘시설의 성질상 부당하게 짧다는 이유로 소송상 다투려면, 부관부행정행위 중 기한만의 취소를 구하여야 한다.

④ 甲이 제소기간 경과 후 허가기간이 부당하게 짧다는 이유로 부관의 변경을 신청하였으나 乙이 이를 거절한 경우, 乙의 거부행위는 특별한 사정이 없는 한 취소소송의 대상이 되는 처분이 아니다.

⑤ 甲에 대한 설치허가 이후에 근거법령이 개정되어 부관을 붙일 수 없게 된 경우에는 乙이 위 허가에 붙인 부관도 소급하여 위법한 것이 된다.

해설

KEYWORD 부관

① [×] 수익적 행정처분에 있어서는 법령에 특별한 근거규정이 없다고 하더라도, 그 부관으로서 부담을 붙일 수 있고, 그와 같은 부담은 행정청이 행정처분을 하면서 일방적으로 부가할 수도 있지만 부담을 부가하기 이전에 상대방과 협의하여 부담의 내용을 협약의 형식으로 미리 정한 다음 행정처분을 하면서 이를 부가할 수도 있다(대판 2009.2.12. 2005다65500).

② [×] 협약으로 미리 정한 부담의 성질이 행정행위인지 공법상 계약인지 견해의 대립이 있으나, 혼합적 행위로 보는 것이 타당하므로 공법상 계약의 성질을 가진다는 표현은 옳지 않다.

③ [×] 판례는 부담 아닌 부관의 경우 단독으로 행정소송의 대상이 될 수 없다고 보고, 행정행위 전체를 소송의 대상으로 삼되 부관만의 취소를 구하는 부진정일부취소소송 또한 인정하지 않는다. 행정행위의 부관은 부담인 경우를 제외하고는 독립하여 행정소송의 대상이 될 수 없는바, 이 사건 허가에서 피고가 정한 사용·수익허가의 기간은 이 사건 허가의 효력을 제한하기 위한 행정행위의 부관으로서 이러한 사용·수익허가의 기간에 대해서는 독립하여 행정소송을 제기할 수 없는 것이고, 이러한 법리는 이 사건 허가 중 원고가 신청한 허가기간을 받아들이지 않은 부분의 취소를 구하는 이 사건 주위적 청구의 경우에도 마찬가지로 적용되어야 할 것이므로, 결국 이 사건 주위적 청구는 부적법하여 각하를 면할 수 없다(대판 2001.6.15. 99두509).

④ [○] 행정청이 국민의 신청에 대하여 한 거부행위가 항고소송의 대상이 되는 행정처분으로 되려면, 행정청의 행위를 요구할 법규상 또는 조리상의 신청권이 국민에게 있어야 하고, 이러한 신청권의 근거 없이 한 국민의 신청을 행정청이 받아들이지 아니한 경우에는 그 거부로 인하여 신청인의 권리나 법적 이익에 어떤 영향을 주는 것이 아니므로 이를 항고소송의 대상이 되는 행정처분이라 할 수 없다. 그리고 제소기간이 이미 도과하여 불가쟁력이 생긴 행정처분에 대하여는 개별 법규에서 그 변경을 요구할 신청권을 규정하고 있거나 관계 법령의 해석상 그러한 신청권이 인정될 수 있는 등 특별한 사정이 없는 한 국민에게 그 행정처분의 변경을 구할 신청권이 있다 할 수 없다(대판 2007.4.26. 2005두11104).

⑤ [×] 행정청이 수익적 행정처분을 하면서 부가한 부담의 위법 여부는 처분 당시 법령을 기준으로 판단하여야 하고, 부담이 처분 당시 법령을 기준으로 적법하다면 처분 후 부담의 전제가 된 주된 행정처분의 근거 법령이 개정됨으로써 행정청이 더 이상 부관을 붙일 수 없게 되었다 하더라도 곧바로 위법하게 되거나 그 효력이 소멸하게 되는 것은 아니다(대판 2009.2.12. 2005다65500).

정답 ④

122 2018년 변호사

A지역에서 토지 등을 소유한 자들은 「도시 및 주거환경정비법」에 따라 주택재개발사업을 시행하기 위해 조합설립추진위원회를 구성하여 관할 행정청으로부터 승인을 받았다. 조합설립추진위원회는 이 법에 따라 조합설립결의를 거쳐 주택재개발조합(이하 '조합'이라 한다)의 설립인가를 받았다. 이후 조합은 조합총회결의를 거쳐 관리처분계획을 수립하였고, 행정청이 이를 인가·고시하였다. 한편, 이 사건 정비구역 내에 토지를 소유한 甲은 조합설립추진위원회 구성에 동의하지 않았다. 이에 대한 설명으로 옳지 않은 것은? (다툼이 있는 경우 판례에 의함)

① 甲은 조합설립추진위원회 구성승인처분의 취소를 구할 원고적격이 있다.

② 조합설립추진위원회 구성승인처분과 조합설립인가처분은 재개발조합의 설립이라는 동일한 법적 효과를 목적으로 하는 것으로, 조합설립추진위원회 구성승인처분에 하자가 있는 경우에는 특별한 사정이 없는 한 조합설립인가처분은 위법한 것이 된다.

③ 조합설립인가처분은 단순히 조합설립행위에 대한 보충행위로서의 성질을 갖는 것에 그치는 것이 아니라 주택재개발사업을 시행할 수 있는 권한을 갖는 행정주체로서의 지위를 부여하는 일종의 설권적 처분의 성격을 갖는다.

④ 조합설립인가처분이 행해진 이후에 조합설립결의의 하자를 이유로 조합설립의 무효를 주장하려면 인가행정청을 상대로 조합설립인가처분의 취소 또는 무효확인을 구하는 항고소송을 제기하여야 한다.

⑤ 조합이 수립한 관리처분계획에 대해 인가·고시가 있은 후에 관리처분계획에 관한 조합 총회결의의 하자를 이유로 그 효력을 다투려면 조합을 상대로 항고소송의 방법으로 관리처분계획의 취소 또는 무효확인을 구하여야 한다.

해설

KEYWORD 행정소송

① [○] 도시 및 주거환경정비법 제13조 제1항 및 제2항의 입법 경위와 취지에 비추어 하나의 정비구역 안에서 복수의 조합설립추진위원회에 대한 승인은 허용되지 않는 점, 조합설립추진위원회가 조합을 설립할 경우 같은 법 제15조 제4항에 의하여 조합설립추진위원회가 행한 업무와 관련된 권리와 의무는 조합이 포괄승계하며, 주택재개발사업의 경우 정비구역 내의 토지 등 소유자는 같은 법 제19조 제1항에 의하여 당연히 그 조합원으로 되는 점 등에 비추어 보면, 조합설립추진위원회의 구성에 동의하지 아니한 정비구역 내의 토지 등 소유자도 조합설립추진위원회 설립승인처분에 대하여 같은 법에 의하여 보호되는 직접적이고 구체적인 이익을 향유하므로 그 설립승인처분의 취소소송을 제기할 원고적격이 있다(대판 2007.1.25. 2006두12289).

② [×], ③ [○] 구 '도시 및 주거환경정비법' 제13조 제1항, 제2항, 제14조 제1항, 제15조 제4항, 제5항, 제16조 제1항, 제18조 제1항, 제2항, 제20조, 제21조 등의 체계, 내용 및 취지에 비추어 보면, 조합설립추진위원회의 구성을 승인하는 처분은 조합의 설립을 위한 주체에 해당하는 비법인 사단인 추진위원회를 구성하는 행위를 보충하여 그 효력을 부여하는 처분인 데 반하여, 조합설립인가처분은 법령상 요건을 갖출 경우 도시정비법상 주택재개발사업을 시행할 수 있는 권한을 가지는 행정주체(공법인)로서의 지위를 부여하는 일종의 설권적 처분이므로, 양자는 그 목적과 성격을 달리한다. … 따라서 **조합설립인가처분은 추진위원회구성승인처분이 적법·유효할 것을 전제로 한다고 볼 것은 아니므로, 구 도시정비법령이 정한 동의요건을 갖추고 창립총회를 거쳐 주택재개발조합이 성립한 이상, 이미 소멸된 추진위원회구성승인처분의 하자를 들어 조합설립인가처분이 위법하다고 볼 수 없다.** 다만 추진위원회구성승인처분의 위법으로 그 추진위원회의 조합설립인가 신청행위가 무효라고 평가될 수 있는 특별한 사정이 있는 경우라면, 그 신청행위에 기초한 조합설립인가처분이 위법하다고 볼 수 있다(대판 2013.12.26. 2011두8291).

④ [○] 행정청이 도시 및 주거환경정비법 등 관련 법령에 근거하여 행하는 조합설립인가처분은 단순히 사인들의 조합설립행위에 대한 보충행위로서의 성질을 갖는 것에 그치는 것이 아니라 법령상 요건을 갖출 경우 도시 및 주거환경정비법상 주택재건축사업을 시행할 수 있는 권한을 갖는 행정주체(공법인)로서의 지위를 부여하는 일종의 설권적 처분의 성격을 갖는다고 보아야 한다. 그리고 그와 같이 보는 이상 조합설립결의는 조합설립인가처분이라는 행정처분을 하는 데 필요한 요건 중 하나에 불과한 것이어서, 조합설립결의에 하자가 있다면 그 하자를 이유로 직접 항고소송의 방법으로 조합설립인가처분의 취소 또는 무효확인을 구하여야 하고, 이와는 별도로 조합설립결의 부분만을 따로 떼어내어 그 효력 유무를 다투는 확인의 소를 제기하는 것은 원고의 권리 또는 법률상의 지위에 현존하는 불안·위험을 제거하는 데 가장 유효·적절한 수단이라 할 수 없어 특별한 사정이 없는 한 확인의 이익은 인정되지 아니한다(대판 2009.9.24. 2008다60568).

⑤ [○] 관리처분계획에 대하여 관할 행정청의 인가·고시까지 있게 되면 관리처분계획은 행정처분으로서 효력이 발생하게 되므로, 총회결의의 하자를 이유로 하여 행정처분의 효력을 다투는 항고소송의 방법으로 관리처분계획의 취소 또는 무효확인을 구하여야 하고, 그와 별도로 행정처분에 이르는 절차적 요건 중 하나에 불과한 총회결의 부분만을 따로 떼어내어 효력 유무를 다투는 확인의 소를 제기하는 것은 특별한 사정이 없는 한 허용되지 않는다고 보아야 한다(대판 2009.9.17. 2007다2428 전합).

정답 ②

123 | 2018년 변호사

甲은 2016.3.8. 「학교보건법」(현행 「교육환경보호에 관한 법률」)에 따라 지정된 학교환경위생정화구역(현행 '교육환경보호구역') 내에서 위 법이 금지하는 당구장업을 하기 위해 금지행위 및 금지시설의 해제를 신청하였다. 관할 행정청은 「학교보건법」상 학교환경위생정화위원회(현행 '지역교육환경보호위원회')의 심의를 거치지 아니하고, 2016.3.15. '학생의 안전보호'를 이유로 해제신청을 거부하는 결정을 하였고 이 결정이 2016.3.16. 甲에게 도달하였다. 관할 행정청은 처분을 하면서 甲에게 행정심판 청구기간을 고지하지 아니하였다. 甲은 거부처분에 대해 행정심판을 제기하고자 한다. 이에 대한 설명으로 옳지 않은 것은? (다툼이 있는 경우 판례에 의함)

① 학교환경위생정화구역 내에서의 금지행위 및 금지시설의 해제신청에 대하여 신청을 인용하거나 거부하는 처분은 재량행위에 속한다.

② 학교환경위생정화위원회의 심의를 거치지 아니하고 내려진 거부처분의 흠은 행정처분의 효력에 아무런 영향을 주지 않는다거나 경미한 정도에 불과하다고 볼 수 없으므로 특별한 사정이 없는 한 거부처분을 위법하게 하는 취소사유에 해당한다.

③ 甲이 2016.7.20. 취소심판을 제기하는 경우 청구기간이 도과하지 않은 것이므로 적법하다.

④ 관할 행정청이 행정심판단계에서 '학생의 안전보호'라는 처분사유를 '학생의 보건·위생보호'로 변경하고자 할 경우 기본적 사실관계의 동일성이 있으면 처분사유의 변경이 허용된다.

⑤ 「체육시설의 설치·이용에 관한 법률」에 따른 당구장업의 신고요건을 갖춘 甲은 학교환경위생정화구역 내에서 「학교보건법」에 따른 별도 요건을 충족하지 아니하고도 적법한 신고를 할 수가 있다.

해설

KEYWORD 행정심판

① [○] 학교보건법 제6조 제1항 단서의 규정에 의하여 시·도교육위원회교육감 또는 교육감이 지정하는 자가 학교환경위생정화구역 안에서의 금지행위 및 시설의 해제신청에 대하여 그 행위 및 시설이 학습과 학교보건에 나쁜 영향을 주지 않는 것인지의 여부를 결정하여 그 금지행위 및 시설을 해제하거나 계속하여 금지(해제거부)하는 조치는 시·도교육위원회교육감 또는 교육감이 지정하는 자의 재량행위에 속하는 것이다(대판 1996.10.29. 96누8253).

② [○] 행정청이 구 학교보건법 소정의 학교환경위생정화구역 내에서 금지행위 및 시설의 해제 여부에 관한 행정처분을 함에 있어 학교환경위생정화위원회의 심의를 거치도록 한 취지는 그에 관한 전문가 내지 이해관계인의 의견과 주민의 의사를 행정청의 의사결정에 반영함으로써 공익에 가장 부합하는 민주적 의사를 도출하고 행정처분의 공정성과 투명성을 확보하려는 데 있고, 나아가 그 심의의 요구가 법률에 근거하고 있을 뿐 아니라 심의에 따른 의결내용도 단순히 절차의 형식에 관련된 사항에 그치지 않고 금지행위 및 시설의 해제 여부에 관한 행정처분에 영향을 미칠 수 있는 사항에 관한 것임을 종합해 보면, 금지행위 및 시설의 해제 여부에 관한 행정처분을 하면서 절차상 위와 같은 심의를 누락한 흠이 있다면 그와 같은 흠을 가리켜 위 행정처분의 효력에 아무런 영향을 주지 않는다거나 경미한 정도에 불과하다고 볼 수는 없으므로, 특별한 사정이 없는 한 이는 행정처분을 위법하게 하는 취소사유가 된다(대판 2007.3.15. 2006두15806).

③ [○]
> 「행정심판법」제27조【심판청구의 기간】① 행정심판은 처분이 있음을 알게 된 날부터 90일 이내에 청구하여야 한다.
> ③ 행정심판은 처분이 있었던 날부터 180일이 지나면 청구하지 못한다. 다만, 정당한 사유가 있는 경우에는 그러하지 아니하다.
> ⑥ 행정청이 심판청구 기간을 알리지 아니한 경우에는 제3항에 규정된 기간에 심판청구를 할 수 있다.

④ [○] 행정처분의 취소를 구하는 항고소송에서 처분청은 당초 처분의 근거로 삼은 사유와 기본적 사실관계가 동일성이 있다고 인정되는 한도 내에서만 다른 사유를 추가 또는 변경할 수 있고, 이러한 기본적 사실관계의 동일성 유무는 처분사유를 법률적으로 평가하기 이전의 구체적 사실에 착안하여 그 기초인 사회적 사실관계가 기본적인 점에서 동일한지에 따라 결정되므로, 추가 또는 변경된 사유가 처분 당시에 이미 존재하고 있었다거나 당사자가 그 사실을 알고 있었다고 하여 당초의 처분사유와 동일성이 있다고 할 수 없다. 그리고 이러한 법리는 행정심판 단계에서도 그대로 적용된다(대판 2014.5.16. 2013두26118).

⑤ [×] 학교보건법과 체육시설의 설치·이용에 관한 법률은 그 입법목적, 규정사항, 적용범위 등을 서로 달리 하고 있어서 당구장의 설치에 관하여 체육시설의 설치·이용에 관한 법률이 학교보건법에 우선하여 배타적으로 적용되는 관계에 있다고는 해석되지 아니하므로 체육시설의 설치·이용에 관한 법률에 따른 당구장업의 신고요건을 갖춘 자라 할지라도 학교보건법 제5조 소정의 학교환경위생정화구역 내에서는 같은 법 제6조에 의한 별도 요건을 충족하지 아니하는 한 적법한 신고를 할 수 없다고 보아야 한다(대판 1991.7.12. 90누8350).

정답 ⑤

124 ☐☐☐ 2018년 변호사

甲은 공유수면에 주차장 부지 조성을 목적으로, 관할 시장으로부터 허가 기간을 3년으로 하는 공유수면 점용·사용허가를 받아 이를 매립하여 주차장 부지를 조성하였다. 이후 甲이 기간만료 전에 연장신청을 하였으나, 관할 시장은 아무런 응답을 하지 않다가 기간만료 후에 甲에 대해 공유수면 점용·사용허가 기간이 만료되었음을 이유로 원상회복명령을 하였다. 이에 대한 설명으로 옳지 않은 것은? (다툼이 있는 경우 판례에 의함)

① 甲에 대한 공유수면 점용·사용허가는 특정인에게 공유수면 이용권이라는 독점적 권리를 설정하여 주는 처분이다.

② 甲이 받은 공유수면 점용·사용허가 기간이 그 사업의 성질상 부당하게 짧다고 인정되면 허가는 기간만료로 당연히 실효되는 것이 아니다.

③ 공유수면 점용·사용허가로 인하여 인접한 토지를 적정하게 이용할 수 없게 되는 등의 피해를 받을 우려가 있는 인접 토지 소유자 등은 공유수면 점용·사용허가 처분의 취소소송 또는 무효등확인소송의 원고적격이 인정된다.

④ 甲이 원상회복명령에 대해 이의제기를 하지 않아서 불가쟁력이 발생한 이후에도 관할 시장은 이 명령에 하자가 있음을 이유로 직권으로 효력을 소멸시킬 수 있다.

⑤ 관할 시장의 원상회복명령이 쟁송제기기간의 경과로 확정된 이후에는 당사자들이나 법원은 그 처분의 기초가 된 사실관계나 법률적 판단에 기속되어 모순되는 주장이나 판단을 할 수 없다.

해설

KEYWORD 특허, 행정행위의 효력

① [O] 공유수면 관리 및 매립에 관한 법률에 따른 공유수면의 점용·사용허가는 특정인에게 공유수면 이용권이라는 독점적 권리를 설정하여 주는 처분으로서 처분 여부 및 내용의 결정은 원칙적으로 행정청의 재량에 속하고, 이와 같은 재량처분에 있어서는 재량권 행사의 기초가 되는 사실인정에 오류가 있거나 그에 대한 법령적용에 잘못이 없는 한 처분이 위법하다고 할 수 없다(대판 2017.4.28. 2017두30139).

② [O] 행정행위인 허가 또는 특허에 붙인 조항으로서 종료의 기한을 정한 경우 종기인 기한에 관하여는 일률적으로 기한이 왔다고 하여 당연히 그 행정행위의 효력이 상실된다고 할 것이 아니고 그 기한이 그 허가 또는 특허된 사업의 성질상 부당하게 짧은 기한을 정한 경우에 있어서는 그 기한은 그 허가 또는 특허의 조건의 존속기간을 정한 것이며 그 기한이 도래함으로써 그 조건의 개정을 고려한다는 뜻으로 해석하여야 할 것이다(대판 1995.11.10. 94누11866).

③ [O] 공유수면법 제12조 및 공유수면법 시행령 제12조 제1항, 제4항의 취지는 공유수면 점용·사용허가로 인하여 인접한 토지를 적정하게 이용할 수 없게 되는 등의 피해를 받을 우려가 있는 인접 토지 소유자 등의 개별적·직접적·구체적 이익까지도 보호하려는 것이라고 할 수 있고, 따라서 공유수면 점용·사용허가로 인하여 인접한 토지를 적정하게 이용할 수 없게 되는 등의 피해를 받을 우려가 있는 인접 토지 소유자 등은 공유수면 점용·사용허가처분의 취소 또는 무효확인을 구할 원고적격이 인정된다(대판 2014.9.4. 2014두2164).

④ [O] 불가쟁력이 발생하면 더 이상 행정쟁송으로 다툴 수 없게 되나, 하자가 치유되어 적법하게 되는 것은 아니므로 처분을 한 행정청이 취소·철회하는 것은 가능하다. 제소기간이 이미 도과하여 불가쟁력이 생긴 행정처분에 대하여는 개별 법규에서 그 변경을 요구할 신청권을 규정하고 있거나 관계 법령의 해석상 그러한 신청권이 인정될 수 있는 등 특별한 사정이 없는 한 국민에게 그 행정처분의 변경을 구할 신청권이 있다 할 수 없다(대판 2007.4.26. 2005두11104).

⑤ [×] 일반적으로 행정처분이나 행정심판재결이 불복기간의 경과로 인하여 확정될 경우, 그 확정력은 그 처분으로 인하여 법률상 이익을 침해받은 자가 당해 처분이나 재결의 효력을 더이상 다툴 수 없다는 의미일 뿐, 더 나아가 판결에 있어서와 같은 기판력이 인정되는 것은 아니어서 그 처분의 기초가 된 사실관계나 법률적 판단이 확정되고 당사자들이나 법원이 이에 기속되어 모순되는 주장이나 판단을 할 수 없게 되는 것은 아니다(대판 1994.11.8. 93누21927).

정답 ⑤

---

125 2019년 변호사 난이도 ●●○

甲회사는 한국철도시설공단(이하 '공단'이라 한다)이 「국가를 당사자로 하는 계약에 관한 법률」에 따라 발주하는 시설공사의 입찰서류로 제출한 공사실적증명서가 허위라는 이유로 공단으로부터 기획재정부령인 「공기업·준정부기관 계약사무규칙」 제12조에 따라 공단이 제정한 「공사낙찰적격심사세부기준」에 근거하여 향후 2년간 공사낙찰적격심사 시 종합취득점수의 10/100을 감점한다는 내용의 공사낙찰적격심사 감점조치를 통보받았다. 甲회사는 감점조치 통보에 대해 취소소송을 제기하면서 동시에 감점조치에 대한 효력정지를 신청하였다. 이에 대한 설명으로 옳은 것을 모두 고른 것은? (다툼이 있는 경우 판례에 의함)

「공기업·준정부기관 계약사무규칙」 제12조 【적격심사기준의 작성】 기관장은 입찰참가자의 계약이행능력의 심사에 관하여 「국가를 당사자로 하는 계약에 관한 법률 시행령」 제42조 제5항 본문에 따라 기획재정부장관이 정하는 심사기준에 따라 세부심사기준을 정할 수 있다. 다만, 공사 또는 물품 등의 특성상 필요하다고 인정되는 경우에는 기획재정부장관과의 협의를 거쳐 본문에 따른 적격심사기준과 달리 직접 심사기준을 정할 수 있다.

ㄱ. 공단이 제정한 「공사낙찰적격심사세부기준」은 대외적 구속력이 없다.
ㄴ. 공단이 甲회사에 대해 행한 감점조치는 취소소송의 대상이 되는 처분이다.
ㄷ. 甲회사의 효력정지신청은 집행정지요건을 갖추지 못하여 부적법하다.
ㄹ. 국가를 당사자로 하는 계약에 관한 법령에 따라 공단과 甲회사가 계약을 체결할 때 계약서를 작성해야 하는 경우, 해당 법령상의 요건과 절차를 충족하지 아니하면 그 계약은 효력이 없다.

① ㄱ, ㄴ
② ㄱ, ㄷ
③ ㄴ, ㄹ
④ ㄱ, ㄷ, ㄹ
⑤ ㄴ, ㄷ, ㄹ

해설

KEYWORD 행정처분

ㄱ. [O] 피고가 2008.12.31. 원고에 대하여 한 공사낙찰적격심사 감점처분의 근거로 내세운 규정은 피고의 공사낙찰적격심사세부기준 제4조 제2항인 사실, 이 사건 세부기준은 공공기관의 운영에 관한 법률 제39조 제1항, 제3항, 구 공기업·준정부기관 계약사무규칙 제12조에 근거하고 있으나, 이러한 규정은 공공기관이 사인과 사이의 계약관계를 공정하고 합리적·효율적으로 처리할 수 있도록 관계 공무원이 지켜야 할 계약사무처리에 관한 필요한 사항을 규정한 것으로서 공공기관의 내부규정에 불과하여 대외적 구속력이 없는 것임을 알 수 있다(대판 2014.12.24. 2010두6700).

ㄴ. [X] 피고가 원고에 대하여 한 이 사건 감점조치는 행정청이나 그 소속 기관 또는 그 위임을 받은 공공단체의 공법상의 행위가 아니라 장차 그 대상자인 원고가 피고가 시행하는 입찰에 참가하는 경우에 그 낙찰적격자 심사 등 계약 사무를 처리함에 있어 피고 내부규정인 이 사건 세부기준에 의하여 종합취득점수의 10/100을 감점하게 된다는 뜻의 사법상의 효력을 가지는 통지행위에 불과하다 할 것이고, 또한 피고의 이와 같은 통지행위가 있다고 하여 원고에게 공공기관의 운영에 관한 법률 제39조 제2항, 제3항, 구 공기업·준정부기관 계약사무규칙 제15조에 의한 국가, 지방자치단체 또는 다른 공공기관에서 시행하는 모든 입찰에의 참가자격을 제한하는 효력이 발생한다고 볼 수도 없으므로, 피고의 **이 사건 감점조치는 행정소송의 대상이 되는 행정처분이라고 할 수 없다**(대판 2014.12.24. 2010두6700).

ㄷ. [O] 신청인의 본안청구가 적법한 것이어야 한다는 것을 집행정지의 요건에 포함시키는 것이 판례의 태도인바, 감점조치는 처분에 해당하지 않으므로 본안청구가 부적법하다. 수도권매립지관리공사가 한 위 제재처분은 행정소송의 대상이 되는 행정처분이 아니라 단지 甲을 자신이 시행하는 입찰에 참가시키지 않겠다는 뜻의 사법상의 효력을 가지는 통지에 불과하므로, 甲이 수도권매립지관리공사를 상대로 하여 제기한 위 효력정지신청은 부적법함에도 그 신청을 받아들인 원심결정은 집행정지의 요건에 관한 법리를 오해한 위법이 있다(대판 2010.11.26. 2010무137).

ㄹ. [O] 구 국가를 당사자로 하는 계약에 관한 법률 제11조 규정 내용과 국가가 일방당사자가 되어 체결하는 계약의 내용을 명확히 하고 국가가 사인과 계약을 체결할 때 적법한 절차에 따를 것을 담보하려는 규정의 취지 등에 비추어 보면, 국가가 사인과 계약을 체결할 때에는 국가계약법령에 따른 계약서를 따로 작성하는 등 요건과 절차를 이행하여야 할 것이고, 설령 국가와 사인 사이에 계약이 체결되었더라도 이러한 법령상 요건과 절차를 거치지 아니한 계약은 효력이 없다(대판 2015.1.15. 2013다215133).

정답 ④

126 ☐☐☐ 실전문제 난이도 ●●○

외국인 甲은 방문취업 체류자격(H - 2)으로 대한민국에 입국한 후, 재외동포 체류자격(F - 4)으로 체류자격을 변경하여 체류하던 중 직업안정법위반죄로 징역 1년에 집행유예 2년을 선고받아 그 판결이 확정되었다. 이에 관할 지방출입국·외국인관서의 장은 甲에 대하여 강제퇴거명령 및 「출입국관리법」 제63조 제1항에 정한 보호명령을 하였다. 이에 대한 설명으로 옳은 것을 모두 고른 것은? (다툼이 있는 경우 판례에 의함)

> 「출입국관리법」 제63조 【강제퇴거명령을 받은 사람의 보호 및 보호해제】 ① 지방출입국·외국인관서의 장은 강제퇴거명령을 받은 사람을 여권 미소지 또는 교통편 미확보 등의 사유로 즉시 대한민국 밖으로 송환할 수 없으면 송환할 수 있을 때까지 그를 보호시설에 보호할 수 있다.

ㄱ. 甲이 즉시 국외로 강제퇴거되지 않기 위해서 강제퇴거명령에 대하여 항고소송과 함께 집행정지신청을 한 경우, 그 본안소송인 항고소송이 부적법 각하되어 그 판결이 확정되면 집행정지신청도 부적법하게 된다.

ㄴ. 甲에 대한 위 보호명령은 강제퇴거명령을 받은 자를 즉시 대한민국 밖으로 송환할 수 없는 경우에 송환할 수 있을 때까지 일시적으로 보호하는 것을 목적으로 하는 처분으로서 강제퇴거명령을 전제로 하는 것이므로, 법원으로부터 강제퇴거명령에 대하여 집행정지결정을 받으면 그 성질상 당연히 보호명령의 집행도 정지된다.

ㄷ. 불법체류 외국인에 대한 「출입국관리법」상 보호조치는 행정상 장해가 목전에 급박한 경우에 발동될 수 있는 것이지, 장래에 발생할지 모를 장해를 예견하여 발동될 수는 없다.

ㄹ. 「출입국관리법」상 체류자격변경허가는 신청인에게 당초의 체류자격과 다른 체류자격에 해당하는 활동을 할 수 있는 권한을 부여하는 일종의 설권적 처분이다.

① ㄱ, ㄷ
② ㄱ, ㄴ, ㄷ
③ ㄱ, ㄴ, ㄹ
④ ㄴ, ㄷ, ㄹ
⑤ ㄱ, ㄴ, ㄷ, ㄹ

해설

KEYWORD 처분, 집행정지

ㄱ. [○] 집행정지는 행정처분의 집행부정지원칙의 예외로서 인정되는 것이고 또 본안에서 원고가 승소할 수 있는 가능성을 전제로 한 권리보호수단이라는 점에 비추어 보면 집행정지사건 자체에 의하여도 신청인의 본안청구가 적법한 것이어야 한다는 것을 집행정지의 요건에 포함시켜야 한다(대결 1999.11.26. 99부3).

ㄴ. [×] 출입국관리법 제63조 제1항, 같은 법 시행령 제78조 제1항에 기한 보호명령은 강제퇴거명령을 받은 자를 즉시 대한민국 밖으로 송환할 수 없는 경우에 송환할 수 있을 때까지 일시적으로 보호하는 것을 목적으로 하는 처분이므로, 강제퇴거명령을 전제로 하는 것이나, 그렇다고 하여 강제퇴거명령의 집행이 정지되면 그 성질상 당연히 보호명령의 집행도 정지되어야 한다고 볼 수는 없다(대판 1997.1.20. 96두31).

ㄷ. [○] 불법체류 외국인에 대한 「출입국관리법」상 보호조치는 즉시강제에 해당한다. 즉시강제는 실체법적 한계로 행정상 장해가 목전에 급박한 경우에 발동될 수 있는 것이지, 장래에 발생할지 모를 장해를 예견하여 발동될 수는 없다.

ㄹ. [○] 출입국관리법 제10조, 제24조 제1항, 구 출입국관리법 시행령(2014.10.28. 대통령령 제25669호로 개정되기 전의 것) 제12조 [별표 1] 제8호, 제26조 (가)목, (라)목, 출입국관리법 시행규칙 제18조의2 [별표 1]의 문언, 내용 및 형식, 체계 등에 비추어 보면, 체류자격 변경허가는 신청인에게 당초의 체류자격과 다른 체류자격에 해당하는 활동을 할 수 있는 권한을 부여하는 일종의 설권적 처분의 성격을 가지므로, 허가권자는 신청인이 관계 법령에서 정한 요건을 충족하였더라도, 신청인의 적격성, 체류 목적, 공익상의 영향 등을 참작하여 허가 여부를 결정할 수 있는 재량을 가진다(대판 2016.7.14. 2015두48846).

정답 ①

127 실전문제

A군수는 甲에게 「중소기업창업 지원법」 관련규정에 따라 농지의 전용허가 등이 의제되는 사업계획을 승인하는 처분을 하였다. 이에 대한 설명으로 옳은 것은? (다툼이 있는 경우 판례에 의함)

> 「중소기업창업 지원법」 제33조 【사업계획의 승인】 ① 제조업을 영위하고자 하는 창업자는 대통령령으로 정하는 바에 따라 사업계획을 작성하고, 이에 대한 시장·군수 또는 구청장의 승인을 받아 사업을 할 수 있다.
> 제35조 【다른 법률과의 관계】 ① 제33조 제1항에 따라 사업계획을 승인할 때 다음 각 호의 허가, 승인, 신고(이하 '허가등'이라 한다)에 관하여 시장·군수 또는 구청장이 제4항에 따라 다른 행정기관의 장과 협의를 한 사항에 대하여는 그 허가등을 받은 것으로 본다.
> 1. 「산업집적활성화 및 공장설립에 관한 법률」 제13조 제1항에 따른 공장설립 등의 승인
> 2. 「도로법」 제61조 제1항에 따른 도로의 점용허가
> 3. 「산지관리법」 제14조 및 제15조에 따른 산지전용허가, 산지전용신고
> 4. 「농지법」 제34조 및 제35조에 따른 농지의 전용허가, 농지의 전용신고
> ④ 시장·군수 또는 구청장이 제33조에 따른 사업계획의 승인을 할 때 그 내용 중 제1항에 해당하는 사항이 다른 행정기관의 권한에 속하는 경우에는 그 행정기관의 장과 협의하여야 하며, 협의를 요청받은 행정기관의 장은 대통령령으로 정하는 기간에 의견을 제출하여야 한다.
> *위 내용은 실제 법률과 다를 수 있음

① A군수가 甲에게 사업계획을 승인하려면 「중소기업창업 지원법」 제35조 제1항 제1호부터 제4호까지의 허가등 전부에 관하여 관계 행정기관의 장과 일괄하여 사전협의를 하여야 하며, 농지의 전용허가만이 의제되는 사업계획을 승인할 수는 없다.

② 사업계획의 승인을 받은 甲이 농지의 전용허가와 관련한 명령을 불이행하는 경우, 甲에 대해 사업계획에 대한 승인의 효력은 유지하면서 의제된 농지의 전용허가만을 철회할 수 있다.

③ 의제된 농지의 전용허가에 형식적 하자가 있는 경우에는 甲에 대한 사업계획승인처분도 절차적 하자가 있는 위법한 것이 된다.

④ 甲에 대해 농지의 전용허가가 취소되었고 이를 이유로 사업계획승인처분이 취소된 경우, 甲은 사업계획승인의 취소를 다투어야 하며 따로 농지의 전용허가의 취소를 다툴 수는 없다.

⑤ A군수가 관련 인허가 행정청에 협의를 요청하면 관련 인허가 행정청은 그 요청을 받은 날부터 20일 이내에 의견을 제출하여야 하며, 기간 내에 협의 여부에 관하여 의견을 제출하지 아니하면 협의가 되지 않은 것으로 본다.

해설

KEYWORD 인허가 의제

① [×] 중소기업창업법 제35조 제1항의 인허가의제 조항에 의하면 **사업계획승인권자가 관계 행정기관의 장과 미리 협의한 사항에 한하여 승인 시에 그 인허가가 의제될 뿐이고, 해당 사업과 관련된 모든 인허가의제 사항에 관하여 일괄하여 사전 협의를 거쳐야 하는 것은 아니다**(대판 2018.7.12. 2017두48734).

② [○] 사업계획승인으로 의제된 인허가는 통상적인 인허가와 동일한 효력을 가지므로, 그 효력을 제거하기 위한 법적 수단으로 의제된 인허가의 취소나 철회가 허용될 필요가 있다. 의제된 인허가 사항과 관련하여 취소 또는 철회 사유가 발생한 경우 해당 의제된 인허가의 효력만을 소멸시키는 취소 또는 철회도 할 수 있다고 보아야 한다(대판 2018.7.12. 2017두48734).

③ [×] 인허가 의제 대상이 되는 처분에 어떤 하자가 있더라도, 그로써 해당 인허가 의제의 효과가 발생하지 않을 여지가 있게 될 뿐이고, **그러한 사정이 주택건설사업계획 승인처분 자체의 위법사유가 될 수는 없다**(대판 2018.11.29. 2016두38792).

④ [×] 산지전용허가 취소에 따라 이 사건 사업계획승인은 산지전용허가를 제외한 나머지 인허가 사항만 의제하는 것이 되므로, 이 사건 사업계획승인 취소는 산지전용허가를 제외한 나머지 인허가 사항만 의제된 사업계획승인을 취소하는 것이 된다. 이와 같이 이 사건 산지전용허가 취소와 이 사건 사업계획승인 취소가 그 대상과 범위를 달리하는 이상, **원고로서는 이 사건 사업계획승인 취소와 별도로 이 사건 산지전용허가 취소를 다툴 필요가 있다**(대판 2018.7.12. 2017두48734).

⑤ [×] 의견을 제출하지 않으면 협의가 된 것으로 본다.

> 「행정기본법」 제24조 【인허가의제의 기준】 ④ 관련 인허가 행정청은 제3항에 따른 협의를 요청받으면 그 요청을 받은 날부터 20일 이내(제5항 단서에 따른 절차에 걸리는 기간은 제외한다)에 의견을 제출하여야 한다. 이 경우 전단에서 정한 기간(민원 처리 관련 법령에 따라 의견을 제출하여야 하는 기간을 연장한 경우에는 그 연장한 기간을 말한다) 내에 협의 여부에 관하여 의견을 제출하지 아니하면 협의가 된 것으로 본다.

정답 ②

128 실전문제

A국 국적의 외국인 甲은 결혼이민(F-6) 사증발급을 신청하였다가 A국 소재 한국총영사관 총영사로부터 사증발급을 거부당하였다. A국 출입국 관련법령에서는 외국인의 사증발급 거부에 대하여 불복하지 못하도록 하는 규정을 두고 있다. 한편, B국 국적의 재외동포 乙은 재외동포(F-4) 사증발급을 신청하였다. 법무부장관은 취업자격으로 체류하는 외국인 중 불법체류자의 상당수가 단순기능인력이고, 불법체류자가 많이 발생하는 국가에서 비전문취업(E-9) 또는 방문취업(H-2) 외국인의 수가 많다는 점을 고려하여 불법체류가 많이 발생하는 국가를 고시하고 있다. 법무부장관은 위 고시에서 정한 국가에 B국이 포함된다는 이유로 乙에게 단순노무행위 등 취업활동에 종사하지 않을 것임을 소명하는 서류를 제출할 것을 요구하였다. 이에 대한 설명으로 옳은 것을 모두 고른 것은? (다툼이 있는 경우 판례에 의함)

ㄱ. A국 소재 한국총영사관 총영사가 甲에 대하여 사증발급을 거부하는 처분을 함에 있어 「행정절차법」상 처분의 사전통지를 하여야 하는 것은 아니다.

ㄴ. 행정처분에 대한 취소소송에서의 원고적격과 관련된 법률상 이익이라 함은 당해 처분의 근거 법률에 의하여 보호되는 직접적이고 구체적인 이익을 말하는 것인데, 甲은 사증발급 거부처분의 직접 상대방이므로 그 취소를 구할 법률상 이익이 있다.

ㄷ. 결혼이민[F-6 (다)목] 체류자격을 신청한 외국인에 대하여 행정청이 그 요건을 충족하지 못하였다는 이유로 거부처분을 하는 경우 '그 요건을 갖추지 못하였다는 판단', 즉 '혼인파탄의 주된 귀책사유가 국민인 배우자에게 있지 않다는 판단' 자체가 처분사유가 되는바, 결혼이민[F-6 (다)목] 체류자격 거부처분 취소소송에서 그 처분사유에 관한 증명책임은 피고 행정청에 있다.

ㄹ. 재외동포에 대한 사증발급은 행정청의 재량행위에 속하는 것으로서, 재외동포가 사증발급을 신청한 경우에 「출입국관리법 시행령」에서 정한 재외동포체류자격의 요건을 갖추었다고 해서 무조건 사증을 발급해야 하는 것은 아니다.

① ㄴ
② ㄱ, ㄷ
③ ㄱ, ㄹ
④ ㄱ, ㄷ, ㄹ
⑤ ㄴ, ㄷ, ㄹ

해설

KEYWORD 소의 이익, 원고적격

ㄱ. [○] 행정절차법 제21조 제1항은 행정청은 당사자에게 의무를 과하거나 권익을 제한하는 처분을 하는 경우에는 당사자 등에게 통지하도록 하고 있는바, 신청에 따른 처분이 이루어지지 아니한 경우에는 아직 당사자에게 권익이 부과되지 아니하였으므로 특별한 사정이 없는 한 신청에 대한 거부처분이라고 하더라도 직접 당사자의 권익을 제한하는 것은 아니어서 신청에 대한 거부처분을 여기에서 말하는 '당사자의 권익을 제한하는 처분'에 해당한다고 할 수 없는 것이어서 처분의 사전통지대상이 된다고 할 수 없다(대판 2003.11.28. 2003두674).

ㄴ. [×] 법률상 이익이란 당해 처분의 근거 법률에 의하여 보호되는 직접적이고 구체적인 이익이 있는 경우를 말하며, 간접적이거나 사실적·경제적 이해관계를 가지는 데 불과한 경우는 포함되지 아니한다. 사증발급 거부처분을 다투는 외국인은, 아직 대한민국에 입국하지 않은 상태에서 대한민국에 입국하게 해달라고 주장하는 것으로, 해당 처분의 취소를 구할 법률상 이익을 인정하여야 할 법정책적 필요성도 크지 않다. 따라서 중국 국적자인 원고에게는 사증발급 거부처분의 취소를 구할 법률상 이익이 인정되지 않는다(대판 2018.5.15. 2014두42506).

ㄷ. [○] 결혼이민[F-6 (다)목] 체류자격 거부처분 취소소송에서 원고와 피고 행정청은 각자 자신에게 유리한 평가요소들을 적극적으로 주장·증명하여야 하며, 수소법원은 증명된 평가요소들을 종합하여 혼인파탄의 주된 귀책사유가 누구에게 있는지를 판단하여야 한다. 수소법원이 '혼인파탄의 주된 귀책사유가 국민인 배우자에게 있다'고 판단하게 되는 경우에는, 해당 결혼이민[F-6 (다)목] 체류자격 거부처분은 위법하여 취소되어야 하므로, 이러한 의미에서 결혼이민[F-6 (다)목] 체류자격 거부처분 취소소송에서도 그 처분사유에 관한 증명책임은 피고 행정청에 있다(대판 2019.7.4. 2018두66869).

ㄹ. [○] 재외동포에 대한 사증발급은 행정청의 재량행위에 속하는 것으로서, 재외동포가 사증발급을 신청한 경우에 출입국관리법 시행령 [별표 1의2]에서 정한 재외동포체류자격의 요건을 갖추었다고 해서 무조건 사증을 발급해야 하는 것은 아니다. 재외동포에게 출입국관리법 제11조 제1항 각 호에서 정한 입국금지사유 또는 재외동포법 제5조 제2항에서 정한 재외동포체류자격 부여 제외사유(대한민국 남자가 병역을 기피할 목적으로 외국국적을 취득하고 대한민국 국적을 상실하여 외국인이 된 경우)가 있어 그의 국내 체류를 허용하지 않음으로써 달성하고자 하는 공익이 그로 말미암아 발생하는 불이익보다 큰 경우에는 행정청이 재외동포체류자격의 사증을 발급하지 않을 재량을 가진다(대판 2019.7.11. 2017두38874).

정답 ④

129 2020년 변호사

甲은 자신의 사옥을 A시에 신축하는 과정에서 A시 지구단위변경계획에 의하여 건물 부지에 접한 대로의 도로변이 차량출입금지 구간으로 설정됨에 따라 그 반대편에 위치한 A시 소유의 도로에 지하주차장 진입통로를 건설하기 위하여 A시의 시장 乙에게 위 도로의 지상 및 지하 부분에 대한 도로점용허가를 신청하였고, 乙은 甲에게 도로점용허가를 하였다. 이에 대한 설명으로 옳지 않은 것은? (다툼이 있는 경우 판례에 의함)

① 위 도로점용허가는 甲에게 공물사용권을 설정하는 설권행위로서 재량행위이다.

② 乙의 도로점용허가가 도로의 지상 및 지하 부분의 본래 기능 및 목적과 무관하게 그 사용가치를 활용하기 위한 것으로 평가되는 경우, 그 도로점용허가는 「지방자치법」상 주민소송의 대상이 되는 '재산의 관리·처분'에 해당한다.

③ 甲이 도로점용허가를 받은 부분을 넘어 무단으로 도로를 점용하고 있는 경우, 무단으로 사용하는 부분에 대해서 변상금 부과처분을 하여야 함에도 乙이 변상금이 아닌 사용료 부과처분을 하였다고 하여 이를 중대한 하자라 할 수 없다.

④ 乙의 도로점용허가가 甲의 점용목적에 필요한 범위를 넘어 과도하게 이루어진 경우, 이는 위법한 점용허가로서 乙은 甲에 대한 도로점용허가 전부를 취소하여야 하며 도로점용허가 중 특별사용의 필요가 없는 부분에 대해서만 직권취소할 수 없다.

⑤ 乙은 위 도로점용허가를 하면서 甲과 인근주민들 간의 협의를 조건으로 하는 부관을 부가할 수 있다.

해설

KEYWORD 부관, 공물

① [○] 도로점용의 허가는 특정인에게 일정한 내용의 공물사용권을 설정하는 설권행위로서, 공물관리자가 신청인의 적격성, 사용목적 및 공익상의 영향 등을 참작하여 허가를 할 것인지의 여부를 결정하는 재량행위이다(대판 2002.10.25. 2002두5795).

② [○] 지방자치법 제17조 제1항에서 주민소송의 대상으로 규정한 '재산의 취득·관리·처분에 관한 사항'에 해당하는지도 그 기준에 의하여 판단하여야 한다. 특히 도로 등 공물이나 공공용물을 특정 사인이 배타적으로 사용하도록 하는 점용허가가 도로 등의 본래 기능 및 목적과 무관하게 그 사용가치를 실현·활용하기 위한 것으로 평가되는 경우에는 주민소송의 대상이 되는 재산의 관리·처분에 해당한다(대판 2016.5.27. 2014두8490).

③ [○] 적법한 사용인지 무단 사용인지의 여부에 관한 판단은 사용관계에 관한 사실 인정과 법적 판단을 수반하는 것으로 반드시 명료하다고 할 수 없으므로, 그러한 판단을 그르쳐 변상금 부과처분을 할 것을 사용료 부과처분을 하거나 반대로 사용료 부과처분을 할 것을 변상금 부과처분을 하였다고 하여 그와 같은 부과처분의 하자를 중대한 하자라고 할 수는 없다(대판 2013.4.26. 2012두20663).

④ [×] 도로점용허가는 도로의 일부에 대한 특정사용을 허가하는 것으로서 도로의 일반사용을 저해할 가능성이 있으므로 그 범위는 점용목적 달성에 필요한 한도로 제한되어야 한다. 도로관리청이 도로점용허가를 하면서 특별사용의 필요가 없는 부분을 점용장소 및 점용면적에 포함하는 것은 그 재량권 행사의 기초가 되는 사실인정에 잘못이 있는 경우에 해당하므로 그 도로점용허가 중 특별사용의 필요가 없는 부분은 위법하다. 이러한 경우 도로점용허가를 한 **도로관리청은 위와 같은 흠이 있다는 이유로 유효하게 성립한 도로점용허가 중 특별사용의 필요가 없는 부분을 직권취소할 수 있음이 원칙이다**(대판 2019.1.17. 2016두56721·56738).

⑤ [○] 대법원은 재량적 행정행위의 경우 법령상 근거 없이도 부관을 붙일 수 있다고 보고 있기에, 도로점용 허가를 하면서 인근주민들 간의 협의를 조건으로 하는 부관의 부가가 가능하다. 일반적으로 이 사건 공유수면매립면허와 같은 기속적 행정행위가 아닌 재량적 행정행위에 있어서는 법령상의 근거가 없다고 하더라도 부관을 붙일 수 있음은 당연하다(대판 1982.12.28. 80다731·732).

정답 ④

130 2023년 변호사

A시 시장 甲은 「국토의 계획 및 이용에 관한 법률」(이하 '국토계획법'이라 함)에 의거하여 A시 중심부 B지역에 대해 도시관리계획으로서 기반시설(광장)의 설치에 관한 계획의 입안을 구상하고 있다. B지역에 토지 등을 소유한 주민 乙 등은 국토계획법 제26조에 근거하여 광장이 아닌 다른 기반시설(녹지)의 설치에 관한 계획을 이 계획의 입안·결정권자인 甲에게 제안하였다. 甲은 乙 등의 계획입안 제안을 반려하고 자신이 입안한 계획을 국토계획법에 따라 결정·고시하였다. 그 후 甲은 이 기반시설의 설치계획을 시행하기 위해 丙을 사업시행자로 지정하고 丙의 실시계획을 인가하였다. 이에 대한 설명으로 옳지 않은 것은? (다툼이 있는 경우 판례에 의함)

① 乙 등이 기반시설(녹지)의 설치에 관한 계획에 대해 입안제안권을 행사하였음에도 불구하고 甲이 반려한 것은 취소소송의 대상인 거부처분이 될 수 있다.

② 乙 등이 입안제안에서 밝힌 녹지가 도시계획시설로 결정될 수 없는 시설에 해당한다 하더라도 이는 본안판단에서 고려할 사항이므로 입안제안반려에 대한 취소를 구할 소의 이익이 없다고 볼 수는 없다.

③ 甲이 위 기반시설설치계획의 입안·결정에서 이익형량을 전혀 하지 않거나 이익형량을 하였으나 정당성과 객관성이 결여된 경우에 계획결정은 형량에 하자가 있어 위법하게 되나, 이러한 법리는 甲이 乙 등의 계획입안제안을 받아들여 도시관리계획결정을 할 것인지 여부를 결정할 때에는 동일하게 적용되지 않는다.

④ 사업시행자 丙에게는 기반시설설치사업을 실시할 수 있는 권한과 사업에 필요한 토지 등을 수용할 수 있는 권한이 인정된다.

⑤ 위 도시관리계획(기반시설설치계획)의 결정에 형량의 하자 등이 있어 위법하다고 하여도 그 하자가 당연무효 사유가 아니라면 이미 불가쟁력이 발생한 도시관리계획결정의 하자는 후행처분인 실시계획인가처분에 승계되지 않는다.

해설

KEYWORD 법률행위적 행정행위, 항고소송, 하자의 승계

① [○] 주민 乙은 도시관리계획 구역 내 토지 등을 소유하고 있으므로 법규상 또는 조리상 신청권이 인정될 여지가 있어서 입안제안의 거부행위는 행정처분에 해당한다.

> 구 국토의 계획 및 이용에 관한 법률(2009.2.6. 법률 제9442호로 개정되기 전의 것, 이하 '국토계획법'이라고 한다) 중 그 판시와 같은 조항들과 헌법상 개인의 재산권 보장의 취지에 비추어 보면, 피고는 관할구역인 이 사건 신청부지에 대한 도시관리계획의 입안권자이고, 원고는 도시관리계획구역 내 토지 등을 소유하고 있는 주민으로서 이 사건 납골시설에 관한 도시관리계획의 입안을 요구할 수 있는 법규상 또는 조리상의 신청권이 있다고 할 것이어서, 이러한 원고의 입안제안을 반려한 피고의 이 사건 처분은 항고소송의 대상이 되는 행정처분에 해당한다(대판 2010.7.22. 2010두5745).

② [○] 납골시설이 도시계획시설로 결정될 수 없는 시설에 해당한다 하더라도, 이는 본안에 관한 판단에서 고려되어야 할 사항일 뿐, 그로 인하여 피고의 이 사건 처분을 항고소송의 대상이 되는 행정처분으로 볼 수 없다거나 이 사건 소의 이익이 없다고 볼 수는 없다(대판 2010.7.22. 2010두5745).

③ [×] 행정계획은 특정한 행정목표를 달성하기 위하여 행정에 관한 전문적·기술적 판단을 기초로 관련되는 행정수단을 종합·조정함으로써 장래의 일정한 시점에 일정한 질서를 실현하기 위하여 설정한 활동기준이나 그 설정행위를 말한다. 행정주체는 구체적인 행정계획을 입안·결정할 때 비교적 광범위한 형성의 자유를 가진다. 다만 행정주체의 위와 같은 형성의 자유가 무제한적이라고 할 수는 없고, 행정계획에서는 그에 관련되는 자들의 이익을 공익과 사익 사이에서는 물론이고 공익 사이에서나 사익 사이에서도 정당하게 비교·교량하여야 한다는 제한이 있으므로, 행정주체가 행정계획을 입안·결정할 때 이익형량을 전혀 행하지 아니하거나 이익형량의 고려 대상에 마땅히 포함시켜야 할 사항을 누락한 경우 또는 이익형량을 하였으나 정당성과 객관성이 결여된 경우에는 그 행정계획 결정은 이익형량에 하자가 있어 위법하게 될 수 있다. 이러한 법리는 행정주체가 주민 등의 도시관리계획 입안 제안을 받아들여 도시관리계획결정을 할 것인지를 결정하는 경우뿐만 아니라, 입안제안에 따라 결정된 기존의 도시관리계획결정을 변경·폐지할 것인지 여부를 결정할 때에도 마찬가지로 적용된다(대판 2018.10.12. 2015두50382).

④ [○] 도시계획시설사업에 관한 실시계획인가처분은 해당 사업을 구체화하여 현실적으로 실현하기 위한 형성행위이므로 사업시행자 丙에게는 기반시설설치사업을 실시할 수 있는 권한과 사업에 필요한 토지 등을 수용할 수 있는 권한이 인정된다.

> 「국토의 계획 및 이용에 관한 법률」 제95조【토지 등의 수용 및 사용】① 도시·군계획시설사업의 시행자는 도시·군계획시설사업에 필요한 다음 각 호의 물건 또는 권리를 수용하거나 사용할 수 있다.
> 1. 토지·건축물 또는 그 토지에 정착된 물건
> 2. 토지·건축물 또는 그 토지에 정착된 물건에 관한 소유권 외의 권리

⑤ [○] 도시·군계획시설결정과 실시계획인가는 도시·군계획시설사업을 위하여 이루어지는 단계적 행정절차에서 별도의 요건과 절차에 따라 별개의 법률효과를 발생시키는 독립적인 행정처분이다. 그러므로 선행처분인 도시·군계획시설결정에 하자가 있더라도 그것이 당연무효가 아닌 한 원칙적으로 후행처분인 실시계획인가에 승계되지 않는다(대판 2017.7.18. 2016두49938).

정답 ③

131 2021년 변호사

甲은 「산업집적활성화 및 공장설립에 관한 법률」에 따른 공장설립승인을 받고자 관련 행정절차 일체를 행정사 乙에게 위임하였다. 乙은 관련 서류를 위조하여 공장설립승인을 신청하였고, 甲은 그러한 상황을 알지 못한 관할 A군수로부터 공장설립승인을 받았다. 공장이 설립된 이후 A군수는 관련 서류가 위조된 것을 발견하고 이를 이유로 공장설립승인을 취소하였다. 이에 대한 설명으로 옳은 것을 모두 고른 것은? (다툼이 있는 경우 판례에 의함)

ㄱ. A군수의 공장설립승인 취소처분에 대한 취소소송에서 공장설립승인의 하자나 취소하여야 할 필요성에 관한 증명책임은 A군수에게 있다.

ㄴ. 처분청은 행정처분에 하자가 있는 경우에 별도의 법적 근거가 없더라도 스스로 이를 취소할 수 있는데, 다만 수익적 행정처분의 경우에는 해당 법률에 취소에 관한 별도의 법적 근거가 요구된다.

ㄷ. A군수의 공장설립승인 취소처분에 대하여 불가쟁력이 발생한 이후에는 A군수가 공장설립승인 취소처분을 다시 직권취소할 수 없다.

① ㄱ
② ㄱ, ㄴ
③ ㄱ, ㄷ
④ ㄴ, ㄷ
⑤ ㄱ, ㄴ, ㄷ

해설

KEYWORD 취소소송, 처분

ㄱ. [O] 행정처분에 하자가 있다고 하더라도 취소해야할 공익상 필요와 취소로 당사자가 입게 될 기득권과 신뢰보호 및 법률생활안정의 침해 등 불이익을 비교·교량한 후 공익상 필요가 당사자가 입을 불이익을 정당화할 만큼 강한 경우에 한하여 취소할 수 있는 것이며, 하자나 취소해야 할 필요성에 관한 증명책임은 기존 이익과 권리를 침해하는 처분을 한 행정청에 있다(대판 2014.11.27. 2014두9226).

ㄴ. [X] 행정행위를 한 처분청은 그 행위에 하자가 있는 경우에는 별도의 법적 근거가 없더라도 스스로 이를 취소할 수 있고, 다만 수익적 행정처분을 취소할 수 있을 때에는 이를 취소하여야 할 공익상의 필요와 취소로 인하여 당사자가 입게 될 기득권과 신뢰보호 및 법률생활 안정의 침해 등 불이익을 비교·교량한 후 공익상의 필요가 당사자가 입을 불이익을 정당화할 만큼 강한 경우에 한하여 취소할 수 있다(대판 2014.11.27. 2013두16111).

ㄷ. [X] 불가쟁력은 행정행위의 상대방 및 이해관계인에 대한 효력이고, 불가변력은 처분청 등 행정기관에 대한 효력이다. 따라서 불가쟁력이 발생한 행정행위도 불가변력이 발생하지 않는 한 권한있는 기관은 직권취소, 철회 내지 변경할 수 있다.

정답 ①

132 2021년 변호사

다음 사례에 대한 설명으로 옳지 않은 것은? (다툼이 있는 경우 판례에 의함)

A대학교에 재학 중인 乙은 2015학년도 2학기에 수강한 B과목에서 F학점을 받았다. 그러나 乙은 해당 과목 시험에서 답안을 성실히 작성하였고 담당 시간강사가 요구하는 과제를 제출하였으며 해당 학기에 결석이 1회에 그쳐 자신이 받은 F학점이 부당하다고 생각하였다. 이에 乙은 해당 과목의 채점기준표와 채점이 완료된 자신의 답안지 그리고 자신과 비슷한 내용으로 답안을 작성하였다고 생각되는 丙의 답안지의 공개(복제물의 교부)를 「공공기관의 정보공개에 관한 법률」(이하 '정보공개법'이라 한다)에 따라 A대학교 총장인 甲에게 청구하였다. 그러나 甲은 乙이 요청한 자료는 「정보공개법」상 비공개 대상 정보이고 시간강사가 채점기준표와 답안지를 보관하고 있어 대학이 보유하고 있지 않다는 이유로 자료의 공개를 거부하였다.

① 甲의 비공개결정은 거부처분에 해당하여 「행정절차법」상 특별한 사정이 없는 한 사전통지의 대상이 되지 아니한다.

② A대학교가 사립대학교라면 乙이 요청한 자료는 「정보공개법」의 적용대상이 아니다.

③ B과목에 대한 성적통지가 성적통지서(문서) 교부가 아닌 인터넷으로 확인(전자문서)하는 방식으로 이루어진다고 하더라도 이 전자문서는 「정보공개법」상 '정보'에 해당한다.

④ 만약 사안과는 달리 乙의 공개청구가 받아들여진 경우, 복제물의 교부가 아닌 열람만을 허용하는 방식으로 공개방법을 선택할 재량권이 甲에게 인정되지 아니한다.

⑤ 만약 사안과는 달리 공개청구대상 답안지 및 채점기준표가 A대학교에 의해 일정기간 동안 관리되었지만 문서보존연한이 지나 폐기되었다면, 이들 답안지 및 채점기준표를 더 이상 보유·관리하고 있지 아니하다는 점에 대한 증명책임은 A대학교에 있다.

해설

KEYWORD 정보공개제도

① [○] 신청에 따른 처분이 이루어지지 아니한 경우에는 아직 당사자에게 권익이 부과되지 아니하였으므로 특별한 사정이 없는 한 신청에 대한 거부처분이라고 하더라고 직접 당사자의 권익을 제한하는 것은 아니어서 신청에 대한 거부처분을 여기에서 말하는 '당사자의 권익을 제한하는 처분'에 해당한다고 할 수 없는 것이어서 처분의 사전통지대상이 된다고 할 수 없다(대판 2003.11.28. 2003두674).

② [×] 구 공공기관이 정보공개에 관한 법률 시행령 제2조 제1호는 대통령령이 정하는 기관에 초·중등교육법 및 고등교육법 기타 다른 법률에 의하여 설치된 각급 학교를 포함시키고 있어, **사립대학교는 정보공개 의무기관인 공공기관에 해당하게 되었다**(대판 2006.8.24. 2004두2783).

③ [○]
> 「공공기관의 정보공개에 관한 법률」 제2조 【정의】 이 법에서 사용하는 용어의 뜻은 다음과 같다.
> 1. "정보"란 공공기관이 직무상 작성 또는 취득하여 관리하고 있는 문서(전자문서를 포함한다. 이하 같다) 및 전자매체를 비롯한 모든 형태의 매체 등에 기록된 사항을 말한다.

④ [○] 정보공개를 청구한 자가 공공기관에 대해 정보의 사본 또는 출력물의 교부의 방법으로 공개방법을 선택하여 정보공개청구를 한 경우에 공개청구를 받은 공공기관으로서는 같은 법 제8조 제2항에서 규정한 정보의 사본 또는 복제물의 교부를 제한할 수 있는 사유에 해당하지 않는 한 정보공개청구자가 선택한 공개방법에 따라 정보를 공개하여야 하므로 그 공개방법을 선택할 재량권이 없다(대판 2003.12.12. 2003두8050).

⑤ [○] 이와 관련하여 공개청구자는 그가 공개를 구하는 정보를 공공기관이 보유·관리하고 있을 상당한 개연성이 있다는 점에 대하여 입증할 책임이 있으나, 공개를 구하는 정보를 공공기관이 한때 보유, 관리하였으나 후에 그 정보가 담긴 문서들이 폐기되어 존재하지 않게 된 것이라면 그 정보를 더 이상 보유·관리하고 있지 않다는 점에 대한 증명책임은 공공기관에 있다(대판 2013.1.24. 2010두18918).

정답 ②

---

133 ☐☐☐ 2022년 변호사 난이도 ●●○

甲은 「산업집적활성화 및 공장설립에 관한 법률」(이하 '법'이라 한다)에 따라 산업단지관리공단과 A시 소재 산업단지 입주계약을 체결하였으나, 이후 산업단지관리공단은 甲의 계약위반을 이유로 입주계약을 해지하였다. 이에 대한 설명으로 옳은 것은? (다툼이 있는 경우 판례에 의함)

> 「산업집적활성화 및 공장설립에 관한 법률」 제42조 【입주계약의 해지 등】 ① 산업단지관리공단은 입주기업체가 입주계약을 위반한 경우에는 그 입주계약을 해지할 수 있다.
> 제43조 【입주계약 해지 후의 재산처분 등】 ① 제42조 제1항에 따라 입주계약이 해지된 자는 그가 소유하는 산업용지 및 공장 등을 산업통상자원부령으로 정하는 기간에 처분하여야 한다.
> 제55조 【과태료】 ① 시장·군수·구청장은 제43조 제1항에 따른 기간에 산업용지 또는 공장등을 양도하지 아니한 자에게는 500만원 이하의 과태료를 부과한다.
> *현행법을 사례에 맞게 단순화하였음

① 甲이 산업단지관리공단을 상대로 입주계약의 해지를 다투려면 당사자소송에 의하여야 한다.

② 산업단지관리공단이 甲에 대하여 입주계약을 해지하는 경우, 법에 특별한 규정이 없다면 「행정절차법」의 적용을 받지 않는다.

③ 산업단지관리공단이 甲에 대하여 입주계약을 해지하는 경우, 해지하여야 할 공익상의 필요와 해지로 인한 甲의 기득권, 신뢰보호 및 법률생활 안정의 침해 등 불이익에 대한 이익형량이 요구된다.

④ 甲이 입주계약의 해지에 대하여 행정소송으로 다투고 있는 중에는 산업단지관리공단은 입주계약의 해지를 직권으로 취소할 수 없다.

⑤ 甲이 일정기간 산업용지를 양도하지 않자 관할 A시장이 甲에게 과태료를 부과한 경우, 甲은 과태료부과처분 취소소송을 통해 다툴 수 있다.

해설

KEYWORD 행정소송

① [×] 구 산업직접활성화 및 공장설립에 관한 법률 규정들에서 알 수 있는 산업단지관리공단의 지위, 입주계약 및 변경계약의 효과, 입주계약 및 변경계약 체결 의무와 그 의무를 불이행한 경우의 형사적 내지 행정적 제재, 입주계약해지의 절차, 해지통보에 수반되는 법적 의무 및 그 의무를 불이행한 경우의 형사적 내지 행정적 제재 등을 종합적으로 고려하면, 입주변경계약 취소는 행정청인 관리권자로부터 관리업무를 위탁받은 산업단지관리공단이 우월적 지위에서 입주기업체들에게 일정한 법률상 효과를 발생하게 하는 것으로서 항고소송의 대상이 되는 행정처분에 해당한다(대판 2017.6.15. 2014두46843).

② [×] 산업단지관리공단의 입주계약 해지는 공법상 계약관계에서의 의사표시가 아니라 침익적 처분에 해당되며, 원칙적으로 「행정절차법」이 적용된다.

③ [○] 일정한 행정처분으로 국민이 일정한 이익과 권리를 취득하였을 경우에 종전 행정처분에 하자가 있음으로 전제로 직권으로 이를 취소하는 행정처분은 이미 취득한 국민의 기존 이익과 권리를 박탈하는 별개의 행정처분으로, 취소될 행정처분에 하자가 있어야 하고, 나아가 행정처분에 하자가 있다고 하더라도 취소해야 할 공익상 필요와 취소로 당사자가 입게 될 기득권과 신뢰보호 및 법률생활 안정의 침해 등 불이익을 비교, 교량한 후 공익상 필요가 당사자가 입을 불이익을 정당화할 만큼 강한 경우에 한하여 취소할 수 있는 것이며, 하자나 취소해야 할 필요성에 관한 증명책임은 기존 이익과 권리를 침해하는 처분을 한 행정청에 있다. 이러한 신뢰보호와 이익형량의 취지는 구 산업직접활성화 및 공장설립에 관한 법률에 따른 입주계약 또는 변경계약을 취소하는 경우에도 마찬가지로 적용될 수 있다(대판 2017.6.15. 2014두46843).

④ [×] 행정청은 행정소송에 계속되고 있는 때에도 직권으로 그 처분을 변경할 수 있고, 행정소송법 제22조 제1항은 이를 전제로 처분변경으로 인한 소의 변경에 관하여 규정하고 있다(대판 2019.1.17. 2016두56721·56738).

⑤ [×] 과태료처분에 대하여는 「질서위반행위규제법」에서 정한 준사법적 절차에 의한 구제수단이 마련되어 있으므로, 과태료 부과처분은 행정소송의 대상이 되는 행정처분이 아니다. 「질서위반행위규제법」 제20조가 이의제기 등의 절차를 별도로 규정하고 있고, 「질서위반행위규제법」 제5조는 "과태료의 부과·징수, 재판 및 집행 등의 절차에 관한 다른 법률의 규정 중 이 법의 규정에 저촉되는 것은 이 법으로 정하는 바에 따른다."고 규정하고 있는 점에서, 과태료 부과처분을 직접 행정소송으로 다툴 수 없다는 입장을 취하고 있다. 즉, 과태료 부과에 대한 이의제기가 있으면 행정청의 과태료 부과처분은 효력을 상실하고 법원의 결정으로써 과태료 재판이 이루어진다.

정답 ③

134 실전문제

×주택재개발사업조합(이하 '×조합'이라 한다)은 「도시 및 주거환경정비법」에 따라 관할 A행정청으로부터 조합설립인가를 받았고 甲을 조합장으로 선임하였다. 그 후 ×조합은 분양신청을 기초로 관리처분계획을 수립하여 조합총회에 부의하였고, 조합총회에서 조합원들은 관리처분계획을 원안대로 의결하였다. A행정청은 관리처분계획을 인가·고시하였다. 이에 대한 설명으로 옳지 않은 것은? (다툼이 있는 경우 판례에 의함)

① ×조합에 대한 조합설립인가처분이 무효인 경우에는 甲의 행위는 「도시 및 주거환경정비법」에서 정한 조합장의 행위라고 할 수 없다.

② 조합설립인가처분이 있은 후 조합설립결의의 하자를 이유로 조합설립의 효력을 부정하려면 항고소송으로 조합설립인가처분의 효력을 다투어야 한다.

③ ×조합과 甲 사이의 선임·해임을 둘러싼 법률관계는 공법상의 법률관계이므로 조합장의 지위를 다투는 소송은 당사자소송에 의하여야 한다.

④ 사업시행이 완료되고 소유권 이전에 관한 고시의 효력이 발생한 이후에는 조합원 등은 해당 재개발사업을 위하여 이루어진 수용재결이나 이의재결의 취소를 구할 법률상 이익이 없다.

해설

KEYWORD 인가

① [○] 구 도시 및 주거환경정비법 제18조에 의하면 토지등소유자로 구성되어 정비사업을 시행하려는 조합은 제13조 내지 제17조를 비롯한 관계 법령에서 정한 요건과 절차를 갖추어 조합설립인가처분을 받은 후에 등기함으로써, 그때 비로소 관할 행정청의 감독 아래 정비구역 안에서 정비사업을 시행하는 행정주체로서의 지위가 인정된다. 여기서 행정청의 조합설립인가처분은 조합에 정비사업을 시행할 수 있는 권한을 갖는 행정주체로서의 지위를 부여받는 일종의 설권적 처분의 성격을 가진다. 따라서 토지등소유자로 구성되는 조합이 그 설립과정에서 조합설립인가처분을 받지 아니하였거나 설령 이를 받았다 하더라도 처음부터 조합설립인가처분으로서 효력이 없는 경우에는, 구 도시 및 주거환경정비법 제13조에 의하여 정비사업을 시행할 수 있는 권한을 가지는 행정주체인 공법인으로서의 조합이 성립되었다할 수 없고, 또한 이러한 조합의 조합장, 이사, 감사로 선임된 자 역시 구 도시 및 주거환경정비법에서 정한 조합의 임원이라 할 수 없다. 이러한 법률 규정과 법리에 비추어 보면, 정비사업을 시행하려는 어떤 조합이 조합설립인가처분을 받았다 하더라도 그 조합설립인가처분이 무효여서 처음부터 구 도시 및 주거환경정비법 제13조에서 정한 조합이 성립되었다고 할 수 없는 경우에, 그 성립되지 아니한 조합의 조합장, 이사 또는 감사로 선임된 자는 구 도시 및 주거환경정비법 제85조 제5호 위반죄 또는 제86조 제6호 위반죄의 주체인 '조합의 임원' 또는 '조합임원'에 해당하지 아니한다고 해석함이 타당하며, 따라서 그러한 자의 행위에 대하여는 그 도시정비법 제85조 제5호 위반죄 또는 제86조 제6호 위반죄로 처벌할 수 없다(대판 2014.5.22. 2012도7190 전합).

② [○] 구 도시 및 주거환경정비법상 재개발조합설립 인가신청에 대하여 행정청의 조합설립인가처분이 있은 이후에 조합설립결의에 하자가 있음을 이유로 재개발조합 설립의 효력을 부정하기 위해서는 항고소송으로 조합설립인가처분의 효력을 다투어야 하고, 특별한 사정이 없는 한 이와는 별도로 민사소송으로 행정청으로부터 조합설립인가처분을 하는 데 필요한 요건 중의 하나에 불과한 조합설립결의에 대하여 무효확인을 구할 확인의 이익은 없다(대결 2009.9.24. 2009마168·169).

③ [✕] 구 도시 및 주거환경정비법상 재개발조합이 공법인이라는 사정만으로 재개발조합과 조합장 또는 조합임원 사이의 선임·해임 등을 둘러싼 법률관계가 공법상의 법률관계에 해당한다거나 그 조합장 또는 조합임원의 지위를 다투는 소송이 당연히 공법상 당사자소송에 해당한다고 볼 수는 없고, 구 도시 및 주거환경정비법의 규정들이 재개발조합과 조합장 및 조합임원과의 관계를 특별히 공법상의 근무관계로 설정하고 있다고 볼 수도 없으므로, **재개발조합과 조합장 또는 조합임원 사이의 선임·해임 등을 둘러싼 법률관계는 사법상 법률관계로서 그 조합장 또는 조합임원의 지위를 다투는 소송은 민사소송에 의하여야 할 것이다**(대결 2009.9.24. 2009마168·169).

④ [○] 도시 및 주거환경정비법 제154조 제1항, 제2항, 제55조 제1항에 따르면, 주택재개발정비사업을 시행하는 사업시행자는 준공인가와 공사의 완료에 관한 고시가 있은 때에는 지체 없이 대지확정측량과 토지의 분할절차를 거쳐 관리처분계획에 정한 사항을 분양받을 자에게 통지하고 대지 또는 건축물의 소유권을 이전하여야 하고, 그 내용을 당해 지방자치단체의 공보에 고시한 후 이를 시장·군수에게 보고하여야 하며, 대지 또는 건축물을 분양받을 자는 고시가 있은 날의 다음 날에 그 대지 또는 건축물에 대한 소유권을 취득하고, 이 경우 종전의 토지 또는 건축물에 설정된 지상권 등 등기된 권리 및 주택임대차보호법 제3조 제1항의 요건을 갖춘 임차권은 소유권을 이전받은 대지 또는 건축물에 설정된 것으로 본다. 이와 같이 대지 또는 건축물의 소유권 이전에 관한 고시의 효력이 발생하면 조합원 등이 관리처분계획에 따라 분양받을 대지 또는 건축물에 관한 권리의 귀속이 확정되고 조합원 등은 이를 토대로 다시 새로운 법률관계를 형성하게 되는데, 이전고시의 효력 발생으로 대다수 조합원 등에 대하여 권리귀속 관계가 획일적·일률적으로 처리되는 이상 그 후 일부 내용만을 분리하여 변경할 수 없고, 그렇다고 하여 전체 이전고시를 모두 무효화시켜 처음부터 다시 관리처분계획을 수립하여 이전고시 절차를 거치도록 하는 것도 정비사업의 공익적·단체법적 성격에 배치되어 허용될 수 없다. 위와 같은 정비사업의 공익적·단체법적 성격과 이전고시에 따라 이미 형성된 법률관계를 유지하여 법적 안정성을 보호할 필요성이 현저한 점 등을 고려할 때, 이전고시의 효력이 발생한 이후에는 조합원 등이 해당 정비사업을 위하여 이루어진 수용재결이나 이의재결의 취소 또는 무효확인을 구할 법률상 이익이 없다고 해석함이 타당하다(대판 2017.3.16. 2013두11536).

정답 ③

135 2022년 변호사

甲은 A시가 주민의 복리를 위하여 설치한 시립종합문화회관 내에 일반음식점을 운영하고자 「공유재산 및 물품 관리법」에 따라 행정재산에 대한 사용허가를 신청하였다. A시의 시장 乙은 甲에게 사용허가를 하면서 일반음식점 이용고객으로 인한 주차문제를 우려하여 인근에 소재한 甲의 소유 토지에 차량 10대 규모의 주차장을 설치할 것을 내용으로 하는 부담을 부관으로 붙였다. 이에 대한 설명으로 옳은 것은? (다툼이 있는 경우 판례에 의함)

① 乙이 甲에게 한 사용허가의 법적 성질은 강학상 특허에 해당한다.

② 甲이 자신의 토지에 주차장을 설치하게 하는 부관이 재산권을 과도하게 침해하는 위법한 것임을 이유로 소송상 다투려는 경우, 부관부행정행위 전체에 대하여 취소를 구하여야 한다.

③ 사정변경으로 인하여 甲에게 부담을 부가한 목적을 달성할 수 없게 된 경우에도 법률에 명문의 규정이 있거나 그 변경이 미리 유보되어 있는 경우 또는 甲의 동의가 있는 경우가 아니라면 乙은 甲에게 부가된 부담을 사후적으로 변경할 수 없다.

④ 甲에 대한 사용허가 이후에 「공유재산 및 물품 관리법」이 개정되어 행정청이 더 이상 부관을 붙일 수 없게 되었다면, 甲에 대한 부관도 당연히 효력이 소멸한다.

⑤ 甲에 대한 부담이 재산권을 과도하게 침해하는 것이어서 부관으로 붙일 수 없는 경우라고 하더라도 乙이 甲과 사법상 계약의 형식을 통해 동일한 의무를 부과하는 것은 가능하다.

해설

KEYWORD 부관

① [○] 공유재산의 관리청이 행정재산의 사용·수익에 대한 허가는 사경제주체로서 행하는 사법상의 행위가 아니라 관리청이 공권력을 가진 우월적 지위에서 행하는 행정처분으로서 특정인에게 행정재산을 사용할 수 있는 권리를 설정하여 주는 강학상 특허에 해당한다(대판 1998.2.27. 97누1105).

② [X] 행정행위의 부관은 행정행위의 일반적인 효력이나 효과를 제한하기 위하여 의사표시의 주된 내용에 부가되는 종된 의사표시이지 그 자체로서 직접 법적 효과를 발생하는 독립된 처분이 아니므로 현행 행정쟁송제도 아래서는 부관 그 자체만을 독립된 쟁송의 대상으로 할 수 없는 것이 원칙이나 행정행위의 부관 중에서도 행정행위에 부수하여 그 행정행위의 상대방에게 일정한 의무를 부과하는 행정청의 의사표시인 부담의 경우에는 다른 부관과는 달리 행정행위의 불가분적인 요소가 아니고 그 존속이 본체인 행정행위의 존재를 전제로 하는 것일 뿐이므로 부담 그 자체로서 행정쟁송의 대상이 될 수 있다(대판 1992.1.21. 91누1264). 제시된 내용의 주차장설치부관은 부담이며 부관인 부담은 그 자체로서 행정쟁송의 대상이 된다.

③ [X] 행정처분이 이미 부담이 부가되어 있는 상태에서 그 의무의 범위 또는 내용 등을 변경하는 부관의 사후변경은 법률에 명문의 규정이 있거나, 그 변경이 이미 유보되어 있는 경우 또는 상대방의 동의가 있는 경우에 한하여 허용되어 있는 것이 원칙이지만, 사정변경으로 인하여 당초에 부담을 부가한 목적을 달성할 수 없게 된 경우에도 그 목적 달성에 필요한 범위 내에서 예외적으로 허용된다(대판 1997.5.30. 97누2627).

④ [X] 행정청이 수익적 행정처분을 하면서 부가한 부담의 위법 여부는 처분 당시 법령을 기준으로 판단하여야 하고, 부담이 처분 당시 법령을 기준으로 적법하다면 처분 후 부담의 전제가 된 주된 행정처분의 근거 법령이 개정됨으로써 행정청이 더 이상 부관을 붙일 수 없게 되었다 하더라도 곧바로 위법하게 되거나 그 효력이 소멸하게 되는 것은 아니다(대판 2009.2.12. 2005다65500).

⑤ [×] 공무원이 인·허가 등 수익적 행정처분을 하면서 상대방에게 그 처분과 관련하여 이른바 부관으로서 부담을 붙일 수 있다 하더라도, 그러한 부담은 법치주의와 사유재산 존중, 조세법률주의 등 헌법의 기본원리에 비추어 비례의 원칙이나 부당결부의 원칙에 위반되지 않아야만 적법한 것인바, 행정처분과 부관 사이에 실제적 관련성이 있다고 볼 수 없는 경우 공무원이 위와 같은 공법상의 제한을 회피할 목적으로 행정처분의 상대방과 사이에 사법상 계약을 체결하는 형식을 취하였다면 이는 법치행정의 원리에 반하는 것으로서 위법하다. 지방자치단체가 골프장사업계획승인과 관련하여 사업자로부터 기부금을 지급받기로 한 증여계약은 공무수행과 결부된 금전적 대가로서 그 조건이나 동기가 사회질서에 반하므로 민법 제103조에 의해 무효이다(대판 2009.12.10. 2007다63966).

정답 ①

---

136 2022년 변호사

甲은 주유소를 운영하던 중 가짜 석유제품을 저장·판매하여 「석유사업법」을 위반한 사실이 2차 적발되었고, 「석유사업법 시행규칙」 [별표 1]로 정한 처분기준에 따라 행정청으로부터 6개월의 사업정지처분(이하 '이 사건 처분'이라 한다)을 받았다. 이에 대한 설명으로 옳은 것은? (다툼이 있는 경우 판례에 의함)

「석유사업법 시행규칙」 [별표 1] 행정처분기준

위반행위	근거 법조문	행정처분기준		
		1회 위반	2회 위반	3회 위반
가짜 석유제품을 제조·수입·저장·운송·보관 또는 판매한 경우	법 ○○조	사업정지 3개월	사업정지 6개월	등록취소 또는 영업장 폐쇄

① 이 사건 처분에서 정한 사업정지기간이 경과하여 그 효력이 소멸한 이후에는 甲은 이 사건 처분에 대한 취소소송을 제기할 법률상 이익이 없다.

② 甲이 청구한 행정심판에서 이 사건 처분을 3개월의 사업정지처분에 갈음하는 과징금으로 변경하는 재결이 있었으나, 여전히 甲이 처분사유가 부존재함을 주장하여 다투고자 한다면 甲은 재결을 대상으로 하여 취소소송을 제기하여야 한다.

③ 甲의 위반사실이 명백하다면 이 사건 처분을 하면서 甲에게 법령상 사업정지기간의 감경에 관한 참작 사유가 있음에도 이를 전혀 고려하지 않았다고 하여 그 자체로 재량권을 일탈·남용한 위법한 처분이 되는 것은 아니다.

④ 행정법규 위반에 대하여 甲에게 고의나 과실이 없는 경우에는 이 사건 처분을 할 수 없다.

⑤ 행정법규 위반에 대한 제재조치는 행정목적의 달성을 위하여 행정법규 위반이라는 객관적 사실에 착안하여 가하는 제재이므로, 甲이 고용한 직원이 위반행위를 한 경우라도 법령상 책임자인 甲에게 이 사건 처분을 할 수 있다.

해설

KEYWORD 행정규칙, 취소소송

① [×] 제재적 행정처분이 그 처분에서 정한 제재기간의 경과로 인하여 그 효과가 소멸되었으나, 부령인 시행규칙 또는 지방자치단체의 규칙의 형식으로 정한 처분기준에서 제재적 행정처분을 받을 것을 가중사유나 전제요건으로 삼아 장래의 제재적 행정처분을 하도록 정하고 있는 경우, 규칙이 정한 바에 따라 선행처분을 가중사유 또는 전제요건으로 하는 후행처분을 받을 우려가 현실적으로 존재하는 경우에는, 선행처분인 제재적 행정처분을 받은 상대방이 그 처분에서 정한 제재기간이 경과하였다 하더라도 그 처분의 취소를 구할 법률상 이익이 있다(대판 2006.6.22. 2003두1684 전합).

② [×] 행정심판위원회의 기각재결은 원처분을 대상으로 하지만 일부취소재결이나 적극적 변경재결에 대한 행정소송의 대상 문제에 대해 판례는 원처분주의를 취하면서 일부취소나 변경재결로 인해 감경되고 남은 원처분을 대상으로 원처분청을 피고로 하여 소송을 제기해야 하는 것으로 본다.

③ [×] 실권리자명의 등기의무를 위반한 명의신탁자에 대하여 부과하는 과징금 감경에 관한 '부동산 실권리자명의 등기에 관한 법률 시행령' 제3조의2 단서는 임의적 감경규정임이 명백하므로, 그 감경사유가 존재하더라도 과징금부과관청이 감경사유까지 고려하고도 과징금을 감경하지 않은 채 과징금 전액을 부과하는 처분을 한 경우에는 이를 위법하다고 단정할 수는 없으나, 위 감경사유가 있음에도 이를 전혀 고려하지 않았거나 감경사유에 해당하지 않는다고 오인한 나머지 과징금을 감경하지 않았다면 그 과징금 부과처분은 재량권을 일탈·남용한 위법한 처분이라고 할 수 밖에 없다(대판 2010.7.15. 2010두7031).

④ [×] 구 여객자동차 운수사업법 제88조 제1항의 과징금부과처분은 제재적 행정처분으로서 여객자동차 운수사업에 관한 질서를 확립하고 여객의 원활한 운송과 여객자동차 운수사업의 종합적인 발달을 도모하여 공공복리를 증진한다는 행정목적의 달성을 위하여 행정법규 위반이라는 객관적 사실에 착안하여 가하는 제재이므로 반드시 현실적인 행위자가 아니라도 법령상 책임자로 규정된 자에게 부과되고 원칙으로 위반자의 고의·과실을 요하지 아니하나, 위반자의 의무 해태를 탓할 수 없는 정당한 사유가 있는 등의 특별한 사정이 있는 경우에는 이를 부과할 수 없다(대판 2014.10.15. 2013두5005).

⑤ [○] 행정법규 위반에 대하여 가하는 제재조치는 행정목적의 달성을 위하여 행정법규 위반이라는 객관적 사실에 착안하여 가하는 제재이므로 특별한 규정이 없는 한 원칙적으로 위반자의 고의나 과실을 요하지 않는다(대판 1980.5.13. 79누251).

정답 ⑤

137 2022년 변호사

甲은 乙을 명예훼손 등 혐의로 고소하였다. 검사 丙은 乙에 대하여 불기소결정을 하였으나, 甲에게 그 결과를 통지하지 않았다. 甲은 대검찰청에 丙이 자신의 고소사건 처리를 태만히 하고 있으니 징계하여 달라는 진정서를 제출하였다. 이에 검찰총장은 丙이 직무를 태만히 하여 甲에게 「형사소송법」에 의한 처분결과를 통지하지 아니한 잘못이 있으나 그 정도가 중하지 않으므로 「검사징계법」상 징계사유에는 해당하지 않는다고 판단하였다. 그러나 장래에 동일한 잘못을 되풀이하지 않도록 엄중히 경고할 필요가 있다고 판단하여, 丙에 대하여 대검찰청 내부규정에 근거하여 경고조치를 하였다. 이에 대한 설명으로 옳지 않은 것을 모두 고른 것은? (다툼이 있는 경우 판례에 의함)

> ㄱ. 丙의 불기소결정은 고소사건에 관하여 공권력의 행사인 공소제기를 거부하는 거부처분에 해당하므로, 甲은 취소소송을 제기하는 방식으로 불복할 수 있다.
>
> ㄴ. 丙이 불기소결정을 하면서 甲에게 「형사소송법」에 의한 처분결과 통지를 하지 않음으로써 행정청의 의사가 외부에 표시되지 아니하여 아직 거부처분이 성립하였다고 볼 수 없으므로, 甲은 부작위위법확인소송을 제기하는 방식으로 불복할 수 있다.
>
> ㄷ. 대검찰청 내부규정에서 검찰총장의 경고조치를 받은 검사에 대하여 직무성과급 지급이나 승진·전보인사에서 불이익을 주도록 규정하고 있다면, 丙은 검찰총장의 경고조치에 대하여 취소소송을 제기하는 방식으로 불복할 수 있다.
>
> ㄹ. 丙의 직무상 의무 위반의 정도가 중하지 않아 「검사징계법」상 징계사유에 해당하지 않는데도 검찰총장이 대검찰청 내부규정에 근거하여 경고조치를 한 것은 법률유보원칙에 반하므로 허용될 수 없다.

① ㄱ, ㄴ
② ㄱ, ㄹ
③ ㄴ, ㄷ
④ ㄷ, ㄹ
⑤ ㄱ, ㄴ, ㄹ

하고 이의신청을 할 수 있으며, 검사가 검찰총장의 경고를 받으면 1년 이상 감찰관리 대상자로 선정되어 특별관리를 받을 수 있고, 경고를 받은 사실이 인사자료로 활용되어 복무평정, 직무성과금 지급, 승진·전보인사에서도 불이익을 받게 될 가능성이 높아지며, 향후 다른 징계사유로 징계처분을 받게 될 경우에 징계양정에서 불이익을 받게 될 가능성이 높아지므로, 검사의 권리의무에 영향을 미치는 행위로서 항고소송의 대상이 되는 처분이라고 보아야 한다(대판 2021.2.10. 2020두47564).

ㄹ. [X] 검찰청법 제7조 제1항, 제12조 제2항, 검사징계법 제2조, 제3조 제1항, 제7조 제1항, 대검찰청 자체감사규정 제23조 제3항, 사건평정기준 제2조 제1항 제2호, 제5조, 검찰공무원의 범죄 및 비위 처리지침 제4조 제2항 제2호, 제3항 [별표1] 징계양정기준, 제4항, 제5항 등 관련 규정들의 내용과 체계 등을 종합하여 보면, 검찰총장의 경고처분은 검사징계법에 따른 징계처분이 아니라 검찰청법 제7조 제1항, 제12조 제2항에 근거하여 검사에 대한 직무감독권을 행사하는 작용에 해당하므로, 검사의 직무상 의무위반의 정도가 중하지 않아 검사징계법에 따른 '징계사유'에는 해당하지 않더라도 징계처분보다 낮은 수준의 감독조치로서 '경고처분'을 할 수 있고, 법원은 그것이 직무감독권자에게 주어진 재량권을 일탈·남용한 것이라는 특별한 사정이 없는 한 이를 존중하는 것이 바람직하다(대판 2021.2.10. 2020두47564).

정답 ⑤

138 실전문제 난이도 ●●○

병무청장이 법무부장관에게 '가수 甲이 공연을 위하여 국외여행허가를 받고 출국한 후 미국 시민권을 취득함으로써 사실상 병역의무를 면탈하였다'는 이유로 입국 금지를 요청함에 따라 법무부장관이 甲의 입국금지결정을 하였는데, 甲이 재외공관의 장에게 재외동포(F-4) 체류자격의 사증발급을 신청하자 재외공관장이 처분이유를 기재한 사증발급 거부처분서를 작성해 주지 않은 채 甲의 아버지에게 전화로 사증발급이 불허되었다고 통보하였다. 이에 대한 설명으로 옳지 않은 것은? (다툼이 있는 경우 판례에 의함)

① 법무부장관이 甲의 입국을 금지하는 결정을 하고, 그 정보를 내부전산망인 '출입국관리정보시스템'에 입력하였으나 甲에게는 통보하지 않은 경우, 처분이 성립한다고 볼 수 없으므로 입국금지결정은 항고소송의 대상이 되는 처분이라고 할 수 없다.

② 외국인의 사증발급 신청에 대한 거부처분은 당사자에게 의무를 부과하거나 적극적으로 권익을 제한하는 처분이 아니므로, 「행정절차법」 제21조 제1항에서 정한 '처분의 사전통지'와 제22조 제3항에서 정한 '의견제출 기회 부여'의 대상은 아니다.

③ 「행정절차법」 제24조 제1항은 "행정청이 처분을 할 때에는 다른 법령 등에 특별한 규정이 있는 경우를 제외하고는 문서로 하여야 하며, 전자문서로 하는 경우에는 당사자 등의 동의가 있어야 한다. 다만, 신속히 처리할 필요가 있거나 사안이 경미한 경우에는 말 또는 그 밖의 방법으로 할 수 있다."라고 정하고 있는데, 이를 위반한 처분은 취소사유에 해당한다.

④ 「행정절차법」의 적용이 제외되는 '외국인의 출입국에 관한 사항'이란 해당 행정작용의 성질상 행정절차를 거치기 곤란하거나 거칠 필요가 없다고 인정되는 사항이나 행정절차에 준하는 절차를 거친 사항으로서 「행정절차법 시행령」으로 정하는 사항만을 가리키며, '외국인의 출입국에 관한 사항'이라고 하여 행정절차를 거칠 필요가 당연히 부정되는 것은 아니다.

해설

KEYWORD 입국금지결정, 행정절차, 외국인출입국, 스티브유 사건

① [O] 병무청장이 법무부장관에게 '가수 甲이 공연을 위하여 국외여행허가를 받고 출국한 후 미국 시민권을 취득함으로써 사실상 병역의무를 면탈하였으므로 재외동포 자격으로 재입국하고자 하는 경우 국내에서 취업, 가수활동 등 영리활동을 할 수 없도록 하고, 불가능할 경우 입국 자체를 금지해 달라'고 요청함에 따라 법무부장관이 甲의 입국을 금지하는 결정을 하고, 그 정보를 내부전산망인 '출입국관리정보시스템'에 입력하였으나 甲에게는 통보하지 않은 사안에서, 행정청이 행정의사를 외부에 표시하여 행정청이 자유롭게 취소·철회할 수 없는 구속을 받기 전에는 '처분'이 성립하지 않으므로 법무부장관이 출입국관리법 제11조 제1항 제3호 또는 제4호, 출입국관리법 시행령 제14조 제1항, 제2항에 따라 위 입국금지결정을 했다고 해서 '처분'이 성립한다고 볼 수는 없고, 위 입국금지결정은 법무부장관의 의사가 공식적인 방법으로 외부에 표시된 것이 아니라 단지 그 정보를 내부전산망인 '출입국관리정보시스템'에 입력하여 관리한 것에 지나지 않으므로, 위 입국금지결정은 항고소송의 대상이 될 수 있는 '처분'에 해당하지 않는데도, 위 입국금지결정이 처분에 해당하여 공정력과 불가쟁력이 있다고 본 원심판단에 법리를 오해한 잘못이 있다(대판 2019.7.11. 2017두38874).

② [O] 외국인의 사증발급 신청에 대한 거부처분은 당사자에게 의무를 부과하거나 적극적으로 권익을 제한하는 처분이 아니므로, 행정절차법 제21조 제1항에서 정한 '처분의 사전통지'와 제22조 제3항에서 정한 '의견제출 기회 부여'의 대상은 아니다. 그러나 사증발급 신청에 대한 거부처분이 성질상 행정절차법 제24조에서 정한 '처분서 작성·교부'를 할 필요가 없거나 곤란하다고 일률적으로 단정하기 어렵다. 또한 출입국관리법령에 사증발급 거부처분서 작성에 관한 규정을 따로 두고 있지 않으므로, 외국인의 사증발급 신청에 대한 거부처분을 하면서 행정절차법 제24조에 정한 절차를 따르지 않고 '행정절차에 준하는 절차'로 대체할 수도 없다(대판 2019.7.11. 2017두38874).

③ [X] 행정절차에 관한 일반법인 행정절차법은 제24조 제1항에서 "행정청이 처분을 할 때에는 다른 법령 등에 특별한 규정이 있는 경우를 제외하고는 문서로 하여야 하며, 전자문서로 하는 경우에는 당사자 등의 동의가 있어야 한다. 다만, 신속히 처리할 필요가 있거나 사안이 경미한 경우에는 말 또는 그 밖의 방법으로 할 수 있다."라고 정하고 있다. 이 규정은 처분내용의 명확성을 확보하고 처분의 존부에 관한 다툼을 방지하여 처분상대방의 권익을 보호하기 위한 것이므로, 이를 위반한 처분은 하자가 중대·명백하여 무효이다(대판 2019.7.11. 2017두38874).

④ [O] 행정절차법 제3조 제2항 제9호, 행정절차법 시행령 제2조 제2호 등 관련 규정들의 내용을 행정의 공정성, 투명성, 신뢰성을 확보하고 처분상대방의 권익보호를 목적으로 하는 행정절차법의 입법 목적에 비추어 보면, 행정절차법의 적용이 제외되는 '외국인의 출입국에 관한 사항'이란 해당 행정작용의 성질상 행정절차를 거치기 곤란하거나 거칠 필요가 없다고 인정되는 사항이나 행정절차에 준하는 절차를 거친 사항으로서 행정절차법 시행령으로 정하는 사항만을 가리킨다. '외국인의 출입국에 관한 사항'이라고 하여 행정절차를 거칠 필요가 당연히 부정되는 것은 아니다(대판 2019.7.11. 2017두38874).

정답 ③

139 실전문제

피고(고용노동부장관)는 2013.9.23. 원고(전국교직원노동조합)에 대하여 원고가 해직 교원의 조합원 자격을 허용하는 규약을 가지고 있고, 실제로 해직 교원 9명이 원고의 조합원으로 활동하고 있다는 이유로 시정을 요구하였는데, 원고는 이를 이행하지 않았다. 이에 피고는 2013.10.24. 원고에게 '교원노조법에 의한 노동조합으로 보지 아니함'을 통보하였고(이하 '이 사건 법외노조 통보'라 한다), 원고는 이 사건 법외노조 통보가 위법하다고 주장하면서 행정소송을 제기하였으나, 1심, 2심에서 모두 패소하였고 원고가 상고를 제기하였다. 이에 대한 대법원 판례 내용으로 옳지 않은 것은?

> 「노동조합 및 노동관계조정법」 제2조 【정의】 이 법에서 사용하는 용어의 정의는 다음과 같다.
> 4. "노동조합"이라 함은 근로자가 주체가 되어 자주적으로 단결하여 근로조건의 유지·개선 기타 근로자의 경제적·사회적 지위의 향상을 도모함을 목적으로 조직하는 단체 또는 그 연합단체를 말한다. 다만, 다음 각 목의 1에 해당하는 경우에는 노동조합으로 보지 아니한다.
> 가. 사용자 또는 항상 그의 이익을 대표하여 행동하는 자의 참가를 허용하는 경우
> 나. 경비의 주된 부분을 사용자로부터 원조받는 경우
> 다. 공제·수양 기타 복리사업만을 목적으로 하는 경우
> 라. 근로자가 아닌 자의 가입을 허용하는 경우. 다만, 해고된 자가 노동위원회에 부당노동행위의 구제신청을 한 경우에는 중앙노동위원회의 재심판정이 있을 때까지는 근로자가 아닌 자로 해석하여서는 아니된다.
> 마. 주로 정치운동을 목적으로 하는 경우
>
> 「노동조합 및 노동관계조정법 시행령」 제9조 【설립신고서의 보완요구 등】 ② 노동조합이 설립신고증을 교부받은 후 법 제12조 제3항 제1호에 해당하는 설립신고서의 반려사유가 발생한 경우에는 행정관청은 30일의 기간을 정하여 시정을 요구하고 그 기간 내에 이를 이행하지 아니하는 경우에는 당해 노동조합에 대하여 이 법에 의한 노동조합으로 보지 아니함을 통보하여야 한다.
> *교원노조법과 교원노조법 시행령은 위와 같은 노동조합법과 노동조합법 시행령의 규정을 교원 노동조합에도 그대로 적용하도록 하고 있다.

① 어떠한 사안이 국회가 형식적 법률로 스스로 규정하여야 하는 본질적 사항에 해당되는지는, 구체적 사례에서 관련된 이익 내지 가치의 중요성, 규제 또는 침해의 정도와 방법 등을 고려하여 개별적으로 결정하여야 하지만, 규율대상이 국민의 기본권과 관련한 중요성을 가질수록 그리고 그에 관한 공개적 토론의 필요성 또는 상충하는 이익 사이의 조정 필요성이 클수록, 그것이 국회의 법률에 의하여 직접 규율될 필요성은 더 증대된다.

② 대통령은 법률에서 구체적으로 범위를 정하여 위임받은 사항과 법률을 집행하기 위하여 필요한 사항에 관하여만 대통령령을 발할 수 있으므로, 법률의 시행령은 모법인 법률에 의하여 위임받은 사항이나 법률이 규정한 범위 내에서 법률을 현실적으로 집행하는 데 필요한 세부적인 사항만을 규정할 수 있을 뿐, 법률에 의한 위임이 없는 한 법률이 규정한 개인의 권리·의무에 관한 내용을 변경·보충하거나 법률에 규정되지 아니한 새로운 내용을 규정할 수는 없다.

③ 법외노조 통보는 적법하게 설립된 노동조합의 법적 지위를 박탈하는 중대한 침익적 처분으로서 원칙적으로 국민의 대표자인 입법자가 스스로 형식적 법률로써 규정하여야 할 사항이고, 행정입법으로 이를 규정하기 위하여는 반드시 법률의 명시적이고 구체적인 위임이 있어야 한다. 그런데 「노동조합 및 노동관계조정법 시행령」 제9조 제2항은 법률의 위임 없이 법률이 정하지 아니한 법외노조 통보에 관하여 규정함으로써 헌법상 노동3권을 본질적으로 제한하고 있으므로 그 자체로 무효이다.

④ 행정관청은 행정법의 일반 법리에 따라 법률에 명시적 근거 규정이 없더라도 결격사유가 있는 노동조합에 대하여 설립신고의 수리를 사후적으로 취소·철회할 수 있고, 이를 주의적·확인적으로 규정한 「노동조합법 시행령」 제9조 제2항은 모법인 「노동조합법」의 구체적 위임이 없더라도 적법·유효하다고 보아야 한다.

해설

KEYWORD 법외노조통보, 법률유보, 전교조 사건

① [○] 헌법상 법치주의는 법률유보원칙, 즉 행정작용에는 국회가 제정한 형식적 법률의 근거가 요청된다는 원칙을 핵심적 내용으로 한다. 나아가 오늘날의 법률유보원칙은 단순히 행정작용이 법률에 근거를 두기만 하면 충분한 것이 아니라, 국가공동체와 그 구성원에게 기본적이고도 중요한 의미를 갖는 영역, 특히 국민의 기본권 실현에 관련된 영역에 있어서는 행정에 맡길 것이 아니고 국민의 대표자인 입법자 스스로 그 본질적 사항에 대하여 결정하여야 한다는 요구, 즉 의회유보원칙까지 내포하는 것으로 이해되고 있다. 여기서 어떠한 사안이 국회가 형식적 법률로 스스로 규정하여야 하는 본질적 사항에 해당되는지는, 구체적 사례에서 관련된 이익 내지 가치의 중요성, 규제 또는 침해의 정도와 방법 등을 고려하여 개별적으로 결정하여야 하지만, 규율대상이 국민의 기본권과 관련한 중요성을 가질수록 그리고 그에 관한 공개적 토론의 필요성 또는 상충하는 이익 사이의 조정 필요성이 클수록, 그것이 국회의 법률에 의하여 직접 규율될 필요성은 더 증대된다. 따라서 국민의 권리·의무에 관한 기본적이고 본질적인 사항은 국회가 정하여야 하고, 헌법상 보장된 국민의 자유나 권리를 제한할 때에는 적어도 그 제한의 본질적인 사항에 관하여 국회가 법률로써 스스로 규율하여야 한다(대판 2020.9.3. 2016두32992 전합).

② [○] 헌법 제75조는 "대통령은 법률에서 구체적으로 범위를 정하여 위임받은 사항과 법률을 집행하기 위하여 필요한 사항에 관하여 대통령령을 발할 수 있다."라고 규정하고 있다. 따라서 대통령은 법률에서 구체적으로 범위를 정하여 위임받은 사항과 법률을 집행하기 위하여 필요한 사항에 관하여만 대통령령을 발할 수 있으므로, 법률의 시행령은 모법인 법률에 의하여 위임받은 사항이나 법률이 규정한 범위 내에서 법률을 현실적으로 집행하는 데 필요한 세부적인 사항만을 규정할 수 있을 뿐, 법률에 의한 위임이 없는 한 법률이 규정한 개인의 권리·의무에 관한 내용을 변경·보충하거나 법률에 규정되지 아니한 새로운 내용을 규정할 수는 없다.

③ [○] 법외노조 통보는 적법하게 설립된 노동조합의 법적 지위를 박탈하는 중대한 침익적 처분으로서 원칙적으로 국민의 대표자인 입법자가 스스로 형식적 법률로써 규정하여야 할 사항이고, 행정입법으로 이를 규정하기 위하여는 반드시 법률의 명시적이고 구체적인 위임이 있어야 한다. 그런데 노동조합 및 노동관계조정법 시행령(이하 '노동조합법 시행령'이라 한다) 제9조 제2항은 법률의 위임 없이 법률이 정하지 아니한 법외노조 통보에 관하여 규정함으로써 헌법상 노동3권을 본질적으로 제한하고 있으므로 그 자체로 무효이다.

> 법외노조 통보는 이미 법률에 의하여 법외노조가 된 것을 사후적으로 고지하거나 확인하는 행위가 아니라 그 통보로써 비로소 법외노조가 되도록 하는 형성적 행정처분이다. 이러한 법외노조 통보는 단순히 노동조합에 대한 법률상 보호만을 제거하는 것에 그치지 않고 헌법상 노동3권을 실질적으로 제약한다. 그런데 노동조합 및 노동관계조정법(이하 '노동조합법'이라 한다)은 법상 설립요건을 갖추지 못한 단체의 노동조합 설립신고서를 반려하도록 규정하면서도, 그보다 더 침익적인 설립 후 활동 중인 노동조합에 대한 법외노조 통보에 관하여는 아무런 규정을 두고 있지 않고, 이를 시행령에 위임하는 명문의 규정도 두고 있지 않다. 더욱이 법외노조 통보 제도는 입법자가 반성적 고려에서 폐지한 노동조합 해산명령 제도와 실질적으로 다를 바 없다. 결국 노동조합법 시행령 제9조 제2항은 법률이 정하고 있지 아니한 사항에 관하여, 법률의 구체적이고 명시적인 위임도 없이 헌법이 보장하는 노동3권에 대한 본질적인 제한을 규정한 것으로서 법률유보원칙에 반한다(대판 2020.9.3. 2016두32992 전합).

④ [×] 노동조합 및 노동관계조정법 시행령 제9조 제2항은 **법률의 구체적이고 명시적인 위임 없이 법률이 정하고 있지 아니한 법외노조 통보에 관하여 규정함으로써 헌법이 보장하는 노동3권을 본질적으로 제한하는 것으로 법률유보의 원칙에 위반되어 그 자체로 무효이므로 그에 기초한 위 법외노조 통보는 법적 근거를 상실하여 위법하다**(대판 2020.9.3. 2016두32992 전합).

관련 판례 법외노조 통보처분 취소사건(대판 2020.9.3. 2016두32992 전합)

고용노동부장관이 전국의 국공립학교와 사립학교 교원을 조합원으로 하여 설립된 甲 노동조합의 노동조합 설립신고를 수리하고 신고증을 교부하였는데, 그 후 甲 노동조합에 대하여 '두 차례에 걸쳐 해직자의 조합원 가입을 허용하는 규약을 시정하도록 명하였으나 이행하지 않았고, 실제로 해직자가 조합원으로 가입하여 활동하고 있는 것으로 파악된다'는 이유로 해당 규약 조항의 시정 등의 조치를 요구하였으나 甲 노동조합이 이를 이행하지 않자 교원의 노동조합 설립 및 운영 등에 관한 법률 제14조 제1항, 노동조합 및 노동관계조정법 제12조 제3항 제1호, 제2조 제4호 (라)목 및 교원의 노동조합 설립 및 운영 등에 관한 법률 시행령 제9조 제1항, 노동조합 및 노동관계조정법 시행령 제9조 제2항에 따라 甲 노동조합을 '교원의 노동조합 설립 및 운영 등에 관한 법률에 의한 노동조합으로 보지 아니함'을 통보한 사안에서, 노동조합 및 노동관계조정법 시행령 제9조 제2항은 법률의 구체적이고 명시적인 위임 없이 법률이 정하고 있지 아니한 법외노조 통보에 관하여 규정함으로써 헌법이 보장하는 노동3권을 본질적으로 제한하는 것으로 법률유보의 원칙에 위반되어 그 자체로 무효이므로 그에 기초한 위 법외노조 통보는 법적 근거를 상실하여 위법하다고 한 사례이다.

정답 ④

140 실전문제 난이도 ●●○

다음 사례에 대한 설명으로 옳지 않은 것은? (다툼이 있는 경우 판례에 의함)

원고 甲은 2019.11.26. 피고(사단장)로부터 품위유지의무 위반 등을 이유로 견책의 징계처분을 받았다. 甲은 2020.11.18. 징계처분의 취소 등을 구하는 소를 제기하였다(이하 '징계처분 취소사건'이라 한다). 甲은 2020.12.31. 피고(사단장)에게 징계위원회에 참여한 징계위원의 성명과 직위(이하 '이 사건 정보'라 한다)에 대한 정보공개청구를 하였으나, 피고는 2021.1.12. 이 사건 정보가 「공공기관의 정보공개에 관한 법률」제9조 제1항 제1호, 제2호, 제5호와 제6호에 해당한다는 이유로 공개를 거부하는 처분을 하였다(이하 '이 사건 처분'이라 한다). 한편 징계처분 취소사건에서 2021.9.9. 甲의 청구를 모두 기각하는 판결이 선고되었고, 甲은 2022.1.19. 항소를 취하하여 위 판결이 그대로 확정되었다.

① 「공공기관의 정보공개에 관한 법률」제9조 제1항 제1호, 제2호, 제5호와 제6호에 해당하는 정보라도 공개할 수 있으며, 공공기관은 제9조 제1항 각 호의 어느 하나에 해당하는 정보가 기간의 경과 등으로 인하여 비공개의 필요성이 없어진 경우에는 그 정보를 공개 대상으로 하여야 한다.

② 정보공개를 청구하는 자가 공공기관에 대해 정보의 사본 또는 출력물의 교부의 방법으로 공개방법을 선택하여 정보공개청구를 한 경우에 공개청구를 받은 공공기관으로서는 정보공개청구자가 선택한 공개방법에 따라 정보를 공개하여야 하므로 그 공개방법을 선택할 재량권이 없다.

③ 정보공개청구권은 법률상 보호되는 구체적인 권리이므로 甲이 공공기관에 대하여 정보공개를 청구하였다가 거부처분을 받은 것 자체가 법률상 이익의 침해에 해당한다.

④ 사안에서 甲은 더 이상 이 사건 징계처분의 위법을 다툴 수 없게 되어 이 사건 정보의 공개를 구할 법률상 이익이 없다.

해설

KEYWORD 정보공개, 법률상 이익

① [O] 「공공기관의 정보공개에 관한 법률」제9조 【비공개 대상 정보】① 공공기관이 보유·관리하는 정보는 공개 대상이 된다. 다만, 다음 각 호의 어느 하나에 해당하는 정보는 공개하지 아니할 수 있다.
1. 다른 법률 또는 법률에서 위임한 명령(국회규칙·대법원규칙·헌법재판소규칙·중앙선거관리위원회규칙·대통령령 및 조례로 한정한다)에 따라 비밀이나 비공개 사항으로 규정된 정보
② 공공기관은 제1항 각 호의 어느 하나에 해당하는 정보가 기간의 경과 등으로 인하여 비공개의 필요성이 없어진 경우에는 그 정보를 공개 대상으로 하여야 한다.

② [O] 공공기관의 정보공개에 관한 법률 제2조 제2항, 제3조, 제5조, 제8조 제1항, 같은 법 시행령 제14조, 같은 법 시행규칙 제2조 [별지 제1호 서식] 등의 각 규정을 종합하면, 정보공개를 청구하는 자가 공공기관에 대해 정보의 사본 또는 출력물의 교부의 방법으로 공개방법을 선택하여 정보공개청구를 한 경우에 공개청구를 받은 공공기관으로서는 같은 법 제8조 제2항에서 규정한 정보의 사본 또는 복제물의 교부를 제한할 수 있는 사유에 해당하지 않는 한 정보공개청구자가 선택한 공개방법에 따라 정보를 공개하여야 하므로 그 공개방법을 선택할 재량권이 없다고 해석함이 상당하다(대판 2003.12.12. 2003두8050).

③ [O] 국민의 정보공개청구권은 법률상 보호되는 구체적인 권리이므로, 공공기관에 대하여 정보공개를 청구하였다가 공개거부처분을 받은 청구인은 행정소송을 통해 공개거부처분의 취소를 구할 법률상 이익이 인정되고, 그 밖에 추가로 어떤 이익이 있어야 하는 것은 아니다(대판 2022.5.26. 2022두33439).

④ [X] 비록 징계처분 취소사건에서 원고의 청구를 기각하는 판결이 확정되었다고 하더라도 이러한 사정만으로 이 사건 처분의 취소를 구할 이익이 없어지지 않는다. 피고가 원고의 정보공개청구를 거부한 이상 원고로서는 여전히 정보공개거부처분의 취소를 구할 법률상 이익이 있다(대판 2022.5.26. 2022두33439).

관련 판례 정보비공개결정취소(대판 2022.5.26. 2022두33439)

■ 판시사항
1. 공공기관에 대하여 정보공개를 청구하였다가 공개거부처분을 받은 청구인은 공개거부처분의 취소를 구할 법률상 이익이 인정되는지 여부(적극)
2. 견책의 징계처분을 받은 甲이 사단장에게 징계위원회에 참여한 징계위원의 성명과 직위에 대한 정보공개청구를 하였으나 위 정보가 공공기관의 정보공개에 관한 법률 제9조 제1항 제1호, 제2호, 제5호, 제6호에 해당한다는 이유로 공개를 거부한 사안에서, 징계처분 취소사건에서 甲의 청구를 기각하는 판결이 확정되었더라도, 甲으로서는 여전히 정보공개거부처분의 취소를 구할 법률상 이익이 있다고 한 사례

■ 판결요지
1. 국민의 정보공개청구권은 법률상 보호되는 구체적인 권리이므로, 공공기관에 대하여 정보공개를 청구하였다가 공개거부처분을 받은 청구인은 행정소송을 통해 공개거부처분의 취소를 구할 법률상 이익이 인정되고, 그 밖에 추가로 어떤 이익이 있어야 하는 것은 아니다.
2. 견책의 징계처분을 받은 甲이 사단장에게 징계위원회에 참여한 징계위원의 성명과 직위에 대한 정보공개청구를 하였으나 위 정보가 공공기관의 정보공개에 관한 법률 제9조 제1항 제1호, 제2호, 제5호, 제6호에 해당한다는 이유로 공개를 거부한 사안에서, 비록 징계처분 취소사건에서 甲의 청구를 기각하는 판결이 확정되었더라도 이러한 사정만으로 위 처분의 취소를 구할 이익이 없어지지 않고, 사단장이 甲의 정보공개청구를 거부한 이상 甲으로서는 여전히 정보공개거부처분의 취소를 구할 법률상 이익이 있으므로, 이와 달리 본 원심판결에 법리오해의 잘못이 있다고 한 사례

정답 ④

141 실전문제

甲은 1979.10.25. 「국가안전과 공공질서의 수호를 위한 대통령 긴급조치」(이하 '긴급조치 제9호'라 한다) 위반 혐의로 피고(대한민국) 소속 수사관들에 의해 체포되어 기소되었고, 유죄판결을 선고받아 그 판결이 확정되었으며, 형을 복역하다가 형 집행정지 등으로 석방되었다. 甲은 유죄 확정판결에 대한 재심청구를 하여 재심개시결정을 받았고, 이에 따라 개시된 재심절차에서 이들에게 적용된 긴급조치 제9호가 위헌·무효라는 이유로 「형사소송법」 제325조 전단에 의한 무죄판결이 선고되었으며, 그 판결이 그대로 확정되었다. 甲은 대통령의 긴급조치 제9호 발령행위 또는 긴급조치 제9호에 근거한 수사 및 재판이 불법행위에 해당한다고 주장하면서 피고를 상대로 국가배상소송을 제기하였다. 이에 관한 내용으로 옳지 않은 것은? (다툼이 있는 경우에 판례에 의함)

① 긴급조치 제9호의 발령 및 적용·집행이라는 일련의 국가작용으로 인하여 신체의 자유를 비롯한 국민의 기본적 인권이 침해되었다면 국가는 그 자신이 부담하는 국민의 기본권 보장의무를 저버린 것이다.

② 광범위한 다수 공무원이 관여한 일련의 국가작용에 의한 기본권 침해에 대해서 국가배상책임의 성립이 문제되는 경우에는 전체적으로 보아 객관적 주의의무 위반이 인정되면 충분하다.

③ 긴급조치 제9호를 적용하여 유죄판결을 한 법관의 직무행위는 긴급조치의 발령 및 적용·집행이라는 일련의 국가작용으로서 전체적으로 보아 국민의 기본권 보장의무에 반하여 객관적 정당성을 상실하였다.

④ 대통령의 긴급조치권 행사는 고도의 정치성을 띤 국가행위로서 대통령은 국가긴급권의 행사에 관하여 원칙적으로 국민 전체에 대한 관계에서 정치적 책임을 질 뿐 국민 개개인의 권리에 대응하여 법적 의무를 지는 것은 아니다.

해설

KEYWORD 긴급조치, 국가배상

① [○] 국가는 국민의 기본적 인권을 확인하고 이를 보장할 의무를 부담하고(헌법 제10조 제2문), 이는 유신헌법 아래에서도 마찬가지였다(유신헌법 제8조). 긴급조치 제9호의 발령 및 적용·집행이라는 일련의 국가작용으로 인하여 신체의 자유를 비롯한 국민의 기본적 인권이 침해되었다면 국가는 그 자신이 부담하는 국민의 기본권 보장의무를 저버린 것이다. 그런데 이러한 기본권 침해에 따라 국민에게 발생한 손해가 남아 있다면, 국가에게 그 배상책임을 부담시키는 것이 뒤늦게나마 국가의 기본권 보장의무를 이행하는 방안이 될 것이다. 이러한 관점에서 국가에게 손해의 전보책임을 부담시킬 실질적 이유가 있다고 볼 수 있다(대판 2022.8.30. 2018다212610 전합).

② [○] 광범위한 다수 공무원이 관여한 일련의 국가작용에 의한 기본권 침해에 대해서 국가배상책임의 성립이 문제되는 경우에는 전체적으로 보아 객관적 주의의무 위반이 인정되면 충분하다. 만약 이러한 국가배상책임의 성립에 개별 공무원의 구체적인 직무집행행위를 특정하고 그에 대한 고의 또는 과실을 개별적·구체적으로 엄격히 요구한다면 일련의 국가작용이 국민의 기본권을 침해한 경우에 오히려 국가배상책임이 인정되기 어려워지는 불합리한 결론에 이르게 된다(대판 2022.8.30. 2018다212610 전합).

③ [○] 긴급조치 제9호에 따라 영장 없이 이루어진 체포·구금, 그에 이은 수사 및 공소제기 등 수사기관의 직무행위와 긴급조치 제9호를 적용하여 유죄판결을 한 법관의 직무행위는 긴급조치의 발령 및 적용·집행이라는 일련의 국가작용으로서 전체적으로 보아 국민의 기본권 보장의무에 반하여 객관적 정당성을 상실하였다. 영장주의를 전면적으로 배제한 긴급조치 제9호는 위헌·무효이므로, 그에 따라 영장 없이 이루어진 체포·구금은 헌법상 영장주의를 위반하여 신체의 자유 등 국민의 기본권을 침해한 직무집행이다(대판 2022.8.30. 2018다212610 전합).

④ [×] 긴급조치 제9호의 발령 및 적용·집행이라는 일련의 국가작용의 경우, 긴급조치 제9호의 발령 요건 및 규정 내용에 국민의 기본권 침해와 관련한 위헌성이 명백하게 존재함에도 그 발령 및 적용·집행 과정에서 그러한 위헌성이 제거되지 못한 채 영장 없이 체포·구금하는 등 구체적인 직무집행을 통하여 개별 국민의 신체의 자유가 침해되기에 이르렀다. 그러므로 긴급조치 제9호의 발령과 적용·집행에 관한 국가작용 및 이에 관여한 다수 공무원들의 직무수행은 법치국가 원리에 반하여 유신헌법 제8조가 정하는 국가의 기본권 보장의무를 다하지 못한 것으로서 전체적으로 보아 객관적 주의의무를 소홀히 하여 그 정당성을 결여하였다고 평가되고, 그렇다면 개별 국민의 기본권이 침해되어 현실화된 손해에 대하여는 국가배상책임을 인정하여야 한다(대판 2022.8.30. 2018다212610 전합).

> 긴급조치 제9호가 사후적으로 법원에서 위헌·무효로 선언되었다고 하더라도, 유신헌법에 근거한 대통령의 긴급조치권 행사는 고도의 정치성을 띤 국가행위로서 대통령은 국가긴급권의 행사에 관하여 원칙적으로 국민 전체에 대한 관계에서 정치적 책임을 질 뿐 국민 개개인의 권리에 대응하여 법적 의무를 지는 것은 아니므로, 대통령의 이러한 권력행사가 국민 개개인에 대한 관계에서 민사상 불법행위를 구성한다고는 볼 수 없다(대판 2015.3.26. 2012다48824).
> *위 지문은 종전판례의 입장이다.

정답 ④

142 2022년 국가직 7급

다음 사례에 대한 설명으로 옳은 것은? (다툼이 있는 경우 판례에 의함)

> 경기도 A 군수는 개발촉진지구에서 시행되는 지역개발사업의 시행자로 B를 지정·고시하고 실시계획을 승인·고시하였다. B는 개발사업구역에 편입된 甲 소유 토지에 관하여 「공익사업을 위한 토지 등의 취득 및 보상에 관한 법률」에 따라 甲과 협의를 하였으나 협의가 이루어지지 아니하자 경기도 지방토지수용위원회에 위 토지에 대한 수용재결 신청을 하여 수용재결서 정본을 송달받았다.

① 甲은 수용재결에 불복할 때에는 그 재결서를 받은 날부터 60일 이내에, 이의신청을 거쳤을 때에는 이의신청에 대한 재결서를 받은 날부터 30일 이내에 각각 행정소송을 제기하여야 한다.
② 甲이 수용재결에 이의가 있을 경우 경기도 지방토지수용위원회를 거쳐 중앙토지수용위원회에 이의를 신청할 수 있다.
③ 甲이 수용재결에 대하여 중앙토지수용위원회의 이의재결을 거친 후 취소소송을 제기할 경우, 이의재결에 고유한 위법이 없는 경우에도 중앙토지수용위원회를 피고로 하여 수용재결의 취소를 구하여야 한다.
④ 甲이 보상금의 증액청구를 하고자 하는 경우에는 경기도 지방토지수용위원회를 피고로 하여 당사자소송을 제기하여야 한다.

해설

KEYWORD 공익사업법, 공용수용, 행정소송

① [×] 甲은 수용재결에 불복할 때에는 그 재결서를 받은 날부터 90일 이내에, 이의신청을 거쳤을 때에는 이의신청에 대한 재결서를 받은 날부터 60일 이내에 각각 행정소송을 제기하여야 한다.

> 「공익사업을 위한 토지 등의 취득 및 보상에 관한 법률」 제85조 【행정소송의 제기】 ① 사업시행자, 토지소유자 또는 관계인은 제34조에 따른 재결에 불복할 때에는 재결서를 받은 날부터 90일 이내에, 이의신청을 거쳤을 때에는 이의신청에 대한 재결서를 받은 날부터 60일 이내에 각각 행정소송을 제기할 수 있다. 이 경우 사업시행자는 행정소송을 제기하기 전에 제84조에 따라 늘어난 보상금을 공탁하여야 하며, 보상금을 받을 자는 공탁된 보상금을 소송이 종결될 때까지 수령할 수 없다.

② [○] 지방토지수용위원회의 수용재결에 이의가 있을 경우 해당 지방토지수용위원회를 거쳐 중앙토지수용위원회에 이의를 신청할 수 있다.

> 「공익사업을 위한 토지 등의 취득 및 보상에 관한 법률」 제83조 【이의의 신청】 ② 지방토지수용위원회의 제34조에 따른 재결에 이의가 있는 자는 해당 지방토지수용위원회를 거쳐 중앙토지수용위원회에 이의를 신청할 수 있다.

③ [×] 甲이 수용재결에 대하여 중앙토지수용위원회의 이의재결을 거친 후 취소소송을 제기할 경우, 이의재결에 고유한 위법이 없는 경우에는 중앙토지수용위원회가 아닌 지방토지수용위원회를 피고로 하여 수용재결의 취소를 구하여야 한다.

> 수용재결에 불복하여 취소소송을 제기하는 때에는 이의신청을 거친 경우에도 수용재결을 한 중앙토지수용위원회 또는 지방토지수용위원회를 피고로 하여 수용재결의 취소를 구하여야 하고, 다만 이의신청에 대한 재결 자체에 고유한 위법이 있음을 이유로 하는 경우에는 그 이의재결을 한 중앙토지수용위원회를 피고로 하여 이의재결의 취소를 구할 수 있다고 보아야 한다(대판 2010.1.28. 2008두1504).

④ [×] 甲이 보상금의 증액청구를 하고자 하는 경우에는 경기도 지방토지수용위원회가 아닌 사업시행자인 B를 피고로 하여 당사자소송을 제기하여야 한다.

> 「공익사업을 위한 토지 등의 취득 및 보상에 관한 법률」 제85조 【행정소송의 제기】 ② 제1항에 따라 제기하려는 행정소송이 보상금의 증감(增減)에 관한 소송인 경우 그 소송을 제기하는 자가 토지소유자 또는 관계인일 때에는 사업시행자를, 사업시행자일 때에는 토지소유자 또는 관계인을 각각 피고로 한다.

정답 ②

143 2022년 국가직 7급

다음 사례에 대한 설명으로 옳지 않은 것은? (다툼이 있는 경우 판례에 의함)

> 甲은 구 「주택건설촉진법」상 아파트를 건설하기 위해 관할 행정청인 A 시장으로부터 주택건설사업계획승인을 받았는데, 그 후 乙에게 위 주택건설사업에 관한 일체의 권리를 양도하였다. 乙은 A 시장에 대하여 사업주체가 변경되었음을 이유로 사업계획변경승인신청서를 제출하였는데, A 시장은 사업계획승인을 받은 날로부터 4년여 간 공사에 착수하지 않았다는 이유로 주택건설사업계획승인을 취소한다고 甲과 乙에게 통지하고, 乙의 사업계획변경승인신청을 반려하였다.

① A 시장의 주택건설사업계획승인의 취소는 취소하여야 할 공익상의 필요와 그 취소로 인하여 당사자가 입게 될 기득권의 침해·신뢰보호 등을 비교·교량하였을 때 공익상의 필요가 당사자가 입을 불이익을 정당화할 만큼 강하지 않다면 적법성을 인정받을 수 없다.

② 사실상 내지 사법상으로 주택건설사업 등이 양도·양수되었을지라도 아직 변경승인을 받기 이전에는 그 사업계획의 피승인자는 여전히 종전의 사업주체인 甲이다.

③ 주택건설사업계획승인취소처분이 甲과 乙에게 같이 통지되었다 하더라도 아직 乙이 사업계획변경승인을 받지 못한 이상 乙로서는 자신에 대한 것이든 甲에 대한 것이든 사업계획승인취소를 다툴 원고적격이 인정되지 않는다.

④ A 시장이 乙에 대하여 한 주택건설사업계획승인취소의 통지는 항고소송의 대상이 되는 행정처분이 아니다.

해설

KEYWORD 행정행위의 취소, 취소소송

① [○] 관할 관청이 주택건설촉진법 제48조의 규정 등에 의하여 주택건설사업계획승인을 취소할 때에는 취소하여야 할 공익상의 필요와 그 취소로 인하여 당사자가 입게 될 기득권과 신뢰 보호, 법률생활의 안정과 침해 등을 비교·교량한 후 공익상의 필요가 당사자가 입을 불이익을 정당화할 만큼 강한 경우에 한하여 취소할 수 있다(대판 1998.5.8. 97누7875).

② [○] 주택건설사업계획에 있어서 사업주체변경의 승인은 그로 인하여 사업주체의 변경이라는 공법상의 효과가 발생하는 것이므로, 사실상 내지 사법상으로 주택건설사업 등이 양도·양수되었을지라도 아직 변경승인을 받기 이전에는 그 사업계획의 피승인자는 여전히 종전의 사업주체인 양도인이고, 양수인이 아니라 할 것이어서, 사업계획승인취소처분 등의 사유가 있는지의 여부와 취소사유가 있다고 하여 행하는 취소처분은 피승인자인 양도인을 기준으로 판단하여 그 양도인에 대하여 행하여져야 할 것이다(대판 1998.5.8. 97누7875).

③ [×] 주택건설촉진법 제33조 제1항, 구 같은 법 시행규칙 제20조의 각 규정에 의하면 주택건설 사업주체의 변경승인신청은 양수인이 단독으로 할 수 있고 위 변경승인은 실질적으로 양수인에 대하여 종전에 승인된 사업계획과 동일한 사업계획을 새로이 승인해 주는 행위라 할 것이므로, 사업주체의 변경승인신청이 된 이후에 행정청이 양도인에 대하여 그 사업계획변경승인의 전제로 되는 사업계획승인을 취소하는 처분을 하였다면 양수인은 그 처분 이전에 양도인으로부터 토지와 사업승인권을 사실상 양수받아 사업주체의 변경승인신청을 한 자로서 그 취소를 구할 법률상의 이익을 가진다(대판 2000.9.26. 99두646).

④ [○] 주택건설촉진법 제33조 제1항, 구 같은 법 시행규칙(1996.2.13. 건설교통부령 제54호로 개정되기 전의 것) 제20조의 각 규정에 의한 주택건설사업계획에 있어서 사업주체변경의 승인은 그로 인하여 사업주체의 변경이라는 공법상의 효과가 발생하는 것이므로, 사실상 내지 사법상으로 주택건설사업 등이 양도·양수되었을지라도 아직 변경승인을 받기 이전에는 그 사업계획의 피승인자는 여전히 종전의 사업주체인 양도인이고 양수인이 아니라 할 것이어서, 사업계획승인취소처분 등의 사유가 있는지의 여부와

취소사유가 있다고 하여 행하는 취소처분은 피승인자인 양도인을 기준으로 판단하여 그 양도인에 대하여 행하여져야 할 것이므로 행정청이 주택건설사업의 양수인에 대하여 양도인에 대한 사업계획승인을 취소하였다는 사실을 통지한 것만으로는 양수인의 법률상 지위에 어떠한 변동을 일으키는 것은 아니므로 위 통지는 항고소송의 대상이 되는 행정처분이라고 할 수는 없다(대판 2000.9.26. 99두646).

정답 ③

---

144 2023년 변호사 난이도 ●○○

폐기물처리업의 허가를 받은 甲은 A시 시장 乙과 「지방자치단체를 당사자로 하는 계약에 관한 법률」에 따라 재활용품의 수집·운반 업무를 대행하는 계약을 체결하였다. 이에 대한 설명으로 옳은 것을 모두 고른 것은? (다툼이 있는 경우 판례에 의함)

> ㄱ. 甲이 乙과 체결한 계약은 공법상 계약에 해당한다.
> ㄴ. 甲이 乙과 체결한 계약에 대해서는 법령에 특별한 규정이 없는 한 사적 자치와 계약자유의 원칙 등 사법의 원리가 그대로 적용된다.
> ㄷ. 甲이 乙과 체결한 계약은 「국가배상법」상 국가배상청구의 요건인 공무원의 '직무'에 포함되지 않는다.
> ㄹ. 甲이 乙과 체결한 계약의 효력에 대해 무효확인을 구하는 소송을 제기하는 경우에는 즉시확정의 이익 내지 확인의 이익이 요구되지 않는다.

① ㄱ, ㄴ
② ㄱ, ㄷ
③ ㄴ, ㄷ
④ ㄱ, ㄴ, ㄷ
⑤ ㄴ, ㄷ, ㄹ

해설

KEYWORD 공법상 계약, 국가배상법

ㄱ.[×] 대법원 판례는 「지방자치단체를 당사자로 하는 계약에 관한 법률」에 따라 지방자치단체와 폐기물처리업체가 체결한 재활용품의 수집·운반 업무를 대행하는 계약을 공법상 계약이 아닌 사법상 계약으로 보았다.

ㄴ.[○] 지방자치단체가 일방 당사자가 되는 이른바 '공공계약'이 사경제의 주체로서 상대방과 대등한 위치에서 체결하는 사법상 계약에 해당하는 경우 그에 관한 법령에 특별한 정함이 있는 경우를 제외하고는 사적 자치와 계약자유의 원칙 등 사법의 원리가 그대로 적용된다(대판 2018.2.13. 2014두11328).

ㄷ.[O] 해당 사례에서 甲이 乙과 체결한 계약은 지방자치단체가 단순한 사경제의 주체로서 하는 작용이므로 국가배상청구의 요건인 공무원의 '직무'에 포함되지 않는다.

> 국가배상법이 정한 손해배상청구의 요건인 '공무원의 직무'에는 국가나 지방자치단체의 권력적 작용뿐만 아니라 비권력적 작용도 포함되지만 단순한 사경제의 주체로서 하는 작용은 포함되지 않는다(대판 2004.4.9. 2002다10691).

ㄹ.[X] 甲이 乙과 체결한 계약의 효력에 대해 무효확인을 구하는 소송을 제기하는 경우 민사소송을 제기해야 하므로, 「민사소송법」에 따라 즉시확정의 이익이 요구된다.

> 이 사건 최초계약과 변경계약은 피고가 원고들에게 음식물류 폐기물의 수집·운반, 가로 청소, 재활용품의 수집·운반 업무의 대행을 위탁하고 그에 대한 대행료를 지급하는 것을 내용으로 하는 용역계약으로서 이 사건 변경계약에 따른 대행료 정산의무의 존부는 민사 법률관계에 해당하므로 이를 소송물로 다투는 소송은 민사소송에 해당하는 것으로 보아야 한다(대판 2018.2.13. 2014두11328).

정답 ③

145 2023년 변호사

다음 사례에 대한 설명으로 옳지 않은 것은? (다툼이 있는 경우 판례에 의함)

> A광역시 B구 구청장 甲은 관할구역 내 지역주택조합 乙이 「주택법」에 따라 제출한 주택건설사업계획에 대해 사업승인을 하면서 교통난 해소에 필요한 진입도로 개설을 위해 乙에게 사업계획구역에 접하고 있는 B구 소유의 토지를 유상으로 매입하도록 하는 부관을 부가하였다.

① 법률에 명시적인 근거가 없는 한, 甲은 乙의 동의가 있더라도 유상으로 매입하도록 한 토지의 면적을 당초 면적보다 확대하는 내용으로 부관을 변경할 수 없다.

② 甲의 주택건설사업계획승인에 부수하여 乙에게 의무를 부과하는 甲의 의사표시인 토지의 유상 매입 부관에 대해 乙은 이 부관만을 독립적인 취소쟁송의 대상으로 하여 소를 제기할 수 있다.

③ 乙이 부관을 이행한다 하더라도 교통난 해소라는 공익에 비하여 乙이 토지의 유상매입으로 인해 입게 되는 불이익의 정도가 훨씬 심대한 경우 위 부관의 부가행위는 재량권을 일탈하거나 남용한 경우에 해당한다.

④ 甲의 주택건설사업계획승인은 행정청에 폭넓은 재량이 인정되는 행위이므로 甲은 관계법령에 명시적인 금지규정이 없는 한 행정목적을 달성하기 위하여 조건이나 기한, 부담 등의 부관을 붙일 수 있다.

⑤ 부관부 주택건설사업계획승인이 있는 상태에서 사정변경으로 인하여 당초에 붙인 부관의 목적을 달성할 수 없게 된 경우에는 명문의 규정이 없더라도 그 목적 달성에 필요한 범위 내에서 甲은 의무의 범위 또는 내용을 변경하는 부관을 사후에 붙이는 것이 예외적으로 허용된다.

해설

KEYWORD 부관, 비례의 원칙

① [×] 乙의 동의가 있다면 종전의 부관을 변경할 수 있다.

> 「행정기본법」 제17조 【부관】 ③ 행정청은 부관을 붙일 수 있는 처분이 다음 각 호의 어느 하나에 해당하는 경우에는 그 처분을 한 후에도 부관을 새로 붙이거나 종전의 부관을 변경할 수 있다.
> 2. 당사자의 동의가 있는 경우

② [○] 주택건설사업계획승인에 부수하여 의무를 부과하는 부관은 부담에 해당한다. 따라서 이를 독립적인 취소쟁송의 대상으로 하여 소를 제기할 수 있다.

> 행정행위의 부관은 행정행위의 일반적인 효력이나 효과를 제한하기 위하여 의사표시의 주된 내용에 부가되는 종된 의사표시이지 그 자체로서 직접 법적 효과를 발생하는 독립된 처분이 아니므로 현행 행정쟁송제도 아래서는 부관 그 자체만을 독립된 쟁송의 대상으로 할 수 없는 것이 원칙이나 행정행위의 부관 중에서도 행정행위에 부수하여 그 행정행위의 상대방에게 일정한 의무를 부과하는 행정청의 의사표시인 부담의 경우에는 다른 부관과는 달리 행정행위의 불가분적인 요소가 아니고 그 존속이 본체인 행정행위의 존재를 전제로 하는 것일 뿐이므로 부담 그 자체로서 행정쟁송의 대상이 될 수 있다(대판 1992.1.21. 91누1264).

③ [○] 부관도 행정작용이므로 「행정기본법」 제10조에 규정된 비례의 원칙의 적용을 받는다.

> 제10조 【비례의 원칙】 행정작용은 다음 각 호의 원칙에 따라야 한다.
> 1. 행정목적을 달성하는 데 유효하고 적절할 것
> 2. 행정목적을 달성하는 데 필요한 최소한도에 그칠 것
> 3. 행정작용으로 인한 국민의 이익 침해가 그 행정작용이 의도하는 공익보다 크지 아니할 것

④ [○] 주택건설사업계획승인은 수익적 행정처분으로서 행정주체에게 폭넓은 재량이 인정되고 있는 재량행위이므로 부관을 붙이는 것이 가능하다(대판 2009.10.29. 2008두9829).

⑤ [○] 「행정기본법」 제17조 제3항 제3호에 대한 옳은 내용이다.

> 제17조 【부관】 ③ 행정청은 부관을 붙일 수 있는 처분이 다음 각 호의 어느 하나에 해당하는 경우에는 그 처분을 한 후에도 부관을 새로 붙이거나 종전의 부관을 변경할 수 있다.
> 3. 사정이 변경되어 부관을 새로 붙이거나 종전의 부관을 변경하지 아니하면 해당 처분의 목적을 달성할 수 없다고 인정되는 경우

정답 ①

146 ☐☐☐ 2023년 변호사   난이도 ●●○

A세무서장 甲은 「주류 면허 등에 관한 법률」(이하 '주류면허법'이라 함)에 따라 乙에게 종합주류도매업면허(이하 '이 사건 면허'라 함)를 발급하면서 "무면허 주류판매업자에게 주류를 판매할 경우에는 면허를 취소할 수 있다."라는 취소권유보의 조건을 부가하였다. 그 후 乙이 무면허 주류판매업자에게 주류를 판매한 사실이 확인되어 甲은 이 사건 면허를 취소하면서 乙에게 "상기 주류도매업사업장은 무면허 주류판매업자에게 주류를 판매하였으므로 주류면허법 제6조(주류 제조 및 판매업 면허의 조건) 및 제12조(주류 판매 정지 등)에 따라 이 사건 면허를 취소한다."라는 내용의 통지서를 발송하였다. 이에 대한 설명으로 옳지 않은 것은? (다툼이 있는 경우 판례에 의함)

① 甲의 이 사건 면허는 형성적 행위로서 乙에게 영업상의 권리 혹은 지위를 설정하여 주는 강학상의 특허이다.

② 乙이 자신과 주류를 거래한 상대방이 무면허 주류판매업자라는 사실을 모르고 상대방에게 주류를 판매하였다고 하더라도 乙의 의무 해태를 탓할 수 없는 정당한 사유가 있는 등 특별한 사정이 없는 한, 甲은 乙의 이 사건 면허를 취소할 수 있다.

③ 위 취소권유보의 실질은 철회권의 유보이고, 이 사건 면허발급시 철회권이 유보되어 있다 하더라도 甲이 철회권을 행사함에 있어서 이익형량의 원칙에 의한 제한을 받는다.

④ 甲의 이 사건 면허 취소처분에 이유제시의 하자가 있다면 甲은 乙의 불복 여부 결정 및 불복신청에 편의를 줄 수 있는 상당한 기간까지 그 하자를 치유할 수 있다.

⑤ 甲의 이 사건 면허 취소에 대해 乙이 취소소송을 제기하여 당초의 이유제시에 하자가 있다는 이유로 승소확정판결을 받은 경우, 甲이 이유제시의 위법사유를 보완하여 다시 면허취소를 하였다고 해도 이는 이전의 면허 취소와 다른 별개의 처분이라 할 것이다.

해설

KEYWORD 법률행위적 행정행위, 행정행위의 철회, 하자의 치유, 기판력

① [✕] 주류판매업 면허는 설권적 행위가 아니라 주류판매의 질서유지, 주세 보전의 행정목적 등을 달성하기 위하여 개인의 자연적 자유에 속하는 영업행위를 일반적으로 제한하였다가 특정한 경우에 이를 회복하도록 그 제한을 해제하는 강학상의 허가로 해석되므로 주세법 제10조 제1호 내지 제11호에 열거된 면허제한사유에 해당하지 아니하는 한 면허관청으로서는 임의로 그 면허를 거부할 수 없다(대판 1995.11.10. 95누5714).

② [○] 행정법규 위반에 대하여 가하는 제재조치는 행정목적의 달성을 위하여 행정법규 위반이라는 객관적 사실에 착안하여 가하는 제재이므로, 위반자가 그 의무를 알지 못하는 것이 무리가 아니었다고 할 수 있어 그것을 정당시할 수 있는 사정이 있을 때 또는 의무의 이행을 당사자에게 기대하는 것이 무리라고 하는 사정이 있을 때 등 의무 해태를 탓할 수 없는 정당한 사유가 있는 경우 등의 특별한 사정이 없는 한 위반자에게 고의나 과실이 없다고 하더라도 부과될 수 있다(대판 2012.6.28. 2010두24371).

③ [○] 종합주류도매업면허를 발급하면서 일정한 경우 면허를 취소할 수 있도록 한 것은 행정행위가 성립된 이후에 새로이 발생한 사유로 철회하는 것이므로 철회권을 유보한 것에 해당한다. 행정청이 철회권을 행사하려면 이익형량의 원칙이 충족되어야 한다.

> 행정행위의 취소는 일단 유효하게 성립한 행정행위를 그 행위에 위법 또는 부당한 하자가 있음을 이유로 소급하여 그 효력을 소멸시키는 별도의 행정처분이고, 행정행위의 철회는 적법요건을 구비하여 완전히 효력을 발하고 있는 행정행위를 사후적으로 그 행위의 효력의 전부 또는 일부를 장래에 향해 소멸시키는 행정처분이므로, 행정행위의 취소사유는 행정행위의 성립 당시에 존재하였던 하자를 말하고, 철회사유는 행정행위가 성립된 이후에 새로이 발생한 것으로서 행정행위의 효력을 존속시킬 수 없는 사유를 말한다(대판 2003.5.30. 2003다6422).

④ [○] 과세처분시 납세고지서에 과세표준, 세율, 세액의 산출근거 등이 누락된 경우에는 늦어도 과세처분에 대한 불복여부의 결정 및 불복신청에 편의를 줄 수 있는 상당한 기간 내에 보정행위를 하여야 그 하자가 치유된다 할 것이므로, 과세처분이 있은지 4년이 지나서 그 취소소송이 제기된 때에 보정된 납세고지서를 송달하였다는 사실이나 오랜 기간(4년)의 경과로써 과세처분의 하자가 치유되었다고 볼 수는 없다(대판 1983.7.26. 82누420).

⑤ [○] 행정처분에 위법이 있어 행정처분을 취소하는 판결이 확정된 경우 그 확정판결의 기판력은 거기에 적시된 위법사유에 한하여 미치는 것이므로, 행정관청이 그 확정판결에 적시된 위법사유를 보완하여 행한 새로운 행정처분은 확정판결에 의하여 취소된 종전의 처분과는 별개의 처분으로서 확정판결의 기판력에 저촉된다고 할 수 없다(대판 1997.2.11. 96누13057).

정답 ①

147 | 2023년 변호사 | 난이도 ●●○

다음 사례에 대한 설명으로 옳지 않은 것을 모두 고른 것은? (다툼이 있는 경우 판례에 의함)

「주택법」상 주택건설사업계획의 승인이 있으면, 관계 행정기관의 장과 협의한 사항에 대하여 「국토의 계획 및 이용에 관한 법률」(이하 '국토계획법'이라 한다)에 따른 도시·군관리계획의 결정을 비롯하여 「주택법」 제19조 제1항 각 호에서 열거하는 인·허가를 받은 것으로 의제된다. 甲은 관할 A행정청에 「주택법」에 따른 주택건설사업계획승인을 신청하였고, A행정청은 관계 행정기관의 장과 협의를 거쳐 주택건설사업계획을 승인·고시하였다.

ㄱ. 주택건설사업계획의 승인이 있으면 「주택법」 제19조 제1항 각 호에서 열거하는 모든 인·허가가 의제되므로, 모든 인·허가 사항에 대해 사전에 관계 행정기관과 일괄하여 협의를 거쳐야 한다.
ㄴ. A행정청은 도시·군관리계획 결정권자와 협의를 거쳐 주택건설사업계획을 승인하면서 이와는 별도로 국토계획법에서 정한 도시·군관리계획 입안을 위한 주민 의견청취 절차를 거칠 필요가 없다.
ㄷ. 의제되는 국토계획법상 도시·군관리계획의 결정에 하자가 있다면, 주택건설사업계획 승인처분 자체가 위법하게 된다.
ㄹ. 의제되는 인·허가는 주택건설사업계획 승인처분과 별도로 항고소송의 대상이 되는 처분에 해당하지 않는다.

① ㄱ, ㄷ
② ㄱ, ㄹ
③ ㄴ, ㄷ
④ ㄱ, ㄷ, ㄹ
⑤ ㄴ, ㄷ, ㄹ

해설

KEYWORD 인허가의제

ㄱ. [✗] 주택건설사업계획 승인권자가 관계 행정기관의 장과 미리 협의한 사항에 한하여 승인처분을 할 때에 인허가 등이 의제될 뿐이고, 각 호에 열거된 모든 인허가 등에 관하여 일괄하여 사전협의를 거칠 것을 승인처분의 요건으로 하고 있지는 않다(대판 2017.9.12. 2017두45131).

ㄴ. [○] 인허가 의제 규정의 입법 취지를 고려하면, 주택건설사업계획 승인권자가 구 주택법 제17조 제3항에 따라 도시·군관리계획 결정권자와 협의를 거쳐 관계 주택건설사업계획을 승인하면 같은 조 제1항 제5호에 따라 도시·군관리계획결정이 이루어진 것으로 의제되고, 이러한 협의 절차와 별도로 국토의 계획 및 이용에 관한 법률 제28조 등에서 정한 도시·군관리계획 입안을 위한 주민 의견청취 절차를 거칠 필요는 없다(대판 2018.11.29. 2016두38792).

ㄷ. [✗] 사업부지에 관한 선행 도시·군관리계획결정이 존재하지 않거나 또는 그 결정에 관하여 하자가 있더라도, 특별한 사정이 없는 한 그것만으로는 곧바로 주택건설사업계획 승인처분의 위법사유를 구성한다고 볼 수는 없다(대판 2017.9.12. 2017두45131).

ㄹ. [✗] 의제된 인허가는 통상적인 인허가와 동일한 효력을 가지므로, 적어도 '부분 인허가 의제'가 허용되는 경우에는 그 효력을 제거하기 위한 법적 수단으로 의제된 인허가의 취소나 철회가 허용될 수 있고, 이러한 직권 취소·철회가 가능한 이상 그 의제된 인허가에 대한 쟁송취소 역시 허용된다. 따라서 주택건설사업계획 승인처분에 따라 의제된 인허가가 위법함을 다투고자 하는 이해관계인은, 주택건설사업계획 승인처분의 취소를 구할 것이 아니라 의제된 인허가의 취소를 구하여야 하며, 의제된 인허가는 주택건설사업계획 승인처분과 별도로 항고소송의 대상이 되는 처분에 해당한다(대판 2018.11.29. 2016두38792).

정답 ④

---

148 2023년 국가직 9급 난이도 ●●○

다음 사례에 대한 설명으로 옳은 것은? (다툼이 있는 경우 판례에 의함)

> A구 의회 의원인 甲은 공무원을 폭행하는 등 의원으로서 품위를 손상시키는 행위를 하였다. 이러한 사유를 들어 A구 의회는 甲을 의원직에서 제명하는 의결을 하였다. 이에 甲은 위 제명의결을 행정소송의 방법으로 다투고자 한다.

① 甲이 제명의결을 행정소송으로 다투는 경우 소송의 유형은 무효확인소송으로 하여야 하며 취소소송으로는 할 수 없다.

② A구 의회는 입법기관으로서 행정청의 지위를 가지지 못하므로 甲에 대한 제명의결을 다투는 행정소송에서는 A구 의회 사무총장이 피고가 되어야 한다.

③ 「행정소송법」 제12조의 '법률상 이익' 개념에 관하여 법률상 이익구제설에 따르는 판례에 의하면 甲은 제명의결을 다툴 원고적격을 갖지 못한다.

④ 법원이 甲이 제기한 행정소송을 받아들여 소송의 계속 중에 甲의 임기가 만료되었더라도 수소법원은 소의 이익을 인정할 수 있다.

해설

KEYWORD 행정소송

① [×] 제명의결은 처분으로서 취소소송 대상적격이 인정되므로 취소소송으로도 제기할 수 있다.

> 지방자치법 제78조 내지 제81조의 규정에 의거한 지방의회의 의원징계의결은 그로 인해 의원의 권리에 직접 법률효과를 미치는 행정처분의 일종으로서 행정소송의 대상이 된다(대판 1993.11.26. 93누7341).

② [×] 지방의회의 의원징계, 의장불신임 등에 대해서는 **지방의회가 피고적격을 갖는다.**

③ [×] 판례는 법률상 이익구제설에 따르고 있으며, 지방의회 의원의 제명의결에 대한 **원고적격을 인정하고 있다**(대판 2009.1.30. 2007두13487).

④ [○] 지방의회 의원에 대한 제명의결 취소소송 계속중 의원의 임기가 만료된 사안에서, 제명의결의 취소로 의원의 지위를 회복할 수는 없다 하더라도 제명의결시부터 임기만료일까지의 기간에 대한 월정수당의 지급을 구할 수 있는 등 여전히 그 제명의결의 취소를 구할 법률상 이익이 있다(대판 2009.1.30. 2007두13487).

정답 ④

---

149 2023년 변호사

다음 사례에 대한 설명으로 옳은 것을 모두 고른 것은? (다툼이 있는 경우 판례에 의함)

> A구 구청장은 관내에서 음식점을 운영하고 있는 甲이 청소년에게 주류를 판매하였다는 이유로, 甲에게 영업정지처분을 할 것을 고려하고 있다.

ㄱ. 구청장이 영업정지처분을 하였고, 이에 대하여 甲이 취소소송을 제기하면서 집행정지를 신청한 경우, 甲이 제기한 취소소송이 적법하여야 한다는 것이 집행정지의 요건에 포함된다.

ㄴ. 甲이 적발 당시 위반사실을 시인하였다면, 이는 「행정절차법」 소정의 '의견청취가 현저히 곤란하거나 명백히 불필요하다고 인정될 만한 상당한 이유가 있는 경우'에 해당한다.

ㄷ. 구청장이 청소년 주류판매를 이유로 甲에게 영업정지 2개월의 처분을 하였고, 이에 대하여 甲이 취소소송을 제기하여 원고(甲) 승소판결이 확정되었는데, 그 후 구청장이 영업시간제한 위반을 이유로 재차 甲에게 영업정지 2개월의 처분을 한 경우, 후행 영업정지처분은 취소판결의 기속력에 반하지 아니한다.

ㄹ. 甲은 영업정지처분을 받고 이에 대해 취소소송을 제기하였으나 집행정지 신청을 하지 아니하였다. 이 경우 甲이 영업정지 기간 동안 영업을 계속하였다면, 위 영업정지처분이 나중에 행정쟁송절차에 의해 취소되더라도 甲은 영업정지명령위반을 이유로 한 형사처벌을 면할 수 없다.

① ㄱ, ㄴ ② ㄱ, ㄷ
③ ㄱ, ㄹ ④ ㄴ, ㄷ
⑤ ㄷ, ㄹ

해설

KEYWORD 집행정지, 행정절차, 기속력

ㄱ.[○] 행정처분에 대한 집행정지는 행정처분의 집행부정지의 원칙의 예외로서 인정되는 것이고, 또 본안소송의 제기를 요건으로 하여 본안에서 원고가 승소할 수 있는 가능성을 전제로 한 권리보호수단이라는 점에 비추어 보면, 집행정지사건 자체에 의하여도 신청인의 본안청구가 소송요건을 갖춘 적법한 것이어야 한다는 점도 집행정지 요건에 포함된다(서울행법 2001.8.1. 2001아1267).

ㄴ.[×] '의견청취가 현저히 곤란하거나 명백히 불필요하다고 인정될 만한 상당한 이유가 있는 경우'에 해당하는지는 해당 행정처분의 성질에 비추어 판단하여야 하며, 처분상대방이 이미 행정청에 위반사실을 시인하였다거나 처분의 사전통지 이전에 의견을 진술할 기회가 있었다는 사정을 고려하여 판단할 것은 아니다(대판 2016.10.27. 2016두41811).

ㄷ.[○] 행정처분의 위법 여부는 행정처분이 행하여진 때의 법령과 사실을 기준으로 판단하므로, 확정판결의 당사자인 처분 행정청은 종전 처분 후에 발생한 새로운 사유를 내세워 다시 처분을 할 수 있고, 새로운 처분의 처분사유가 종전 처분의 처분사유와 기본적 사실관계에서 동일하지 않은 다른 사유에 해당하는 이상, 처분사유가 종전 처분 당시 이미 존재하고 있었고 당사자가 이를 알고 있었더라도 이를 내세워 새로이 처분을 하는 것은 확정판결의 기속력에 저촉되지 않는다(대판 2016.3.24. 2015두48235).

ㄹ.[×] 영업의 금지를 명한 영업허가취소처분 자체가 나중에 행정쟁송절차에 의하여 취소되었다면 그 영업허가취소처분은 그 처분시에 소급하여 효력을 잃게 되며, 그 영업허가취소처분에 복종할 의무가 원래부터 없었음이 확정되었다고 봄이 타당하고, 영업허가취소처분이 장래에 향하여서만 효력을 잃게 된다고 볼 것은 아니므로 그 영업허가취소처분 이후의 영업행위를 무허가영업이라고 볼 수는 없다(대판 1993.6.25. 93도277).

정답 ②

---

150 실전문제 난이도 ●●○

「공유수면 관리 및 매립에 관한 법률」(이하 '공유수면법'이라 한다)에 따라 A도지사는 甲에게 택지조성을 매립목적으로 하는 공유수면매립면허를 부여하였다. 甲은 당초 매립목적과 달리 조선(造船)시설용지지역으로 매립지를 이용하고자 A도지사에게 준공인가 전에 공유수면매립목적 변경신청을 하였고, 이에 A도지사는 甲의 변경신청을 승인하였다. 그런데 이 매립지의 인근에는 가공식품을 만들어 판매하고 있는 B재단법인이 있었다. 이에 대한 설명으로 옳은 것은? (다툼이 있는 경우 판례에 의함)

① A도지사의 甲에 대한 공유수면매립면허처분 및 공유수면매립목적 변경 승인처분은 각각 강학상 허가와 강학상 특허에 해당한다.

② B는 공유수면매립목적 변경 승인처분으로 자신의 직원들이 쾌적한 환경에서 생활할 수 있는 환경상 이익을 침해받았음을 이유로 B 자신의 이름으로 그 변경 승인처분에 대하여 항고소송을 제기할 수 있다.

③ 공유수면매립면허처분과 관련하여 법령상 요구되는 환경영향평가를 실시하지 않은 경우 환경영향평가지역 밖에 거주하는 주민들에 대해서도 환경상 이익에 대한 침해 또는 침해 우려가 있는 것으로 사실상 추정된다.

④ 공유수면 매립목적 변경 승인처분에 대해서는 법률에 근거가 있는 경우에 한해 부관을 붙일 수 있다.

⑤ 공유수면매립면허처분 이후에 매립실시계획이 승인되면, 「공유수면법」에 의해 다른 법률상의 인가·허가가 의제될 수 있는데, 이 경우 의제된 인가·허가는 통상적인 인가·허가와 동일한 효력을 가진다.

해설

KEYWORD 특허, 원고적격

① [×] 공유수면매립면허는 설권행위인 특허의 성질을 갖는 것이므로 원칙적으로 행정청의 자유재량에 속한다(대판 1989.9.12. 88누9206). 공유수면매립면허처분은 강학상 특허, 공유수면매립목적 변경 승인처분은 강학상 특허에 해당한다.

② [×] 원고 수녀원은 재단법인으로서, 공유수면매립 승인처분의 매립목적을 당초의 택지조성에서 조선시설용지로 변경하는 내용의 이 사건 처분으로 인하여 원고 수녀원에 소속된 수녀 등이 전과 비교하여 환경상 이익을 침해받는다고 하더라도 이를 가리켜 곧바로 원고 수녀원의 법률상 이익이 침해된다고 볼 수 없고, 자연인이 아닌 원고 수녀원은 쾌적한 환경에서 생활할 수 있는 이익을 향유할 수 있는 주체도 아니므로 원고 수녀원에게는 이 사건 처분의 무효확인을 구할 원고적격이 있다고 할 수 없다(대판 2012.6.28. 2010두2005).

③ [×] 환경영향평가 대상지역 안의 주민들이 공유수면매립면허처분 등과 관련하여 갖고 있는 위와 같은 환경상의 이익은 주민 개개인에 대하여 개별적으로 보호되는 직접적, 구체적 이익으로서 그들에 대하여는 특단의 사정이 없는 한 환경상의 이익에 대한 침해 또는 침해우려가 있는 것으로 사실상 추정되어 공유수면매립면허처분 등의 무효확인을 구할 원고적격이 인정된다. 또한, 환경영향평가 대상지역 밖의 주민이라 할지라도 공유수면매립면허처분 등으로 인하여 그 처분 전과 비교하여 수인한도를 넘는 환경피해를 받거나 받을 우려가 있는 경우에는, 공유수면매립면허처분 등으로 인하여 환경상 이익에 대한 침해 또는 침해우려가 있다는 것을 입증함으로써 그 처분 등의 무효확인을 구할 원고적격을 인정받을 수 있다(대판 2006.3.16. 2006두330 전합).

④ [×] 공유수면 매립목적 변경 승인처분은 재량행위이므로 법률에 근거가 없어도 부관을 붙일 수 있다(행정기본법 제17조 제1항).

> 매립목적 변경 승인은 원래의 공유수면매립 승인을 한 행정청이 매립지의 상황, 매립사업의 내용과 진행 정도, 변경되는 매립목적의 내용, 매립목적 변경의 필요성 및 효과, 매립목적 변경으로 인한 주변 환경의 변화, 공익에 미치는 영향 등 여러 사정을 참작하여 승인을 할 것인지 결정하는 <u>재량행위이다</u>(대판 2012.6.28. 2010두2005).

⑤ [○] 주택건설사업계획 승인처분에 따라 또는 사업계획승인으로 의제된 인허가는 통상적인 인허가와 동일한 효력을 가진다(대판 2018.11.29. 2016두38792).

정답 ⑤

151 2023년 군무원 7급

甲은 乙 군수에게 「식품위생법」에 의한 일반음식점영업신고를 하고 영업을 하던 중 청소년에게 주류를 판매하였다는 이유로 적발되었다. 관할 행정청인 乙 군수는 「식품위생법 시행규칙」 [별표23] 행정처분기준에 따라 사전통지 등 적법절차를 거쳐 1회 위반으로 영업정지 2월의 제재처분을 하였다. 다음에 대한 설명으로 옳지 않은 것은? (다툼이 있는 경우 판례에 의함)

① 영업정지 2월의 처분에 대하여 甲이 행정심판을 제기한 경우 행정심판위원회는 심리한 결과 처분청이 경미하게 처분하였다고 판단되면 영업정지 3월의 처분으로 처분을 변경하는 재결을 내릴 수 있다.

② 甲이 취소소송을 제기하기 전 영업정지 2월의 처분이 종료한 경우로서 처분이 발해진 후 1년이 경과하여 후행 처분의 가중사유가 되지 않는 경우라면 甲은 취소소송을 제기할 협의의 소의 이익이 인정되지 않는다.

③ 甲이 제기한 행정심판에서 심리한 결과 처분이 부당하다고 인정되면 행정심판위원회는 재량행위임에도 처분의 일부를 감경하는 재결을 할 수 있다.

④ 행정심판의 경우에도 행정소송과 마찬가지로 처분사유의 추가 변경은 기본적 사실관계의 동일성이 있는 범위 내에서만 허용된다.

해설

KEYWORD 행정심판, 행정소송

① [×] 행정심판위원회가 기존 처분보다 더 불리하게 재결하는 것은 불이익변경금지원칙에 따라 허용되지 않는다.

> 「행정심판법」 제47조【재결의 범위】② 위원회는 심판청구의 대상이 되는 처분보다 청구인에게 불리한 재결을 하지 못한다.

② [○] 규칙이 정한 바에 따라 선행처분을 가중사유 또는 전제요건으로 하는 후행처분을 받을 우려가 현실적으로 존재하는 경우에는, 선행처분을 받은 상대방은 비록 그 처분에서 정한 제재기간이 경과하였다 하더라도 그 처분의 취소소송을 통하여 그러한 불이익을 제거할 권리보호의 필요성이 충분히 인정된다고 할 것이므로, 선행처분의 취소를 구할 법률상 이익이 있다고 보아야 한다(대판 2006.6.22. 2003두1684 전합). 하지만 가중적 제재기간이 경과해서 선행처분을 가중사유 또는 전제요건으로 하는 후행처분을 받을 우려가 현실적으로 존재하지 않는 경우에는 경우에는 취소소송을 제기할 협의의 소의 이익이 인정되지 않는다.

③ [○] 행정심판에서는 행정소송과 달리 행정청의 위법한 처분뿐만 아니라 부당한 처분에 대해서도 판단할 수 있고, 이는 행정심판위원회가 재량행위에 대해서도 판단할 수 있음을 의미한다. 행정소송에서 법원이 재량행위에 대한 취소소송에서 재량하자가 있으면 인용판결, 없으면 기각판결을 내리는 것과 달리 행정심판위원회는 재량행위에 대해서 판단하고 처분의 일부를 감경하는 재결을 할 수 있다.

④ [○] 행정처분의 취소를 구하는 항고소송에서 처분청은 당초 처분의 근거로 삼은 사유와 기본적 사실관계가 동일성이 있다고 인정되는 한도 내에서만 다른 사유를 추가 또는 변경할 수 있고, 이러한 기본적 사실관계의 동일성 유무는 처분사유를 법률적으로 평가하기 이전의 구체적 사실에 착안하여 그 기초인 사회적 사실관계가 기본적인 점에서 동일한지에 따라 결정되므로, 추가 또는 변경된 사유가 처분 당시에 이미 존재하고 있었다거나 당사자가 그 사실을 알고 있었다고 하여 당초의 처분사유와 동일성이 있다고 할 수 없다. 그리고 이러한 법리는 행정심판 단계에서도 그대로 적용된다(대판 2014.5.16. 2013두26118).

정답 ①

152 2023년 지방직 9급

다음 사례에 대한 설명으로 옳은 것만을 모두 고르면? (다툼이 있는 경우 판례에 의함)

- 행정청 甲은 국유 일반재산인 건물 1층을 5년간 대부하는 계약을 乙과 체결하면서 대부료는 1년에 1억으로 정하였고 6회에 걸쳐 분납하기로 하였다. 甲은 乙이 1년간 대부료를 납부하지 않자, 체납한 대부료를 납부할 것을 통지하였다. 「국유재산법」에 따르면 국유재산의 대부료 등이 납부기한까지 납부되지 아니한 경우에는 「국세징수법」상의 강제징수에 관한 규정을 준용하고 있다.
- 행정청 甲은 국가 소유의 땅을 무단점유하여 사용하고 있는 丙에게 변상금 100만 원 부과처분을 하였다.

ㄱ. 甲이 乙에게 대부하는 행위는 공권력의 주체로서 상대방의 의사 여하에 불구하고 일방적으로 행하는 행정처분이 아니다.
ㄴ. 甲은 대부료를 납부하지 않은 乙을 상대로 민사소송을 제기하여 대부료 지급을 구해야 한다.
ㄷ. 변상금 부과처분은 순전히 사경제 주체로서 행하는 사법상의 법률행위이므로, 丙은 그 처분에 대해 민사소송을 제기하여 다툴 수 있다.

① ㄱ
② ㄴ
③ ㄱ, ㄷ
④ ㄱ, ㄴ, ㄷ

해설

KEYWORD 처분, 공법관계와 사법관계

ㄱ. [O] 구 국유재산법 제31조 제3항, 구 국유재산법 시행령 제33조 제2항의 규정에 의하여 국유잡종재산에 관한 관리 처분의 권한을 위임받은 기관이 국유잡종재산을 대부하는 행위는 국가가 사경제 주체로서 상대방과 대등한 위치에서 행하는 사법상의 계약이지 행정청이 공권력의 주체로서 상대방의 의사 여하에 불구하고 일방적으로 행하는 행정처분이라고 볼 수 없다(대판 1995.5.12. 94누5281).

ㄴ. [X] 공유 일반재산의 대부료와 연체료를 납부기한까지 내지 아니한 경우에도 공유재산 및 물품 관리법 제97조 제2항에 의하여 지방세 체납처분의 예에 따라 이를 징수할 수 있다. 이와 같이 공유 일반재산의 대부료의 징수에 관하여도 지방세 체납처분의 예에 따른 간이하고 경제적인 특별한 구제절차가 마련되어 있으므로, 특별한 사정이 없는 한 민사소송으로 공유 일반재산의 대부료의 지급을 구하는 것은 허용되지 아니한다(대판 2017.4.13. 2013다207941).

ㄷ. [X] 국유재산법 제51조 제1항에 의한 변상금 부과처분은 국유재산을 무단으로 사용하는 자에 대하여 그 관리청이 부과하는 행정처분이고, 구 국유재산법 제51조 제2항, 제25조 제3항 및 현행 국유재산법 제51조 제3항에 의하면, 국유재산의 무단사용자가 국유재산법 제51조에 의한 변상금을 체납한 경우에는 관리청은 관할 세무서장 또는 지방자치단체장에게 위임하여 국세징수법의 체납처분에 관한 규정에 으하여 징수할 수 있도록 되어 있으므로, 국유재산법 제51조 제1항에 의한 변상금 부과처분을 근거로 한 변상금의 청구를 민사소송의 방법에 의할 수는 없다(대판 2000.11.24. 2000다28568).

정답 ①

153 | 2023년 지방직 9급

다음 사례에 대한 설명으로 옳은 것은?

> 식품접객업을 하는 甲은 청소년의 연령을 확인하지 않고 주류를 판매한 사실이 적발되어 관할 행정청 乙로부터 「식품위생법」 위반을 이유로 영업정지 2개월을 부과받자 관할 행정심판위원회 丙에 행정심판을 청구하였다.

① 丙은 영업정지 2개월에 갈음하여 「식품위생법」 소정의 과징금으로 변경할 수 없다.

② 甲이 丙의 기각재결을 받은 후 재결 자체에 고유한 하자가 있음을 주장하며 그 기각재결에 대하여 취소소송을 제기한 경우, 수소법원은 심리 결과 재결 자체에 고유한 위법이 없다면 각하판결을 하여야 한다.

③ 丙이 영업정지처분을 취소하는 재결을 할 경우, 乙은 이 인용재결의 취소를 구하는 행정소송을 제기할 수 없다.

④ 丙은 행정심판의 심리과정에서 甲의 「식품위생법」상의 또 다른 위반 사실을 인지한 경우, 乙의 2개월 영업정지와는 별도로 1개월 영업정지를 추가하여 부과하는 재결을 할 수 있다.

해설

KEYWORD 행정소송, 행정심판, 과징금

① [×] 이른바 변형과징금에 대한 문제로, 丙은 영업정지 2개월에 갈음하여 「식품위생법」 소정의 과징금으로 변경할 수 있다.

② [×] 각하판결이 아닌 기각판결이다.

> 행정소송법 제19조는 취소소송은 행정청의 원처분을 대상으로 하되(원처분주의), 다만 "재결 자체에 고유한 위법이 있음을 이유로 하는 경우"에 한하여 행정심판의 재결도 취소소송의 대상으로 삼을 수 있도록 규정하고 있으므로 재결취소소송의 경우 재결 자체에 고유한 위법이 있는지 여부를 심리할 것이고, 재결 자체에 고유한 위법이 없는 경우에는 원처분의 당부와는 상관없이 당해 재결취소소송은 이를 기각하여야 한다(대판 1994.1.25. 93누16901).

③ [○] 재결의 기속력으로 인해 행정청은 행정심판 재결에 불복할 수 없다.

> 「행정심판법」 제49조【재결의 기속력 등】① 심판청구를 인용하는 재결은 피청구인과 그 밖의 관계 행정청을 기속(羈束)한다.

④ [×] 행정심판위원회는 심판청구의 대상이 되는 처분보다 청구인에게 불리한 재결을 하지 못한다.

> 「행정심판법」 제47조【재결의 범위】① 위원회는 심판청구의 대상이 되는 처분 또는 부작위 외의 사항에 대하여는 재결하지 못한다.
> ② 위원회는 심판청구의 대상이 되는 처분보다 청구인에게 불리한 재결을 하지 못한다.

정답 ③

154 2023년 국가직 9급

공익신고자 丙은 甲이 국민기초생활 보장법 상의 복지급여를 부정수급하고 있다고 관할 乙행정청에 신고하였다. 이에 대하여 甲은 乙에게 부정수급 신고를 한 자와 그 내용에 대해 정보공개청구를 하였다. 이후 甲은 乙의 비공개결정통지를 받았고(2022.8.26.) 이에 대해 국민권익위원회에 고충민원을 제기하였으나(2022.9.16.), 국민권익위원회로부터 乙의 결정은 문제가 없다는 안내를 받았다(2022.10.26.). 그리고 甲은 乙의 비공개결정의 취소를 구하는 행정심판을 제기하게 되었다(2022.12.27.). 이에 대한 설명으로 옳은 것만을 모두 고르면?

ㄱ. 「개인정보 보호법」상 정보주체에게 열람청구권이 보장되어 있더라도, 甲은 이에 근거하여 乙에게 신고자에 대한 정보공개를 요구하여 그 정보를 받을 수 없다.
ㄴ. 甲의 행정심판청구는 행정심판 제기기간 내에 이루어졌으므로 적법하다.
ㄷ. 甲의 국민권익위원회에 대한 고충민원 제기는 이의신청에 해당하므로, 고충민원에 대한 답변을 받은 날이 행정심판 제기기간의 기산점이 된다.
ㄹ. 학술·연구를 위하여 일시적으로 체류하는 외국인 丙은 국민기초생활 보장법 상의 복지급여 지급기준에 대해 정보공개를 청구할 권리가 인정된다.

① ㄱ, ㄴ
② ㄱ, ㄹ
③ ㄴ, ㄷ
④ ㄱ, ㄷ, ㄹ

해설

KEYWORD 정보공개청구, 행정심판

ㄱ.[O] 행정청에게는 공익신고자등의 비밀보장의무가 있으므로, 공익신고자에 대한 정보를 공개해서는 안된다. 국민권익위원회 중앙행심 2015-11012, 2015.8.11. 사건에서는 공익신고자의 정보 및 해당 신고내용이 「공익신고자 보호법」 제12조 제1항에 따라 공개가 금지되므로 「공공기관의 정보공개에 관한 법률」 제9조 제1항 제1호에 해당하여 비공개 대상 정보임을 판시한 바 있다.

> 「공익신고자 보호법」 제12조 【공익신고자등의 비밀보장 의무】 ① 누구든지 공익신고자등이라는 사정을 알면서 그의 인적사항이나 그가 공익신고자등임을 미루어 알 수 있는 사실을 다른 사람에게 알려주거나 공개 또는 보도하여서는 아니 된다. 다만, 공익신고자등이 동의한 때에는 그러하지 아니하다.
> 「공공기관의 정보공개에 관한 법률」 제9조 【비공개 대상 정보】 ① 공공기관이 보유·관리하는 정보는 공개 대상이 된다. 다만, 다음 각 호의 어느 하나에 해당하는 정보는 공개하지 아니할 수 있다.
>   1. 다른 법률 또는 법률에서 위임한 명령(국회규칙·대법원규칙·헌법재판소규칙·중앙선거관리위원회규칙·대통령령 및 조례로 한정한다)에 따라 비밀이나 비공개 사항으로 규정된 정보

ㄴ.[×] 甲이 乙의 비공개결정통지를 받은 2022.8.26.부터 90일을 기산하면 2022.11.24.이다. 따라서 행정심판의 제기기간이 지났으므로 부적법하다.

> 「행정심판법」 제27조 【심판청구의 기간】 ① 행정심판은 처분이 있음을 알게 된 날부터 90일 이내에 청구하여야 한다.

ㄷ.[×] 甲의 국민권익위원회에 대한 고충민원 제기는 이의신청에 해당하지 않으므로, 고충민원에 대한 답변을 받은 날이 행정심판 제기 기간의 기산점이 되지 않는다. 개념상 이의신청은 처분을 한 행정청에 제기하는 것이므로 국민권익위원회에 제기한 **고충민원은 이의신청이 아니다.**

> 「행정기본법」 제36조 【처분에 대한 이의신청】 ① 행정청의 처분(「행정심판법」 제3조에 따라 같은 법에 따른 행정심판의 대상이 되는 처분을 말한다. 이하 이 조에서 같다)에 이의가 있는 당사자는 처분을 받은 날부터 30일 이내에 해당 행정청에 이의신청을 할 수 있다.

ㄹ.[○] 학술·연구를 위하여 일시적으로 체류하는 외국인 丙은 국민기초생활 보장법 상의 복지급여 지급기준에 대해 정보공개를 청구할 권리가 인정된다.

정답 ②

---

155 2024년 변호사 난이도 ●●●

다음 사례에 대한 설명으로 옳은 것은? (다툼이 있는 경우 판례에 의함)

> A 세무서장은 「국세기본법」상 제2차 납세의무자에 해당하는 甲에게 B 주식회사의 체납국세에 대한 과세처분(이하 '이 사건 과세처분'이라 한다)을 하였다. 이 사건 과세처분의 위법성을 주장하기 위한 행정소송의 제소기간은 경과되었다. 그런데 그로부터 1년 후에 헌법재판소는 乙이 청구한 헌법소원심판 사건에서 이 사건 과세처분의 근거가 되었던 「국세기본법」 규정이 헌법에 위반된다고 결정(이하 '이 사건 위헌결정'이라 한다)하였다. A 세무서장은 이 사건 과세처분에 따라 당시 유효하게 시행 중이던 「국세징수법」을 근거로 甲이 체납 중이던 체납액 및 결손액(가산세 포함)을 징수하기 위하여 甲 명의의 예금채권을 압류했다.

① 이 사건 과세처분의 근거가 된 「국세기본법」 규정이 헌법재판소에 의하여 위헌으로 선언되었으므로 이 사건 과세처분은 법률적 근거가 없는 처분으로서 당연무효이며, 따라서 제소기간이 경과되었지만 그 무효 확인을 구하는 행정소송의 제기는 적법하다.

② 이 사건 위헌결정의 대상 법조항은 이 사건 과세처분의 근거가 된 것이고, 위헌결정의 소급효를 인정하여도 법적 안정성을 침해할 우려가 없으므로 이 사건 위헌결정의 소급효는 甲에게도 미친다.

③ 만약 이 사건 위헌결정 이전에 甲이 이 사건 과세처분의 취소를 구하는 행정소송을 제기하여 이미 패소 확정되었다면, 甲에게는 이 사건 위헌결정이 「헌법재판소법」 제75조 제7항이 정한 재심청구사유에 해당하므로 甲은 재심을 청구할 수 있다.

④ 선행처분인 이 사건 과세처분의 취소사유인 하자는 후속 체납 처분인 압류처분에 승계된다.

⑤ 조세 부과의 근거가 되었던 법률규정이 위헌으로 선언된 경우, 그 위헌결정의 기속력 때문에 그 위헌결정 이후 조세채권의 집행을 위한 새로운 체납처분에 착수하거나 이를 속행하는 것은 더 이상 허용되지 않는다. 이러한 위헌결정의 효력에 위배하여 이루어진 체납처분은 그 사유만으로 하자가 중대하고 객관적으로 명백하여 당연무효이다.

해설

KEYWORD 위헌법률에 근거한 행정처분

① [×] 법률에 근거하여 행정처분이 발하여진 후에 헌법재판소가 그 행정처분의 근거가 된 법률을 위헌으로 결정하였다면 결과적으로 행정처분은 법률의 근거가 없이 행하여진 것과 마찬가지가 되어 하자가 있는 것이 되나, 하자 있는 행정처분이 당연무효가 되기 위하여는 그 하자가 중대할 뿐만 아니라 명백한 것이어야 하는데, 일반적으로 법률이 헌법에 위반된다는 사정이 헌법재판소의 위헌결정이 있기 전에는 객관적으로 명백한 것이라고 할 수는 없으므로 헌법재판소의 위헌결정 전에 행정처분의 근거되는 당해 법률이 헌법에 위반된다는 사유는 특별한 사정이 없는 한 그 행정처분의 취소소송의 전제가 될 수 있을 뿐 당연무효사유는 아니라고 봄이 상당하다(대판 1994.10.28. 92누9463).

② [×] 위헌인 법률에 근거한 행정처분이 당연무효인지의 여부는 위헌결정의 소급효와는 별개의 문제로서, 위헌결정의 소급효가 인정된다고 하여 위헌인 법률에 근거한 행정처분이 당연무효가 된다고는 할 수 없고, 오히려 이미 취소소송의 제기기간을 경과하여 확정력이 발생한 행정처분에는 위헌결정의 소급효가 미치지 않는다고 보아야 한다(대판 1994.10.28. 92누9463).

③ [×] 헌법재판소의 위헌결정의 효력은 위헌제청을 한 당해사건, 위헌결정이 있기 전에 이와 동종의 위헌여부에 관하여 헌법재판소에 위헌여부심판제청을 하였거나 법원에 위헌여부심판제청신청을 한 경우의 당해사건과 따로 위헌제청신청은 아니하였지만 당해 법률 또는 법률의 조항이 재판의 전제가 되어 법원에 계속중인 사건뿐만 아니라 위헌결정 이후에 위와 같은 이유로 제소된 일반사건에도 미친다고 할 것이나, 그 미치는 범위가 무한정일 수는 없고 법원이 위헌으로 결정된 법률 또는 법률의 조항을 적용하지는 않더라도 다른 법리에 의하여 그 소급효를 제한하는 것까지 부정되는 것은 아니라 할 것이며, 법적 안정성의 유지나 당사자의 신뢰보호를 위하여 불가피한 경우에 위헌결정의 소급효를 제한하는 것은 오히려 법치주의의 원칙상 요청되는 바라 할 것이다(대판 1994.10.25. 93다42740).

④ [×] 일정한 행정목적을 위하여 독립된 행위가 단계적으로 이루어진 경우 선행처분에 있어서의 당연무효 또는 부존재인 하자가 있는 때를 제외하고 선행처분의 하자가 후속처분에 당연히 승계된다고 할 수는 없다. 이러한 종래 대법원 판례의 법리를 전제로 할 경우 이 사건 과세처분과 이 사건 압류처분은 별개의 행정처분이므로 선행처분인 이 사건 과세처분이 당연무효인 경우를 제외하고는 이 사건 과세처분의 하자를 이유로 후속 체납처분인 이 사건 압류처분의 효력을 다툴 수 없다고 봄이 타당하다(대판 2012.2.16. 2010두10907).

⑤ [○] 위헌결정의 기속력과 헌법을 최고규범으로 하는 법질서의 체계적 요청에 비추어 국가기관 및 지방자치단체는 위헌으로 선언된 법률규정에 근거하여 새로운 행정처분을 할 수 없음은 물론이고, 위헌결정 전에 이미 형성된 법률관계에 기한 후속처분이라도 그것이 새로운 위헌적 법률관계를 생성·확대하는 경우라면 이를 허용할 수 없다. 따라서 조세 부과의 근거가 되었던 법률규정이 위헌으로 선언된 경우, 비록 그에 기한 과세처분이 위헌결정 전에 이루어졌고, 과세처분에 대한 제소기간이 이미 경과하여 조세채권이 확정되었으며, 조세채권의 집행을 위한 체납처분의 근거규정 자체에 대하여는 따로 위헌결정이 내려진 바 없다고 하더라도, 위와 같은 위헌결정 이후에 조세채권의 집행을 위한 새로운 체납처분에 착수하거나 이를 속행하는 것은 더 이상 허용되지 않고, 나아가 이러한 위헌결정의 효력에 위배하여 이루어진 체납처분은 그 사유만으로 하자가 중대하고 객관적으로 명백하여 당연무효라고 보아야 한다(대판 2012.2.16. 2010두10907).

정답 ⑤

156 2023년 국가직 7급

다음 사례에 대한 설명으로 옳지 않은 것은? (다툼이 있는 경우 판례에 의함)

甲은 토지 위에 컨테이너를 설치하여 사무실로 사용하였다. 관할 행정청인 乙은 甲에게 이 컨테이너는 「건축법」상 건축허가를 받아야 하는 건축물인데 건축허가를 받지 않고 건축하였다는 이유로 甲에게 원상복구명령을 하면서, 만약 기한 내에 원상복구를 하지 않을 경우에는 행정대집행을 통하여 컨테이너를 철거할 것임을 계고하였다. 이후 甲은 乙에게 이 컨테이너에 대하여 가설건축물 축조신고를 하였으나 乙은 이 컨테이너는 건축허가대상이라는 이유로 가설건축물 축조신고를 반려하였다.

① 「건축법」에 특별한 규정이 없더라도 「행정절차법」상 예외에 해당하지 않는 한 乙은 원상복구명령을 하면서 甲에게 원상복구명령을 사전통지하고 의견제출의 기회를 주어야 한다.

② 乙이 행한 원상복구명령과 대집행 계고가 계고서라는 1장의 문서로 이루어진 경우라도 원상복구명령과 계고처분은 독립하여 있는 것으로서 각 그 요건이 충족된 것으로 볼 수 있다.

③ 乙이 대집행영장을 통지한 경우, 원상복구명령이 당연무효라면 대집행영장통지도 당연무효이다.

④ 甲이 제기한 원상복구명령 및 계고처분에 대한 취소소송에서, 乙은 처분 시에 제시한 '甲의 건축물은 건축허가를 받지 않은 건축물'이라는 처분사유에 '甲의 건축물은 신고를 하지 않은 가설건축물'이라는 처분사유를 추가할 수 있다.

해설

KEYWORD 대집행, 처분사유 추가

① [○] 원상복구명령은 침익적 처분이므로 사전통지를 해야 한다.

> 「행정절차법」 제21조 【처분의 사전 통지】 ① 행정청은 당사자에게 의무를 부과하거나 권익을 제한하는 처분을 하는 경우에는 미리 다음 각 호의 사항을 당사자등에게 통지하여야 한다.

② [○] 계고서라는 명칭의 1장의 문서로서 일정기간 내에 위법건축물의 자진철거를 명함과 동시에 그 소정기한 내에 자진철거를 하지 아니할 때에는 대집행할 뜻을 미리 계고한 경우라도 건축법에 의한 철거명령과 행정대집행법에 의한 계고처분은 독립하여 있는 것으로서 각 그 요건이 충족되었다고 볼 것이다(대판 1992.6.12. 91누13564).

③ [○] 선행행위가 부존재하거나 무효인 경우에는 그 하자는 당연히 후행행위에 승계되어 후행행위도 무효로 된다. 원상복구명령이 당연무효인 이상 후행처분인 계고처분의 효력에 당연히 영향을 미쳐 그 계고처분 역시 무효로 된다(대판 1996.6.28. 96누4374).

④ [×] 건축법은 '건축물'의 건축허가(제11조 제1항)와 '가설건축물'의 축조신고(제20조 제3항)에 관하여 그 절차와 요건 등을 달리 정하고 있다. … 건축법상 건축물·가설건축물의 구별, 건축허가와 축조신고의 절차·요건 등에서의 차이를 고려하여 보면, 이 사건 처분에 관한 당초의 처분사유와 원심에서 피고가 추가한 처분사유는 그 위반행위의 내용이 다르고, 그에 따라 위법 상태를 해소하기 위하여 거쳐야 하는 절차, 건축기준 및 허용가능성이 달라지므로 결국 그 기초인 사회적 사실관계가 동일하다고 볼 수 없다(대판 2021.7.29. 2021두34756).

정답 ④

157 2023년 지방직 7급

다음 사례에 대한 설명으로 옳지 않은 것은? (다툼이 있는 경우 판례에 의함)

> 甲은 폐기물처리업을 경영하기 위하여 폐기물처리업 사업계획서를 제출하여 관할 도지사 乙로부터 사업계획 적합통보를 받았다. 그 후 甲은 폐기물처리시설의 설치가 허용되지 않는 용도지역을 허용되는 용도지역으로 변경하기 위하여 「국토의 계획 및 이용에 관한 법률」에 따라 乙에게 국토이용계획변경신청을 하였으나, 乙은 위 신청을 거부하였다.

① 만약 乙이 甲에게 사업계획 부적합통보를 하였다면 이는 항고소송의 대상이 되는 행정처분에 해당한다.

② 폐기물처리업 사업계획에 대한 적합통보와 국토이용계획변경은 각기 그 제도적 취지와 결정단계에서 고려해야 할 사항들이 다르다.

③ 乙이 폐기물처리업 사업계획에 대하여 적합통보를 한 것은 그 사업부지 토지에 대한 국토이용계획변경신청을 승인하여 주겠다는 취지의 공적인 견해표명을 한 것으로 볼 수 있다.

④ 甲이 국토이용계획변경신청의 승인을 받을 것으로 신뢰하였더라도 乙의 거부처분이 신뢰보호의 원칙에 위배된다고 할 수 없다.

해설

KEYWORD 폐기물처리업 적합통보

① [○] 사업계획 부적합통보를 하였다면 이는 항고소송의 대상이 되는 행정처분에 해당한다(대판 2019.12.24. 2019두45579).

② [○], ③ [×] 폐기물관리법령에 의한 폐기물처리업 사업계획에 대한 적정통보와 국토이용관리법령에 의한 국토이용계획변경은 각기 그 제도적 취지와 결정단계에서 고려해야 할 사항들이 다르므로, 피고가 위와 같이 폐기물처리업 사업계획에 대하여 적정통보를 한 것만으로 그 사업부지 토지에 대한 국토이용계획변경신청을 승인하여 주겠다는 취지의 공적인 견해표명을 한 것으로 볼 수 없고, 그럼에도 불구하고 원고가 그 승인을 받을 것으로 신뢰하였다면 원고에게 귀책사유가 있다 할 것이므로, 이 사건 처분이 신뢰보호의 원칙에 위배된다고 할 수 없다(대판 2005.4.28. 2004두8828).

④ [○] 乙이 폐기물처리업 사업계획에 대하여 적합통보를 한 것은 그 사업부지 토지에 대한 국토이용계획변경신청을 승인하여 주겠다는 취지의 공적인 견해표명을 한 것으로 볼 수 없으므로 신뢰보호의 원칙에 위배되지 않는다(대판 2005.4.28. 2004두8828).

정답 ③

158   2024년 국가직 9급

다음 사례에 대한 설명으로 옳지 않은 것만을 모두 고르면? (다툼이 있는 경우 판례에 의함)

세무서장 A가 甲에게 과세처분을 하였는데, 그 후 과세처분의 근거가 되었던 법률규정은 헌법재판소에 의해 위헌으로 선언되었다. 그러나 그 과세처분에 대한 제소기간은 이미 경과하여 확정되었고, A는 甲 명의의 예금에 대한 압류처분을 하였다. 한편, 과세처분의 집행을 위한 위 압류처분의 근거규정 자체는 따로 위헌결정이 내려진 바 없다.

ㄱ. 甲에 대한 과세처분과 압류처분은 별개의 행정처분이므로 선행처분인 과세처분이 당연무효가 아닌 이상 압류처분을 다툴 수 있는 방법은 존재하지 않는다.

ㄴ. 압류처분은 과세처분 근거규정이 직접 적용되지 않고 압류처분 관련 규정이 적용될 뿐이므로, 과세처분 근거규정에 대한 위헌결정의 기속력은 압류처분과는 무관하다.

ㄷ. 과세처분 이후 조세부과의 근거가 되었던 법률규정에 대하여 위헌결정이 내려진 경우, 과세처분이 당연무효가 아니더라도 위헌결정 이후에 과세처분의 집행을 위한 압류처분을 하는 것은 더 이상 허용되지 않는다.

① ㄱ
② ㄱ, ㄴ
③ ㄱ, ㄷ
④ ㄴ, ㄷ

해설

KEYWORD 과세처분과 압류처분, 위헌결정의 효력

ㄱ. [×] 헌법재판소법 제47조 제1항은 "법률의 위헌결정은 법원 기타 국가기관 및 지방자치단체를 기속한다."고 규정하고 있는데, 이러한 위헌결정의 기속력과 헌법을 최고규범으로 하는 법질서의 체계적 요청에 비추어 국가기관 및 지방자치단체는 위헌으로 선언된 법률규정에 근거하여 새로운 행정처분을 할 수 없음은 물론이고, 위헌결정 전에 이미 형성된 법률관계에 기한 후속처분이라도 그것이 새로운 위헌적 법률관계를 생성·확대하는 경우라면 이를 허용할 수 없다. 따라서 조세 부과의 근거가 되었던 법률규정이 위헌으로 선언된 경우, 비록 그에 기한 과세처분이 위헌결정 전에 이루어졌고, 과세처분에 대한 제소기간이 이미 경과하여 조세채권이 확정되었으며, 조세채권의 집행을 위한 체납처분의 근거규정 자체에 대하여는 따로 위헌결정이 내려진 바 없다고 하더라도, 위와 같은 위헌결정 이후에 조세채권의 집행을 위한 새로운 체납처분에 착수하거나 이를 속행하는 것은 더 이상 허용되지 않고, 나아가 이러한 위헌결정의 효력에 위배하여 이루어진 체납처분은 그 사유만으로 하자가 중대하고 객관적으로 명백하여 **당연무효라고 보아야 한다**(대판 2012.2.16. 2010두10907).
⇨ 압류처분은 무효이기 때문에 당연히 다툴 수 있다.

ㄴ. [×] 지문은 대법원의 법정의견에 대한 반대의견의 내용이다.

> **[대법관 안대희, 대법관 신영철, 대법관 김용덕의 반대의견]**
> 행정청이 어떠한 법률의 조항에 근거하여 행정처분을 한 후 헌법재판소가 그 조항을 위헌으로 결정하였다면 행정처분은 결과적으로 법률의 근거 없이 행하여진 것과 마찬가지로 되어 후발적으로 하자가 있게 된다고 할 것이나, 일반적으로 법률이 헌법에 위반된다는 사정은 헌법재판소의 위헌결정이 있기 전에는 객관적으로 명백한 것이라고 할 수 없으므로 특별한 사정이 없는 한 그러한 하자는 행정처분의 취소사유일 뿐 당연무효 사유라고 할 수 없고, 일정한 행정목적을 위하여 독립된 행위가 단계적으로 이루어진 경우 선행처분에 당연무효 또는 부존재인 하자가 있는 때를 제외하고 선행처분의 하자가 후속처분에 당연히 승계된다고 할 수는 없다.

과세처분과 압류처분은 별개의 행정처분이므로 선행처분인 과세처분이 당연무효인 경우를 제외하고는 과세처분의 하자를 이유로 후속 체납처분인 압류처분의 효력을 다툴 수 없다고 봄이 타당한 점, 압류처분 등 체납처분은 과세처분과는 별개의 행정처분으로서 과세처분 근거규정이 직접 적용되지 않고 체납처분 관련 규정이 적용될 뿐이므로, 과세처분 근거규정에 대한 <u>위헌결정의 기속력은 체납처분과는 무관하고 이에 미치지 않는다고 보아야 한다</u>는 점, 다수의견과 같이 유효한 과세처분에 대한 체납처분 절차의 진행을 금지하여 실질적으로 당해 과세처분의 효력을 부정하고 사실상 소멸시키는 데까지 위헌결정의 기속력 범위가 미친다고 새긴다면, 이는 기속력의 범위를 지나치게 확장하는 것이 되어 결과적으로 위헌결정의 소급효를 제한한 구 헌법재판소법(2011.4.5. 법률 제10546호로 개정되기 전의 것) 제47조 제2항 본문의 취지에 부합하지 않는다는 점 등에 비추어 보면, 선행처분에 해당하는 과세처분에 당연무효 사유가 없고, 과세처분에 따른 체납처분의 근거규정이 유효하게 존속하며, 외국의 일부 입법례와 같이 위헌법률의 집행력을 배제하는 명문의 규정이 없는 이상, 과세처분의 근거규정에 대한 헌법재판소의 위헌결정이 있었다는 이유만으로 체납처분이 위법하다고 보는 다수의견에는 찬성할 수 없다.

ㄷ. [○] 구 헌법재판소법 제47조 제1항은 "법률의 위헌결정은 법원 기타 국가기관 및 지방자치단체를 기속한다."고 규정하고 있는데, 이러한 위헌결정의 기속력과 헌법을 최고규범으로 하는 법질서의 체계적 요청에 비추어 국가기관 및 지방자치단체는 위헌으로 선언된 법률규정에 근거하여 새로운 행정처분을 할 수 없음은 물론이고, 위헌결정 전에 이미 형성된 법률관계에 기한 후속처분이라도 그것이 새로운 위헌적 법률관계를 생성·확대하는 경우라면 이를 허용할 수 없다. 따라서 조세 부과의 근거가 되었던 법률규정이 위헌으로 선언된 경우, 비록 그에 기한 과세처분이 위헌결정 전에 이루어졌고, 과세처분에 대한 제소기간이 이미 경과하여 조세채권이 확정되었으며, 조세채권의 집행을 위한 체납처분의 근거규정 자체에 대하여는 따로 위헌결정이 내려진 바 없다고 하더라도, 위와 같은 위헌결정 이후에 조세채권의 집행을 위한 새로운 체납처분에 착수하거나 이를 속행하는 것은 더 이상 허용되지 않고, 나아가 이러한 위헌결정의 효력에 위배하여 이루어진 체납처분은 그 사유만으로 하자가 중대하고 객관적으로 명백하여 당연무효라고 보아야 한다(대판 2012.2.16. 2010두10907).

정답 ②

159 2024년 국가직 9급

다음 사례에 대한 설명으로 옳은 것만을 모두 고르면? (다툼이 있는 경우 판례에 의함)

> A시는 관광지개발사업을 시행하기 위하여 「공익사업을 위한 토지 등의 취득 및 보상에 관한 법률」의 절차에 따라 甲 소유 토지 및 건물을 포함하고 있는 지역 일대의 토지 및 건물들을 수용하였다. A시 시장은 甲에게 적법하게 토지의 인도와 건물의 철거 및 퇴거를 명하였으나 甲이 건물을 점유한 채 그 의무를 이행하지 않고 있다.

ㄱ. A시 시장의 토지인도명령에 대해 甲이 이를 불이행하더라도 그 불이행에 대해서 A시 시장은 행정대집행을 할 수 없다.

ㄴ. 甲이 위 건물철거의무를 이행하지 않을 경우, A시 시장은 행정대집행의 방법으로 건물의 철거 등 대체적 작위의무의 이행을 실현할 수 있는 경우에는 따로 민사소송의 방법으로 그 의무의 이행을 구할 수 없다.

ㄷ. 甲이 토지 인도의무를 이행하지 않을 경우, 甲의 토지 인도의무는 공법상 의무에 해당하므로 그 권리에 끼칠 현저한 손해를 피하기 위한 경우라 하더라도 A시 시장이 그 권리를 피보전권리로 하는 민사상 명도단행가처분을 구할 수는 없다.

ㄹ. 甲이 위력을 행사하여 적법한 행정대집행을 방해하는 경우 대집행 행정청은 필요한 경우에는 「경찰관 직무집행법」에 근거한 위험발생 방지조치 또는 「형법」상 공무집행방해죄의 범행방지 내지 현행범체포의 차원에서 경찰의 도움을 받을 수 있다.

① ㄱ, ㄷ
② ㄴ, ㄹ
③ ㄱ, ㄴ, ㄹ
④ ㄴ, ㄷ, ㄹ

해설

KEYWORD 대집행

ㄱ. [O] 명도의무는 그것을 강제적으로 실현하면서 직접적인 실력행사가 필요한 것이지 대체적 작위의무라고 볼 수 없으므로 특별한 사정이 없는 한 행정대집행법에 의한 대집행의 대상이 될 수 있는 것이 아니다(대판 2005.8.19. 2004다2809).

ㄴ. [O] 행정대집행의 방법으로 건물의 철거 등 대체적 작위의무의 이행을 실현할 수 있는 경우에는 따로 민사소송의 방법으로 그 의무의 이행을 구할 수 없다(대판 2017.4.28. 2016다213916).

ㄷ. [×] 구 토지수용법(2002.2.4. 법률 제6656호 공익사업을 위한 토지 등의 취득 및 보상에 관한 법률 부칙 제2조로 폐지) 제63조의 규정에 따라 피수용자 등이 기업자에 대하여 부담하는 수용대상 토지의 인도 또는 그 지장물의 명도의무 등이 비록 공법상의 법률관계라고 하더라도, 그 권리를 피보전권리로 하는 명도단행가처분은 그 권리에 끼칠 현저한 손해를 피하거나 급박한 위험을 방지하기 위하여 또는 그 밖의 필요한 이유가 있을 경우에는 허용될 수 있다(대판 2005.8.19. 2004다2809).

ㄹ. [O] 행정청이 행정대집행의 방법으로 건물철거의무의 이행을 실현할 수 있는 경우에는 건물철거 대집행 과정에서 부수적으로 건물의 점유자들에 대한 퇴거 조치를 할 수 있고, 점유자들이 적법한 행정대집행을 위력을 행사하여 방해하는 경우 형법상 공무집행방해죄가 성립하므로, 필요한 경우에는 '경찰관 직무집행법'에 근거한 위험발생 방지조치 또는 형법상 공무집행방해죄의 범행방지 내지 현행범체포의 차원에서 경찰의 도움을 받을 수도 있다(대판 2017.4.28. 2016다213916).

정답 ③

신동욱

약력
- 현 | 해커스공무원 행정법 강의
- 현 | 해커스공무원 헌법 강의
- 전 | 서울시 교육청 헌법 특강
- 전 | 2017 EBS 특강
- 전 | 2013, 2014 경찰청 헌법 특강
- 전 | 교육부 평생교육진흥원 학점은행 교수
- 전 | 금강대 초빙교수
- 전 | 강남 박문각행정고시학원 헌법 강의

저서
- 해커스공무원 처음 행정법 만화판례집
- 해커스공무원 신동욱 행정법총론 기본서
- 해커스공무원 신동욱 행정법총론 조문해설집
- 해커스공무원 신동욱 행정법총론 핵심요약집
- 해커스공무원 신동욱 행정법총론 단원별 기출문제집
- 해커스공무원 神행정법총론 핵심 기출 OX
- 해커스공무원 신동욱 행정법총론 사례형 기출+실전문제집
- 해커스공무원 神행정법총론 실전동형모의고사 1·2
- 해커스공무원 처음 헌법 만화판례집
- 해커스공무원 신동욱 헌법 기본서
- 해커스공무원 신동욱 헌법 조문해설집
- 해커스공무원 神헌법 핵심요약집
- 해커스공무원 神헌법 단원별 기출문제집
- 해커스공무원 神헌법 핵심 기출 OX
- 해커스공무원 神헌법 실전동형모의고사

2025 대비 최신개정판

해커스공무원 신동욱 행정법총론 사례형 기출+실전문제집

개정 3판 1쇄 발행 2024년 10월 18일

지은이	신동욱 편저
펴낸곳	해커스패스
펴낸이	해커스공무원 출판팀
주소	서울특별시 강남구 강남대로 428 해커스공무원
고객센터	1588-4055
교재 관련 문의	gosi@hackerspass.com
	해커스공무원 사이트(gosi.Hackers.com) 교재 Q&A 게시판
	카카오톡 플러스 친구 [해커스공무원 노량진캠퍼스]
학원 강의 및 동영상강의	gosi.Hackers.com
ISBN	979-11-7244-376-4 (13360)
Serial Number	03-01-01

저작권자 ⓒ 2024, 신동욱

이 책의 모든 내용, 이미지, 디자인, 편집 형태는 저작권법에 의해 보호받고 있습니다.
서면에 의한 저자와 출판사의 허락 없이 내용의 일부 혹은 전부를 인용, 발췌하거나 복제, 배포할 수 없습니다.

공무원 교육 1위,
해커스공무원 gosi.Hackers.com

해커스공무원

- 해커스공무원 학원 및 인강(교재 내 인강 할인쿠폰 수록)
- 해커스 스타강사의 **공무원 행정법 무료 특강**
- 정확한 성적 분석으로 약점 극복이 가능한 **합격예측 온라인 모의고사**(교재 내 응시권 및 해설강의 수강권 수록)

한경비즈니스 2024 한국품질만족도 교육(온·오프라인 공무원학원) 1위